Heino Falcke
Mit Gott Schritt halten

Heino Falcke

Mit Gott Schritt halten

Reden und Aufsätze eines Theologen in der DDR
aus zwanzig Jahren

Mit einer Einführung von Albrecht Schönherr

Wichern-Verlag

CIP-Kurztitelaufnahme der Deutschen Bibliothek

Falcke, Heino:
Mit Gott Schritt halten: Reden u. Aufsätze e. Theologen in d. DDR
aus 20 Jahren / Heino Falcke. Mit e. Einf. von Albrecht Schönherr. –
Berlin: Wichern-Verlag, 1986.
ISBN 3-88981-024-1

Redaktion: Reinhard Henkys

Herstellung: Wichern-Verlag, Berlin
Foto Umschlag: Hartmut Vogler
ISBN 3-88981-024-1

Zur Einführung

Von Albrecht Schönherr

Im Juli 1971, vor jetzt 15 Jahren, tagte die Synode des Bundes der Evangelischen Kirchen in der DDR in Eisenach. Zwei Jahre vorher hatten die acht Landeskirchen sich zum Kirchenbund mit dem Ziel zusammengefunden, ihre vorhandene Gemeinschaft in Zeugnis und Dienst zu vertiefen und durch Zusammenarbeit stärker zusammenzuwachsen. Nach eineinhalbjährigem Zögern hatte Ende Februar 1971 auch die Regierung der DDR den neuen Kirchenbund in aller Form anerkannt. Damit war die Basis für ein geordnetes Miteinander von Staat und Kirche gegeben. Die Synode in Eisenach konnte jetzt daran gehen, Ort und zukünftige Aufgaben des Kirchenbundes näher zu bestimmen. Ihr Thema hieß: „Kirche in der DDR – Kirche für andere".

Neben Referaten zum Thema war der der Synode erstattete Bericht der Konferenz der Kirchenleitungen Grundlage der Beratungen. Dieser Bericht enthielt einen Abschnitt zum Verhältnis der Kirche zu Staat und Gesellschaft, in dem es hieß:

„Zeugnis und Dienst der Kirchen des Bundes der Evangelischen Kirchen in der DDR vollziehen sich in der sozialistischen Gesellschaft der Deutschen Demokratischen Republik. Die acht Kirchen des Bundes sehen in der DDR ihren Staat und meinen es ernst damit. Die Kirchen haben sich die Aufgabe gesetzt, den Christen zu helfen, den Platz in ihrem Staat zu finden, an dem sie ihre Mitverantwortung in der Weise wahrnehmen können, zu der sie Zeugnis und Dienst des Evangeliums verpflichten. Die Kirchen selbst sind bereit – einzeln oder in der Gemeinschaft des Bundes – an dem Gespräch teilzunehmen, das der Staat mit seinen Bürgern über die Gestaltung der gemeinsamen Zukunft führt. Sie sind der Überzeugung, daß sie in diesem Gespräch, gerade weil sie zu Zeugnis und Dienst des Evangeliums verpflichtet sind, Wesentliches für die Erkenntnis dessen beizutragen haben, was der Mensch und was menschliche Gesellschaft ist und braucht."

Das wurde nicht naiv gesagt. Der Kirchenleitungsbericht weist ausdrücklich auf die Entschlossenheit des Staates hin, die sozialistische Gesellschaftsordnung zu verwirklichen, und zwar in marxistisch-leninistischer Prägung. Das hatte zu Belastungen im Verhältnis von Marxisten und Christen geführt, die weiter wirkten. Danach fährt der Kirchenleitungsbericht fort:

„Eine Zeugnis- und Dienstgemeinschaft von Kirchen in der DDR wird ihren Ort genau zu bedenken haben: *in* dieser so geprägten Gesellschaft, nicht *neben* ihr, nicht *gegen* sie. Sie wird die Freiheit ihres Zeugnisses und Dienstes bewahren müssen. Denn sie ist durch ihren Auftrag allein an den gebunden, der als der menschgewordene Wille Gottes zur Rettung seiner Kreatur zu uns kam. Die Botschaft der Kirche wird nicht von dem Menschen und seiner gesellschaftlichen Bindung bestimmt. Aber sie lädt die Menschen ein, sich von dem gekreuzigten Herrn dienen zu lassen und mit ihm den anderen zu dienen."

Diese Orts- und Aufgabenbestimmung, die die Zustimmung der Synode fand, ist seit der Eisenacher Synode mit der Kurzformel „Kirche im Sozialismus" gekennzeichnet und so immer wieder zitiert worden. Diese Formel ist, wie man sieht, nicht sehr präzis. Sie bot und bietet die Möglichkeit zum Mißverständnis, als habe die Kirche hiermit ein opportunistisches Anpassungsprogramm entwickelt. Das gibt es ebensowenig wie ein kirchliches Programm politischer Opposition in der DDR. Aber es gibt eben auch nicht den Versuch eines beziehungslosen Nebeneinanders.

Es geht vielmehr um jene Beziehung der einzelnen Christen wie der Kirche im ganzen zu der in der DDR existierenden sozialistischen Gesellschaft, die Heino Falcke als „mündige Mitverantwortung" bezeichnet. Das ist eine Bereitschaft und Fähigkeit zur Mitarbeit am Wohl des Ganzen, die von der Fixierung darauf, die eigene christliche Identität unversehrt zu wahren, ebenso frei ist wie von blinder Parteilichkeit. Sie läßt sich vom Atheismus der die Gesellschaft prägenden marxistisch-leninistischen Ideologie ebensowenig beeindrucken wie sie sich von dem Ziel leiten läßt, in all und jedem christliche Originalität zu beweisen. Sie läßt sich von der Solidarität Christi mit den Menschen zur Solidarität der Christen mit der Gesellschaft führen, in der sie zur Minderheit geworden sind, deren Spielregeln sie nicht mehr bestimmt. Daß dies eine „kritische Solidarität" ist, wie Werner Krusche das einmal formuliert hat, versteht sich; denn Christus ist solidarisch mit den Menschen und nicht mit einem gesellschaftlichen System.

An einer entscheidenden Stelle seines Vortrages „Christus befreit – darum Kirche für andere", in dem Falcke vor der Bundessynode in Dresden 1972 die ein Jahr zuvor in Eisenach behandelte Thematik neu aufnahm und grundlegend theologisch reflektierte, heißt es: „Weder von den Sozialisten noch von den Antikommunisten können wir es uns nehmen lassen, unsere Gesellschaft im Lichte der Christusverheißung zu verstehen. So werden wir frei von der Fixierung auf ein Selbstverständnis des Sozialismus, das nur noch ein pauschales Ja oder ein ebenso pauschales Nein zuläßt. Christus befreit aus der lähmenden Alternative zwischen prinzipieller Antistellung und unkritischem Sich-vereinnahmen-lassen zu konkret unterscheidender Mitarbeit. Das ist gerade nicht eine Ideologie des Sich-heraushaltens oder eines dritten Weges. Es ist der Weg einer aus Glauben mündigen Mitarbeit, die von einer besseren Verheißung getragen ist, als der Sozialismus sie geben kann, die einen verbindlicheren Auftrag kennt, als Menschen ihn erteilen können, und die darum konkret engagiert ist."

Dieser Vortrag Heino Falckes steht mit Recht am Anfang seiner in diesem Buch versammelten theologischen Arbeiten, auch wenn er zeitlich nicht die erste ist. Mit ihm wurde der damalige Rektor des Predigerseminars in Gnadau erstmals einer breiteren Öffentlichkeit bekannt. Obgleich diese Rede vor der Bundessynode in der DDR bisher nirgends gedruckt erschienen ist, wird sie immer wieder zitiert – direkt und noch mehr indirekt. Die von Heino Falcke 1972 in Dresden vorgetragene Herausforderung, aus der Befreiung durch Christus heraus zu leben und zu handeln, gehört längst gleichsam zum theologischen Grundbestand des Kirchenbundes, obgleich sein Beitrag anfangs nicht ohne Widerspruch blieb. Männer der Kirche, die einer eher konservativen Sicht der Lehre Luthers von den beiden Reichen verpflichtet waren, befürchteten, daß diese hilfreiche Abgrenzung hier verlassen werde. Und Vertreter des Staates zeigten sich besorgt, daß ein Theologe es unternahm, den Sozialismus nicht nur als real existierend in Rechnung zu stellen, sondern den Christen auch „engagierte Hoffnung auf einen verbesserlichen Sozialismus" zu machen.

Ähnlich wie Günter Jacob oder auch sein Freund und langjähriger Bischof Werner Krusche gehört Heino Falcke zu jenen Theologen in der DDR, die Theologie bewußt im Dienst der Kirche und in enger Verbindung mit kirchlicher Praxis betreiben und deshalb sich nicht in ein akademisches Lehramt rufen ließen. Sein Amt als Propst zu Erfurt, das er seit 1973 innehat, beteiligt ihn an kirchenleitender Verantwortung für die Evangelische Kirche der Kirchenprovinz Sachsen. Seit 1975 ist er außerdem Vorsitzender des Ausschusses „Kirche und Gesellschaft", der die Konferenz der Kirchenleitungen und die Synode des Kirchenbundes in diesem zentralen Aufgabenbereich berät. Beides fordert Falcke: situations- und aufgabenbezogen theologisch weiterzudenken und das, was er Fachleuten vorträgt, in Gemeindevorträgen für eine breitere Hörerschaft umzusetzen.

Inhaltlich geht es bei den hier vorgelegten Arbeiten Falckes um die christliche Selbstklärung für das Gespräch zwischen Staat und Bürgern und die Gestaltung der gemeinsamen Zukunft. Und es geht um Beiträge zu diesem Gespräch selbst. Falckes biblische Nachfragen wie seine Analyse der gesellschaftlichen Wirklichkeit und der politischen Bedingungen gelten vor allem den großen Fragen des Friedens und der Bewahrung der Schöpfung, also der Verantwortung für das Überleben der Menschheit. Vieles von dem, was Heino Falcke in seiner Studierstube, im Gespräch mit dem Ausschuß Kirche und Gesellschaft, im Austausch mit der Theologischen Studienabteilung beim Bund der Evangelischen

Kirchen in der DDR vorgedacht hat, ist auch in die Entschließungen der Synoden des Kirchenbundes eingegangen. Das gilt besonders für die grundsätzliche Absage an Geist, Logik und Praxis der Abschreckung, die im theologischen Denken Falckes zur Friedensverantwortung im Atomzeitalter angelegt ist und im Ansatz schon in dem ältesten Text erkennbar wird, der in diesen Band aufgenommen wurde, dem Vortrag „Die ethischen Fragen des Krieges" aus dem Jahre 1966. Das „neue politische Denken", für das Michail Gorbatschow so eindringlich wirbt, ist seit Jahren Postulat des friedenspolitischen Denkens des Kirchenbundes wie Heino Falckes.

„Daß die Menschen unseres Landes in Frieden leben können und ihnen die Früchte ihres Fleißes sowohl in materieller als auch in kultureller Hinsicht zugute kommen" – so hat Erich Honecker, der Staatsratsvorsitzende der DDR, am 6. März 1978 im Gespräch mit dem Vorstand des Kirchenbundes die „zutiefst humanistischen Ziele" beschrieben, an denen sich den Kirchen die Möglichkeit der Mitwirkung eröffnet. Die Umweltverantwortung hat er dabei nicht ausdrücklich angesprochen, und in der Tat ist zu registrieren, daß eine über die Fachwelt hinausgreifende Umweltdiskussion in der DDR, die kritische Einsicht mit praktischem Engagement verbindet, zunächst im kirchlichen Bereich begonnen hat. Heino Falcke hat auch hierfür frühzeitig wichtiges theologisches Rüstzeug geliefert. Er nahm Anstöße und Erkenntnisse aus der Ökumene auf und erschloß sie so für die DDR, daß sie wiederum im ökumenischen Gespräch beachtet wurden.

Die Vorträge und Aufsätze dieses Bandes geben Einblick in einen für den Bund der Evangelischen Kirchen in der DDR wichtigen theologischen Denkprozeß der „Kirche im Sozialismus". Die war nicht voraussetzungslos plötzlich da. Zur Entstehung des Kirchenbundes konnte es nur kommen, weil lange vorher schon bekannte und viel mehr noch unbekannte Christen, Theologen wie Laien, entschlossen waren, „mit beiden Beinen in der DDR zu stehen, aber als Christen", wie ich das 1957 einmal Staatsvertretern gegenüber formuliert habe. Wir taten das nicht voraussetzungslos. Wir standen in der Tradition theologischer Väter. Dietrich Bonhoeffer ist für viele von uns besonders wichtig geworden. Heino Falcke stattet am Ende des Bandes zwei anderen seinen Dank ab: Friedrich Schleiermacher und Karl Barth.

Zum Weg der Kirchen in der DDR

Christus befreit –
darum Kirche für andere

Hauptvortrag bei der Synode des Kirchenbundes in Dresden 1972

Dieser Vortrag wurde am 30. Juni 1972 vor der in Dresden zu ihrer dritten Tagung versammelten ersten Synode des Bundes der Evangelischen Kirchen in der Deutschen Demokratischen Republik gehalten. Zwei Jahre später erschien er in: Zum politischen Auftrag der christlichen Gemeinde, Barmen III, Votum des Theologischen Ausschusses der Evangelischen Kirche der Union, Gütersloh 1974.

Das Thema schließt an die Bundessynode 1971 an: Kirche für andere, Zeugnis und Dienst der Gemeinde. Es fragt, was es denn der Kirche möglich mache, für andere dazusein. Es antwortet: Weil Christus sie befreit, darum kann Kirche für andere da sein. Die Befreiung, die von Christus ausgeht, kommt aber nicht in der Kirche zum Ziel. Sie zielt auf die kommende Gottesherrschaft als das Reich der Freiheit für alle Menschen. Darum *soll* Kirche für andere da sein und den befreienden Dienst Christi für alle Menschen bezeugen.

So bedenken wir unser Thema in drei Schritten: Die Befreiung des Menschen durch Christus (1.), die Befreiung der Kirche zum Dienst (2.), die Kirche im Dienst der Befreiung (3.).

1. Die Befreiung des Menschen durch Christus

1.1 Christus faßt die Knechtschaft des Menschen an der Wurzel

Die Sache der Freiheit bewegt heute alle Menschen und Völker. Sie ist umstritten zwischen verschiedenen Freiheitskonzeptionen. Sie steht auf dem Spiel in politischer Unterdrückung, wirtschaftlicher Ausbeutung und Abhängigkeit. Unsere Zeit hat faszinierende Durchbrüche zur Freiheit erlebt, aber Freiheitsrevolutionen bringen noch nicht den freien Menschen hervor, und sie produzieren auch neue Unfreiheiten. Die wissenschaftlich-technische Revolution hat ungeahnte Möglichkeiten der Freiheit eröffnet. Zugleich aber bedroht sie die Freiheit in nie gekanntem Ausmaß durch Technokratie, Manipulierung des Menschen und die Schreckensvision möglicher Selbstvernichtung. So treibt uns die Sache der Freiheit um zwischen Faszination und Resignation, zwischen Engagement und fatalistischem Rückzug auf die Inselchen privater Freiheit. Die Welt ist ständig im Auszug aus Knechtschaften, ohne doch den Ausweg zum Reich der Freiheit zu finden[1].

In dem großen Freiheitskapitel des Römerbriefes schreibt Paulus von dieser mit ihren Knechtschaften ringenden Welt, sie warte auf nichts anderes als auf den offenen Durchbruch der Freiheit der Söhne Gottes zu allen Menschen (Römer 8, 19f). Wir sind also aufgefordert, das Evangelium als Befreiungsbotschaft zu begreifen und in das heutige Ringen der Welt um Freiheit hineinzutragen[2]. Christus bringt nicht eine religiöse Sonderfreiheit oder Seelenfreiheit. Er faßt die Knechtschaft des Menschen an der verborgenen Wurzel, denn er hat sie bis ins tiefste durchlitten. Er wurde nicht nur Bruder der Ausgestoßenen und Armen, Opfer politischer, religiöser, gesellschaftlicher Unterdrückung. Er hing für uns am Kreuz in der tiefsten Knechtschaft der Schuld und des Todes. Aus dieser Knechtschaft, die kein Mensch wenden kann, ist Gott für uns und mit uns aufgebrochen, als er den Gekreuzigten auferweckte. Dieser Auszug führt zum Reich der Freiheit, das mit den Mächten der Sünde und des Todes alle Knechtschaft der Welt zerbrechen will. Noch sind wir auf dem Weg, noch trägt die Freiheit Christi Kreuzesgestalt, aber aus der Kraft einer großen Hoffnung. Sie greift über alle menschlichen Freiheitsbewegungen hinaus, aber gerade so greift sie in sie ein, richtet Zeichen der Befreiung auf und gibt eine Zuversicht, die nicht resignieren muß.

Was die Befreiung durch Christus in das heutige Ringen um Freiheit hineinbringt, möchte ich unter drei Gesichtspunkten entfalten.

1.2 Christus befreit zu einem Leben aus empfangener Liebe

In Christus ist die Freiheit als Liebe gekommen. In ihm begegnet eine Liebe, die uns bedingungslos annimmt und rückhaltlos für uns einsteht. Wo das Wort dieser Liebe uns erreicht, da führt es aus dem Gefängnis der Sorge um uns selbst ins Freie eines neuen Vertrauens. Als Empfangende und von dieser Liebe Getragene sind wir frei. Das ist die Freiheit der Söhne Gottes, die Gott als Brüder seines Sohnes adoptiert, annimmt, obwohl sie seine Feinde waren[3].

Damit revolutioniert Christus unser Verständnis von Freiheit. Wir pflegen Freiheit als Unabhängigkeit zu denken. Über sich selbst verfügen und bestimmen, das Entscheidende sich selbst verdanken, heißt frei sein. Autonomie ist das Schlüsselwort dafür[4].

Das erste Grundwort dieser Autonomie aber bleibt das Ich, auch dann, wenn es sich zum Kollektiv erweitert (Volk, Klasse, Rasse und so weiter). Die Freiheit, die wir meinen, ist je meine Freiheit, und die Freiheiten stoßen und begrenzen sich. Das zweite Grundwort dieser Autonomie bleibt das fordernde Gesetz: Ich muß etwas aus mir machen, durch Leistung muß ich mir Anerkennung, meinem Leben Sinn und Wert geben. Erfolgsdenken und Leistungsmentalität beherrschen unsere Welt, angetrieben von dem tiefen Hunger eines jeden Menschen nach Bejahung durch andere. Aber nicht nur, daß dabei die Leistungsschwachen auf der Strecke bleiben. Der Hunger nach Bejahung durch andere ist nicht durch Leistung zu stillen. Daß wir um unserer selbst willen bejaht und geliebt werden, kann sich keiner erarbeiten, es kann uns nur geschenkt werden. Nicht zufällig bricht in unserer von Leistungs- und Nutzdenken beherrschten Welt die Frage nach dem Sinn des Lebens und zugleich die Frage nach dem „gnädigen Nächsten" auf[5]. Die Angst ist verbreitet, letztlich entbehrlich und ersetzbar und einer letzten Verlassenheit ausgeliefert zu sein.

Das nennt Paulus die Knechtschaft der Sünde und des Gesetzes, aus der uns Christus befreit. Er wurde uns der gnädige Nächste, der uns um unserer selbst willen sucht, die Liebensunwerten liebt, die Unannehmbaren annimmt und uns auch in der letzten Verlassenheit des Todes trägt. Gerade weil er vom Druck des Leistungsprinzips befreit, ermöglicht er ein neues Tun. Es muß nicht mehr der eigenen Geltung dienen und kann sich darum ganz der Sache und dem Nächsten zuwenden. Weil das Grundwort dieser Freiheit Liebe heißt, schließt sie den Nächsten ein.

Die gesellschaftlichen Konsequenzen dieser Befreiung drängen sich auf, wenn wir an die Rolle des Leistungsprinzips in der Gesellschaft denken. Das wird im dritten Teil weiter zu verfolgen sein.

1.3 Christus befreit zur Mündigkeit

Daß Freiheit und Mündigkeit zusammengehören, ist uns heutigen Menschen klar. Den Aufgaben, die die heutige Welt und ihre Zukunft uns stellt, werden nur mündige Menschen gewachsen sein, die selbst zu denken, verantwortlich zu entscheiden und Verantwortung zu tragen wissen.

Indem uns Gott zu seinen Söhnen macht, befreit er uns zur Mündigkeit vor Gott und den Menschen. Die Söhne Gottes – sagt Paulus – sind befreit von den Zuchtmeistern und autoritären Gewalten dieser Welt, die uns gängeln und durch Lockung und Drohung in Unmündigkeit festhalten. Gott gehören aber heißt in großem Vertrauen und angstfreier Offenheit sprechen können: Abba, lieber Vater! (Galater 4, 1-7). Gott macht uns mündig, indem er uns von der knechtenden Furcht freispricht. „Ihr habt nicht einen Knechtsgeist empfangen, daß ihr euch abermals fürchten müßtet, sondern ihr habt den Sohnesgeist empfangen" (Römer 8, 15). Furcht macht unmündig. In der Angst um sein Leben macht der Mensch aus vergänglichen Dingen Götzen, die ihm Sicherheit geben sollen. Die Macht der Technik und der Waffen, der Konsum, Verhaltensnormen und Ideologien werden zu Götzen der Angst. Sie sollen Leben garantieren, aber sie machen hörig. Wer Angst hat, ist beherrschbar, man kann ihn gefügig machen und benutzen. Befreiung zur Sohnschaft ist der Ausgang aus dieser selbstverschuldeten Unmündigkeit[6]. Die Neuzeit meinte umgekehrt, der Mensch müsse die Gotteskindschaft ablegen, sich von der Autorität Gott befreien, um mündig zu werden. Der Vater Jesu Christi aber ist kein einschüchternder Patriarch. In Christus wird er so Autorität für uns, daß er der Autor, der Urheber unserer Freiheit ist. Er bringt uns nicht in neue Hörigkeit, er macht uns zu seinen Angehörigen, die aus seinem Geist selbst urteilen und entscheiden sollen. Er will nicht hörige Mitläufer, sondern mündige Söhne, eigenverantwortliche Partner, die freimütig das Wort nehmen vor Gott und den Menschen. Die mündige Weltverantwortung des Menschen müßten wir neu aus der Gebetsmündigkeit vor Gott verstehen und gewinnen[7]. Es ist nachdenkenswert, daß Dietrich Bonhoeffer, der Theologe der mündigen Welt, zuletzt vor seiner Ermordung in einer großen Freiheit und Freude des Gebets gesehen wurde[8].

Weil ihr Angehörige Christi seid – sagt Paulus –, ist alles euer; es sei Paulus, Apollos oder Petrus (also alle Autoritäten), es sei Welt oder Leben oder Tod (also alles, was euch fesseln kann in Freude oder Furcht), alles ist euer! (1. Korinther 2, 21) So will uns Gott als seine Söhne zu mündiger Weltverantwortung befreien.

Auch dies hat gesellschaftliche Konsequenzen. Weil Gott seine Autorität dazu einsetzte, Autor unserer Freiheit und Mündigkeit zu sein, wird sich alle Autorität in Familie, Kirche und Gesellschaft daran messen lassen müssen, ob sie Autorschaft von Freiheit ist und zur Mündigkeit hilft. Als mündige Söhne stehen wir Menschen in unvertretbarer Selbstverantwortung vor Gott. Darum können wir andere Menschen nicht gleichschalten und uns zum Herrn ihrer Gewissen machen (Römer 14, 4). Mündigkeit ist freilich etwas anderes als die liberalistische Privatfreiheit zu denken, zu wollen und zu tun, was ich will. Mündigkeit wagt das offene Wort, verantwortet sich vor anderen, stellt sich der Kritik, sucht das verbindliche Gespräch. Sie verfällt nicht dem Pluralismus als einer Ideologie der Unverbindlichkeit, aber sie läßt eine Vielheit von Meinungen gelten und ermutigt zu selbständigem Denken. Wenn Gott es riskiert, mündige Partner zu haben, sollten Kirche und Gesellschaft nicht weniger riskieren.

1.4 Christus befreit zum Dasein für andere

Weil die Freiheit in Christus als Liebe gekommen ist, ist sie Freiheit für andere und mit anderen. Sie ist Freiheit in Gemeinschaft, und sie zielt auf das Reich der Freiheit für alle Menschen[9]. Dieses Ziel erkennen wir wieder in dem sozialistischen Freiheitsverständnis, wonach der Einzelne seine persönliche Freiheit erst in der wirklichen Gemeinschaft gewinnt[10]. Noch aber liegt das Reich der Freiheit im Streit mit dem Denken, das die Freiheit zum Privat- und Gruppeninteresse verkehrt. Wir suchen unsere Freiheit in der Abschirmung von anderen und auf Kosten anderer zu verwirklichen und schaffen damit Verhältnisse der Unfreiheit. Das Kreuz Jesu durchbricht diese Verkehrung der Freiheit. Es ist zugleich der Weg, aus empfangener Liebe für andere dazusein.

1.4.1 Für andere dasein, heißt der grenzüberschreitenden Liebe Jesu nachfolgen

Wir reden von der einen Menschheit, und in unserer klein gewordenen Welt müßte jedermann einsehen, daß wir selber nur wirklich frei sein können, wenn wir anderen aus ihrer Knechtschaft helfen. Dagegen aber steht die Tendenz, die in allen Gruppierungen der Welt herrscht, durch Abgrenzung nach außen Stabilität im Inneren zu gewinnen. Des eigenen Zusammenhalts und Wertes vergewissert man sich gerade an dem, was uns von anderen unterscheidet: Klasse und Rasse, Religion und Weltanschauung, gesellschaftliche Errungenschaften und konfessionelle Vorzüge. So werden an sich notwendige relative Unterschiede zu trennenden Mächten aufgeladen, und Freiheit wird zum Leistungslohn für gruppenkonformes Verhalten.

Die Liebe Jesu durchbricht diese tabuisierten Grenzen. Er stellte sich zu denen, die von der jeweiligen Gruppe ausgeschlossen wurden. Er nahm Partei für die „Zöllner und Sünder", die religiös, moralisch und gesellschaftlich Deklassierten. Er riskierte seine Identität und hing bei Verbrechern am Kreuz. Die bedingungslos annehmende Liebe Gottes hat ihren gesellschaftlichen Ernstfall in der grenzüberschreitenden Liebe.

Sie befreit von dem Zwang der Abgrenzung. Wer sich von Gott bedingungslos angenommen weiß, der muß sich seines Wertes nicht durch Abwertung anderer vergewissern. Er wird frei, Vorurteile zu durchbrechen und sich gerade denen zuzuwenden, die von seinem Kollektiv, seiner Gemeinde oder Gesellschaft abgelehnt werden. Er wird aufgeschlossen gerade für den befremdlichen Nächsten, ja für den Feind. Er verharmlost die Grenzen nicht, sondern nennt sie beim Namen, aber um sie zu überschreiten zum andern hin. Von dieser grenzüberschreitenden Liebe wird auszugehen sein, wenn wir über die Forderung der Parteilichkeit nachdenken.

1.4.2 Für andere dasein, heißt solidarisch werden mit den Leidenden

Christus, der bis zum Tod gelitten hat, weist uns vor allem an die Leidenden. Durch sein Kreuz ist das Leiden und sind die Leidenden von der Liebe Gottes umgriffen und in seine Verheißung hineingenommen. So werden wir zur Annahme des Leidens und zur Solidarität mit den Leidenden befreit.

Es gab in der Christenheit eine Ideologisierung von Kreuz und Leiden, die uns Marxisten mit Recht vorhalten; eine Verklärung stillen Duldens, wo es Protest und Aufstand gegen knechtende Verhältnisse gegolten hätte. Aber es gibt auch eine Verharmlosung des Leidens und ein Abdrängen der Leidenden aus dem Bewußtsein der Öffentlichkeit. Es gibt Stimmen, die es nicht wahrhaben wollen, daß auch in der sozialistischen Gesellschaft unbehebbares Leiden, quälende Sinnfragen, Selbstentfremdung und der Schmerz des Todes bleiben. Wer das Leiden aus seinem Bewußtsein verdrängen muß, um sich Optimismus und Arbeitselan zu erhalten, der ist unfrei. Das Große an der Freiheitsbotschaft des Paulus ist, daß sie der Qual der ungelösten Fragen standhält und uns einweist in die Solidarität mit der fragenden, leidenden und ringenden Welt. Die Söhne Gottes teilen deren Hunger nach Gerechtigkeit und Frieden, ihr Stöhnen unter sinnlosem Leerlauf. Der Geist des Gekreuzigten selbst vereint sich mit dem Schrei aus der Tiefe und vertritt uns mit unaussprechlichem Seufzen (Römer 8, 23-27).

Menschen, die zum Dasein für andere befreit sind, müßten hochempfindlich auf das Leid anderer reagieren. „Nur wer für die Juden schreit, darf Gregorianik singen", sagte Dietrich Bonhoeffer während der Judenverfolgung, als ein ganzes Volk es fertig brachte, die Hölle der Konzentrationslager in seiner Mitte nicht einmal wahrzunehmen. Lassen wir uns denn bewegen von dem Elend anderer, das uns die Massenmedien täglich zeigen und das wir vor der Tür haben? Heilige der Kirche – so wird erzählt – versenkten sich so in die Leiden Christi, daß sie von seinen Kreuzeswunden gezeichnet wurden. Werden heute nicht Heilige gebraucht, die so tief mit der Welt solidarisch sind, daß sie von ihren Fragen gezeichnet werden, an ihren Wunden mitleiden, ihre Schuld mittragen? Das sind die Wunden Christi, die heute offenstehen.

1.4.3 Für andere dasein, heißt für sie schöpferische Phantasie der Liebe entwickeln

Im Zeichen des Kreuzes Leiden annehmen heißt gerade nicht alles beim alten lassen. Die Auferweckung des Gekreuzigten sagt ja die radikale Erneuerung aller Menschen und Verhältnisse an. Sie bestreitet das lähmende Dogma von der unverbesserlichen Welt und ermutigt, mit einer verbesserlichen Welt zu rechnen, auch gegen alle Erfahrung. Frei sind wir nur, wenn wir hoffen dürfen, wenn wir eine Verheißung haben, die stärker ist als Pessimismus und Zukunftsangst. Angst und Sicherungsbedürfnis werden erfinderisch in Kriegstechnik, Abschreckungsstrategien und Selbstbehauptung in jeder Form. Gottes Verheißung setzt die Phantasie der Liebe frei, die erfinderisch wird für andere und für neue Wege des Zusammenlebens. In unserer Zeit, die uns vor soviel nie gekannte Probleme stellt, brauchen wir die Tugenden schöpferischen Denkens, mutigen Experimentierens, angstfreier Lernbereitschaft. Oft lähmen wir uns, indem wir uns auf das Bild festlegen, das wir uns von anderen machten. Die Hoffnung aber traut dem andern Neues zu, denn sie sieht ihn in den Händen des kommenden Christus, der überraschende Möglichkeiten mit uns hat[11]. Die von der Verheißung Christi inspirierte Liebe wird auch schöpferisch in der Veränderung gesellschaftlicher Verhältnisse. Das haben wir nicht zuletzt aus der Begegnung mit dem Sozialismus gelernt, und dazu fordern die mannigfachen Knechtschaftsverhältnisse in unserer Welt dringlich heraus. „Befreiung durch Christus" bliebe für viele ein leeres Wort, wenn sie nicht Hoffnung gibt auf Befreiung von Hunger, Kriegsterror, Diskriminierung und Ausbeutung. Diese Hoffnung können Menschen vermitteln, die sich in hingebender Liebe und zäher Geduld für andere einsetzen und nicht aufgeben im Kampf um menschlichere Verhältnisse. Dazu will uns Christus befreien, und dazu bedürfen wir der Zusage, die im Auferstandenen gründet, daß trotz aller Erfahrungen des Scheiterns „eure Arbeit nicht vergeblich ist in dem Herrn" (1. Korinther 15, 58).

Das sind einige Hinsichten, in denen die Befreiung durch Christus für unsere Welt wirksam werden will. Die Kirche soll im Dienst des befreienden Christus stehen. Dazu aber bedarf sie selbst der Befreiung. So fragen wir (2.) nach der Befreiung der Kirche zum Dienst.

2. Die Befreiung der Kirche zum Dienst

Ich möchte hier nicht von dem freien Rechtsraum sprechen, den Christen und Kirchen in der Gesellschaft für ihren Dienst brauchen. Die Probleme, die es da gibt, sind bekannt. Elementarer ist die Frage, ob wir in der Freiheit stehen, zu der uns Christus befreit (Galater 5, 1). Die Bibel zeigt, daß Gottes Volk ständig drauf und dran war, selbst seine Freiheit wegzuwerfen[12].

2.1 Wodurch fesseln wir Kirchen in der DDR uns selbst, so daß wir der Befreiung bedürfen?

Von den vielen Fragen, die hier zu stellen sind, möchte ich nur einige herausgreifen:

Warum wirken wir auf viele immer noch wie eine geschlossene Gesellschaft? Warum gelingt uns trotz des Bemühens um missionarische Existenz die grenzüberschreitende Liebe so schwer? Gewiß, für andere dasein heißt nicht wie die andern sein. Warum aber wird unser Anderssein nicht durchsichtiger als Dasein für andere in solidarischer Liebe? Stecken wir nicht immer noch in einer kirchlichen Sprachgefangenschaft? Warum kommt auch bei neuen Übersetzungsversuchen oft nicht mehr heraus als verbale Umkostümierung und statt des befreiend klärenden Wortes nur ein Nachsprechen dessen, was die Welt sich selbst schon sagte?

Haben wir schon ins Freie gefunden aus ängstlichem Bewachen von Traditionsschätzen und aus ebenso ängstlicher Anschlußsuche an den Zeitgeist? Was jeweils in Kirche und Welt als der letzte Schrei gilt, ist gewiß nicht schon der Ruf in die Freiheit. Aber die Losung „Kein anderes Evangelium" ist nur dann biblisch, wenn sie das Evangelium für andere verständlich macht und sich frei von Angst auf geschichtliche Wandlungen einläßt. Müßten wir nicht im Hören auf Gottes Wort frei werden zu einem mündigen Umgang mit der Überlieferung und dem Denken unserer Zeit? Wie weit sind wir wirklich auf dem Weg zur „mündigen Gemeinde"? Erweist sich die Autorität des „Amtes" als Autorschaft von Freiheit und Mündigkeit? Kommt die verschiedene Sachkompetenz von Theologen und Nichttheologen zu fruchtbarem Zusammenspiel? Der Apparat, die Institutionen und Ordnungen der Kirche, sind sie förderlich für Zeugnis und Dienst und das Zusammenwachsen der Kirchen im Bund der Evangelischen Kirchen in der DDR? Wo wirken sie behindernd, wo sind wir gefangen in unzweckmäßigen Strukturen, und warum fallen gerade hier notwendige Änderungen so schwer?

Fehlt es uns nicht an Unbefangenheit im Umgang mit Marxisten und im Eingehen auf unsere sozialistische Gesellschaft? Sind wir ihr gegenüber nicht in Vorurteilen befangen, die zum Teil sicher auch aus unbewältigten Enttäuschungserfahrungen herrühren, und begegnen wir nicht Vorurteilen uns gegenüber, die wir selbst verschuldet haben? Müßten in der Kirche die Fragen des gesellschaftlichen Engagements nicht viel unbefangener diskutiert werden können ohne die Verdächtigungen, die sich gerade dabei so schnell einstellen?

Sind wir nicht befangen in einer falschen Sorge um unsere Identität als Christen und Kirche besonders da, wo es um Mitarbeit an den Sachaufgaben der heutigen Welt geht? Im Zusammenspiel der gesellschaftlichen Kräfte können Christen als Minderheit weder Spielführer sein noch die Spielregeln bestimmen, wir sind Mitspieler unter anderen. Christlicher Dienst wird verwechselbar, und seine Intentionen kommen oft nur gebrochen zum Zuge. So entsteht die oft gestellte Frage nach dem spezifisch Christlichen unseres Dienstes. Sie ist notwendig, sofern sie die Gewissensorientierung am Dienst und Auftrag des Herrn einschärft und wachhält. Ist sie aber darauf aus, daß wir uns unserer Identität aus den Werken versichern, dann macht sie uns unfrei, treibt uns in die Abgrenzung und hindert notwendige Kooperationsbereitschaft. Diese Sorge um die eigene Identität ist eine neue Spielart der Selbstrechtfertigung aus den Werken.

Wo liegt die Wurzel dieser Symptome von Unfreiheit? Kirchen und Christen sind immer dann unfrei, wenn sie meinen, ihre Freiheit in sich selbst zu haben und behaupten zu müssen, statt darauf zu trauen, daß uns die Freiheit vom Herrn zukommt, wenn wir seinem Ruf folgen. Meinen wir, bestimmte Sprachformen, Institutionen und Verhaltensmuster garantierten unsere Freiheit, so verfallen wir der Angst um unsere Freiheit und Identität. Dann wird die Kirche sich selbst zum Hauptthema, und diese Introvertiertheit ist allemal ihre „babylonische Gefangenschaft". „Christus befreit", das muß reformatorisch verstanden werden: Christus *allein* befreit, und allein sein Ruf kann uns freimachen von uns selbst für andere. Sein Wort deckt die Gebundenheiten der Kirche auf und läßt uns an ihren Unverbesserlichkeiten leiden. Unter seiner Verheißung werden wir die Kirche aber gerade bei radikaler Kritik nicht loslassen mit der Hoffnung auf einer verbesserliche Kirche.

2.2   Durch das Wort Jesu Christi wird die Kirche zum Dienst befreit

„Ihr seid zur Freiheit *berufen!*" (Galater 5,13). In dem *Zeugnis* von Christus kommt seine Freiheit zu uns. Eine befreite Kirche werden wir nur als Kirche des Wortes sein.

Daß wir das sind und das befreiende Wort unter uns laut wird, ist alles andere als selbstverständlich. Oft ist die Klage zu hören: Die Predigt der Kirche sagt uns wenig oder nichts, vor allem erreicht sie nicht die Probleme, Fragestellungen und Aufgaben unseres Alltags und der heutigen Welt. Diese Fragen der Alltagspraxis aber, Fragen der Sozialethik und Weltverantwortung sind zu Problemen ersten Ranges geworden. Christen werden nach ihrem *Tun* gefragt, und man hat gesagt, das Christentum sei jetzt in sein ethisches Zeitalter eingetreten.

Hier droht uns eine falsche und verhängnisvolle Alternative gefangenzunehmen. Eine Kirche für andere – so sagen die einen – habe sich ihre Themen von der Tagesordnung der Welt stellen zu lassen, sie habe also zuerst in die heutige Welt hineinzuhören und sich von deren Fragen in Anspruch nehmen zu lassen. Die andern sagen: Soll die Kirche andern wirklich etwas zu geben haben, so muß sie bei ihrem Thema bleiben, dem Wort Gottes[13].

Solange diese beiden Themen *gegeneinander* stehen, solange eine Kluft bleibt zwischen Schriftauslegung und Gegenwart, Wort und Weltwirklichkeit, Hören und Tun, solange wird die Befreiung der Kirche zum Dienst blockiert. Das Wort bleibt der Wirklichkeit fern, der Alltag aber verheißungslos und unser Tun orientierungslos.

Wir müßten das Evangelium neu gewinnen und verstehen lernen als das *aufschluß-reiche* Wort für den Alltag, nicht nur für unseren Privatalltag, sondern den Alltag der Welt. Theologen und Nichttheologen müssen dabei zusammenwirken, damit die Alltagserfahrung des Christen im weltlichen Beruf und die Schriftauslegung des Theologen einander wirklich begegnen und sich gegenseitig aufschlüsseln können. Das konkret befreiende Wort werden wir wohl nur in solchem Gespräch entdecken.

Die Verkündigungsgeschichte des Wortes Gottes vom Alten Testament bis in die Neuzeit zeigt, wie dieses Wort in immer neue Situationen einwanderte, sich in neuen Problemstellungen bewährte und sie als Chancen des Glaubens und Dienens erschloß. Diese geschichtliche Dynamik des Evangeliums will uns aufschließen für unsere Situation. Sie macht lernbereit und führt in die Aufgabe der Situationserkundung. So ist es sachgemäß, daß es in unseren Kirchen seit Jahren einen großen Bedarf an Informationen über unsere Gesellschaft und die Weltprobleme gibt und wir dabei von den Humanwissenschaften (Soziologie, Psychologie, Sozialpsychologie) zu lernen versuchen. Der Ruf Jesu Christi ergeht wohl an den einzelnen, aber an ihn *in* seinen sozialen Verflechtungen und Verpflichtungen, durch die er tätig und leidend in das Zeitgeschick hineingebunden ist. Eine individualistische Theologie hat das oft übersehen. Wenn daher gefragt wird nach den heutigen Gesellschaftsstrukturen, dem Urbanisierungsprozeß, den Problemen der Entwicklungsländer und des Rassismus, so *ist* die Kirche bei ihrem Thema. Denn die solidarische Liebe *muß* so fragen, und Situationserkundung gehört zum Dienst am Wort.

Nur wenn wir uns auf unsere gesellschaftliche Situation wirklich einlassen, werden wir die befreiende Kraft des Wortes erfahren. Denn *da* will es uns von lähmender Schuld und deprimierenden Erfahrungen freisprechen, unser Leben mit Verheißung erfüllen und uns zum Tun der Liebe anleiten.

Seit einiger Zeit wird öfter die Forderung nach einer „DDR-spezifischen Theologie" laut. Wir sollten darin die Anfrage hören, ob wir uns als Kirche der spezifischen Situation unserer Gesellschaft wirklich stellen. DDR-Spezifik kann aber kein eigenes Thema und selbständiges Anliegen *neben* dem Evangelium und seiner Bezeugung sein. Auch nicht dergestalt, daß man eine sozialistische Analyse und Deutung der Situation übernimmt und das Evangelium unkritisch auf solche vorgefaßten Gesellschaftsdiagnosen aufstockt oder in vorentschiedene Handlungskonzepte einpaßt. Eine voraussetzungslose Erkenntnis der Situation gibt es überhaupt nicht. Welche Fragen man stellt oder abblendet, was man für vorrangig hält, das hängt weitgehend von Vorentscheidungen und Interessen ab, die man schon mitbringt. Und es gibt bei Christen und Nichtchristen ein Gefangensein in Vorurteilen und Blickverengungen, die blind machen für das, was wirklich dran ist. So werden Christen versuchen, im Hören auf das Wort Christi den freien Blick für die Situation zu gewinnen und von daher auszumachen, wo und wie es zu handeln und zu reden gilt. Solche Sicht der Situation ist im Gespräch mit anderen Situationsdeutungen zu überprüfen und zu bewähren.

Das Wort Jesu Christi will aber die Situation nicht nur *deuten*, sondern verändern. Es paßt sich nicht ein in Kirche und Welt, damit sie getrost bleiben können, was sie sind. Es will sie wandeln, damit sie werden, was ihnen verheißen ist. Denn dieses Wort bezeugt die *schöpferische* Liebe Gottes (vergleiche 1.4.3). Den Ruf in die Freiheit hören, das heißt für die Kirche, sich den Wandlungen aussetzen, in die uns dieser Ruf hineinziehen will. Es heißt vor allem, sich in die Sendungsbewegung des Evangeliums hineinnehmen lassen.

Der Ruf Christi ist sein Sendungswort, und wir können in der Freiheit nur „*bestehen*" (Galater 5,1), wenn wir uns zur Sendung *bewegen* lassen.

Über die „missionarische Gemeinde" ist im letzten Jahrzehnt soviel Gutes gearbeitet und gesagt worden, daß ich mich auf eine Bemerkung beschränken will: Wir haben erkannt, daß Kirche nicht nur Mission *treibt*, sondern Mission *ist*. Der Sendungsauftrag ist also nicht nur eine Frage nach den Strukturen und Aktionen der Kirche, sondern nach ihrem *Sein*. Ein Afrikaner soll zu einem Missionar gesagt haben: „Was du bist, redet so laut, daß ich nicht hören kann, was du sagst." Sprechen unser Gemeindeleben, unser Gebaren als Kirche, unsere christliche Existenz von der Befreiung durch Christus, oder widersprechen sie ihr? In unserer säkularen Gesellschaft kann sich die Kirche nicht mehr auf einen Vorschuß an Vertrauen und eine Vorgabe an institutioneller Autorität stützen. Nur was wir selber leben, wird Gehör finden. Das aber zeigt, in welcher Tiefe die Befreiung der Kirche zum Dienst ansetzen muß, damit wir tauglich werden für den Dienst der Befreiung.

3.   Die Kirche im Dienst der Befreiung

Hier möchte ich einige Hauptgedanken des ersten Teils weiterführen und konkretisieren.

3.1 Mündige Mitarbeit in der sozialistischen Gesellschaft

Ich sprach von der Sendung der Kirche und der Christen durch Christus. Diese Sendung ist nicht auf das Wortzeugnis zu verengen. Der *ganze* Dienst des Christen in allen Lebensbereichen will aus der Sendung Jesu

Christi begriffen und gelebt sein. Hier liegt eine entscheidende Weichenstellung besonders für die gesellschaftliche Mitarbeit des Christen. Die Erwartung unseres Staates an die Christen lautet freilich anders. So kann man hören, unbeschadet seiner religiösen Überzeugung solle sich der Christ in seinem gesellschaftlichen Engagement ganz von der sozialistischen Gesellschaftslehre und Geschichtsschau leiten lassen. Zwar kann der Christ aus seinem Glauben Gesinnungsimpulse mitbringen, inhaltlich normativ für sein gesellschaftliches Handeln aber soll allein der Sozialismus sein. Zumal er ja die ursprünglichen christlichen Ideale verwirkliche und also von sich aus vollziehe, was ein Christ gesellschaftlich berechtigter Weise wollen kann. Die religiöse Betätigung hat im privaten Freizeitbereich Raum und Recht. In der Gesellschaft aber und für ihre Aufgaben wird das Evangelium abgelöst, gleichsam in den Ruhestand versetzt, emeritiert. Dem können wir ganz schlicht darum nicht zustimmen, weil der Herr Christus nicht im Gehen, sondern im Kommen ist, und sein Wort gerade in der Gesellschaft befreiende und orientierende Kraft erweisen will.

Theologisch haben wir wohl die „beiden Reiche" zu unterscheiden, wir können uns aber nicht auf eine neue *Trennung* der „beiden Reiche" zurückziehen[14]. Sie würde jener gesellschaftlichen Emeritierung des Evangeliums zwar am glattesten entsprechen, indem sie die Kompetenz auf das Gottesverhältnis des einzelnen beschränkt und die politische Vernunft und Praxis auf sich selber stellt. So aber würden wir das Evangelium der Freiheit zum Freizeitevangelium verfälschen und es in dem Mißverständnis gefangenhalten, es diene der religiösen Selbstentfremdung statt der Befreiung des Menschen in der Gesellschaft. Als käme die politische Vernunft zu ihrer Mündigkeit in der Befreiung *von* Christus statt in der Befreiung *durch* ihn.

Was aber heißt das: Leben und Mitarbeit in der sozialistischen Gesellschaft aus der Sendung Jesu Christi verstehen?

Es heißt vor allem: Wir dürfen *glauben,* daß auch die sozialistische Gesellschaft unter der Herrschaft des befreienden Christus ist. Gegen das sozialistische Selbstverständnis dürfen wir damit rechnen, daß unsere Gesellschaft unter der Verheißung des Auferstandenen Verheißung hat und von dem Gekreuzigten in Dienst genommen wird.

Weder von Sozialisten noch von Antikommunisten können wir es uns nehmen lassen, unsere Gesellschaft im Licht der Christusverheißung zu verstehen. So werden wir frei von der Fixierung auf ein Selbstverständnis des Sozialismus, das nur noch ein pauschales Ja oder ein ebenso pauschales Nein zuläßt. Christus befreit aus der lähmenden Alternative zwischen prinzipieller Antistellung und unkritischem Sich-vereinnahmen-lassen zu konkret unterscheidender Mitarbeit. Das ist gerade nicht eine Ideologie des Sich-Heraushaltens oder eines dritten Weges. Es ist der Weg einer aus Glauben mündigen Mitarbeit, die von einer besseren

Verheißung getragen ist, als der Sozialismus sie geben kann, die einen verbindlicheren Auftrag kennt, als Menschen ihn erteilen können, und die darum konkret engagiert ist.

Der Sozialismus ist angetreten mit dem Protest und Kampf gegen das Elend des Menschen unter knechtenden Verhältnissen und mit dem Anspruch, alle Selbstentfremdung und Knechtschaft abzuschaffen und das Reich der Freiheit zu bringen. Kreuz und Auferweckung Christi machen uns kritisch gegen diesen übersteigerten Anspruch (vergleiche 1.1). Aber gerade der befreiende Christus, seine Solidarität mit den Leidenden, seine Verheißung der Freiheit nötigt uns, den sozialistischen Protest gegen das Elend des Menschen aufzunehmen und mitzuarbeiten an der Aufgabe, unmenschliche Verhältnisse zu wandeln, bessere Gerechtigkeit und Freiheit zu verwirklichen (vergleiche 1.4.2 und 1.4.3). So werden sich Christen überall engagieren, wo es gilt, die sozialistische Gesellschaft als gerechtere Form des Zusammenlebens aufzubauen und in ihren Wirtschafts- und Gesellschaftsstrukturen dem Menschen zu dienen.

Die Aufgabe, gegen Unfreiheit und Ungerechtigkeit zu kämpfen, bleibt auch in unserer Gesellschaft, denn die Geschichte steht unter dem Kreuz. Aber diese Aufgabe ist sinnvoll, denn die Geschichte steht unter der Verheißung des befreienden Christus. Diese Verheißung trägt gerade auch da, wo die sozialistische Gesellschaft enttäuscht und das sozialistische Ziel entstellt oder unkenntlich wird.

Eben weil wir dem Sozialismus das Reich der Freiheit nicht abfordern müssen, treiben uns solche Erfahrungen nicht in die billige Totalkritik, die Ideal und Wirklichkeit des Sozialismus vergleicht und sich zynisch distanziert. Unter der Verheißung Christi werden wir unsere Gesellschaft nicht loslassen mit der engagierten Hoffnung eines verbesserlichen Sozialismus.

Sind das zu große Worte für die Christen, die sich im Alltag der Gesellschaft täglich zu bewähren haben? Wie bringen wir die Kraft, die Investition an Nerven und Zeit auf, die für eine mündige Mitverantwortung nötig sind? Wir spüren die Herausforderung, zum Beispiel in Diskussionen profilierte Meinungen zu vertreten, konstruktiv und kritisch in Aktionen und Organisationen mitzuarbeiten und sie so mitzugestalten, intensiver für Benachteiligte einzutreten. Wie aber ist das durchzuhalten? Zeigen nicht auch einige Erfahrungen, daß eine eigenprofilierte Mitarbeit und Initiative von Christen offenbar unerwünscht ist?

Wenn uns aber der befreiende *Christus* in die mündige Mitarbeit ruft, könnten wir dann nicht diesen Ruf – statt als harte Forderung – als „frohe Befreiung zu dankbarem Dienst" (Barmer Theologische Erklärung, These II) hören? Christus befreit auch von erdrückenden Totalforderungen zu der Weisheit, die unterscheidet, was jeweils zur Zeit und Stunde geboten ist (Prediger 3, 1-8), wo ich also zu reden habe und wo ich schweigen darf, wo ich gefordert bin und wo andere dran sind, wo ich mich einsetzen muß und wo ich mich zurückhalten kann. Er befreit auch von der Diktatur ethischer Prinzipien zum verantwortlichen Kompromiß. Könnten wir im Rechnen auf Christus aber nicht auch frei werden von skeptischen Vorurteilen und neue Chancen mündiger Mitarbeit entdecken: im Gespräch mit Menschen, die wir für hoffnungslos festgelegt hielten; im Eintreten für vernünftige Sachentscheidungen; auch in gesellschaftlichen Organisationen, in denen sich Möglichkeiten eines konkreten, sinnvollen Dienstes auftun können? Christus befreit zur grenzüberschreitenden und mit den Leidenden solidarischen Liebe. Darum wird sich mündige Mitverantwortung darin zeigen, daß wir uns zum Mund der Schwachen und Benachteiligten machen. Das gilt für die Nächsten in unserer Gesellschaft, die unter Leistungsforderungen und ideologischen Kriterien als Menschen ohne gesellschaftlichen Nutzwert erscheinen und so im Schatten stehen, benachteiligt oder übersehen werden. Das gilt für die fernen Nächsten, besonders für die sogenannte Dritte Welt. Es braucht hierzu nicht wiederholt zu werden, was schon oft ausgesprochen wurde. Die Forderung, daß mehr getan werden muß an praktischer Hilfe und öffentlicher Meinungsbildung in Kirche und Gesellschaft, bleibt dringlich bestehen. Parteilichkeit im Namen des befreienden Christus ist Parteinahme für die Notleidenden und Unterdrückten. So schließt sie dann auch Parteinahme für die politischen Konzepte ein, die ihnen am besten helfen. Das bedeutet für viele Entwicklungsländer die Entscheidung für sozialistische Gesellschaftsmodelle und jedenfalls gegen neokolonialistische Abhängigkeit und Ausbeutung. Diese Parteinahme für politische Programme darf sich aber nicht selbstzwecklich in den Vordergrund schieben, sondern muß auf die Menschen bezogen sein, denen sie dienen soll.

Um der mündigen Mitarbeit willen wäre es wichtig, wenn unsere Gesellschaft den Spielraum an offener Diskussion erweitert. Verantwortliche Mitarbeit wird angestrebt. Würde die Bereitschaft dafür aber nicht wachsen, wenn auch „heiße Eisen" offener diskutiert werden könnten, wenn Andersdenkende nicht sogleich als Falschdenkende behandelt würden, die erzogen und geschult werden müssen, sondern wenn man sie als mündige Partner achtete? Würde die Partei in ihrer führenden Rolle nicht an Autorität gewinnen, wenn diese Autorität mehr als Autorschaft von Freiheit und als Hilfe zu mündiger Selbstverantwortung erkennbar würde? Wir bejahen das Anliegen, alle Glieder und Gruppen der Gesellschaft zur Wahrnehmung der gemeinsamen Verantwortung zu vereinen. Ein Pluralismus als Ideologie der Unverbindlichkeit entspricht nicht christlicher Mündigkeit.

Gemeinsamkeit aber kann nur wachsen, wo Vertrauen gewährt, der andere partnerschaftlich respektiert wird und sich alle Standpunkte in offener Diskussion durch Argumente bewähren müssen. Ist es nicht lebenswichtig für die Zukunft des Sozialismus, daß er solche Mündigkeit anstrebt und fördert? Mündige Mitarbeit setzt Urteilsfähigkeit durch Information voraus. Das ist zuerst eine Frage an uns selbst: Ist unser Informationsinteresse so wach, wie es einer mit der Welt solidarischen Liebe entspricht? Das ist aber auch eine Frage an unsere Gesellschaft. Müßte nicht umfassender, differenzierter und sachlicher informiert werden? In der immer komplizierter werdenden Welt bedeutet Besitz von herrschafts- und planungswichtiger Information Macht und Entscheidungsfähigkeit. Soll es zu mündiger Mitverantwortung kommen, so muß Information die eigene Urteilsbildung der Menschen ermöglichen. Nur so kann doch die Losung „Arbeite mit, plane mit, regiere mit!" verwirklicht werden.

Um der mündigen Mitarbeit willen wäre es in der *Kirche* wichtig, daß sie dem einzelnen mehr Hilfe dafür gibt. Sie sollte ihm für seinen Dienst in der Gesellschaft das klärende, beratende und ermutigende Gespräch bieten und eine Gemeinschaft, die ihn trägt.

Vor allem aber müßte die Kirche das Beispiel einer Institution und Gemeinschaft geben, in der mündige Mitverantwortung und offenes freies Gespräch zwischen verschiedenen Meinungen eingeübt und gelebt wird. Bei der Vielheit von Theologien, Frömmigkeitsstilen und Gemeindekonzeptionen tun wir uns schwer damit, freiheitliche Partnerschaft und Respektierung des anderen Gewissens mit der gemeinsamen Verantwortung vor dem Herrn zu verbinden. Der Weg in eine liberalistische Beliebigkeit des Meinens, Redens und Tuns steht der Kirche ebensowenig offen wie dem Sozialismus. Andererseits werden unsere Satzungen und Satzwahrheiten aber relativiert von dem Herrn, der die Wahrheit ist und in alle Wahrheit leitet.

So könnte es in der Kirche eine kritische Öffentlichkeit, eine Stätte des freien Wortes, eine Offenheit für radikale Fragen und angstfreie Lernbereitschaft geben. Das wäre ein eminent wichtiger Beitrag zur mündigen Mitverantwortung in der Gesellschaft.

3.2 Befreite Menschen in Arbeit und Freizeit

Arbeit, Produktion, technisch-wissenschaftliche Leistung haben in unserer Gesellschaft einen besonders hohen Stellenwert. Dahinter stehen einsichtige und unabweisbare Notwendigkeiten und Ziele, denen sich Christen im Beruf nicht entziehen.

Es gehört zu den Kernzielen des Sozialismus, die Selbstentfremdung und Ausbeutung des Menschen in der Arbeit aufzuheben, die Arbeit zum sinnvollen, freien und vor allem mitmenschlichen Werk des Menschen zu machen. Dieses Ziel und alles, was daraufhin in unserer Gesellschaft getan wird, ist nur zu bejahen. Christen werden dazu mithelfen, daß Mitmenschlichkeit am Arbeitsplatz herrsche; der Arbeitende nicht nur als Mittel zum Zweck der Planerfüllung gesehen werde und er nicht nur Objekt, sondern mitverantwortliches Subjekt der Planung sei; daß bei Ausbildung und Berufswahl klare Fähigkeiten und Neigungen angemessen berücksichtigt werden.

Auch marxistische Autoren weisen darauf hin, welche Schwierigkeiten diesem Ziel einer Vermenschlichung der Arbeit in der heutigen hochspezialisierten und automatisierten Arbeitswelt entgegenstehen[15]. Gerade weil Christen von der Arbeit nicht das Heil und die Sinnerfüllung ihres Lebens erwarten müssen, können sie sich diesen Schwierigkeiten nüchtern stellen und Ja dazu sagen, daß auch in der sozialistischen Gesellschaft Selbstentäußerung zur Arbeit gehört und Selbstverwirklichung in vielen Berufen nur stückweise oder gar nicht möglich ist. Empfangen wir Freiheit und Lebenssinn aus der Liebe Jesu Christi, so macht sie frei zur Hingabe und Selbstentäußerung auch in der Arbeit.

Das kann besonders für Christen wichtig werden, die nicht zu den Berufen zugelassen werden, die ihren Fähigkeiten und Neigungen entsprechen. So bitter das für sie ist, in der Nachfolge Christi, der aus Freiheit zum geringsten Diener aller wurde, kann gerade solch ein Weg Sinn empfangen.

Von der Befreiung durch Christus her müssen wir freilich der Behauptung widersprechen, daß der Mensch durch die Arbeit zum Menschen werde, die Arbeit Sinnerfüllung seines Lebens sei und darum zu seinem ersten Lebensbedürfnis werden müsse. Um der wirklichen Freiheit des Menschen willen müssen wir dem widersprechen. Denn in diesem Denken wird der Mensch zum Gefangenen seiner eigenen Leistungsmentalität, in der er sich selbst überfordert und vor dem Nichts steht, wenn er nichts mehr leisten kann oder keine Anerkennung findet. Da sind die Leistungsschwachen, Kranken und Alten der Sinnlosigkeit ausgeliefert, auch wenn sie sozial vorbildlich versorgt werden. Das Leistungsprinzip hat seine begrenzte gesellschaftliche Funktion, wo es aber *regiert*, da ist der Mensch in Gefahr, an seinem Nutzwert gemessen, prinzipiell ersetzbar und letztlich verdinglicht zu werden. Darüber will die Befreiung durch Christus hinausführen. Seine Verheißung des Reichs der Freiheit orientiert uns an der Vision einer Gesellschaft, wo der Mensch nicht nach seinen Leistungen und Fähigkeiten eingestuft, sondern aus Liebe bejaht wird und aus ihr seine Würde empfängt[16].

So wirft die Befreiung durch Christus auch neues Licht auf unsere Freizeit. Fachleute meinen, daß der Freizeit immer größere Bedeutung für Mensch und Gesellschaft zukommen wird. Auf der Weltkirchenkonferenz in Uppsala 1968 wurde gesagt, „daß der Gebrauch, den die Gesamtheit von ihrer Freizeit macht, sehr wohl eine Kultur erhalten oder zerbrechen kann"[17]. In diesem Zusammenhang beginnen wir das biblische Angebot des Sabbat, des Ruhetages neu zu begreifen. Wir werden aufmerksam darauf, daß der Protestantismus zwar ein Arbeits- und

Berufsethos entwickelt hat und jüngst eine Ethik der Weltveränderung in Angriff nahm, daß er aber wenig zur Freizeit, zur Feier und Festlichkeit zu sagen wußte.

Eben weil wir auf die Tugenden Fleiß und Nüchternheit, auf die Werte Nützlichkeit und Berufserfolg, auf Konsum, aber nicht auf schöpferische Phantasie eingetrimmt sind, wird Freizeit oft zur leeren, totgeschlagenen Zeit, oder sie dient nur dazu, für neue Arbeit „fit" zu werden. Könnte uns das Evangelium der Freiheit nicht zu einem neuen Verständnis und Gebrauch der Freizeit helfen? Sein lösendes Wort kann gelöste Menschen machen, die ihre Probleme nicht verdrängen müssen, sondern sich mit ihnen angenommen und getragen wissen und darum vergnügt feiern können. So könnten uns im Freizeitraum neue Kräfte des Vertrauens und der Mitmenschlichkeit, der Freude und Hoffnung zuwachsen.

Hier stellen sich auch Fragen an unser Kirchenverständnis, speziell an unsere Konzepte von missionarischer Gemeinde. Sind wir nicht in Gefahr, beim Abbau der Betreuungsstrukturen kurzschlüssig Aktivierungsstrukturen an die Stelle zu setzen, einen kleinbürgerlich beschaulich-erbaulichen Versammlungsstil durch einen sozialethisch engagierten Lebensstil zu ersetzen und mit Glauben in eins zu setzen? An die Stelle der Volkskirche träte eine Art Sendungselite, die Kirche würde unter Zweck- und Nutzkategorien verrechnet, die Leistungsmentalität begönne in ihr zu herrschen. Solch ein Konzept kann blind machen für heute fällige Funktionen der Kirche und für berechtigte Erwartungen von Menschen, die an der Gemeinde teilnehmen möchten, ohne sogleich vereinnahmt zu werden. Die Gemeinde des befreienden Christus sollte nicht nur Rüststätte, sondern auch Raststätte sein. Der unter Leistungsdruck und Qualifizierungsanforderungen stehende Mensch sollte in ihr sein Angenommensein erfahren, ohne wiederum nach frommer Leistung, kirchlicher Brauchbarkeit und Schulungsfähigkeit eingestuft zu werden. Das „Kirchspiel" könnte Spielraum der Freiheit sein, wo man Christus als dem „Freudenmeister" (Evangelisches Kirchengesangbuch 293) begegnet. Wohlgemerkt nicht in einem windstillen Abseits der Geschichte und Gesellschaft, sondern in Hautnähe zu ihren Konflikten und bedrängenden Aufgaben.

Auf dem Wege zum Kreuz hat Jesus mit den Seinen Mahlfeiern gehalten, die eine Vorfeier des Reiches der Freiheit waren. Er will den Mühseligen und Beladenen ein so befreiendes Fest geben, daß er dann sagen kann: „Mein Joch ist sanft und meine Last ist leicht" (Matthäus 11, 30). So würden Freizeitraum und Gemeinde nicht Fluchtstätte aus dem Druck des Alltags, sondern Starthilfe zu neuer Sendung. In diesem Sinn hat die Kirche guten Grund, den Freizeitraum, den ihr die Gesellschaft anweist, als Dienstchance anzunehmen, um sich dort als Lebenshilfe für andere zu bewähren.

3.3 Im Herrenmahl bündeln sich die Freiheiten, die Christus austeilt

Damit sind nur einige Konkretionen unseres Themas angesprochen.
Weitere dringliche Fragenbereiche wären zum Beispiel die Erziehung
zur Freiheit und die Freiheit in der Erziehung oder das Problem des
Schwangerschaftsabbruches, mit dem sich ein Ausschuß befassen soll.
Welches Licht unser Thema auf diese letzte Frage wirft, ist im Arbeits-
titel dieses Ausschusses angedeutet: Christus befreit, indem er uns Menschen annimmt. Daraus erwächst die Freiheit und Aufgabe, werdendes
und geborenes Leben anzunehmen.
Ich darf schließen mit einem Hinweis auf das Herrenmahl, das eben
schon anklang. Es ist die Feier der Befreiung, und es wäre gut, wenn das
auch in unseren Formen, es zu feiern, deutlicher würde. Im Herrenmahl
bündeln sich die Freiheiten, die Christus austeilt. In dieser Tischgemeinschaft nimmt er die versagenden Jünger an. In dieser Tischrunde ist
jeder mündig. Zu ihr lädt die grenzüberschreitende Liebe und vereinigt
die Getrennten. Sie ist das Mahl des leidenden Herrn, der mit den Be-
drängten solidarisch wird, und das Mahl des Auferstandenen, der zu
neuem Tun sendet. Sie ist das Mahl des kommenden Herrn und die Vorfeier des Reiches der Freiheit mitten in der Geschichte.

Anmerkungen

[1] Römer 8, 18 ff. sieht Paulus die Welt, die unter der „Herrschaft der Vergäng-
lichkeit" um ihre Freiheit kämpft, im Hoffnungslicht der „herrlichen Freiheit" der Söhne Gottes". In der Auslegung dieses Textes schreibt E. Käsemann: „So ist die Welt ständig im Exodus, ohne den Ausweg zum Heil zu finden." Und: „Der Gemeinde, die aus der Verheißung als der Kehrseite des
Evangeliums lebt und deshalb Trägerin gewisser Hoffnungen ist, erscheint
die Unruhe der Welt als Weg in der Welt noch verborgener Hoffnung sinnvoll." Der gottesdienstliche Schrei nach Freiheit, in: Festschrift für Ernst
Haenchen, 1964, S. 146.

[2] Mehrere Autoren haben in jüngster Zeit versucht, die Botschaft des N.T.
unter dem Leitbegriff der Freiheit für unsere geschichtliche Situation auszulegen. So z. B. die evangelischen Theologen E. Käsemann, Der Ruf der Freiheit, 4. Auflage, Tübingen 1968; J. Moltmann, Die Revolution der Freiheit,
in: Perspektiven der Theologie, München 1968; der Erfurter katholische
Theologe H. Schürmann, Die Freiheitsbotschaft des Paulus – Mitte des
Evangeliums?, in: Catholica, Münster 1971.

³ Gal. 4, 4 f. Der Begriff des „Annehmens" anderer Menschen hat eine biblisch-theologische Wurzel. Jesus „nimmt die Sünder an", Luk. 15, 2 (vgl. EKG 268). Der Begriff spielt in der Psychologie und Psychotherapie eine wichtige Rolle. Kein Mensch kann leben und sich entfalten, ohne daß er von anderen bejaht, angenommen wird. Von diesen Erkenntnissen angeregt wird der Begriff heute in der Theologie gern verwandt, um die Rechtfertigungsbotschaft in ihrer fundamentalen und zentralen Bedeutung für den Menschen zu verdeutlichen. Der Begriff zeigt zugleich, daß unsere Annahme durch Christus untrennbar damit zusammengehört, daß wir einander annehmen (vgl. Röm. 15, 7).

⁴ In dem Begriff Autonomie stecken die Worte Selbst (griechisch: autos) und Gesetz (griechisch: nomos).

⁵ Martin Niemöller hat die seither oft zitierte These aufgestellt, im Unterschied zur Reformationszeit frage der heutige Mensch nicht nach dem „gnädigen Gott", sondern nach dem „gnädigen Nächsten".

⁶ Damit ist auf I. Kants Definition der Aufklärung in seiner Schrift „Was ist Aufklärung?" angespielt. Aufklärung ist der „Ausgang des Menschen aus seiner selbstverschuldeten Unmündigkeit". Kants Formel für Mündigkeit lautet: „Habe den Mut, dich deines eigenen Verstandes zu bedienen." Die Befreiung durch Christus schließt Aufklärung positiv ein. Denn die Offenbarung Gottes deckt kritisch den geschichtlich relativen Charakter aller in der Welt vorfindlichen Mächte auf und entkleidet sie ihres Absolutheitsanspruches. Aufklärung ist eine Tat der Selbstbefreiung des Menschen, zu der er aber selbst befreit werden muß, um nicht wiederum der Vergötzung und Verabsolutierung innergeschichtlicher Größen zu verfallen (vgl. die nachaufklärerische Vergötzung von Wissenschaft, Profit, Nation usw.).

⁷ Beides ist zusammengefaßt in dem neutestamentlichen Wort Parrhäsia, das zugleich Freiheit und Mündigkeit, etwa „Freimut" bedeutet. Es bezeichnet sowohl das freie Aussichherausgehenkönnen im Gebet vor Gott, wie das freimütig offene Wahrheitszeugnis vor den Menschen (Hebr. 4, 16; 10, 19; Apg. 4, 13. 29).

⁸ E. Bethge, Dietrich Bonhoeffer, eine Biographie, S. 1038.

⁹ Nach Gal. 4, 26 haben wir die Freiheit als Kinder des „Oberen", des kommenden Jerusalem, also als Bürger der freien Stadt Gottes (griechisch: polis). Die Freiheit der Kinder Gottes ist also Polis-Freiheit, nicht Privatfreiheit, sie hat politischen Charakter. „Niemand ... soll glauben, er besitze die eschatologische Freiheit für sich allein; man hat sie immer nur zusammen mit anderen Kindern dieser Mutter, als Glied dieser Polis. Gedanken des klassischen Griechentums, das Freiheit zunächst als politische Freiheit, in der Polis gewährt, gedacht hat, und heutige Erkenntnisse, die darauf sistieren, daß Freiheit Gegebenheit einer sozialen Ordnung ist, kommen hier bei Paulus formal ins Wort." H. Schürmann, a. a. O., S. 36.

¹⁰ „Erst in der Gemeinschaft wird also die persönliche Freiheit möglich ... In der wirklichen Gemeinschaft erlangen die Individuen in und durch ihre Assoziation zugleich ihre Freiheit." Philosophisches Wörterbuch, Art. Freiheit, 1. Bd., 377.

¹¹ Nach Röm. 8, 29 sollen wir gleichgestaltet werden dem Bilde des Sohnes Gottes. Diese Verheißung bricht die Gefangenschaft in den Bildern auf, die wir durch Worte und Taten von uns selber aufbauen, und die wir uns von anderen machen, um sie darauf festzulegen.

¹² Nach der Befreiung aus Ägypten stand das Volk Israel in der Wüste gegen Mose auf: Lieber den Exitus in die ägyptische Knechtschaft als den Exodus in diese Freiheit! (2. Mose 16, 3). Die Gemeinden des Galaterbriefes fanden das knechtende Joch des Gesetzes begehrenswerter als die Christusfreiheit

(Gal. 3, 1 f.; 4, 8-11). Christen in Korinth mißbrauchten die Freiheit zur religiösen Selbsterbauung auf Kosten der Brüder (1. Kor. 8, 9-11; 14, 1-5).

[13] In der theologischen Diskussion entspricht dem der Gegensatz, der zwischen einer „Theologie des Wortes" einerseits und einer „Theologie der Welt", einer „politischen Theologie" und einer „Theologie der Revolution" andererseits aufgebrochen ist.

[14] Luther lehrte die Unterscheidung des „geistlichen" und des „weltlichen Regiments". Das Verständnis dieser Lehre ist in der Theologie sehr umstritten. Unbestritten ist, daß Luther die Bereiche weltlicher Verantwortung von der Herrschaft und Bevormundung durch die Kirche befreien wollte, jedoch nicht, um sie einer Eigengesetzlichkeit zu überlassen, sondern um die Glaubenden in diesen Bereichen der Herrschaft des dreieinigen Gottes zu unterstellen. Christus befreit den Menschen durch den Glauben zu einem rechten, d. h. sachlichen und an dem Liebesgebot Christi orientierten Vernunftgebrauch, damit der Mensch in Familie, Beruf und Gesellschaft Nachfolgegehorsam bewähre.

Die Barmer Theologische Erklärung von 1934 war in ihrer Situation genötigt, einer Trennung der beiden Reiche zu wehren und die „falsche Lehre" zu verwerfen, „als gäbe es Bereiche unseres Lebens, in denen wir nicht Jesus Christus, sondern anderen Herren zu eigen wären, Bereiche, in denen wir nicht der Rechtfertigung und Heiligung durch ihn bedürfen" (These 2). Gegen eine Trennung der beiden Reiche wurde gesagt: „Wie Jesus Christus Gottes Zuspruch der Vergebung aller unserer Sünden ist, so und mit gleichem Ernst ist er auch Gottes kräftiger Anspruch auf unser ganzes Leben" (These 2). Der Staat hat nach göttlicher Anordnung die Aufgabe, in der noch nicht erlösten Welt, in der auch die Kirche steht, „nach dem Maß menschlicher Einsicht und menschlichen Vermögens unter Androhung und Ausübung von Gewalt für Recht und Frieden zu sorgen". Die Kirche aber hat den Auftrag, in ihrer Verkündigung zu erinnern „an Gottes Reich, an Gottes Gebot und Gerechtigkeit und damit an die Verantwortung der Regierenden und Regierten" (These 5).

Luthers Unterscheidung der beiden Reiche wird heute vielfach in der Unterscheidung von Heil und Wohl und im Eintreten des Glaubens für eine vernünftige Sachlichkeit aufgenommen. Damit daraus nicht eine Trennung werde, muß aber notwendig nach der Beziehung zwischen Heil und Wohl und nach der Zielorientierung des Sachverstandes, der aus sich selber zielblind ist, gefragt werden.

In der CDU-Presse und in anderen DDR-Veröffentlichungen gab es in den letzten Jahren wiederholt Ausführungen, die faktisch auf eine Trennung der beiden Reiche hinauslaufen. Mit der Teilwahrheit, daß sich der Christ in Gesellschaft und Politik menschlicher Einsicht und sachverständiger Vernunft zu bedienen hat, wird die These begründet, daß sich der Christ in seinem gesellschaftlichen Engagement, im Einsatz für den Frieden, in der Parteinahme für den Sozialismus und in der Sicht der weltgeschichtlichen Entwicklung vom dialektischen historischen Materialismus leiten zu lassen habe. Theologische Korrektur und Kritik der herrschenden sozialistischen Konzeption wird abgewehrt und die inhaltliche Relevanz des Evangeliums für die gesellschaftlichen und politischen Entscheidungen verdunkelt (vgl. u. a. Neue Zeit vom 5. 12. 1970, S. 5, und vom 19. 12. 1970, S. 5). Der Christ wird jedoch auch in gesellschaftlich-politischen Fragen jeweils konkret und kritisch zu prüfen haben, wie sich sozialistische Einsichten, Zielsetzungen und Entscheidungen zu dem Dienst für den Menschen verhalten, in den uns Christus durch das Evangelium ruft.

[15] Vgl. u. a.: Der Mensch und seine Arbeit, Soziologische Forschungen, Dietz-Verlag, Berlin/DDR 1971. Das Autorenkollektiv dieses Buches wertet soziologische Untersuchungen unter Leningrader jungen Arbeitern aus.

[16] Vgl. Matth. 20, 1-16, das Gleichnis von den Arbeitern im Weinberg.

[17] Das Zitat lautet vollständig: „Für einen einzelnen mag es ziemlich unwahrscheinlich klingen, daß die Zukunft der Zivilisation davon abhängt, wie er seine Freizeit gebraucht oder mißbraucht. Aber es leuchtet ein, daß der Gebrauch, den die Gesamtheit von ihrer Freizeit macht, sehr wohl eine Kultur erhalten oder zerbrechen ... kann." Zitiert nach W. Dignath, Der biblische Ruhetag – Urmodell humaner Daseinsstruktur, in: Stimme 23/1971, S. 357.

Der christliche Glaube und die Ideologie des real existierenden Sozialismus

Ein Beitrag zur Klärung der Problemlage im DDR-Kirchenbund 1976

Diese Arbeit wurde 1976 verfaßt. Sie reflektiert die Problemlage, der der Bund der Evangelischen Kirchen in der DDR in den Jahren nach dem VIII. Parteitag der SED von 1971 gegenüberstand. Die Veränderungen, die nach dem zwei Jahre später geführten Gespräch zwischen dem Staatsratsvorsitzenden Erich Honecker und dem Vorstand des Kirchenbundes vom 6. März 1978 erkennbar wurden, sind hier also nicht einbezogen. Die Arbeit ging in ein Papier des Ausschusses Kirche und Gesellschaft des Kirchenbundes ein, das auf zwei von der Bundessynode gestellte Fragen antwortete: Wie wird das Evangelium über die Motivation hinaus für das Engagement des Christen im gesellschaftlichen Leben wirksam? Wie ist das Verhältnis des christlichen Glaubens zu Ideologien zu bestimmen?

Das Verhältnis des christlichen Glaubens zu Ideologien läßt sich nur konkret bestimmen. Ideologien sind – in einem allgemeinsten und formalsten Sinn genommen – Systeme gesellschaftlichen Denkens, die von einer bestimmten gesellschaftlichen Gruppe vertreten werden, ihre Interessen und Hoffnungen bündig aussprechen und die Strategie ihres politischen Handelns angeben. Daher ist konkret und situationsbezogen zu ermitteln, wie sich die christliche Gemeinde zur Ideologie ihrer Gesellschaft verhält. Auch die Ideologie des Marxismus-Leninismus hat sich längst plural ausdifferenziert. Was christliche Basisgemeinden und Befreiungstheologen in Lateinamerika über ihr Verhältnis zum Marxismus sagen, kann von Christen in der DDR für ihre Situation keineswegs einfach übernommen werden, und umgekehrt. Wir sprechen daher von dem in der DDR real existierenden Sozialismus und seiner Ideologie, wie sie von der SED als der führenden Partei ausgelegt, angewandt und durchgesetzt wird.

1. Sozialismus als gesellschaftliche Wirklichkeit und als Ideologie sind zu unterscheiden

Die Wirklichkeit der sozialistischen Gesellschaft setzt sich aus vielen Wirkungsfaktoren zusammen. Hinter der Formel von Basis und Überbau verbirgt sich ein kompliziertes, vielschichtiges Beziehungsgeflecht, das vollständig zu analysieren und durchschaubar zu machen außerordentlich schwierig ist. Die Ideologie als die offiziell geltende Deutung der geschichtlich gesellschaftlichen Situation, als ökonomisch-politische Strategie, als ethische Zielsetzung und humanistische Sinngebung ist zwar ein entscheidender, aber doch nur *ein* Faktor in der gesellschaftlichen Wirklichkeit. Gesellschaftliche und politische Entwicklungen verändern auch die Ideologie. Im Verhältnis von Wirklichkeit und Ideologie treten Spannungen auf, nicht nur durch ungeschichtlichen Dogmatismus, sondern auch durch Fakten und Notwendigkeiten, die ideologisch schwer integrierbar und interpretierbar sind. Schon empirisch sind also gesellschaftliche Wirklichkeit und Ideologie zu unterscheiden. Wollten wir uns bei der Frage nach dem Christsein im Sozialismus allein auf die Ideologie fixieren, so würden wir die Wirklichkeit verfehlen und in falscher Weise ideologisieren.

Noch fundamentaler aber ist die Unterscheidung zwischen Ideologie und Wirklichkeit, die aus Glaubensgründen vorzunehmen ist. Der Glaube sieht die sozialistische Gesellschaft in einem anderen Licht, einem anderen Horizont und Seinszusammenhang, als es dem ideologischen Selbstverständnis entspricht. Christen glauben in dieser Gesellschaft Gott, den Schöpfer, am Werk auch durch Menschen, die ihn leugnen; Christen glauben, daß der Gekreuzigte auch in dieser Gesellschaft Menschen sucht und findet, die mit ihm dienen; Christen trauen dem Auferstandenen zu, daß er auch in dieser Gesellschaft Entsprechungen zu seinem Reich schafft; so sehen Christen in dem real existierenden Sozialismus das Bewährungsfeld ihres Zeugnisses und Dienstes.

Im Blick auf die so gesehene gesellschaftliche Wirklichkeit der DDR sagt der Bericht der Konferenz der Kirchenleitungen vor der Bundessynode 1971 in Eisenach: „Die Kirchen haben sich zur Aufgabe gesetzt, den Christen zu helfen, den Platz in ihrem Staat zu finden, an dem sie ihre Mitverantwortung in der Weise wahrnehmen können, zu der sie Zeugnis und Dienst des Evangeliums verpflichten ... Eine Zeugnis- und Dienstgemeinschaft von Kirchen in der DDR wird ihren Ort genau zu bedenken haben: *in* dieser so geprägten Gesellschaft, nicht *neben* ihr, nicht *gegen* sie. Sie wird die Freiheit ihres Zeugnisses und Dienstes bewahren müssen"[1].

Die Freiheit ihres Zeugnisses und Dienstes steht und fällt damit, daß sie gerade um der Mitarbeit in der Gesellschaft und um der Zusammenarbeit mit Marxisten willen den real existierenden Sozialismus unter der

Verheißung und dem Auftrag Gottes und also anders sieht als er sich selbst in der Ideologie des Marxismus-Leninismus versteht. Jetzt ist jedoch das Verhältnis des Glaubens zu dieser Ideologie erfragt. Zwar existieren wir *in* der sozialistischen Gesellschaft, der Ideologie des Marxismus-Leninismus aber stehen wir so gegenüber, daß weder der Glaube den Marxismus-Leninismus noch der Marxismus-Leninismus den Glauben integrieren kann. Im Sozialismus als Ideologie kommen wir nur als absterbender Rest kapitalistischer Vergangenheit und der Glaube als falsches Bewußtsein vor, mit dem es keine ideologische Koexistenz geben kann. Kommt hier also nur eine totale, ideologisch-theologische Konfrontation oder eine praktische Kooperation von Christen und Marxisten bei ideologischer Funkstille bzw. ideologischem Gegenfunk von beiden Seiten in Frage? Kann aber Kooperation Hand und Fuß haben, wenn Kopf und Herz und Mund gegeneinander arbeiten?

2. *Weder totale Konfrontation noch partielle Identifikation, sondern dialektische Beziehung*

Das Selbstverständnis der marxistisch-leninistischen Ideologie

Ideologie ist nach marxistisch-leninistischem Verständnis ein „System der gesellschaftlichen Anschauungen, die bestimmte Klasseninteressen zum Ausdruck bringen und entsprechende Verhaltensnormen, Einstellungen und Wertungen einschließen"[2]. In den Klassengesellschaften drücken die Ideologien der herrschenden Klasse deren Interesse an der Aufrechterhaltung der Ausbeutung und der Machtverhältnisse aus. Zugleich verhalten sie sich zum Gesellschaftsprozeß blind, weil sie dessen Gesetzmäßigkeiten nicht durchschauen. Das ihnen zugrunde liegende Interesse ist also partikular, ihre Erkenntnis in Selbsttäuschung befangen, ihre Intention von Täuschung bestimmt[3].

Auch die Ideologie des Marxismus-Leninismus ist geschichtlich-gesellschaftlich bedingt. Die objektive Stellung und Bestimmung der Arbeiterklasse, als Objekt der Ausbeutung zum Subjekt der Revolution zu werden, entspricht jedoch ihrem Interesse, und so ist sie und nur sie in der Lage, die wahre, wirklichkeitsgetreue, „wahrhaft wissenschaftliche" Ideologie zu schaffen. Außerdem wird geltend gemacht, daß das Interesse aller bisherigen Klassen partikular ist und erst das in der bürgerlich-kapitalistischen Gesellschaft entstehende Proletariat die „historische Mission" hat, mit der eigenen Befreiung zugleich alle Menschen, die ganze Gesellschaft zu befreien. Das Interesse des Proletariats ist also universal, seine Ideologie also die befreiende Wahrheit für alle Menschen[4]. Schließlich wird betont, daß die Ideologie des Marxismus-

Leninismus eine umfassende und unteilbare Ganzheit darstellt. Sie ist „ihrem wissenschaftlichen Inhalt nach die Zusammenfassung der wichtigsten Ergebnisse der philosophischen, historischen und ökonomischen Wissenschaften"[5].

Der Marxismus-Leninismus versteht sich also als
– die alle bisherige Geschichte vollendende, weil den Menschen zur Selbstverwirklichung führende Ideologie;
– als universal gültige, weil von der Arbeiterklasse ausgehend alle Menschen befreiende Ideologie;
– als umfassende, in sich geschlossene, unteilbare Weltanschauung.

Eine konfrontative Verhältnisbestimmung zwischen marxistisch-leninistischer Ideologie und christlichem Glauben liegt nahe, ist aber nicht zu halten

Zu einer Ideologie, die in solcher Weise Anspruch auf Letztgültigkeit, Universalität und Totalität erhebt, scheint sich der christliche Glaube nur antithetisch, ja antagonistisch verhalten zu können. Lange Zeit wurde das Verhältnis des christlichen Glaubens zum Marxismus-Leninismus denn auch als das zu einer Quasi- und Gegenreligion gesehen. Gewiß versucht auch der Marxismus-Leninismus wie der christliche Glaube, Antwort auf die „letzten Fragen" zu geben; gewiß macht er Aussagen über den Sinn der Geschichte und des einzelnen Lebens und stellt er ethische Normen auf; gewiß ist die atheistische Voraussetzung des Marxismus-Leninismus mit der Vertrauensbindung des Christen an den Vater Jesu Christi nicht vereinbar. Gewiß muß auch notiert werden, daß neuerdings vor allem von marxistischer Seite der „Hauptwiderspruch" zwischen den objektiven gesellschaftlichen Verhältnissen und der wissenschaftlichen Ideologie des Sozialismus auf der einen Seite und dem „noch existierenden religiösen Bewußtsein" auf der anderen Seite eingeschärft und eine Verschleierung dieses Widerspruchs als kirchliche Anpassungsstrategie im eigenen Überlebensinteresse verworfen wird[6].

Gegen solche antithetische Verhältnisbestimmung ist jedoch dreierlei einzuwenden:
– Wer die Ideologie des Marxismus-Leninismus als Gegenreligion sieht, der übersieht allzu leicht, daß der Marxismus-Leninismus im Kern eine Theorie gesellschaftlichen Handelns sein will. Er meint zwar, als Voraussetzung dafür atheistische Religionskritik, materialistische Philosophie und einen geschichtsphilosophischen Entwurf nötig zu haben, aber seine ökonomischen, soziologischen und politischen Thesen können gewiß auch für den diskutabel sein, der jene Voraussetzungen nicht teilt. Es wäre jedenfalls ein Kurzschluß zu meinen, die marxistisch-leninistische Gesellschaftslehre sei eine Konsequenz der materialistischen,

atheistischen Weltanschauung und schon darum für einen Christen weder diskutabel noch praktikabel.

– Wollten Christen als Partner nur eine solche Gestalt der politischen Vernunft akzeptieren, die sich auf das Pragmatische, auf den Sachverstand beschränkt und auf jedes weltanschauliche Element, jede philosophische Weltauslegung oder Sinnaussage verzichtet, so würden sie einer Illusion nachjagen. Der Marxismus-Leninismus hat darin sicher recht, daß es eine ideologielose gesellschaftliche Existenz nicht gibt, die Ideologie freilich oft verdeckt und verdrängt wirksam ist. Der Mensch ist ein homo ideologicus und kann ohne letzte Sinndeutungen nicht leben.

– Das Verhältnis zwischen dem Marxismus-Leninismus und dem christlichen Glauben würde verfälscht, wenn der christliche Glaube seinerseits eine Antiideologie aufbauen wollte, sei es die eines Antikommunismus, sei es die eines christlichen Sozialismus. Gegen solche Ideologisierung des christlichen Glaubens sprechen viele Gründe. Die Geschichte zeigt, daß er allemal verfälscht wurde, wo er sich als legitimierendes, konservierendes oder motivierendes Vorzeichen einer politischen Bewegung oder eines gesellschaftlichen Systems mißverstand und mißbrauchen ließ. Christlicher Glaube ist die Vertrauensbindung an Jesus Christus und das Hören auf seine lebendige Stimme. Der vorangehende Herr aber läßt sich nicht in ein politisches System integrieren und als Legitimationsfigur mißbrauchen. Solange die Geschichte noch im Zeichen menschlicher Schuld und Erlösungsbedürftigkeit steht und also zwischen den Reichen dieser Welt und dem Reiche Gottes unterschieden werden muß, kann und muß es wohl politisches Engagement, konkrete und kritische Solidarität der Christen im gesellschaftlich-politischen Raum geben; Christen können sich aber nicht vorbehaltlos mit einer Gesellschaft und deren Ideologie identifizieren.

Die partielle Identifizierung ist eine Anpassungsstrategie und ebenfalls unhaltbar

Ist die totale Konfrontation und die Antiideologie keine Möglichkeit, so scheint sich ein Weg nahezulegen, der Christen und Kirchen von Sprechern des Staates und der CDU verschiedentlich nahegelegt worden ist: Übernahme der marxistisch-leninistischen Gesellschaftswissenschaften in der Auslegung und Anwendung durch die führende Partei bei gleichzeitiger Ausklammerung der philosophischen, atheistischen Prämissen. Sozialistisch formuliert: keine ideologische Koexistenz, aber praktische Kooperation. Bis zum VIII. Parteitag der SED 1971 wurden als ideologische Grundlage dieser Kooperation noch die dem Sozialismus und dem Christentum gemeinsamen humanen Werte, Ideale und Zielsetzungen genannt. Das ist aufgegeben worden. Demgegenüber wird jetzt die ideologische Nichtkoexistenz betont und Gewicht darauf gelegt, daß auch der Christ bei seiner Mitarbeit in der Gesellschaft vom real existierenden Sozialismus auszugehen habe und seine Teilnahme am Aufbau des Sozialismus nicht einmal „relativ autonom" sei[7].

Im kirchlichen Gespräch gab es eine Position, die dem theologisch entsprechen wollte und auf der Linie einer vereinfachten „Lehre von den beiden Reichen" lag. Danach wären Evangelium und Glaube zuständig für das Verhältnis des Menschen zu Gott, für die Heilsfrage, während in allen Fragen der Gesellschaftslehre, in der Frage nach dem Wohl des Menschen, allein die Vernunft zuständig sei und der Glaube nur die Motivation zu Liebe, Verantwortlichkeit und Sachlichkeit beizutragen habe. Die sozialistische Vernunft wird hier als vollgenugsam, als die richtige, wahre, wissenschaftliche Welterkenntnis und Lenkung der Gesellschaftsprozesse angesehen, die keiner Erleuchtung, Korrektur oder Kritik durch Evangelium und Glaube bedarf. Deformationen und Fehler korrigiert die Partei selbst durch Kritik und Selbstkritik.

Nun sagten wir oben allerdings, daß der christliche Glaube den Marxismus-Leninismus vor allem als eine Gestalt der politischen Vernunft ernstzunehmen habe. Seine atheistische Behauptung darf uns seine sozialethische Herausforderung nicht verdecken. Diese sozialethische Herausforderung ist jedoch nicht einfach durch eine unkritische partielle Übernahme der marxistisch-leninistischen Gesellschaftslehre zu beantworten, als wären die Philosophie des Marxismus-Leninismus, sein Menschenbild, seine Geschichtsschau ein praxisfernes unverbindliches Theoretisieren und als solches von der Praxis ablösbar, und als wäre andererseits der Glaube an Jesus Christus und die Hoffnung auf die kommende Gottesherrschaft ohne Orientierungswert und Maßgeblichkeit für das politische Handeln und den Gebrauch, den der Glaube von dem wissenschaftlichen Sachverstand macht. Gerade die positive Aufnahme von Einsichten der marxistisch-leninistischen Gesellschaftslehre und der Mitvollzug sozialistischer Direktiven und Maßnahmen wird nicht ohne eine immer neue und aktuell zu praktizierende kritische Unterscheidung möglich sein.

Die Dialektik der kritischen Solidarität

Kommt aber weder totale Konfrontation noch partielle Identifikation in Frage, so stehen wir vor einer dialektischen Beziehung zwischen christlichem Glauben und Ideologie.

In der ökumenischen Diskussion wird seit der Konferenz Kirche und Gesellschaft, Genf 1966, versucht, das Ideologieproblem neu und differenziert aufzugreifen. Gegenüber dem bisher in der theologisch-kirchlichen Diskussion vorherrschenden negativen Begriff von Ideologie als Ersatzreligion, Verabsolutierung von Teilwahrheiten, irrtümliche oder beabsichtigte Verzerrung und Verdrängung von Wirklichkeit, wird versucht, die positive und notwendige Funktion von Ideologien herauszuarbeiten. Dabei wird der umfassende Weltanschauungscharakter von Ideologien abgebaut[8]. Unter Ideologie wird verstanden eine „Kombination von theoretischer Analyse und Strategie des sozialen Handelns", die selber im offenen, geschichtlichen Prozeß und also kein abgeschlossenes Ideensystem ist[9]. Diese funktionale Sicht und positive Würdigung von Ideologien wird durch den Hinweis auf die Gefahren der Ideologiebildung ergänzt: „Ihr inneres Problem ist ihr Bezogensein auf den Machtkampf jener Gruppe und die Gefahr des Zynismus auf der einen Seite und des Fanatismus auf der anderen, wenn der Anspruch der Ideologie, die Wahrheit für alle Menschen zu sein, in Frage gestellt wird"[10].

Diese dialektische Sicht von Ideologien ist weder unter die positivistische Losung der „Entideologisierung" noch unter die der „Reideologisierung" zu verrechnen[11]. Sie sieht Ideologien in ihrer notwendigen Funktion und Unausweichlichkeit, zugleich aber in ihrer Gefährdetheit und Gefährlichkeit, sie sieht sie also in ihrer Ambivalenz.

Auf dieser Linie wird weiterzudenken sein. Als Ergebnis der bisherigen Überlegungen halten wir fest: Das Verhältnis des christlichen Glaubens zur marxistisch-leninistischen Ideologie ist weder als eine totale Konfrontation noch als eine partielle Identifikation beschreibbar. Der christliche Glaube kann sich also weder in die Formel einer ideologischen Nichtkoexistenz bei praktischer Kooperation noch in die Forderung der Parteilichkeit bei Ausklammerung der philosophisch-theologischen Gegensätzlichkeit einpassen. Das Verhältnis des christlichen Glaubens zur Ideologie des Marxismus-Leninismus ist ein dialektisches. Zustimmung und Zurückweisung, lernbereites Aufnehmen und kritisches Prüfen, aufgeschlossenes Sich-befragen-lassen und freimütiges kritisches Fragen sind hier stets in Tateinheit zu praktizieren. Diese Dialektik gründet darin, daß die Welt zugleich Gottes gute Schöpfung und von menschlicher Sünde gezeichnet ist, Gesellschaft und Kirche unter dem verheißungsvollen Zeichen der Befreiung durch Christus stehen, zugleich aber doch noch in den Fesseln schuldhafter Verblendungszusammenhänge stecken. Diese Dialektik spricht sich auch darin aus, daß der Christ als Fremdling in der Welt zugleich dienend für die Welt da ist. Auch die Formel von der „kritischen Solidarität" will so verstanden sein.

Dieses dialektische Verhalten bedeutet, daß der Christ immer neu in zäher Geduld versuchen wird, die Alternative zwischen ideologischem Antagonismus und ideologischer Vereinnahmung zu überschreiten. Er wird versuchen, für sein Verhältnis zu den Marxisten einen gemeinsamen Bezugshorizont zu finden, der Verständigung und bei Differenzen gegenseitiges Verstehen möglich macht. Dieser Bezugshorizont können Problemstellungen der gesellschaftlichen Praxis sein, wie sie zum

Beispiel in der Formulierung der Menschenrechte anvisiert sind, er kann sich aus der abendländisch-christlichen Tradition ergeben, in der auch der Marxismus wurzelt.

Wir werden im Folgenden einige Aspekte dieses dialektischen Verhältnisses zu beschreiben versuchen. Dabei entfalten wir zuerst dessen kritische Seite und danach die positive. Dabei wird sich zeigen, daß bei dem kritischen Aspekt der positive mit zur Sprache kommen muß und umgekehrt, wie es bei der Dialektik dieses Verhältnisses gar nicht anders sein kann.

3. Der kritische Umgang des Glaubens mit der Ideologie

Ideologiekritik ist seit langem ein theologisches und kirchliches Thema. Es ist in der Tat unverzichtbar, wenn es zu den Orientierungsversuchen des Glaubens in der Welt gehört, die Geister zu prüfen und zu unterscheiden. Wir werden nachher darzustellen haben, wie sich das historisch-kritisch, empirisch-kritisch und theologisch-kritisch vollzieht. An die erste Stelle dieser kritischen Begegnung des Glaubens mit der Ideologie des Marxismus-Leninismus gehört aber die *Selbstkritik* der Kirche.

Selbstkritik der Kirche ist eine notwendige Voraussetzung glaubwürdiger Ideologiekritik

Die Kirche hat von der marxistischen Religionskritik zu lernen

Ideologiekritik am Marxismus-Leninismus kann Ausdruck selbstgerechter Unbußfertigkeit sein, wenn sie nicht von der Bereitschaft begleitet wird, sich selbst der Ideologiekritik zu stellen. Gibt es nicht auch in der Kirche Abhängigkeiten des geistlichen, theologischen, kirchenpolitischen „Überbaus" von der ökonomisch-materiellen „Basis", die immer wieder einer kritischen Aufklärung bedürfen? Nicht zuletzt durch marxistische Religionskritik ist uns bewußt geworden, wie Kirchen und Christentum einst und jetzt in ideologische Bindungen gerieten, ökonomische Interessen sanktionierten und politische Machtverhältnisse legitimierten. Wir werden von der marxistischen Religionskritik zu lernen haben, und deren vulgarisierende Mißgestalten sind kein Alibi, ihre Anfrage zu verdrängen. Einige dieser Anfragen gehören in den Beichtspiegel der Gemeinde. Das Darmstädter Wort des Bruderrates der Evangelischen Kirche in Deutschland nahm 1947 einige von ihnen auf, zum Beispiel die an den Konservativismus der Kirchen, der sie das Recht zur Revolution verneinen, die Entwicklung der absoluten Diktatur aber dulden ließ, oder die Anfrage, warum die Kirche die Sache der Armen und Entrechteten nicht zu ihrer Sache gemacht habe[12]. Kein christlicher Glaubensinhalt ist davor geschützt, ideologisch mißbraucht zu werden. So wurde durch den Glauben an Gott den Vater der Patriarchalismus legitimiert, die biblische Gehorsams- und Nachfolgeethik in den Untertanengeist verkehrt und das Kreuz als Zeichen politischer Herrschaft mißbraucht[13].

Sowohl die stabilisierende wie die verneinende Funktion der Kirche in der Gesellschaft ist kritisch zu prüfen

Wird das Verhältnis von Kirche und Gesellschaft ideologiekritisch analysiert, so wird man freilich der Dialektik dieses Verhältnisses gerecht werden und sich vor einseitigen Urteilen und Urteilsmaßstäben hüten müssen. Wie die Weltwirklichkeit zugleich Gottes gute Schöpfung und von Schuld und Übel gekennzeichnet ist, so ist es die Funktion der Gemeinde zu erhalten, zu stabilisieren *und* zu kritisieren, zu verändern. Als die Christengemeinde zum Beispiel in die antike Sklavenhaltergesellschaft „einwanderte" und das Ethos der Brüderlichkeit im Namen Jesu in sie hineintrug, wirkte sie kurzfristig systemstabilisierend (Philemonbrief), langfristig aber systemüberwindend (Galater 3, 28). Soziologen sprechen in diesem Zusammenhang von Sozialisation und Emanzipation. Wollte man diese Dialektik einseitig auflösen, so geriete man in eine dualistische Weltsicht.

Nicht alles also, was Bestehendes stabilisiert, ist unter Ideologieverdacht zu stellen. Nicht alles, was den Exodus aus bestehenden Verhältnissen und deren Revolutionierung proklamiert, ist deswegen schon über Ideologieverdacht erhaben – und umgekehrt.

In der konstantinischen Symbiose von Thron und Altar fungierte das Christentum überwiegend als stabilisierende, herrschaftslegitimierende, die staatstragenden Werte repräsentierende Ideologie. In der DDR wird das Christentum als staatstragende Ideologie nicht in Anspruch genommen, und das kommt in dem Grundsatz der Trennung von Staat und Kirche zum Ausdruck. Das Verhältnis der Kirche zur Gesellschaft und zum Staat ist aber keineswegs so eindeutig und durchsichtig, daß es nicht der selbstkritischen Analyse der Kirche bedürfte.

Die Trennung von Kirche und Staat kann ja auch bedeuten, daß die Kirche in den Freizeitraum privater Beliebigkeit und politischer Irrelevanz abgedrängt wird. Hier könnte zum Beispiel die traditionelle lutherische Lehre von den „beiden Reichen" als konfliktverdrängende Anpassungsideologie mißbraucht werden. Oder die aufkommende Religiosität, die sogenannte evangelikale Frömmigkeit oder die neue „Spiritualiät" könnten eine aufgedrängte Privatisierung des Evangeliums nachträglich rechtfertigen. Andererseits schließt die Trennung von Staat und Kirche nicht aus, daß der Staat von der Kirche Bejahung des Sozialismus, Bestätigung der führenden Partei und ihrer Politik mit mehr oder weniger Nachdruck erwartet. Auch hier steht die Kirche also durchaus in der Versuchung, über der stabilisierenden ihre kritische Funktion zu vernachlässigen.

Die der Kirche von ihrem Herrn widerfahrende Kritik ermöglicht, fordert und leitet ihre Selbstkritik

Es steht der Gemeinde Jesu Christi nicht frei, selbstkritisch zu sein oder nicht. Indem sie dem Grund ihrer Existenz begegnet, trifft sie auf ihre tiefste Infragestellung und Krise. Sich auf das Evangelium gründen heißt, sich über einem Abgrund von Verneinung bejaht und getragen finden. Diese ihr *widerfahrende* Kritik ist der Grund aller Selbstkritik der Kirche, die sich dann methodisch in historischer Kritik und empirischer Kritik entfaltet.

Daß die Kirche Selbstkritik aus ihrem eigenen Existenzgrund heraus üben kann, ist eine Behauptung, die von der marxistisch-leninistischen Ideologie her zu bestreiten ist. Ihr zufolge kann die Kirche zwar subjektiv ehrlich Selbstkritik üben wollen, da sie in einem falschen Bewußtsein befangen bleibt, ist ihr das objektiv jedoch gar nicht möglich. Nur von den Grundlagen des dialektischen und historischen Materialismus und dem Klassenstandpunkt des Proletariats aus ist es möglich, die klassenmäßige Befangenheit zu durchbrechen, die geschichtliche Bedingtheit zu durchschauen und die sogenannte geschichtliche Spontaneität zur Bewußtheit aufzuklären. Kritik und Selbstkritik und daher auch zutreffende Kirchenkritik kann letztlich allein die Partei üben. So erleben wir es dann auch immer wieder, daß Aussagen der Kirche, die sich von Evangelium und Glauben herleiten, klassenmäßig eingeordnet und vom Klassenstandpunkt aus relativiert und korrigiert werden.

Wie ist angesichts der gesellschaftlichen Bedingtheiten, klassenmäßigen Befangenheiten und ideologischen Verblendungen Buße, Umkehr zu neuem Leben, man könnte sagen „schöpferische Selbstkritik" möglich? Wir haben allen Grund, diese Frage ernstzunehmen, weil die Christusbotschaft die tiefe Verstrickung des Menschen in sich selbst und seine „Interessen" (das Neue Testament spricht von Begierden) aufdeckt. Wir stehen hier vor der grundlegenden Frage, ob wir den gesellschaftlichen Prozeß selbst für den Horizont halten, an den menschliches Verstehen kausal gebunden ist, oder ob wir damit rechnen, daß Gottes Zuwendung zur Welt in Jesus Christus einen eigenen Horizont der Wahrnehmung und Erfahrung eröffnet und zu Umkehr und Neuaufbrüchen befreit, die in dieser Welt geschehen, aber nicht von dieser Welt sind. Im Horizont des gekommenen und kommenden Christus wird Selbstkritik der Kirche möglich und unausweichlich: „Kehrt um, *denn die Gottesherrschaft ist nahe herbeigekommen!*" (Matthäus 4, 17). Wie das gründende und kritische Gegenüber zur Gemeinde geltend zu machen ist, wie es geschichtlich kirchenkritisch wirksam wird, das ist ein theologischer Problemzusammenhang, der in der Lehre vom Wort Gottes, vom Heiligen Geist und von der Kirche geklärt werden muß. Daß sich die Kirche nicht in selbstrechtfertigendem Selbstgespräch, sondern im kritischen Dialog mit ihrem Herrn befindet, dafür wird sie durch ihre Umkehr den Beweis des Geistes und der Kraft erbringen müssen.

Historische Kritik als das erste Element der Ideologiekritik

Evangelische Theologie und Kirche üben es seit langem ein, mit ihrer Herkunftsgeschichte historisch-kritisch umzugehen. Das ist ein kritischer, aber auch ein befreiender Vorgang. Kritisch, weil in seiner geschichtlichen Bedingtheit und Relativität aufgedeckt wird, was vorher als zeitlos gültige unbedingte Wahrheit erschien. Befreiend, weil der Glaube dadurch von Traditionshörigkeiten und verabsolutierten Bindungen zum Hören des Wortes Gottes frei wird und sich zeigt, daß dieses Wort in jeder geschichtlichen Situation neu seine Letztverbindlichkeit, seine letztlich befreiende und orientierende Kraft erweist. Im Horizont, den dieses letztgültige Wort aufreißt, wird die Geschichte zum Raum des Vorletzten. Von daher motiviert und provoziert der christliche Glaube historische Kritik. Sie wird zu einem Instrument des Glaubens, die Geschichte auf den kommenden Christus hin offenzuhalten, innergeschichtlichen Verabsolutierungen und Festschreibungen zu widerstehen, vor Hörigkeiten zu bewahren und Mündigkeit als geschichtliche Verantwortung freizusetzen.

Die historisch-kritische Sicht ist daher mit innerer Notwendigkeit auch auf die Ideologie des Marxismus-Leninismus anzuwenden. Zunächst entspricht das dem Marxismus-Leninismus als *historischem* Materialismus; denn er sieht selbst die Ideologien geschichtlich als Ausdruck eines gesellschaftlichen Seins, bedingt durch ökonomische und politische Verhältnisse. Ideologien sind Gegenstand historischer Kritik, wobei die historisch-kritische Theologie von der marxistisch-leninistischen Analyse der materiellen Bedingtheiten einiges zu lernen hatte und hat.

Historisch-kritische Sicht zeigt die geschichtlichen Wandlungen und die Wandlungsfähigkeit des Marxismus-Leninismus, besonders in Lenins schöpferischer Uminterpretation der Lehren von Marx und Engels für die Situation des zaristischen Rußland. Sie bewahrt so vor Dogmatismus und dient einer dynamischen, situationsgerechten Anwendung der Ideologie.

Historische Kritik wird damit aber auch den Anspruch des Marxismus-Leninismus, die abschließende und universale Wahrheit der Geschichte zu bringen, in Frage stellen. War dieser Anspruch bei dem Karl

Marx des kommunistischen Manifestes nicht darauf gegründet, daß –
nach der Logik Hegelscher Dialektik – in der proletarischen Revolution
Knechtschaft in Freiheit umschlagen, der Klassenkampf die Aufhebung
aller Klassenherrschaft bringen und so die Geschichte aller bisherigen
Gesellschaft, die eine Geschichte von Klassenkämpfen war, aufheben
und vollenden werde? Gründet nicht in dieser Gewißheit auch das
Pathos und die Unbedingtheit der Parteilichkeitsforderung[14]?

Wie aber kann das aufrechterhalten werden, nachdem Karl Marx –
aus den Erfahrungen des Bürgerkrieges in Frankreich lernend – die
Übergangsphase der Diktatur des Proletariats zwischen Revolution und
kommunistische Gesellschaft einschob und Lenin – in Abwandlung
von Marx – die Diktatur des Proletariats in *einem* Land errichtete?
Zeigt sich hier doch, daß statt des Umschlags von Knechtschaft in Freiheit die Geschichte in der Dialektik von Herrschaft und Befreiung weitergeht und der Sozialismus als eine politische Macht in das weltpoliti-
sche Kräftespiel und dessen Humanität bedrohende Zwänge verwickelt
ist.

Die Forderung der Parteilichkeit kann davon nicht unberührt bleiben. Historische Kritik muß sie relativieren, sofern sie Ausdruck jenes
abschließenden Wahrheitsanspruchs ist und politische Konflikte ideologisch zu letzten, nicht mehr hinterfragbaren Frontstellungen auflädt.
Damit ist nicht einem historischen Relativismus das Wort geredet, wohl
aber Parteilichkeit auf die konkret politische Parteinahme für die Unterdrückten und Ausgebeuteten und für das ihnen helfende politische
Konzept reduziert. Parteinahme im Klassenkampf kann aber nicht bedeuten, daß die marxistisch-leninistische Ideologie und Partei nur Subjekt, wohl gar das abschließende Subjekt von Ideologiekritik und nicht
auch deren Objekt sein könnte.

Historische Kritik zeigt ferner die geschichtliche Bedingtheit einzelner Elemente der marxistisch-leninistischen Ideologie und dient so der
geschichtlichen Wandlungsfähigkeit des Sozialismus.

Unter diesem Gesichtspunkt wäre das analytische Instrumentarium
des Marxismus-Leninismus zu befragen. Bringt zum Beispiel die Technokratie, wie sie mit der wissenschaftlich-technischen Revolution im
20. Jahrhundert möglich geworden ist, nicht Gefahren für das Menschsein, die mit den Mitteln einer Kritik der politischen Ökonomie des
19. Jahrhunderts nicht mehr zureichend diagnostizierbar sind? Gibt es
nicht neuere sozialpsychologische Erkenntnisse, die zur Analyse gesellschaftlicher Prozesse und auch internationaler politischer Vorgänge
herangezogen werden müssen? Gibt das sogenannte Überlebenspro-
blem der Menschheit den heutigen Gesellschafts- und Wirtschaftssyste-
men nicht neue Problemstellungen auf, die ohne Analogie in der Geschichte sind?

Hierher gehört auch die Frage, ob die Religionskritik und der atheistische Charakter zum Wesen oder zu den geschichtlich bedingten und darum auch geschichtlich überwindbaren Elementen des Marxismus-Leninismus gehören[15]. Auch diese Frage muß historisch-kritisch gesehen werden. Die christliche Gemeinde wird hoffen, ihr Wort- und Lebenszeugnis möchte zur Wandlung des marxistisch-leninistischen Religionsbegriffes und zum Abbau seines dogmatisierten Atheismus beitragen. Sie wird dem Marxismus-Leninismus auf seinen Atheismus also gerade nicht festlegen wollen, sondern auf seine Wandlung in diesem Punkt hoffen.

Empirische Kritik als das zweite Element der Ideologiekritik

Die Kirche steht unter dem Wort Jesu: „An ihren Früchten sollt ihr sie erkennen!" (Matthäus 7, 20). Sie muß also ihre gegenwärtige Wirklichkeit empirisch-kritisch prüfen. Erst seit einigen Jahrzehnten lernt es die Kirche, sich dabei auch der empirischen Wissenschaften, besonders der Religions- und Kirchensoziologie zu bedienen. Deren exakte Methoden helfen dazu, das Bild, das wir uns von uns selbst machen, zu überprüfen, Betriebsblindheit zu durchbrechen und aufzudecken, was ist. Dabei kommt ans Licht, wo frommes Meinen und theologische Lehre Wirklichkeit verdecken, verdrängen oder verzerren und also ideologisch im negativen Sinn des Wortes werden.

Empirisch-kritisch ist auch mit der marxistisch-leninistischen Ideologie in der sozialistischen Gesellschaft umzugehen. In der vorrevolutionären Situation mobilisiert und legitimiert diese Ideologie Befreiung von Herrschaft. In der nachrevolutionären Situation legitimiert sie die Diktatur des Proletariats oder die führende Rolle der Partei. Die Unterschiede zwischen kapitalistischer und sozialistischer Gesellschafts- und Wirtschaftsordnung sind gewiß nicht zu nivellieren, aber es wird von niemandem bestritten, daß es sich auch in der sozialistischen Gesellschaft um Ausübung von Herrschaft handelt, denn das Ziel des Absterbens des Staates in der kommunistischen Gesellschaft ist noch nicht erreicht. Dieses Ziel stellt die Diktatur des Proletariats beziehungsweise den sozialistischen Staat unter das Kriterium, daß er sich selbst überflüssig macht, um so die herrschaftsfreie Kommunikation der Menschen zu ermöglichen. Auch wenn man diese Zielsetzung für utopisch hält, ist diese Intention und damit das Kriterium selbst festzuhalten. Es bewahrt Herrschaft davor, zum Selbstzweck zu werden. Es schärft ein, daß der Sozialismus um des Menschen willen da ist und nicht der Mensch um des Sozialismus' willen (vergleiche Markus 2, 27). Es behaftet Staats- und Parteiapparat bei ihren Dienstfunktionen, wobei dienen heißt, sich selbst überflüssig machen und also den anderen nicht in der Rolle des von diesem Dienst Abhängigen festhalten, sondern ihm zur Selbständigkeit, Unabhängigkeit und Mündigkeit verhelfen[16].

Empirische Kritik analysiert und prüft die gesellschaftliche Wirklichkeit unter diesem Kriterium. Sie wird aufzudecken haben, wo die marxistisch-leninistische Ideologie zur Selbstbestätigung und Selbsterhaltung der herrschenden Instanzen und ihrer Abschirmung von Kritik gebraucht wird. Es wird ein Indiz für die Bereitschaft des Staates zum Absterben sein, ob er solche Kritik zuläßt und anregt oder domestiziert und unterdrückt.

In diesem Zusammenhang ist auch die Klassenkampflehre empirisch-kritisch zu prüfen. Der Klassenkampf und die geforderte Parteilichkeit in ihm hatten ihre Rechtfertigung ursprünglich darin, daß dieser Kampf um die Befreiung der Unterdrückten und Ausgebeuteten geführt wurde und zur Aufhebung der Klassengesellschaft überhaupt führen sollte. Nach der Oktoberrevolution und dem Aufbau des Sozialismus in der Sowjetunion wandelte sich der Klassenkampf in eine zwischenstaatliche Auseinandersetzung und entwickelte sich zum weltpolitischen Machtkampf zwischen imperialistischer und sozialistischer Welt. Auch jetzt ist seine programmatische Zielsetzung die Befreiung der Unterdrückten von Ausbeutung, Imperialismus und Kolonialismus. Die erste Forderung im Klassenkampf aber geht jetzt auf Stärkung des sozialistischen Staates und des sozialistischen Lagers und auf die Parteinahme für die Partei der Arbeiterklasse. Auch hier wird empirische Kritik prüfen müssen, ob die ursprüngliche Motivation und Intention der Klassenkampflehre durchgehalten oder ihre moralische Motivation und Zukunftsvision jetzt anderen Interessen dienstbar gemacht wird.

Empirisch-kritisch sind auch andere ideologische Grundsätze zu prüfen. So wäre bei dem Grundsatz „jeder nach seinen Fähigkeiten, jedem nach seinen Leistungen" zu fragen, wer nach welchen Kriterien eigentlich festlegt, wie hoch die jeweilige Leistung zu bewerten ist, welche Unterschiede in der Gesellschaft sich daraus ergeben, und welche politischen Notwendigkeiten oder real herrschende Wertmaßstäbe sich darin spiegeln. Empirisch-kritisch wird ebenfalls zu prüfen sein, welche Chancen und Schwierigkeiten unser sozialistisches Gesellschafts- und Wirtschaftsmodell für die Lösung neu auftauchender Probleme bietet. Hier ist zum Beispiel an das Modell der friedlichen Koexistenz in einer Welt wachsender politischer und wirtschaftlicher Interdependenz zu denken oder auch an die Möglichkeiten sozialistischer Planwirtschaft angesichts des ökologischen Problems und der Wachstumsgrenzen.

Theologische Kritik als das dritte Element der Ideologiekritik

Theologische Grundlagen und Gesichtspunkte sind – wie gezeigt – auch in der historischen und empirischen Kritik wirksam, insofern der Glaube historische und gegenwärtige Wirklichkeit in dem durch das Christusgeschehen eröffneten Horizont sieht. Theologische Kritik hat die Grundlagen und Perspektiven, von denen der Glaube ausgeht, zu benennen und sie mit der marxistisch-leninistischen Ideologie ins Gespräch zu bringen.

Theologische Kritik geht von Kreuz und Auferstehung Jesu Christi aus

Sie kann nicht ausgehen von „christlichen Prinzipien", seien es die eines „christlichen Naturrechts" (Emil Brunner) oder die einer angeblich „christlichen Staatslehre" (Otto Dibelius). Sie kann auch nicht ausgehen von einer Zwei-Reiche-Lehre, die sich in der Freisetzung der politischen Vernunft erschöpft, aber keine Kriterien zu deren Orientierung und Beurteilung beizutragen hat.

Theologische Kritik ist gut beraten, wenn sie von dem Urgeschehen des christlichen Glaubens, dem Kreuz und der Auferweckung Jesu Christi, ausgeht. In diesem Geschehen gründet der christliche Glaube. Dieses Geschehen erschließt nicht nur das Heil des einzelnen, es eröffnet auch den eschatologischen Horizont, in dem der Glaube Welt und Geschichte neu sehen kann und zu sehen hat. Welt und Geschichte, zugleich Gottes gute Schöpfung und gezeichnet von Schuld und Leiden, rücken in das Licht der Schalomverheißung der kommenden Gottesherrschaft. Von hier aus ist die marxistische Religionskritik aufzunehmen und zu beantworten. Von hier aus läßt sich auch die Nähe und Differenz zwischen christlicher und sozialistischer Sicht der Geschichte und Gesellschaft und dem Engagement in ihnen bestimmen:

Die Nähe im Ernstnehmen des materiellen, sozialen und politischen Elends, in der Solidarität mit den Leidenden und dem Kampf um Befreiung und menschliche Verhältnisse; denn die Auferweckung des Gekreuzigten erweckt die Hoffnung erfüllten Menschseins in einer menschlichen Welt und weist diese Hoffnung zugleich auf den Weg des Kreuzes, also in das Ringen mit den widerstreitenden, enttäuschenden Realitäten der Geschichte und in die dienende Solidarität mit den Leidenden und Benachteiligten.

Die Differenz in dem marxistischen Anspruch, eine Gesetzmäßigkeit der Geschichte zu durchschauen, deren Vollstrecker zu sein und das Reich der Freiheit innergeschichtlich heraufzuführen; denn die Dialektik von Kreuz und Auferweckung, Geschichte und Reich Gottes hat wohl innergeschichtliche Entsprechungen, aber sie ist nicht auf innergeschichtliche Dialektik reduzierbar. Gerade darin hält sie Hoffnung wach und in Aktion, gerade so bleibt die Geschichte offen und in Bewegung und kann dem Versuch, Vorletztes als Letztes aufzuwerten, widerstanden werden. In diesem theologischen Ausgangspunkt gründet es auch, daß sich Theologie nicht an dem atheistischen und gleichsam eschatologischen Selbstverständnis des Marxismus-Leninismus fixieren muß, was nur die lähmende Alternative totaler Integration oder

Konfrontation übrig ließe, sondern die sozialistische Gesellschaft unter der Führung und Inanspruchnahme des Herrn der Geschichte sieht und von ihm her zugleich die Kriterien konkret unterscheidender Mitarbeit in dieser Gesellschaft gewinnt.

Theologische Kritik bringt die befreiende Unterscheidung von Gesetz und Evangelium ideologiekritisch zum Zuge

Dem Marxismus-Leninismus eignet ein starkes Wirklichkeitspathos. Er will wissenschaftliche Widerspiegelung von objektiver Realität sein, geschichtliche Gesetzmäßigkeiten und die wirklichen Interessen der Menschen aussprechen. Vollstrecker dieser Gesetzmäßigkeiten und Erfüller dieser Interessen aber ist der Mensch, und so wird das geschichtliche Gesetz Leistungsgesetz, Wirklichkeit wird zur Notwendigkeit, Interesse zum Motiv für Arbeit. Die Ideologie begegnet als Forderung im Namen von Notwendigkeiten, welche durch Überzeugungsarbeit eingeprägt werden.

Demgegenüber gewinnt die lutherische Unterscheidung von Gesetz und Evangelium große Bedeutung. Sie zeigt, daß das fordernde Gesetz, wie zum Beispiel die Forderung des Friedens, der sozialen Gerechtigkeit und der Verwirklichung von Freiheit, unausweichlich ist, für sich allein aber nicht in die Erfüllung, sondern in die Verzweiflung oder Selbstrechtfertigung, in Heuchelei, Furcht und also Unfreiheit führt. Das Evangelium bezeugt und bringt die befreiende Wirklichkeit schlechthin tragender Liebe, die weder Vor- noch Nachbedingungen stellt, sondern sich gerade in Erfahrungen ethischen und geschichtlichen Scheiterns schenkend nahebringt. Als Empfänger und Partner dieser Liebe wird der Mensch frei zum Dienst am Nächsten. Diese Unterscheidung von Evangelium und Gesetz bewahrt die Menschlichkeit des Menschen, indem sie ihn vor der Verwechslung des Heils, aus dem er lebt, mit dem Wohl, für das er arbeitet, bewahrt und ihn so vor illusionärer Selbstüberforderung und totalitärer Fremdüberforderung in Schutz nimmt. Theologisch-kritisch wird also zu prüfen sein, ob die Ideologie an die Stelle des Evangeliums treten will, damit eine neue Form der Gesetzlichkeit bringt, von der das neutestamentliche und reformatorische Zeugnis befreien wollte.

4. Der lernbereite Umgang des Glaubens mit der Ideologie

Im Horizont der Überlebensfrage ist die Suche nach Kooperationsmöglichkeiten dringlich

Der kritische Umgang mit der Ideologie des Marxismus-Leninismus geschieht nicht um der Abgrenzung willen, sondern unter der Leitfrage, was der Christ bei seinem Versuch der Orientierung und des Glaubensgehorsams aus dieser Ideologie aufgreifen oder mit Marxisten gemeinsam vertreten kann. In der Verantwortung für die Welt und ihre Zukunft hat nicht das Aufspüren von Bekenntnisalternativen, sondern die Suche nach Kooperationsmöglichkeiten den Vorrang. Auch die Ideologiekritik, die der christliche Glaube übt und der er sich selbst stellt, will zur besseren Wahrnehmung der Verantwortung für unsere Welt dienen.

Im Alten und im Neuen Testament gibt es Beispiele dafür, wie die Gemeinde Einsichten, Erfahrungen, ethische und gesellschaftliche Orientierungen aus der andersgläubigen Umwelt aufnahm. So zeigt die alttestamentliche Weisheitsliteratur, wie sich das Volk Israel den Weisheitslehren der Nachbarvölker lernbereit und kritisch öffnete. Was daran „stimmte", durch Erfahrung und Praxis bewährt und in dem Zusammenhang alttestamentlicher Frömmigkeit integrierbar war, wurde übernommen, damit aber zugleich dem fremden Glaubenszusammenhang entnommen und der „Furcht Gottes" unterstellt, die „Anfang aller Weisheit ist" (Psalm 111, 10; Sprüche 1, 7. 20).

Im Neuen Testament übernahm Paulus aus der stoischen Philosophie ethische Werte und Verhaltensregeln und empfahl der Gemeinde zu prüfen, was das Gute, Wohlgefällige und Vollkommene ist (Römer 12, 2; vergleiche die sogenannten Laster- und Tugendkataloge wie Galater 5, 19-23). Diese Weltoffenheit bedeutet gerade nicht Gleichschaltung mit der Welt, sondern sie geschieht in der Hingabe an Gott und wird an dem Willen Gottes orientiert, dessen Kern die Barmherzigkeit Gottes in Christus ist (Römer 12, 1-2). Heute haben wir besonderen Grund, bei ideologischen und religiösen Differenzen nach dem gemeinsam vertretbaren Guten, Gangbaren, Angemessenen oder Humanen zu suchen. Denn wir leben in einer Welt wechselseitiger Abhängigkeiten und alles einbeziehender Verflechtungen, in der zugleich aber grundsätzliche Überzeugungen immer explosiver aufeinander treffen. Wir haben Vergangenheiten im Plural, Zukunft aber nur im Singular, und wir werden gemeinsam oder gar nicht überleben. Darum sind zwischen den verschiedenen Ideologien, Humanismen und Religionen Verständigungen über humane Werte, gemeinsame Zwecksetzungen und gangbare Wege nötig.

Theologische Entwürfe zur Orientierung in der sozialistischen
Gesellschaft

Was die christliche Gemeinde aus der Ideologie des Marxismus-Leninismus übernehmen und von ihren Voraussetzungen aus mit vertreten kann, soll hier nicht inhaltlich entfaltet werden. Dazu wäre es nötig, die oben skizzierten theologischen Sachkriterien in die einzelnen Problembereiche hinein auszulegen und die korrespondierenden Aussagen des Marxismus-Leninismus ebenfalls in ihrem Selbstverständnis zur Sprache zu bringen. Das wäre ein umfassendes Dialogprogramm. Außerdem sind seit der Gründung des Bundes der Evangelischen Kirchen in der DDR mehrere Entwürfe vorgelegt worden, die von verschiedenen theologischen Ausgangspunkten her versuchen, Einsichten und Absichten des Marxismus-Leninismus theologisch reflektiert aufzunehmen. Es erscheint uns sinnvoller, diese Entwürfe kurz zu vergegenwärtigen und einige Gesichtspunkte herauszuarbeiten.

Auf der Bundessynode in Dresden 1972 wurde unter dem Thema „Christus befreit – darum Kirche für andere" in dem Referat von der Auferweckung des Gekreuzigten als dem entscheidenden Befreiungsgeschehen ausgegangen[17]. Von da aus kam der Sozialismus als Befreiungsbewegung zum wirklichen Menschsein in Sicht. Es zeigten sich Nähe und Distanz, die eine konkret unterscheidende Mitarbeit des Christen in der sozialistischen Gesellschaft möglich und nötig machen. Das Befreiungsgeschehen in Christus entfaltet sich als Befreiung zum empfangenden Leben, zur Mündigkeit und zum Dasein für andere. Von da aus wurde das marxistische Verständnis der Arbeit, der gesellschaftlichen Mitverantwortung und der Freiheit als Freiheit in der Gesellschaft angesprochen.

Die Kommission für das Lehrgespräch ging in ihrem Werkstattbericht III „Rechtfertigung und Gesellschaft" von der Rechtfertigung des Menschen durch Gott aus, stellte sie in ihrer gesellschaftlichen Relevanz dar und bezog sie auf den sozialistischen Humanismus. An diesem wird gewürdigt, „wie hier der Mensch konsequent als gesellschaftliches Wesen gesehen und die Übereinstimmung von individuellen und gesellschaftlichen Zielen zur Norm echten Menschseins gemacht wird". Es wird dann gezeigt, wie sich der gerechtfertigte Mensch als der angenommene, geforderte, entlastete und glückliche Mensch in die sozialistische Gesellschaft konstruktiv und kritisch einfügt[18].

Die Studie des ersten Ausschusses Kirche und Gesellschaft „Zeugnis und Dienst der evangelischen Kirchen und Christen in der sozialistischen Gesellschaft der DDR" ging von der Versöhnung durch Christus und der Sendung der Gemeinde zum Dienst der Versöhnung aus, während das Votum des Theologischen Ausschusses der EKU „Zum politischen Auftrag der christlichen Gemeinde" die Zweite Barmer These aktualisierte[19]. Heranzuziehen ist in diesem Zusammenhang auch die Studie des Nationalkomitees des Lutherischen Weltbundes der DDR „Sorge um eine menschliche Welt, Normativität und Relativität der Menschenrechte"[20]. Wie hier die vom Marxismus-Leninismus betonte Sozialität des Menschen aufgenommen wird, zeigt sich schon darin, daß die Gemeinde als Ort exemplarischen Zusammenlebens in die Mitte der theologischenArgumentation rückt. Werden in der christlichen Gemeinde Freiheit als Befreiung von falscher Hörigkeit, Gleichheit als die Solidarität der gerechtfertigten Sünder, Brüderlichkeit als die Zusammengehörigkeit der Söhne des einen Vaters erfahren, so sucht und fördert die Gemeinde Entsprechungen dazu in der gesellschaftlichen und politischen Welt. Von hier aus werden die Möglichkeiten und Grenzen einer wachsenden Vermenschlichung des Menschen in der sozialistischen Gesellschaft im einzelnen geprüft.

Auswertung der Entwürfe

Überblickt man diese Entwürfe, so zeigt sich:
    Der Sozialismus wird nicht nur als Faktum unter Gottes Vorsehung hingenommen. Er wird nicht nur als „Obrigkeit" akzeptiert, die, abgesehen von ihrer ideologischen Ausrichtung, doch staatliche Ordnungsfunktionen wahrnimmt. Vielmehr werden in der Ideologie des Marxismus-Leninismus positive Ansatzpunkte und Möglichkeiten für eine Mitarbeit gesehen. Durch alle Entwürfe zieht sich eine Bejahung des sozialistischen Gesellschaftsmodells, die freilich nicht pauschal und bedingungslos, dafür aber konkret und engagiert ist. Die Kritik, die mehr oder weniger deutlich ausgesprochen wird, will das Rad der Geschichte nicht konterrevolutionär zurückdrehen, sondern die sozialistische Gesellschaft auf dem Weg mit voranbringen, der durch die humanen Grundimpulse des Marxismus gewiesen ist.
    Alle Entwürfe begründen diese Option theologisch. Von theologischen Leitkriterien aus wird die Zustimmung jeweils konkret bestimmt und begrenzt. So wird einsichtig gemacht, wie es vom christlichen Auftrag zu diesem Ja kommt. Dabei geht es nicht um ängstliche Identitätswahrung durch nachträglich aufgeklebte theologische Rechtfertigungen, sondern um die Vergewisserung, auch in der Kooperation mit Nichtchristen auf dem Weg der Nachfolge zu sein und zu bleiben. Die Stringenz der theologischen Begründung muß erweisen, daß es sich nicht um einen umweltgeleiteten Anpassungsvorgang, sondern um einen auftragsgeleiteten Gehorsamsversuch handelt. Freilich haben Umwelt und Situation auf diese Entwürfe eingewirkt, aber nicht im kausalbedingenden Sinn, so daß es sich bei den theologischen Entwürfen um Widerspiegelung der gesellschaftlichen und kirchenpolitischen Situation handelte. Vielmehr ist die Situation als Herausforderung im

Blick, die es anzunehmen, im Licht des Evangeliums als Herausforderung Gottes zu identifizieren und im Nachfolgegehorsam zu beantworten gilt.

Zielverstand, Sachverstand, Zeitverstand

Die verschiedenen Entwürfe lassen – freilich in unterschiedlicher Deutlichkeit – erkennen, daß bei der Aufnahme ideologischer Thesen und Intentionen drei Ebenen zu unterscheiden sind. Einmal geht es um die Ebene der *anthropologisch-ethischen Grundentscheidungen* und Zwecksetzungen, also um das Menschenbild und die ihm entsprechenden Zielentwürfe der wahrhaft menschlichen Gesellschaft. Hier stellen sich Fragen wie zum Beispiel nach dem Verhältnis von Individuum und Gesellschaft oder nach der Bedeutung der Arbeit für das Menschsein des Menschen. Hier gibt es tiefgehende Unterschiede, aber auch weitreichende Übereinstimmungen. Hier ist theologische Erkenntnis von ihren Voraussetzungen her direkt kompetent. Das Ja und das Nein, das der Glaube hier spricht, hat Bekenntnischarakter.

Es gibt weiter die *Ebene der Mittel und Methoden* zur Verwirklichung des als wahr und gut Erkannten. Hier geht es um Fragen wie die, ob die Vergesellschaftung der Produktionsmittel, der demokratische Zentralismus, die sozialistische Planwirtschaft oder das sozialistische Recht die angemessenen, geeigneten und ausreichenden Mittel sind, um Menschlichkeit als Mitmenschlichkeit zu gewinnen, die Selbstentfremdung in der Arbeit aufzuheben und soziale Gerechtigkeit zu verwirklichen. In dieser Frage hat der Sachverstand das erste Wort. Hier sind die Erfahrungswissenschaften kompetent, die Wirklichkeit methodisch bewußt erheben und auswerten. Die theologische Erkenntnis und das ethische Engagement des Glaubens sind hier auf das Gespräch mit dem Sachverstand angewiesen. Der Glaube kann sich keineswegs durch Erklärung seiner Unzuständigkeit aus der Verantwortung für den Gebrauch der Mittel herausstehlen. Die Mittel sind ja nicht ethisch indifferent, man denke nur an den Gebrauch von Gewalt und die Methoden der Gewaltlosigkeit! Es gibt eine unlösbare Zweck-Mittel-Beziehung. Der Zweck heiligt keineswegs alle Mittel, und Mittel können den Zweck verderben, aber es gibt auch Errungenschaften, die zu bejahen sind, obwohl sie mit fragwürdigen Mitteln erreicht wurden.

Von den Zwecken her ist im Bereich der Mittel auf ihre Angemessenheit zu achten und darauf, daß die Mittel nicht unter der Hand zum Zweck werden oder der Zweck über der Beschäftigung mit ihnen aus dem Auge verloren wird. Mittel und Methoden sind meist ambivalent, Nutzen muß oft mit einem Schaden erkauft werden, der schwer kalkulierbar ist. Man denke zum Beispiel daran, daß ökonomische und ökologische Werte oft im Widerstreit liegen, ökonomische Effektivität mit

Umweltschäden, ökologische Maßnahmen mit Minderung der Produktion erkauft werden müssen. Der Wert von Strukturen entscheidet sich oft erst im Gebrauch oder Mißbrauch. So können Arbeitskollektive ein wesentlicher Faktor zur Humanisierung der Arbeit sein, den einzelnen fördern und tragen, sie können aber auch Instrument des Gesinnungsdrucks werden.

Alle diese Beispiele zeigen, wie differenziert die Urteilsbildung hier vorgehen muß. Hier helfen nicht ideologische oder theologische Pauschalurteile, sondern nur genaue Erfahrungswerte und differenzierter Sachverstand. Sachverstand und Zielverstand bedürfen einander, aber sie dürfen nicht verwechselt werden. Entscheidungen im Bereich der Mittel sind nicht mit Bekenntnisalternativen gleichzusetzen, aber auch nicht einem Pragmatismus zu überlassen, der nach den Zielen und Zwecken nicht mehr fragt. Daß die Ebenen der Argumentation sauber unterschieden werden, gehört zu der notwendigen Sachlichkeit und Versachlichung der Entscheidungen im Bereich der Mittel.

Auf einer dritten Ebene liegt der *Gesichtspunkt der Situationsgerechtigkeit.* Hier geht es um die Frage des rechten Zeitpunktes, denn jedes Ding hat seine Zeit. Handeln findet in der Geschichte statt, und da ist zu entscheiden, was jetzt dran ist. Zum *Zielverstand* und *Sachverstand* muß der *Zeitverstand* treten. Wenn wir zum Beispiel an die Werte der französischen Revolution, Freiheit, Gleichheit, Brüderlichkeit, denken, so zeigt sich, daß sie nicht gleichzeitig realisierbar sind. Wo die Gleichheit hergestellt und also in einer Situation wirtschaftlicher und sozialer Ungleichheit gerechte sozial-ökonomische Verhältnisse geschaffen werden sollen, geht das nur unter gleichzeitiger Einschränkung von Freiheiten. Wo der freien Entfaltung der einzelnen die Priorität eingeräumt wird, entstehen Ungleichheit und Ungerechtigkeiten. Es wird also zu entscheiden sein, wann der Gerechtigkeit die Priorität vor der Freiheit zu geben ist, wann sich eine durch das Prinzip der sozialen Gerechtigkeit bestimmte Gesellschaft größerer Freiheitlichkeit öffnen oder eine durch die bürgerlich-liberalen Freiheiten geprägte Gesellschaft mehr und bessere Gerechtigkeit verwirklichen muß. Die Übernahme ideologischer Zielsetzungen ist keine zeitlose Entscheidung, die im Himmel der Ideen stattfindet, sondern sie hat die Situation und den geschichtlichen Kontext zu beachten.

Das gilt auch für mittelfristige Planungen und Ziele. Als Beispiel wäre die vom VIII. Parteitag der SED gestellte und vom IX. Parteitag 1976 bestätigte Hauptaufgabe einer ständigen Verbesserung der Arbeits- und Lebensbedingungen und der Befriedigung der materiellen und kulturellen Bedürfnisse der Menschen anzuführen. Diese Aufgabenstellung ist zu begrüßen, weil sich in ihr ausspricht, daß nicht die Menschen für den Sozialismus da sind, sondern der Sozialismus für die Menschen. In der Nachbarschaft der kapitalistischen Überflußgesellschaft ist diese Zielsetzung außerdem massenpsychologisch vielleicht sogar unausweichlich. Aber ist sie auch an der Zeit, wenn wir sie im Horizont der Frage einer weltweiten sozialen Gerechtigkeit und einer Anwendung der ökologischen Gefahren sehen? Müßte Sozialismus in dieser Situation nicht bedeuten, daß wir den Notwendigkeiten der Entwicklungsländer Priorität in der Wirtschaft, Politik und Planung einräumen, den Sachverstand unter dieser Fragestellung ansetzen, die großen Möglichkeiten sozialistischer Planwirtschaft für diese Zwecksetzung nutzen und Bewußtseinsbildung unter dieser Zielstellung treiben?

Es zeichnen sich einige sachliche Schwerpunkte ab, an denen das beschriebene, dialektische Verhältnis des christlichen Glaubens zur Ideologie des Marxismus-Leninismus in Zukunft zu entfalten und in der sozialistischen Gesellschaft zu bewähren sein wird. Dazu gehören Strategien des Friedens. Hier wäre die Frage zu klären, wie theologische Ethik zur Theorie und Praxis der friedlichen Koexistenz steht, die sich leninistisch ja als eine politische Form des internationalen Klassenkampfes versteht. Wie verhält sich das zu der von A. M. Klaus Müller diagnostizierten Krise und geforderten Überwindung des partikularen Denkens?[21]

Ein weiteres Problemfeld, das besonders nach der Konferenz über Sicherheit und Zusammenarbeit in Europa (KSZE) vor uns liegt, sind die christliche und marxistische Interpretation der Menschenrechte. Schließlich ist zu klären, was gesellschaftliche Verantwortung im Horizont der Überlebensfrage der Menschheit bedeutet. Das Problem des Wachstums und seiner Grenzen erfährt seine ökonomisch-politische Verschärfung durch das ungleiche Wachstum und die damit verbundene weltweite Ausbeutung, Ungerechtigkeit und Unterdrückung. Was bedeutet Sozialismus und gesellschaftliche Verantwortung in einer sozialistischen Gesellschaft in diesem Zusammenhang?

5. Der Sitz im Leben: Die Gemeinde

Der Ort des kritischen und lernbereiten Umgangs mit der Ideologie des Marxismus-Leninismus ist primär die Gemeinde in den beiden Phasen ihrer Existenz, der Sendung und der Sammlung.

Das hat Gründe in der gesellschaftlichen Situation. Denn das Gespräch zwischen Christentum und Marxismus kann nicht öffentlich, akademisch und literarisch geführt werden. Das hat aber auch Gründe, die in der Sache selbst liegen. Die ideologisch-theologische Reflexion hat nur da Hand und Fuß, wo sie von der Praxis der Kooperation und gemeinsamer Erfahrung in Arbeit und Freizeit begleitet ist. Theologisch werden wir das Verhältnis von Glaube und Ideologie nur soweit klären können, als es im Miteinander von praktischem Vollzug und Reflexion des Vollzugs gelebt wird. Ferner unterstellen sich der Sozialismus wie der christliche Glaube ja dem Praxiskriterium. Die theoretische Auseinandersetzung des Glaubens mit dem Marxismus-Leninismus wird nur glaubwürdig sein, wenn sie von einem authentischen Lebenszeugnis begleitet wird. Der Sitz der gesamten Frage nach dem Verhältnis von christlichem Glauben und Ideologie im Leben ist daher die Gemeinde in ihrer Sendung und Sammlung.

Anmerkungen

1 epd Dokumentation 34/71, S. 14.
2 Philosophisches Wörterbuch, Hg. Georg Klaus, Manfred Buhr, Leipzig 1975, Bd. 1, S. 546. Zum Ideologiebegriff vgl. auch: Rechtfertigung, Glaube und Bewußtsein, Werkstattbericht IV, 3.1, Zeichen der Zeit 9/1973, S. 355.
3 A. a. O. S. 547; Hollitscher, Walter: Der Mensch, Wien 1969, S. 349.
4 Philosophisches Wörterbuch Bd. 1, S. 547.
5 A. a. O.; Kurt Hager betonte nach dem VIII. Parteitag „Die logische, zwingende Geschlossenheit der philosophischen, ökonomischen und politischen Auffassungen", in: Die entwickelte sozialistische Gesellschaft, 1971, S. 9.
6 Olof Klohr, Tendenz des Absterbens von Religion und Kirche in der DDR, voprosy filosofii 1974, S. 147-154, zitiert nach einer nicht autorisierten Übersetzung aus dem Russischen.
7 Olof Klohr schreibt a. a. O.: „Man darf natürlich nicht übersehen, daß diese Mitarbeit" (des Christen in der sozialistischen Gesellschaft) „vor allem aus der objektiven Realität und den Problemen des gesellschaftlichen Lebens im Sozialismus hervorgeht und nicht relativ autonom ist, in erster Linie bestimmt von christlichen Anschauungen, wie das vielen Christen subjektiv scheinen kann. Deshalb ist es unumgänglich bei der Erforschung dieser Probleme, die Unzulänglichkeit jener unklaren Anschauungen aufzuweisen und zu erklären, die zum ‚christlichen Sozialismus' führen und damit dem wissenschaftlichen Sozialismus entgegenstehen."
8 „Die bisherigen Ideologien religiöser und säkularer Prägung über den sozialen Umbruch und die geschichtliche Entwicklung haben weithin ihre umfassende Kraft verloren, um das Handeln der Menschen zu erklären und zu leiten. Ob konservativ oder radikal eingestellt, sind die Menschen ihren Totalitätsansprüchen gegenüber skeptisch geworden. Die ideologische Gärung vollzieht sich heutzutage innerhalb eines säkularisierten Kontextes unter Menschen, die nach einer Richtungsweisung für ihr Handeln und nicht so sehr nach einer umfassenden Antwort auf die Frage nach dem Sinn der Geschichte suchen." Appell an die Kirchen der Welt, Dokumente der Weltkonferenz für Kirche und Gesellschaft, Stuttgart-Berlin 1967, S. 251.
9 „Ideologie in hier gebrauchtem Sinne ist die theoretische und analytische Gedankenstruktur, die einem erfolgreichen Handeln zugrunde liegt, um einen revolutionären Wandel in der Gesellschaft zu verwirklichen oder ihren Status quo zu stützen und zu rechtfertigen. Ihr Nutzen erweist sich in ihrer erfolgreichen Anwendung. Ihr Wert besteht darin, Selbstverständnis, Hoffnungen und Werte, die von einer sozialen Gruppe vertreten werden, zum Ausdruck zu bringen und das Handeln dieser Gruppe zu leiten." A. a. O. S. 259 und 254.

[10] Ebendort. In einem anderen Text aus dem Jahr 1975 heißt es: „Die Aufgabe der Kirche besteht gerade darin, die Ideologien zu ermahnen, daß sie nicht der Versuchung erliegen, ein Glauben zu werden, der die Analyse durch ein Glaubensbekenntnis oder Prinzipien durch eine Botschaft ersetzt, sondern daß sie Instrumente bleiben, die verstandesmäßige Deutungen der Geschichte und Initiativen zu Veränderungen liefern." J. van der Bent, Genf, „... und Ideologien", 1975.

[11] Philosophisches Wörterbuch Bd. 1, S. 548.

[12] Das Wort des Bruderrates der Evangelischen Kirche in Deutschland „Zum politischen Weg unseres Volkes", These 3 und 5.

[13] Vgl. dazu u. a. D. Sölle, Phantasie und Gehorsam, Stuttgart/Berlin 1968.

[14] „Der Kommunismus als positive Aufhebung des Privateigentums als menschlicher Selbstentfremdung und darum als wirkliche Aneignung des menschlichen Wesens durch und für den Menschen; darum als vollständige, bewußt und innerhalb des ganzen Reichtums der bisherigen Entwicklung gewordene Rückkehr des Menschen für sich als eines gesellschaftlichen, d. h. menschlichen Menschen. Dieser Kommunismus ist als vollendeter Naturalismus = Humanismus, als vollendeter Humanismus = Naturalismus, er ist die wahrhafte Auflösung des Widerstreites zwischen dem Menschen mit der Natur und mit dem Menschen, die wahre Auflösung des Streites zwischen Existenz und Wesen, zwischen Vergegenständlichung und Selbstbestätigung, zwischen Freiheit und Notwendigkeit, zwischen Individuum und Gattung. Er ist das aufgelöste Rätsel der Geschichte und weiß sich als diese Lösung" (MEW Erg. Bd. I, S. 536). „Die Ideologie der Arbeiterklasse der in wissenschaftlicher Form die historische Mission des Proletariats als Befreiung der ganzen Gesellschaft zum Ausdruck." – „Da die Befreiung der Arbeiterklasse mit der menschlichen Emanzipation zusammenfällt, wird sie (die Ideologie der Arbeiterklasse) in der kommunistischen Gesellschaft allgemeine menschliche Ideologie." (Phil. Wörterbuch I, S. 547 f). Vgl. zu diesen Überlegungen Christoph Hinz, Materialien zu ‚Versöhnung und Parteilichkeit', hektografiert vorgelegt im Facharbeitskreis Friedensfragen des Bundes der Ev. Kirchen. Die hier vorgetragene Überlegung stützt sich auf diese Ausarbeitung von C. Hinz.

[15] Vgl. dazu H. Gollwitzer, Die christliche Kirche und der kommunistische Atheismus, Ev. Theol. 1959, S. 291 ff.

[16] Vgl. B. Brecht, Kalendergeschichten, Der unentbehrliche Beamte, Berlin/DDR 1955, S. 228.

[17] Vgl. den Wortlaut: in diesem Buch S. 7 ff.

[18] Die Evangelische Kirche der Union/Bereich DDR und die Vereinigte Evangelisch-Lutherische Kirche in der DDR beriefen 1969 eine erste Kommission für das Lehrgespräch, die in den folgenden Jahren unter der Fragestellung „Wie verkündigen wir heute die Rechtfertigung?" die Übereinstimmung in den Grundfragen der Verkündigung untersuchte. Sie legte ihre Arbeitsergebnisse in sechs Werkstattberichten vor. Der Werkstattbericht III „Rechtfertigung und Gesellschaft" ist im Wortlaut im Kirchlichen Jahrbuch 1972, Gütersloh 1974, S. 301-309 dokumentiert.

[19] Zum politischen Auftrag der Christlichen Gemeinde (Barmen II), Veröffentlichung des Theologischen Ausschusses der Evangelischen Kirche der Union, herausgegeben von Alfred Burgsmüller, Gütersloh 1974.

[20] Die vom Oktober 1973 datierte Studie ist auszugsweise dokumentiert im Kirchlichen Jahrbuch 1974, Gütersloh 1977, S. 486-495.

[21] A. M. Klaus Müller, Die präparierte Zeit, Der Mensch in der Krise seiner eigenen Zielsetzungen, Stuttgart 1972.

Erwägungen zum 60. Jahrestag der Oktoberrevolution

Votum in der Synode der Kirchenprovinz Sachsen, 5. November 1977

Eine kirchliche Positionsbestimmung zu dem wichtigen Thema „Revolution" lag nicht vor, als 1977 der 60. Jahrestag der russischen Oktoberrevolution, die zur Gründung der Sowjetunion führte, in Publizistik und Gesellschaft der DDR mit großem Gewicht versehen wurde. Für die Kirche war das ein Anlaß, ihrerseits öffentlich Rechenschaft zu geben, wie sie zu dieser Revolution steht, die auch für den sozialistischen Staat DDR konstitutiv geworden ist. Die hier abgedruckte Rede wurde nach Abstimmung mit der Kirchenleitung vor der Synode der Evangelischen Kirche der Kirchenprovinz Sachsen am 5. November 1977 gehalten und von der Pressestelle des Konsistoriums hektografiert verbreitet.

Man kann den Oktober 1917 unter ganz verschiedenen Gesichtspunkten in den Blick nehmen und werten, zum Beispiel unter *politischem Gesichtspunkt.* Jeder Staat hat ein Ursprungsereignis, dem er sich verdankt, an dem er sich seiner Identität vergewissert, das er feiert. Unter diesem Gesichtspunkt ist die Oktoberrevolution als der Beginn der Entwicklung der Sowjetunion zu der größten Weltmacht neben den Vereinigten Staaten von Nordamerika zu würdigen.

Oder man kann den Oktober 1917 unter *ökonomischen Gesichtspunkten* sehen und feststellen, daß er für das damals rückständige Rußland eine Industrialisierung einleitete, die die Sowjetunion zur wirtschaftlich-technischen Großmacht voranbrachte und das Lebensniveau der Sowjetvölker beträchtlich gehoben hat.

Oder man kann die Oktoberrevolution unter *ideologischem Gesichtspunkt* sehen als Realisierung des marxistischen Gesellschaftsentwurfs. Man wird da fragen, ob und wie und wieweit die Oktoberrevolution die marxistische Vision einer wahrhaft menschlichen Gesellschaft der Verwirklichung nähergebracht hat. Hier setzt dann auch die innersozialistische Kritik an, die ja schon mit Rosa Luxemburg begann. Sie fragte, wo denn in Lenins Konzept der Diktatur des Proletariats die

Demokratisierung und damit das positive Erbe der bürgerlichen Revolution bleibe.

Wir sind als von der Oktoberrevolution Betroffene vom Evangelium angeredet. Das bedeutet für uns: Wir müssen uns von dem Wort Jesu die bewußten oder unbewußten Sichtweisen oder auch Vorurteile aufdekken lassen, mit denen wir Christen und Kirchen der Oktoberrevolution gegenüberstehen.

Schon oft ist auf die prinzipielle Revolutionsgegnerschaft in den christlichen Kirchen hingewiesen worden, auf das Bündnis von Thron und Altar, auf die kurzschlüssige Sanktionierung der bestehenden Ordnung, die jede Revolution als Sakrileg erscheinen ließ. Das ist so sicher zu pauschal geurteilt, aber es gab und gibt wohl auch eine konservativ-ideologische Befangenheit in der Kirche. Sie ist durch die Besinnung auf das Widerstandsrecht und die sogenannte Theologie der Revolution korrigiert worden, aber die innere Ablehnung der Oktoberrevolution reicht, glaube ich, tiefer.

Die Oktoberrevolution mit ihrem militanten Atheismus brachte ja Leiden über Christen, Priester und Pfarrer, und die Geschichten und Berichte, auch die Romane über die verfolgte Kirche nach 1917 dürften unser Bild von der Oktoberrevolution tief und nachhaltig geprägt haben. Das Evangelium will uns aber aus jeder Verbitterung und jeder nachtragenden Feindschaft befreien. Unter der Vergebung und der Verheißung Christi sollten solche Befangenheiten unseren Blick auf die Oktoberrevolution nicht trüben und verzerren. Dietrich Bonhoeffer hat in seiner Ethik von der „Vernarbung" gesprochen, die die weltliche Entsprechung zur Vergebung in der christlichen Gemeinde ist. Die Wunden, die Gewalt schlägt, vernarben, wenn aus Gewalt Recht, aus Willkür Ordnung, aus Krieg Frieden geworden ist (Ethik, München 1949, S. 52-54).

Unter dem Wort Christi sollten wir aber auch vor allem frei werden, die Krise anzunehmen, die mit der Oktoberrevolution über unsere traditionelle Kirchlichkeit, über das christliche Abendland hereingebrochen ist, eben nicht erst 1945. Wir sollten die kritischen Fragen hören, die Gott uns in dieser Krise stellt. Die weitgehende Verdrängung dieses Datums Oktober 1917 in unseren Kirchen hat vielleicht auch damit zu tun, daß wir uns dieser kritischen Frage Gottes nicht stellen wollen.

Was wir als Christen zur Oktoberrevolution zu sagen haben, wird wohl herkommen von der *radikalen Erneuerung des Menschen und aller Verhältnisse*, die Gott anbruchsweise und verborgen in Jesus Christus vollbracht hat und im Kommen seines Reiches vollenden wird. Wenn wir das Wort Jesu hören und wenn wir miteinander sein Mahl feiern, dann haben wir den Vorgeschmack der neuen Welt Gottes auf der Zunge. Wir wissen dann, daß diese wirklich umfassende Erneuerung aller Dinge nicht von uns Menschen gemacht wird, sondern daß sie Gottes Schöpfergeist an uns vollbringen muß. Im Licht dieser großen Veränderung erkennen wir aber zugleich, daß in der Welt nicht alles beim alten bleiben kann und auch nicht alles beim alten bleiben muß, daß der christliche Glaube nicht zu einer Ideologie des Bestehenden verfälscht werden darf und nicht zu einem pessimistisch-resignierenden Hockenbleiben beim alten verführen darf. Im Licht dieser großen Veränderung in Christus werden wir die Oktoberrevolution und ihre Wirkungsgeschichte mit *nüchterner Hoffnung* ansehen.

Mit *nüchterner* Hoffnung! Wir werden die großen politischen und ökonomischen Leistungen anerkennen. Nüchtern werden wir aber zugleich sehen, daß die Leninsche Revolution einige ihrer zentralen Verheißungen noch nicht einlösen konnte, daß es zum Beispiel immer noch keine Anzeichen gibt, wie die Diktatur des Proletariats zum Absterben des Staates und das heißt ja zur fundamentalen Demokratisierung führt oder führen kann. Wir werden die tiefe Ambivalenz des revolutionären Geschehens nüchtern sehen und nicht verdrängen. Sie hat ja Menschenopfer gefordert und auch gebracht, und – wie Bertolt Brecht sagt – auch gerechter Haß verzerrt die Züge. Auch die Revolutionäre bedürfen der Rechtfertigung aus Gnade durch Gott, und keine geschichtsphilosophische Rechtfertigung, die die universalgeschichtliche Notwendigkeit der Revolution zu überblicken meint, kann diese Rechtfertigung ersetzen. Das säkulare Pendant hat dazu Bertolt Brecht formuliert, wenn er Revolutionäre die Nachgeborenen bitten läßt: „Gedenket unserer mit Nachsicht!"

Aber auch mit nüchterner *Hoffnung* werden wir die Oktoberrevolution und ihre Wirkungsgeschichte sehen: Wir sehen die Geschichte der noch nicht erlösten Welt, in der – um mit Barmen zu sprechen – die Oktoberrevolution geschehen ist und in der auch die Kirche steht, in der Hand Gottes, des Schöpfers, der die Geschichte in Bewegung und offen hält auf das Kommen seines Reiches hin. Die Enttäuschungserfahrungen der nachrevolutionären Gesellschaft werden in uns also nicht den Wunsch wecken, das Rad der Geschichte zurückzudrehen. Wir werden diese Erfahrungen in die Hoffnung hineinziehen und als Herausforderung zur besseren Gerechtigkeit auffassen und benennen. Wir werden die Oktoberrevolution im Horizont des Reiches Gottes wirklich geschichtlich verstehen als eine Station im offenen Prozeß der Geschichte, die weitergeht, der neue Veränderungen nötig macht, weil neue Gefährdungen des Menschseins auftreten, weil neue Themen erscheinen und andere Probleme sich stellen. Wir werden uns also nicht auf das Datum 1917 und die damals gültige Analyse, die damals gültigen Aufgabenstellungen fixieren dürfen, sondern wir werden fragen müssen, so wie Lenin Marx geschichtlich-schöpferisch interpretiert hat: Was bedeutet Sozialismus in der zweiten Hälfte des 20. Jahrhunderts?

Auch hier macht uns die große Erneuerung, von der wir in Christus herkommen, einige Fragen vordringlich. Ich nenne nur zwei. Erstens:

Die große Erneuerung, die uns von Gott her widerfahren ist, kam durch den Gekreuzigten, der sich zu den links liegengelassenen, verachteten, an den Rand gedrängten Menschen stellte. Das Kommunistische Manifest spricht am Ende des zweiten Teils von der Assoziation für die freie Entwicklung eines jeden, die Bedingung für die freie Entwicklung aller ist. Immer neu haben wir nach denen zu fragen, die in ihrer freien Entwicklung bedrängt, behindert sind. Das ist das Kriterium der Humanität, wie man mit den in ihrer Entwicklung Behinderten umgeht. Daran hängt – so das Kommunistische Manifest – die freie Entwicklung aller. Niemöller hat kürzlich gesagt – ein typisches Niemöller-Wort –: „Ich stehe weit links von den Kommunisten bei meinem Herrn Christus, der bei denen steht, die von den Kommunisten links liegengelassen werden."

Vor allem hätten wir das vom Kommunistischen Manifest Gesagte heute auf die Entwicklungsländer anzuwenden, und der Präsident von Tanzania, Nyerere, hat es zum Unterscheidungskriterium zwischen sozialistischen und kapitalistischen Staaten gemacht, ob sie sich dieser Frage der freien Entwicklung der Völker der Dritten Welt wirksam annehmen.

Ich denke – zweitens – an unsere Verantwortung für die Natur und das Überleben der Menschheit. Das Pathos der Oktoberrevolution, das sich durchhält bis zur Festrede von Leonid Breshnew, war der industrielle Aufbau, das wirtschaftliche Wachstum, der wissenschaftlich-technische Fortschritt. Das war damals „dran", aber heute stehen wir vor den ökologischen Fragen. Es stellt sich also ein neues Thema, angesichts dessen sich der Sozialismus zu bewähren hat. Dabei kann er sich auf starke Traditionen bei Marx und Engels berufen, die mit der Verantwortung für die Natur und die Schöpfung Gottes, die uns aufgegeben wird, zusammenstimmen.

Die Hauptaufgabe in der heutigen Welt ist die Verantwortung für das Überleben der Menschheit in dem einen Rettungsboot, von dem Charles Birch 1975 auf der Weltkirchenkonferenz in Nairobi gesprochen hat. Und unsere Hauptfrage zur Oktoberrevolution lautet, so glaube ich, oder sollte lauten: Welchen Beitrag bringt die Oktoberrevolution und ihre Wirkungsgeschichte in die verantwortliche Beratung und Planung des Überlebens der Menschheit ein, die eine unteilbare Schicksalsgemeinschaft geworden ist?

Friedenszeugnis in kritischer Partizipation

Referat über die evangelischen Kirchen in der DDR und die Friedensproblematik beim Internationalen Bonhoeffer-Komitee Düsseldorf 1982

Das Internationale Bonhoeffer-Komitee tagte vom 23. bis 25. April 1982 in Düsseldorf-Kaiserswerth. Der Vortrag wurde aufgenommen in den Band Hans Pfeifer (Hrsg.), Frieden, das unumgängliche Wagnis, München 1982, S. 59 ff. In der hier vorgelegten Fassung sind die Fundstellen für Zitat-Nachweise in den Anmerkungen ergänzt worden.

Meine Damen und Herren!

Wollte ich meinem Herzen folgen, so würde ich Ihnen einfach erzählen, was uns in den letzten Wochen und Monaten bewegt hat an dem Friedenszeugnis besonders der jungen Menschen in unseren Gemeinden und der Gesellschaft und an den Konflikten, in die dieses Friedenszeugnis führte.

Aber das Friedenszeugnis will auch bedacht, Friedensaktivitäten wollen auch kritisch reflektiert sein, und so möchte ich Ihnen einen mehr reflektierenden als erzählenden Bericht geben. Dabei werde ich jeweils von einem aktuellen Problem ausgehen und von ihm aus in die Herkunftsgeschichte dieses Problems zurückleuchten. Mir haben sich drei Längsschnitte ergeben, in die sich meine Darstellung gliedert:
1. Friedenszeugnis im Ost-West-Konflikt
2. Friedenszeugnis angesichts des Abschreckungssystems
3. Friedenszeugnis in kritischer Partizipation an Friedenspolitik

Friedenszeugnis im Ost-West-Konflikt

Anfang Februar dieses Jahres veröffentlichte der Ost-Berliner Pfarrer Rainer Eppelmann einen „Berliner Friedensappell". Er forderte unter anderem, daß ganz Europa zur atomwaffenfreien Zone werde, endlich Friedensverträge mit den beiden deutschen Staaten geschlossen werden, die ehemaligen Alliierten ihre Besatzungstruppen aus Deutschland abziehen und Nichteinmischungsgarantien in die inneren Angele-

61

genheiten der beiden deutschen Staaten vereinbaren. Die Kirchenleitung von Berlin-Brandenburg riet von der Beteiligung an der Unterschriftensammlung ab, unter anderem darum, weil dadurch Mißverständnisse und Gefährdungen hervorgerufen würden und die tatsächliche politische und militärische Konstellation genauer bedacht werden müsse.

In der Tat eignet den Vorschlägen eine Zweideutigkeit. Sie verstehen sich als Friedensvorschläge, sind im Effekt aber Vorschläge zur Veränderung der Machtverhältnisse und bringen in den Ost-West-Konflikt eine gefährliche Destabilisierung. Entsprechend wurde dann auch den vielen jungen Leuten, die seit November vorigen Jahres den Aufnäher „Schwerter zu Pflugscharen" trugen, vorgeworfen, sie sagten Frieden, aber sie meinten Veränderung der Machtverhältnisse. Hier zeigt sich gleich zu Beginn eine Kernfrage christlichen und kirchlichen Friedenszeugnisses in der DDR: Wie können wir den Frieden Christi politisch relevant, und das heißt wirklichkeitsverändernd bezeugen, ohne im Ost-West-Konflikt als Klassenfeind verrechnet zu werden, ohne eine Destabilisierung der Machtverhältnisse oder auch eine Verhärtung der Macht zu bewirken, was beides friedensgefährdend wäre?

Um die Wurzeln dieses Problems freizulegen, muß man tief graben und bis in die fünfziger Jahre zurückgehen. Zwei Stufen dieser Problemgeschichte möchte ich skizzieren, um dann wieder bei der Gegenwart anzukommen – sicher nicht erleichterter, aber vielleicht ein wenig erleuchteter.

Atomwaffenfreie Zone, vielleicht sogar Neutralisierung Deutschlands, Abzug der Besatzungsmächte – diese Vorschläge erinnern an das, was vor ziemlich genau dreißig Jahren Gustav Heinemann und seine Freunde politisch vertreten haben. Ihr Widerstand gegen die Remilitarisierung der Bundesrepublik und ihr Eintreten für die Wiedervereinigung war ja damals der politische Versuch, Deutschland aus dem Ost-West-Konflikt herauszuhalten, nicht aus nationalistischem Eigeninteresse, sondern damit Deutschland zwischen den beiden Machtblöcken als Faktor der Entspannung und des Friedens wirke. Dieses politische Konzept baute auf dem Stuttgarter Schuldbekenntnis auf, war friedensethisch begründet und friedenspolitisch gemeint[1]. Es mutete dem deutschen Volk zu, sich mit seiner faschistischen und militaristischen Vergangenheit auseinanderzusetzen, für heute und morgen aber seine gemeinsame Identität in der Aufgabe des Friedens und der Versöhnung zu suchen und zu finden. Dieses Angebot und Aufgebot fand in West- und Ostdeutschland noch nicht einmal eine politisch relevante Minderheit. Walter Dirks schrieb damals, diese Politik setze ein Volk voraus, das es leider nicht oder noch nicht gibt, sie müsse daran scheitern, daß das deutsche Volk sich nicht erneuert hat[2].

Erik Erikson und die beiden Mitscherlichs haben dieses Dilemma sozialpsychologisch durchleuchtet und als Identitätsproblem der Deutschen beschrieben. Erikson schließt 1950 seine Darstellung der immer wieder irregehenden Identitätssuche der Deutschen mit dem Satz: Durch die Spaltung wurde „die Bildung einer einheitlichen deutschen politischen Identität (...) wieder hinausgeschoben. Wieder ist Deutschlands Gewissen zum hilflosen Zünglein an der Waage zweier Weltmoralitäten geworden"[3]. Während sich die Identitätssuche in der Bundesrepublik westlich und antikommunistisch orientierte und im Wirtschaftswunder eine kurze Erfüllung fand, stellte sich das Identitätsproblem in der DDR schier hoffnungslos, nämlich von oben und unten. Der Sozialismus fand zu keiner spezifischen Identität im Nachkriegsdeutschland, und die Mehrheit der Bevölkerung konnte sich in ihm und in ihn nicht finden.

Wie aber stand es mit der Erneuerung und der Identität der christlichen Gemeinde? Für sie schien sich im atheistischen Weltanschauungsstaat das Identitätsproblem noch einmal zu potenzieren. Für eine Bewährung christlicher Identität in Gesellschaft und Politik schien kein Raum zu sein und also nur die Wahl des Identitätsverlustes in Anpassung oder Identitätsbehauptung in Konfrontation zu bleiben. Aus diesem Dilemma emigrierten viele äußerlich und noch mehr innerlich, das christliche Abendland mit der Seele suchend.

Herrschte in der Kirche aber diese Einstellung vor, so mußte das Eintreten der Evangelischen Kirche in Deutschland (EKD) für die Wiedervereinigung als pro-westliche Option erscheinen und als friedenspolitische Option tief zweideutig bleiben. Trotz vieler eindringlicher Stimmen (Martin Niemöller, Martin Fischer, Heinrich Vogel, Günter Jacob, Johannes Hamel und andere) fand die Kirche ihre Identität nicht in der Seligpreisung der Friedensstifter. Darum konnte sie auch den Deutschen nicht helfen, ihre nationale Identität in der politischen Aufgabe des Friedens zu finden.

Spätestens seit 1961 – ich komme zur zweiten Stufe – ist die deutsche Teilung keine offene Frage mehr. Dem Frieden in Mitteleuropa kann seither politisch nur so gedient werden, daß man von der Realität der beiden in die Machtblöcke integrierten deutschen Staaten ausgeht. Wie stellte sich in dieser Situation der Friedensauftrag der Kirche im Ost-West-Konflikt?

Von Lenins Klassenkampflehre aus deutete die SED den Ost-West-Konflikt als Klassenkampf. Im Klassenkampf muß man Partei ergreifen, *tertium non datur*. Daß es immer noch eine EKD gab, eine die Klassenfront überwölbende beziehungsweise unterwandernde Struktur, war das politische Hauptärgernis an der Kirche.

Die Kirche stand scheinbar vor einem Dilemma: Sie konnte die organisatorische Einheit mit den Kirchen in der Bundesrepublik nicht festhalten. Einmal, weil das praktisch verhindert wurde, zum anderen aus dem theologischen Grund, daß der Ort der Kirche nicht über den Fronten der Welt ist, sondern mitten in ihren Konflikten bei den Menschen, zu denen sie gesandt ist. Andererseits aber hat die Kirche in diesen Konflikten den Dienst der Versöhnung zu tun. Sie kann daher die leninistische Klassenkampfdeutung des Ost-West-Konfliktes nicht akzeptieren. Die Trennung von der EKD wurde aber propagandistisch als Trennung von der „NATO-Kirche" und als Parteinahme für den Sozialismus ausgewertet.

Der Friedensauftrag der Kirche in dieser Situation forderte zwei Schritte gleichzeitig: Erstens war es nötig, einen entschlossenen und nicht halbherzigen Schritt der Einwanderung in die sozialistische Gesellschaft zu tun, in ihr eine spezifische Identität als Kirche in der sozialistischen Gesellschaft zu entwickeln und dieser Identität auch organisatorische Gestalt zu geben. Nur so konnte die Kirche einigermaßen überzeugend *in* dieser Gesellschaft für Frieden und Versöhnung eintreten. Die abgenutzte Formel von der Kirche im Sozialismus besagt nur etwas, wenn sie von der *incarnation* her als Einweltlichung der Kirche in eine bestimmte Situation verstanden wird. Alles entschied sich daran, daß dies nicht ein umweltgeleiteter Anpassungsvorgang, sondern ein auftragsgeleiteter Erkenntnis- und Lebensprozeß war und blieb. Dies aber konnte nur gelingen, wenn die vorhin erwähnte Alternative zwischen totaler Anpassung und Konfrontation theologisch, in geistlicher Erkenntnis der gesellschaftlichen Wirklichkeit überwunden wurde. Wir lernten zu unterscheiden zwischen dem ideologischen Selbstverständnis des Staates und seiner Funktion als Mandatar Gottes, dem er auch bei atheistischem Selbstverständnis dienstbar sein muß. Diese Unterscheidung will in täglicher kritischer Partizipation, also in jeweils konkreter Unterscheidung von Mitarbeit und Verweigerung gelebt sein. Im Hören auf die lebendige Stimme Christi erschließt sich die Umwelt als Auftragsfeld und Dienstchance. Mit einem Wort: Es galt die DDR als Ort unserer Berufung, unserer *kleesis*, unserer Einberufung zum Frieden zu begreifen und zu bejahen.

Waren unsere Kirchen so, von ihrem Auftrag her, Kirchen im Sozialismus, so hatten sie zweitens zugleich ihrer Vereinnahmung in die antagonistische Klassenfront zu widerstehen. In der Ordnung des Bundes der Evangelischen Kirchen in der DDR von 1969 fand das seinen Ausdruck in dem Artikel 4 (4) von der besonderen Gemeinschaft mit den Kirchen in der Bundesrepublik (dieser Artikel ist durchaus „bekennendes Kirchenrecht"). In der theologischen Auseinandersetzung ging es um das Verhältnis von Versöhnung und Parteilichkeit. Kein Zufall, daß diese Diskussion am schärfsten und tiefsten im Friedensarbeitskreis des Kirchenbundes geführt wurde[4]. Zwar hatte die ökumenische Debatte um die Theologie der Revolution inzwischen gezeigt, daß die Gemeinde Jesu für Unterdrückte Partei zu ergreifen hat und Versöhnung nicht zur

Ideologie der Neutralität und Konfliktverdrängung werden darf. Die kritische Sichtung der Überlieferungsgeschichte der Klassenkampflehre aber zeigte, daß aus der Parteinahme für das Proletariat und seine Befreiung bei Marx nach dem Aufbau des Sozialismus in einem Land die Parteinahme für einen Staat und seine Partei geworden war, so bei Lenin. Parteinahme bedeutet hier Übernahme der ideologischen Selbstlegitimierung der sozialistischen Staaten, übrigens auch Übernahme der Selbstlegitimierung ihrer Kriege als gerechter Kriege[5]. Die Klassenkampfideologie verfilzt sich in der politischen Wirklichkeit dann auch mit gruppendynamischen Gesetzmäßigkeiten, die friedensgefährdend sind. Ich denke dabei zum Beispiel an den Zusammenhang von Feindbildprojektionen nach außen und Gruppenkonformität nach innen.

Mit dem Dienst der Versöhnung beauftragt mußte die Kirche hier kritisch bleiben und Alternativen zeigen. Kritische Partizipation statt Parteinahme ist die dem entsprechende Grundhaltung. Konkret wurde sie in der Kritik an der Rolle des Feindbildes und des Hasses in Pädagogik und ideologischer Schulung und in Entwürfen für eine Friedenserziehung, die Vorurteile abbaut und Empathie einübt.

Dabei ist es aber von entscheidender Bedeutung, der Ortsanweisung zu folgen, die im Auftrag der Versöhnung liegt. Sie weist der Kirche keinen Ort oberhalb des Konfliktes an, wo sie aus einer Art Vogelperspektive in schiedsrichterlicher Neutralität ihre ausgewogenen Sprüche an beide Seiten richtet. Das wäre die Versöhnungslehre einer *theologia gloriae*. Die *theologia crucis* spricht von dem Kreuz der Versöhnung, das mitten in den Konfliktfeldern der Welt stand. Die Universalität der Versöhnung wird geschichtlich so gelebt, daß ihre Botschafter für die an ihrem Ort jeweils Ausgestoßenen und Angeprangerten Partei ergreifen, an ihrem Ort Abgrenzungen öffnen und Feind-Freund-Schemata hinterfragen. Aus dieser theologischen Ortsbestimmung heraus werden wir dann auch der Verdächtigung gewachsen sein, eine Ideologie des dritten Weges oder gar die Interessen des Klassenfeindes zu betreiben.

So werden wir dann auch – ich bin wieder bei der Gegenwart – die politischen Zweideutigkeiten des „Berliner Appells" vermeiden.

Haben Frieden und Versöhnung für uns Priorität, dann kann es nicht um Änderung der Machtverhältnisse in Europa gehen, sondern es gilt, die bestehenden Machtverhältnisse friedensfähig zu machen. Die innenpolitische Funktion des christlichen Friedenszeugnisses in der DDR darf nicht die Destabilisierung sein. Der in der Bundesrepublik von einigen propagierten Losung etwa: „Macht kaputt, was euch kaputt macht!" müßten wir in der DDR entschieden entgegentreten. Selbst wer am politischen System leidet, muß dieses Leiden um des Friedens willen auf sich nehmen. Junge Christen, die mit der Polizei in Konflikt kommen, weil sie den Friedensaufnäher tragen, müssen sich in diesem Konflikt als Träger des Friedens bewähren. Hierin könnte etwas spezifisch Christliches liegen.

Die Alternative zur Destabilisierung heißt aber nicht simple Bestätigung des *status quo*, sondern Veränderung auf wirkliche innere Sicherheit und Friedensfähigkeit hin. Das aber hieße vor allem: Spielräume für den Dialog und kritische Partizipation eröffnen; daß man den jungen Leuten nicht die Macht zeigt, sondern Möglichkeiten, ihnen nicht mit Verboten begegnet, sondern mit Argumenten und Gesprächsoffenheit. Unsere Kirchen haben auf den Synoden der letzten Wochen mehrfach darum gebeten[6].

„Was macht uns wirklich sicher?", war die Leitfrage für einen Gemeindetag Frieden im Jahr 1977. Diese Frage haben wir heute innenpolitisch immer wieder zu stellen.

Wenn unsere Kirche ihren Ort und Auftrag in der DDR wirklich begriffen und bejaht hat, dann kann es in neuer Weise so etwas wie ein gesamtdeutsches christliches Friedenszeugnis im Ost-West-Konflikt geben. Das gemeinsame Wort von EKD und Kirchenbund am 1. September 1979, dem vierzigsten Jahrestag des Überfalls auf Polen, war ein erster Versuch in dieser Richtung. Das Wort geht davon aus, daß die Kirchen in den beiden deutschen Staaten ihren Auftrag eigenständig wahrnehmen, zum gemeinsamen Reden aber durch die deutsche Kriegsschuld und die „besondere Verantwortung für den Frieden" an der „Nahtstelle zweier Weltsysteme" herausgefordert sind[7]. Damit ist an das Stuttgarter Schuldbekenntnis angeknüpft und die Heinemann-Konzeption von vor dreißig Jahren in unsere veränderte Situation transformiert: Die gemeinsame Identität der Deutschen muß in der gemeinsamen Friedensverantwortung gesucht und gefunden werden.

Es gibt so etwas wie eine gesamtdeutsche Szene des politischen Redens unserer Kirchen. Wir merken das daran, daß unseren Kirchen das Reden oder Schweigen der Kirchen auf der jeweils anderen Seite vorgehalten wird. Wir können dem Frieden in den beiden deutschen Staaten nur arbeitsteilig dienen, aber das geschieht in der *einen* Konfliktzone im Namen des *einen* Herrn[8].

Aus dieser Auftragslage möchte ich drei Handlungskonsequenzen ableiten:

1. Unsere Kirchen dürfen sich auf keinen Fall in die antagonistische Logik der Klassenkampfideologie oder des Abschreckungssystems integrieren lassen. Nur wenn wir in West und Ost kritische Partizipation üben, kann unser Friedenszeugnis „ausgewogen" sein. Weder darf es – wie Klaus Gysi, Staatssekretär für Kirchenfragen in der DDR, vermutet hat – die Meinung der evangelischen Kirche sein, *im* Kommunismus dürfe man nicht schießen, *auf* Kommunisten dürfe man; noch können wir der Umkehrung zustimmen, die lautet: das sozialistische Gewehr ist ein gutes Gewehr, nur das kapitalistische ein böses.

2. Wir müssen einander zu je eigenem Reden und Handeln freigeben und auf gegenseitige Vereinnahmung verzichten. Das gilt zum Beispiel im Blick auf die propagandistische Ausnützung der Friedensbewegung auf der je anderen Seite für antikommunistische oder antikapitalistische Systemkritik. Das gilt aber auch für Imitationsversuche oder Imitationsansinnen. Zum Beispiel können wir in unserer ganz anderen politischen Situation nicht die Holländer nachmachen und sagen: „Hinweg mit den Atomwaffen, beginnt in der DDR!"

3. Wir sollten einander begleiten. Das tun wir am besten,
- indem wir einander kritische Fragen stellen,
- indem wir uns selbst fragen, ob unser Tun und Reden den anderen in seinem Dienst fördert oder behindert,
- indem wir miteinander prüfen, ob und wie gemeinsames Reden und Handeln dem Frieden dienen kann.

Friedenszeugnis angesichts des Abschreckungssystems

1980 wurde die Initiative „Sozialer Friedensdienst" publik. Als echte Basisinitiative verbreitete sie sich im Schneeballsystem vor allem unter Jugendlichen. Sie baten die Kirche um Fürsprache bei der Regierung der DDR, es möchte ein zweijähriger sozialer Friedensdienst in sozial-caritativen Einrichtungen von Staat und Kirche gesetzlich ermöglicht werden. In den Friedenswochen im November 1981 wurde in den Kirchen ein sogenannter Aufnäher verteilt. Er zeigt eine Aufschrift „Schwerter zu Pflugscharen, Micha 4, 3" und das bekannte sowjetische Mahnmal, welches das Umschmieden eines Schwertes in eine Pflugschar darstellt. In den Jungen Gemeinden, aber auch außerhalb ihrer fand dieses Zeichen viele Träger. Der Staat sagte zum sozialen Friedensdienst als Alternative Nein und verbot die Aufnäher.

Diese Initiativen, vor allem in ihrem Basischarakter und ihrer schnellen Verbreitung haben symptomatischen Charakter. Wohl findet hier auch eine latente politische Verweigerungshaltung ihren Ausdruck. Vor allem aber zeigt sich an diesen Initiativen die Legitimations- und Motivationskrise des Wehrdienstes. Die Werbung für die Armee und die Verteidigungsbereitschaft der ganzen Gesellschaft, die mit äußerster Intensität betrieben wird, greift nur noch begrenzt und verliert an Motivationskraft. Sachfremde Motivationen, wie Zusicherung von Ausbildungsmöglichkeiten und Studienplätzen, sollen aufhelfen, erzeugen aber eine Art Söldnermentalität. Die Absurdität und Disfunktionalität moderner Rüstung spricht sich immer mehr herum. Die Heimat, Weib und Kind gegen aggressiven Feind verteidigen – das sind doch Argumente aus Opas Krieg, sagen Jugendliche.

Der Staat wäre gut beraten, wenn er diese Symptome marxistisch analysiert, das heißt von diesem Verhalten auf die Verhältnisse des Abschreckungssystems zurückfragt, statt sich mit subjektivistischen Deutungen zu begnügen. Bei der Legitimierung des Wehrdienstes sieht er sich aber offensichtlich in einem Dilemma. Er drängt außenpolitisch auf Abrüstung, deren Dringlichkeit mit dem mörderischen Charakter atomaren Wettrüstens begründet wird. Bei dem die ganze Gesellschaft erfassenden Werben für Verteidigungsbereitschaft aber wird diese Argumentation wieder verdrängt. Man wagt es offensichtlich nicht, dem Selbstwiderspruch, in den die politische und instrumentelle Vernunft beim gegenwärtigen Rüstungsgeschehen gerät, offen ins Gesicht zu sehen, weil das nur eine sehr gebrochene Motivation zum Waffendienst übrigläßt. Eben dieses verdrängte Problembewußtsein meldet sich in den Friedensinitiativen.

Sie wollen einen alternativen, nicht in die Armee integrierten Friedensdienst. Sein sozialer Charakter kann ein zeichenhafter Hinweis darauf sein, daß die biblische Überlieferung des *schalom* Frieden und *zedakah* (Gerechtigkeit) elementar miteinander verbindet. In Entsprechung zu Gottes Handeln wird *schalom* in der Zuwendung zu den sozial Schwachen gelebt. Im persönlichen Engagement wird gezeigt, was global dran ist: Abrüstung als Voraussetzung für gerechte Entwicklungspolitik.

Das Anliegen dieses Friedensdienstes hat eine ganz deutliche Vorgeschichte in der friedensethischen Diskussion der evangelischen Kirchen. Entscheidend war dabei, daß sich nach dem Krieg das Erkenntnis-leitende Interesse von der Frage nach der Erlaubtheit des Krieges auf die Frage nach den Bedingungen des Friedens umorientierte[9]. Die Leitfrage lautete fortan: Was kann die Kirche für den Frieden tun?

Folgerichtig gab es seit den fünfziger Jahren intensive Bestrebungen, vom Wehrersatzdienst zu einem Friedensdienst zu kommen. Während die Heidelberger Thesen den Waffendienst interimsethisch als eine vorläufig noch notwendige und mögliche Handlungsweise darstellten, deutete Carl Friedrich von Weizsäcker die Wehrdienstverweigerung antizipatorisch als Vorwegnahme und Vorbereitung der Handlungsweise, die in einer künftigen Friedensordnung zur allgemeinen Ethik werden muß[10].

Was ist aus dieser alternativen und antizipatorischen Intention des Friedensdienstes geworden?

In der DDR wurde 1962 die Allgemeine Wehrpflicht eingeführt und bald darauf die Anordnung über Bausoldaten erlassen. Sowohl der Staat als auch die Christen unter den Wehrdienstverweigerern gingen hier einen Kompromiß ein. Der Staat begab sich mit der gesetzlichen Ermöglichung der Wehrdienstverweigerung politisch auf einen Sonderweg unter den Partnern des Warschauer Vertrages. Von daher ist es gut verständlich, daß die Regierung es aus bündnispolitischen Gründen ablehnte, diesen Sonderweg nun auch noch zu einem sozialen Friedensdienst auszubauen. Ideologisch schloß der Staat einen Kompromiß, den die leninistische Lehre vom gerechten Krieg eigentlich nicht zuläßt. Ihr zufolge gibt es keinen friedensethischen oder friedenspolitischen Grund, die Beteiligung an einem Verteidigungskrieg der Arbeiterklasse gegen den Imperialismus zu verweigern, auch wenn er mit Kernwaffen geführt werden muß[11]. Der Wehrdienstverweigerung wird damit jeder friedensethische und friedenspolitische Sinn abgesprochen. Ihre gesetzliche Ermöglichung kann nur als Zugeständnis an die religiös gebundenen, politisch irrenden Gewissen im Zeichen der Glaubens- und Gewissensfreiheit interpretiert werden.

Daraus folgt aber bereits, daß die Bausoldatenanordnung auch aus christlicher Sicht nur ein Kompromiß sein kann. Denn der gemeinsame Erkenntnisprozeß der evangelischen Kirchen in Deutschland nach dem Krieg ergab, daß die Wehrdienstverweigerung eine friedensethisch wohlbegründete Entscheidung ist und als eine Gestalt des der ganzen Kirche aufgegebenen Friedenszeugnisses anerkannt werden muß. Sie ist also nicht unter Minderheitenschutz zu verrechnen, auf den auch irrende Gewissen Anspruch haben.

Wegen dieses Kompromißcharakters entschieden sich einige junge Christen zusammen mit einigen pazifistisch Motivierten und vielen Zeugen Jehovas für die totale Verweigerung und nahmen die Gefängnisstrafe auf sich. In den Baueinheiten aber kämpften die Bausoldaten zäh um nichtmilitärische zivile Einsatzmöglichkeiten, durchaus mit Erfolg. Dabei ging es nicht um die Kasuistik ängstlicher Gewissen, sondern um die politisch-ethisch höchst relevante Frage, ob Christen und Kirchen mit ihrem Friedenszeugnis und selbst noch mit ihrer Waffendienstverweigerung in das Abschreckungssystem integriert werden, statt Alternativen zur Überwindung dieses Systems aufzubauen.

Diese Frage stellt sich ja auch im Blick auf die Wirkungsgeschichte der Heidelberger Komplementaritätsthese. In ihrer Intention war sie eindeutig auf die Überwindung des Abschreckungssystems aus, und nur im Kontext dieser Systemkritik wollte sie Waffendienst als Möglichkeit noch gelten lassen. In ihrer politischen Funktion aber wirkte sie systemstabilisierend, zumal in der simplifizierenden Formel „Friedensdienst mit und ohne Waffe". Unter Ausblendung ihrer systemkritischen Intention wurde sie ins Abschreckungssystem integriert und diente zu dessen Stabilisierung. Für eine Politik nämlich, die auf das Funktionieren der Abschreckung baut, ist politisch interessant nur, ob die Kirche zum Wehrdienst Ja sagt; was sie sonst noch an Kritischem oder Utopischem verkündet, ist ihr samt der Minderheit von Verweigerern ziemlich mühelos zu verkraften.

Dieses Schicksal drohte den Bausoldaten in der DDR erst recht. Sie waren ja stets nur eine kleine Schar von einigen Hundert! Als Ende der sechziger Jahre der Nord-Süd-Konflikt alles ethisch-politische Interesse auf sich zog und im Ost-West-Konflikt die Phase der Entspannung kam, wurde es in Kirche und Gesellschaft um die Bausoldaten ziemlich still. Diese Erfahrung aber zeigt: Das Zeugnis der Verweigerer kommt als politisch relevantes Friedenszeugnis nicht zum Zuge, wenn es nicht von der Kirche aufgenommen und als eine unverzichtbare Gestalt des der ganzen Kirche aufgegebenen Friedenszeugnisses kommentiert und verstärkt wird. Wie stellten sich die Kirchen in der DDR dazu?

Die Konferenz der Kirchenleitungen ließ eine Handreichung zur Seelsorge an Wehrpflichtigen erarbeiten und verabschiedete sie 1965. In dieser Handreichung wurde die Heidelberger Komplementaritätsthese aufgenommen, aber pointiert in ihrem interimsethischen, geschichtlichen Sinn. Die Ambivalenz des Abschreckungssystems wurde unterstrichen. Während die Rüstung nichts als der Schirm sein solle, unter dem eine Friedensordnung aufgebaut werden kann, bringt das Abschreckungssystem Denk- und Handlungszwänge mit sich, die alle Schritte auf diese Friedensordnung hin gerade hindern. Wehrdienst und Friedensdienst verhalten sich also nicht einfach kooperativ, arbeitsteilig zueinander. Der Wehrdienst wird in Mechanismen verstrickt, die kontraproduktiv zum Frieden stehen, die Wehrdienstverweigerung droht gleichzeitig in eine prinzipielle Alternativposition abzudriften, die politisch nicht mehr gesprächs- und kooperationsfähig ist.

Die Handreichung gibt der Wehrdienstverweigerung deutlich den Vorrang und sieht in ihr „ein deutlicheres Zeugnis des gegenwärtigen Friedensgebotes unseres Herrn". Im Sinne Carl Friedrich von Weizsäckers interpretiert sie ihr Handeln antizipatorisch als den Versuch, „heute schon streng nach der Ethik zu leben, die eines Tages wird die herrschende sein müssen". Die Kirche aber wird aufgerufen, diese Entscheidung als eine Gestalt des Friedenszeugnisses der Kirche zu verstehen und sich mit ihr so zu verbünden, wie sie es mit dem Wehrdienst heute an unserem Ort nicht mehr kann[12].

Die Handreichung von 1965 ist seit etwa zwei Jahren wieder heftig umstritten. Ein Leitfaden zur Seelsorge, der versuchte, ihre Grundorientierung zu übernehmen und sie für die heutige Situation fortzuschreiben, fand in seinen theologischen Aussagen nicht die Mehrheit der Konferenz der Kirchenleitungen. Die Formel des „deutlicheren Zeugnisses" wurde als unklar, ja als absurd in Frage gestellt, weil sie die Behauptung einzuschließen scheine, der Wehrdienst sei ein deutliches Zeugnis. Man müsse Zeugnis und Dienst unterscheiden. Wehrdienstverweigerung sei als Zeichenhandlung im Zeugnis für den Frieden Christi sinnvoll, während Dienst am Frieden in politischen Wirkungszusammenhängen und unter den Kriterien der Wirksamkeit und der Folgen stehe[13].

Eine Unterscheidung von Zeugnis und Dienst ist durchaus sinnvoll und muß im Zusammenhang einer Theorie kirchlichen Friedenshandelns durchgeklärt werden. Fatal wäre es, wenn durch diese Unterscheidung die Wehrdienstverweigerung erneut in die Sphäre politischer Irrelevanz und Inkompetenz abgedrängt würde, während der Wehrdienst unter friedenspolitischen Kriterien gewürdigt wird. Die Aussage vom „deutlicheren Zeugnis" geht dem gegenüber von dem unauflösbaren Zusammenhang von Wort und Tat im christlichen Zeugnis aus. Die Deutlichkeit des Zeugnisses hängt nicht zuletzt von der einsehbaren Entsprechung zwischen Wort- und Tatzeugnis ab. Den jungen Christen, die sich verantwortlich für den Wehrdienst entscheiden, wird nicht abgesprochen, daß sie in der Armee Zeugen des Friedens Christi sein wollen. Nur, können sie noch deutlich machen, wie der Mitvollzug atomarer Abschreckung solchem Zeugnis entspricht?

Wehrdienstverweigerung wird in der Handreichung nur komparativisch das deutlichere Zeugnis genannt. Eindeutigkeit eignet ihm schon darum nicht, weil es ja Ausdruck eines Aussteigertums sein kann und in der DDR im Zusammenhang des Militärischen steht. Man kann über die Deutlichkeit oder Undeutlichkeit des „deutlicheren Zeugnisses" streiten, die entscheidende Aussage liegt darin, daß die Wegweisung deutlich in Richtung Friedensdienst geht, ohne den Wehrdienst generell auszuschließen, und daß die Kirche zu einem deutlichen Reden in dieser Richtung aufgerufen wird. Ob es darin noch einen Konsensus im Kirchenbund gibt, ist mindestens fraglich.

Im März 1982 hat sich die Konferenz der Kirchenleitungen in einer Stellungnahme zu den Christen gestellt, die das Symbol „Schwerter zur Pflugscharen" tragen. Der Kompromißcharakter des Papiers ist deutlich erkennbar. Das Ja zum Wehrdienst, das es betont spricht, läßt aber doch wenigstens die tiefe Problematik heutigen Waffendienstes ahnen: „Wir halten daran fest", heißt es da, „daß Christen auch in unserer Zeit trotz des erhöhten Risikos den Dienst in der Armee wagen können." Man lernt dieses Problembewußtsein schätzen, wenn man in der Erklärung einer landeskirchlichen Synode liest, die prophetische Friedensverheißung Micha 4, 3 decke „sowohl das Anliegen derer, die zum Dienst mit der Waffe bereit sind, als auch derer, die solchen Dienst für sich ablehnen, sofern nur beide die Erhaltung des Friedens als Motivation ihres Handelns glaubhaft machen können"[14].

Welche Fragen und Aufgaben liegen vor uns?

Keinesfalls geht es – wie immer wieder mißverstanden wird – um eine moralisch-theologische Zensierung von Entscheidungen und Entscheidungsträgern. Als sollte Soldaten das Christsein abgesprochen werden, Verweigerer aber eine Art Kanonisierung erfahren, wobei dann auch die Sorge mitspielt, eine dieser Gruppen zu verlieren – eine Selbstsorge, keine Seelsorge der Kirche!

Wir müßten erstens die theologisch-geistliche Dimension erkennen oder wiedererkennen, die dem Problem des Abschreckungssystems eignet. Es ist weder auf den rüstungstechnischen oder politischen Sachverstand zu delegieren, noch als ethisches Problem ausreichend zu erfassen. Eine kulturkritische Analyse kommt dem Phänomen schon näher, wie sehr eindrückliche Texte zum Beispiel von Christa Wolf zeigen[15].

Eine Unterscheidung der Geister ist hier vonnöten, denn die eskalierende Abschreckung bedeutet eine Verirrung neuzeitlichen Denkens, eine Verführung von Glaube und Hoffnung, von dem Widerspruch gegen das Liebesgebot gar nicht zu reden. Hier ist christliches Zeugnis und Bekenntnis herausgefordert, und es muß in großer Nüchternheit und Präzision beim Namen nennen, was hier – vor Gott gesehen – geschieht.

Das ist der wiederzuentdeckende Wahrheitskern in der Ausrufung des *status confessionis* durch die kirchlichen Bruderschaften in den fünfziger Jahren. Was das heute heißen kann, hat Hermann Dembowski in seinem Aufsatz „Streit und Frieden" gezeigt[16].

In den DDR-Kirchen ist ein theologischer Konsens erreicht, der es nicht erlauben dürfte, die Frage des Bekenntnisfalls auf diesem Felde unter Berufung auf eine Zwei-Reiche-Lehre oder eine Trennung von Theologie und Ethik prinzipiell abzuweisen. In den Lehrgesprächen zwischen unierten und lutherischen Kirchen über Königsherrschaft Christi und Zwei-Reiche-Lehre ist als ein Modell auch die Handreichung für Seelsorge an Wehrpflichtigen von 1965 analysiert worden mit dem Ergebnis, daß in ihr beide Lehren auf hilfreiche Weise zusammenwirken[17]. Die Frage kann also meines Ermessens nicht sein, *ob* es auf dem Problemfeld des Friedens den Bekenntnisfall gibt, sondern nur, *wo* er liegt und *was* daraus für das Handeln folgt. Manchmal drängt sich freilich die Vermutung auf, daß die Frage des *status confessionis* in den Kirchen darum abgewehrt wird, weil uns der Friede der Kirche wichtiger ist als der Friede der Welt.

Wir müssen also gleichzeitig fragen, was oder besser wer denn der Friede der Kirche ist, worin denn ihre wahre Einheit oder ihre Einheit in der Wahrheit liegt und wie wir in der Kirche aus dem Frieden Christi Konfliktbewältigung vorleben können.

Wir müssen uns zweitens der ethischen Aporie atomarer Abschreckung offener stellen. Schon die offensichtliche Motivationskrise des Wehrdienstes zwingt dazu, noch mehr aber die rüstungstechnische Entwicklung, die den begrenzten Atomkrieg mit taktischen Atomwaffen in den Bereich des militärisch Machbaren gerückt hat. Wir können uns also nicht mehr im Vertrauen auf das Funktionieren der Abschreckung die Frage ersparen, was denn zu tun ist, wenn wir am Einsatz der Kernwaffen mitwirken sollen. Schon 1964 hieß es in einer Thesenreihe des Weißenseer Arbeitskreises, heute bedürfte nicht die Wehrdienstverweigerung, sondern der Wehrdienst der ethischen Begründung. Dies gilt heute erst recht. Das Referat Friedensfragen beim Kirchenbund hat 1981 vorgeschlagen, die Kirche möchte öffentlich erklären, „daß wir uns an einem mit Kernwaffen und anderen Massenvernichtungsmitteln geführten Krieg nicht beteiligen werden". Die Frage, was diese verbale Erklärung für das Handeln bedeutet, bleibt dabei freilich offen, aber eben diese Frage stellen uns heute die jungen Leute.

Die Kirchen in der DDR – aber wohl nicht nur in ihr – müssen drittens alle Kraft darauf konzentrieren, in dem eskalierenden Abschreckungssystem dem Frieden die Zukunft offen zu halten. Wo das *worst-case*-Denken, also die Orientierung der ganzen Gesellschaft auf den schlimmsten, den Verteidigungsfall immer prägender und herrschender wird, muß die Gemeinde Christi aus seiner Friedensverheißung heraus ein Chancendenken einüben[18] und Wegbereiter des Friedens sein. Partei und Regierung der DDR wollen ehrlich und ernsthaft den Frieden. Konzentriert man aber in dem Ausmaß, wie das in unserer Gesellschaft geschieht, alle Kraft darauf, den Verteidigungsfall zu bestehen und zu überstehen, so verpaßt und verbaut man zwangsläufig Chancen des Friedens und läuft Gefahr, das, was man verhindern will, gerade heraufzuführen. Die Komplementaritätsthese hilft hier nicht weiter, weil man in der konkreten Situation eben doch vor der Wahl zwischen Alternativen steht. Das Friedenszeugnis der Kirche wird hier nolens volens zu einer dem Friedenswillen ihrer Regierung allergetreuesten Opposition. Sie wird oft genug die Rolle des Hofnarren zu übernehmen haben. Dessen besondere Kompetenz liegt ja darin, die einfachen, entwaffnenden Fragen zu stellen, an die ursprünglichen menschlichen Ziele zu erinnern, wenn der Sachverstand der Experten vor lauter Friedenssicherung den Frieden aus dem Auge verliert und vor lauter Landesverteidigung die Zukunft des Lebens verspielt. Wo die politische Vernunft mit sich selbst in Widerspruch gerät, dürfen die Friedensstifter wohl die Narrenkappe nicht fürchten.

Eine Schwierigkeit liegt für uns darin, daß unsere Regierung eine unabhängige Friedensbewegung nicht zulassen will. Sie sieht in den Friedensinitiativen, die sich eigenständig artikulieren, ein Mißtrauensvotum gegen die Friedenspolitik der Regierung, eine Störung „der politisch-moralischen Einheit" des Volkes und so eine Schwächung der staatlichen Friedenspolitik. Aber ist es denn konstitutiv für die Friedensverantwortung, daß sie nur *ein* Subjekt habe, das mit den Trägern der Regierungsverantwortung identisch ist? Gilt angesichts des Abschreckungssystems und der Zwänge, in die es die Politik bringt, nicht gerade das Gegenteil?

In ihrem Gespräch mit dem Staatssekretär für Kirchenfragen am 7. April 1982 hat die Konferenz der Kirchenleitungen denn auch erklärt, daß die Friedensbemühungen der DDR den kirchlichen Abrüstungsimpuls nicht erübrigten, daß die Kirche eine eigenständige Friedensarbeit betreibe und nicht einfach Verstärker der Außenpolitik des Staates sei.

Das aber bedeutet, daß sich unsere Kirchen nicht nur schützend vor die Mitglieder der Friedensinitiativen stellen, sondern sich auch ihres Sachanliegens annehmen müssen.

Friedenszeugnis in kritischer Partizipation an Friedenspolitik

Im Friedenswort zum 1. September 1979 hatten EKD und Kirchenbund es als besondere Aufgabe der Kirche in den beiden deutschen Staaten bezeichnet, „an der Vertiefung der Entspannungspolitik mitzuarbeiten". Dazu gab es alsbald dringlichen Anlaß. Nur drei Wochen später wagte die Synode des Bundes der Evangelischen Kirchen in der DDR in Dessau einen konkreten entspannungspolitischen Vorschlag. Wir wurden informiert, daß der später so genannte Doppelbeschluß der NATO zu den eurostrategischen Waffen bevorstehe. Um noch einen Impuls in die Vollversammlung der Konferenz Europäischer Kirchen auf Kreta zu geben, mußte schnell gehandelt werden. So richtete die Synode an diese Konferenz die Bitte, sich für ein Moratorium der Entscheidung zu den eurostrategischen Waffen einzusetzen[19]. Kurz danach erklärte Leonid Breshnew die Bereitschaft der Sowjetunion, die Anzahl der Mittelstreckenraketen zu verringern, wenn die NATO auf den Stationierungsbeschluß verzichte, und Anfang 1981 bot er ein Moratorium an. Die Kirche hat hier also nichts nachgesprochen (sicher auch nichts vorgesagt!), sondern aus eigener Erkenntnis gehandelt.

Drei Monate später hatten wir die Afghanistankrise, in der sich der Kirchenbund dezidiert und konkret für eine Fortsetzung der Entspannungspolitik einsetzte. In der „Erklärung zur gegenwärtigen weltpolitischen Situation" heißt es, daß es „zur Politik der Entspannung keine vernünftige Alternative" gäbe, „die Sicherheit der Völker nur in einem Klima des Vertrauens und der Zusammenarbeit" gewährleistet werden könne, daher dem Fatalismus begegnet werden müsse, als sei die Entspannungspolitik durch die Fakten eo ipso widerlegt, aber auch alles unterlassen werden müsse, was Vertrauen zerstört. Es wird der theologisch beachtliche Satz gewagt: „Die Friedensaufgabe der Kirche folgt grundsätzlich und unmittelbar aus der Verkündigung des Evangeliums", und der Ökumenische Rat der Kirchen wird gebeten, „die Mitgliedskirchen zu entschlossenem und konkretem Friedenshandeln aufzurufen".[19a]

Dies waren im Januar 1980 keine Allgemeinplätze, sondern eine Option für eine bestimmte Politik. Allerdings darf man von dem Handlungskonsens, den der Kirchenbund in diesen beiden politischen Entscheidungen zeigte, nicht auf einen theoretischen Grundlagenkonsens zurückschließen. Wäre die Frage thematisiert worden, ob die Kirche mit konkreten politischen Vorschlägen an die Öffentlichkeit treten und diese Vorschläge in der Verkündigung des Evangeliums begründen könne, so hätte es keine Einmütigkeit gegeben.

Im Januar 1982 lag der Konferenz der Kirchenleitungen eine von ihr in Auftrag gegebene Untersuchung über die „Grundfragen eines politischen Wirksamwerdens von christlichem Friedensdienst" vor[20]. Dort wird die in der evangelischen Kirche verbreitete Auffassung zitiert, es sei Aufgabe der Kirche, „die politisch Verantwortlichen an die grundlegenden Maßstäbe politischen Handelns zu erinnern, nicht aber konkrete Handlungsempfehlungen zu geben". Diese Erinnerung aber greife nicht mehr, werde vielmehr zum beliebig zitierbaren Schnörkel, wenn das allgemein anerkannte Ziel des Friedens mit friedensgefährdenden Mitteln verfolgt werde. Um überhaupt etwas zu sagen, müsse die Kirche auf dem Felde der Mittel „eine politische Beurteilungskompetenz für sich in Anspruch nehmen und aus dieser heraus konkret Stellung nehmen". Die Konferenz der Kirchenleitungen hat diese Untersuchung nicht mit Mehrheit auf ihre Verantwortung genommen, und das dürfte nicht zuletzt an dieser Aussage gelegen haben.

Es ist aber eine Leitlinie, so etwas wie ein „mittleres Axiom" (Oldham) erkennbar, das in den letzten zehn Jahren die Äußerungen des Kirchenbundes bestimmt. Man kann es folgendermaßen zusammenfassen: Der Primat militärischen Sicherheitsdenkens muß abgelöst werden von dem Primat der Friedenspolitik. Friedenspolitik muß Vertrauen aufbauen, Konflikte durch Verhandlungen regulieren und so Abrüstung ermöglichen. Diese Grundorientierung war in der Handreichung von 1965 angelegt und artikulierte sich deutlicher, als in den siebziger Jahren der Kirchenbund immer stärker zum Gesprächspartner des Staates wurde. Dabei mußte sich die Kirche über die friedenspolitischen Optionen klarwerden, die sie in diesem Gespräch geltend machen wollte. Gleichzeitig wurde eine intensive Mitarbeit in der ökumenischen Bewegung möglich, und Anregungen zum Beispiel aus dem Antimilitarismusprogramm wurden stärker aufgenommen.

Ich illustriere das genannte „mittlere Axiom" an einigen Schritten und Texten.

Die Konferenz für Sicherheit und Zusammenarbeit in Europa, Helsinki 1975, wurde von der Konferenz Europäischer Kirchen und vom Kirchenbund in der DDR intensiv aufgegriffen. Schon im Oktober 1975 eröffnete eine Konsultation in Buckow die Reihe der Nach-Helsinki-Konferenzen der Konferenz Europäischer Kirchen. Man erkannte schnell die ethische und politische Relevanz des Friedensverständnisses der Schlußakte. Es ist als assoziativ und kooperativ zu charakterisieren. Zusammenarbeit, humanitäre Kooperation und menschliche Kontakte gelten als wesentliche Elemente einer Friedensordnung im Unterschied zum klassischen Völkerrechtsverständnis, das den Frieden durch gegenseitige Abgrenzung nationaler Souveränitäten sichert[21].

Zum ersten Jahrestag der Schlußakte von Helsinki sagte die Konferenz der Evangelischen Kirchenleitungen in der DDR in einer Anrede an die Gemeinden: „Das Friedenszeugnis unserer Kirchen schließt die Bemühung ein, alle Möglichkeiten besseren und friedlicheren Zusammenlebens zu durchdenken und konkrete Schritte der Zusammenarbeit zu versuchen." Zwei Jahre später erinnerte die Konferenz der Kirchenleitungen an die prophetische Pflicht der Christen, Idole militärischer Doktrin und Technologie im Licht der christlichen Vision von Gerechtigkeit und Frieden zu entlarven, an die Regierungen zu appellieren, daß sie Strukturen zur friedlichen Beilegung von Streitfällen schaffen, und alle Verantwortlichen aufzurufen, die heillose Steigerung des Wettrüstens zu beenden und das Gleichgewicht des Schreckens durch das Gleichgewicht des Vertrauens zu ersetzen[22].

1978 sahen sich die Kirchen in der DDR durch die Einführung der sozialistischen Wehrerziehung herausgefordert. Weil hier erneut auf militärische Friedenssicherung orientiert wurde, mußten die Kirchen an den Primat der Friedenspolitik erinnern. Das geschah in der „Orientierungshilfe" vom Juni 1978. Es heißt dort: „Der im Evangelium begründete Friedensauftrag verlangt von den Kirchen und von jedem einzelnen Christen eine nüchterne Prüfung dessen, was in der gegenwärtigen Weltsituation Spannungen abbaut, Vertrauen fördert und dem Frieden dient. Wir verkennen nicht die Verpflichtung des Staates, die Sicherheit seiner Bürger zu schützen, darum müssen wir uns fragen, was uns heute wirklich sicher macht. Ein von Angst und Drohung bestimmtes Sicherheitsdenken stellt nach unserer Überzeugung keinen Schritt auf mehr Frieden hin dar, weil es zu Handlungen führt, die auf der Gegenseite ebenfalls Angst erzeugen und zur Gegendrohung verleiten. Weil der beabsichtigte Unterricht ein Teil dieses gefährlichen Mechanismus zu werden droht, erscheint er uns als ein Mittel der Friedenssicherung wenig geeignet."[22a]

Daß sich das schon erwähnte Eintreten für die Fortsetzung der Entspannungspolitik in der Afghanistankrise aus dieser Grundorientierung ergibt, ist deutlich.

Was ist von dieser Grundorientierung zu halten, vor allem: was würde es heißen, ihr heute für morgen zu folgen? Dazu noch einige abschließende Bemerkungen.

1. Diese Grundorientierung auf den Primat von Friedenspolitik ist theologisch gut begründet. In der biblischen Überlieferung ist *schalom* eine Beziehungswirklichkeit. Pinchas Lapide beschreibt sie als vierdimensionale Einheit oder Ganzheit in der Beziehung Gott – Mensch, Mensch zu sich selbst, Mensch – Mitmensch, Mensch – Natur. Friede ist heile, gelingende Beziehung. Friede wird durch den Gruß hergestellt, nicht durch Abgrenzung und Absicherung vom anderen. Bei Friede ist daher primär gemeinschaftsgerechtes Verhalten (Zedakah, Gerechtig-

keit), Versöhnung, Vertrauensbildung zu assoziieren und in *diesem* Zusammenhang Sicherheit, nicht aber umgekehrt, als dürfte mein Sicherheitsinteresse alles Sinnen auf Frieden regieren. Auf dem politischen Felde entspricht dem die politische Optimierung der Sicherheit beider Konfliktpartner statt der militärischen Maximierung der eigenen Sicherheit.

2. Will man das Friedensverständnis der Helsinki-Schlußakte – Friede durch Zusammenarbeit und Vertrauensbildung – nicht nur rezitieren, sondern konkretisieren, so führt das zu politischen Schritten auf der Linie des gradualistischen Konzepts. Damit ist „eine Strategie einseitiger kalkulierter Abrüstungsschritte" gemeint, „um so die Basis für aussichtsreichere zweiseitige Verhandlungen zu schaffen"[23].

Der schmale Vertrauenskredit, der in den siebziger Jahren im Ost-West-Konflikt angesammelt wurde, ist durch die Rüstungsentwicklung und politische Schritte in Ost und West erschreckend schnell aufgezehrt worden. Soll Vertrauen nicht nur in Sonntagsreden oder -predigten beschworen oder von Zynikern ironisiert werden, so muß man es durch konkrete Schritte aufbauen. Das hat außenpolitische und innenpolitische Aspekte und führt die Kirche auf den Weg der kritischen Partizipation.

3. Außenpolitisch können wir das sozialistische Konzept der friedlichen Koexistenz positiv aufnehmen. Es enthält den Verzicht auf Androhung und Ausübung von Gewalt und die Entwicklung friedlicher Beziehungen trotz gegensätzlicher Ideologien. Seine Grenze liegt darin, daß es Bestandteil der Klassenkampflehre ist und dadurch das Mißtrauen weckt, nur taktisches Mittel zur Erreichung von Überlegenheit zu sein. Darüber hinaus hindert das Klassenkampfdenken die Entwicklung von Empathie oder „intelligenter Feindesliebe" (Carl Friedrich von Weizsäcker), also das Mitbedenken des Sicherheitsbedürfnisses des Gegners. Dies aber ist ein wesentlicher Bestandteil des gradualistischen Konzepts.

In der praktischen Außenpolitik sind von der Sowjetunion in den letzten Jahren eine ganze Reihe von Vorschlägen, Initiativen und 1979 sogar eine kleine symbolische Truppenreduzierung ausgegangen, die wir als Kirchen nur unterstützen können und denen wir im Westen eine gesprächsoffenere und verhandlungsbereitere Aufnahme wünschten.

Über Verhandlungsangebote hinaus müssen wir aber nach vertrauenstiftenden Maßnahmen fragen, zum Beispiel nach einer Umrüstung auf ein bedrohungsarmes, erkennbar defensives Verteidigungspotential, oder nach einseitigen Abrüstungsschritten. In dieser Richtung gibt es bisher nur einen Vorschlag der Theologischen Studienabteilung beim Kirchenbund und eine Äußerung der Synode der Kirchenprovinz Sachsen vom November 1981[24].

4. Der Primat der Friedenspolitik vor militärischem Sicherheitsden-

ken muß auch innenpolitisch zur Geltung gebracht werden. Hier stehen wir in der DDR – aber das gibt es anderswo genauso – vor einer widersprüchlichen Situation. Während auf der außenpolitischen Strecke der Abrüstungsverhandlungen der Primat der Politik und die tiefe Problematik heutiger Rüstung bewußt und unbestritten ist, wird dies auf der innenpolitischen Strecke, wo es um Deckung und Organisierung der Verteidigungsbereitschaft geht, verdrängt, und das Militärische hat den Primat. Ich erwähnte ja bereits, daß Sicherheitsdenken, das vom schlimmsten Fall ausgeht, zum Primat des Militärischen führt und alle Bereiche der Gesellschaft prägt. Im Gespräch mit Menschen erlebe ich, wie sich dieses Denken ängstigend, lähmend, nihilistisch auf die Gemüter legt.

Der Primat der Friedenspolitik muß also auch innenpolitisch eingemahnt werden, dem vorhin genannten Chancendenken muß Raum geschaffen werden von einer Friedenserziehung bis hin zu entwicklungspolitischen Aktionen. Die Priorität so zu setzen, vorrangig in die Gestaltung des Friedens zu investieren, ist eine Option politischer Vernunft. Freilich lebt diese politische Vernunft von einer Hoffnung, die weder wissenschaftlich exakt noch durch geschichtliche Erfahrung ausweisbar ist. Die Hoffnung, daß friedliche Koexistenz gelingen kann und der Friede Zukunft hat, lebt aus anderen Quellen als denen der Rationalität.

Der Kirche ist das Zeugnis von der Quelle dieser Hoffnung und des Mutes zum Wagnis des Friedens anvertraut. Diese Quelle zu bezeugen und vor allem selbst aus ihr zu leben, ist die Hauptaufgabe beim Friedenszeugnis der Kirchen in der DDR.

Anmerkungen

1 Ende 1952 schrieb G. Heinemann: „Wir haben unser Selbstgefühl nicht mehr an einer erfundenen Sendung zu entzünden; wir haben uns vielmehr bescheiden an unsere Aufgabe zu machen, aus dem zerteilten Volk wieder eine Einheit zu bilden. Damit intendieren wir nicht eine weltgeschichtliche Mission; aber die Erfüllung unserer Aufgabe könnte für alle Völker große Bedeutung gewinnen, weil ein wiedervereinigtes, weder in den Ostblock noch in den Westblock integriertes Deutschland entschärfend auf den gegebenen Weltkonflikt wirken würde. Nachdem wir Deutschen die ganze Welt in einen Krieg gezerrt haben, könnten wir sie vielleicht dadurch, daß wir uns friedfertig und nüchtern verhalten, vor einem neuen Weltkrieg bewahren." Zitiert nach Diether Koch, Heinemann und die Deutschlandfrage, München 1972, S. 390.
2 Zitiert nach D. Koch, a. a. O. S. 391.
3 Erik H. Erikson, Kindheit und Gesellschaft, Stuttgart 1974, S. 351; vgl. zu diesem Problem Alexander und Margarete Mitscherlich, Die Unfähigkeit zu trauern, München 1969.

4   Christoph Hinz, Materialien und Gesichtspunkte zum Thema „Versöhnung und Parteilichkeit", maschinenschriftlich. Artikel 4 (4) der Ordnung des Bundes der Evangelischen Kirchen in der DDR von 1969 lautet: „Der Bund bekennt sich zu der besonderen Gemeinschaft der ganzen evangelischen Christenheit in Deutschland. In der Mitverantwortung für diese Gemeinschaft nimmt der Bund Aufgaben, die alle evangelischen Kirchen in der Deutschen Demokratischen Republik und in der Bundesrepublik Deutschland gemeinsam betreffen, in partnerschaftlicher Freiheit durch seine Organe wahr."

5   Die leninistische Lehre vom gerechten Krieg leitet sich aus der Klassenkampflehre ab. „Die politisch-moralische Wertung des Krieges ist also ein unmittelbares Resultat der Bestimmung seines Klassencharakters." Deutsche Zeitschrift für Philosophie 24 (1/76), S. 39.

6   So sagte die Synode der Kirchenprovinz Sachsen auf ihrer Tagung im März 1982: „Ihr (der Unruhe in unserer Jugend) sollte nicht mit Verboten, sondern mit offenem Gespräch begegnet werden. Wir bitten die Vertreter unseres Staates, dieses Gespräch zuzulassen und zu führen. Nur so kann dem Frieden in unserer Gesellschaft und ihrer wirklichen Sicherheit gedient werden." epd Dokumentation 19/82, S. 47.

7   Der Textzusammenhang im „Wort zum Frieden" lautet: „In unterschiedliche politische, wirtschaftliche und militärische Weltsysteme hineingestellt, nehmen die evangelischen Kirchen in den beiden deutschen Staaten den Auftrag, das Evangelium in ihren Verantwortungsbereich hinein auszurichten, eigenständig wahr. Gemeinsam sprechen sie heute im Bewußtsein ihrer gemeinsamen Betroffenheit und Schuld. An der Nahtstelle zweier Weltsysteme bekennen sie sich gemeinsam zu ihrer besonderen Verantwortung für den Frieden." epd Dokumentation 37a/79.

8   Die Kirchenleitung der Evangelischen Kirche der Kirchenprovinz Sachsen hat diesen Zusammenhang in ihrem Bericht vor der Synode im November 1980 thematisiert und folgendermaßen resümiert: „Beides gehört für uns untrennbar zusammen und interpretiert sich wechselseitig: das auftragsgeleitete ganze Ja zur Existenz in der DDR und der Brückendienst der Versöhnung." Bericht der Kirchenleitung 6.2.4 (hektografiert).

9   Vgl. dazu meinen Beitrag „Die ethischen Fragen des Krieges" in diesem Buch, sowie Rahmenkonzept „Erziehung zum Frieden", 1980 erarbeitet von der ad-hoc-Gruppe Friedenserziehung im Sekretariat des Bundes der Evangelischen Kirchen in der DDR, Anlage 2, abgedruckt in epd Dokumentation 35/81.

10 Carl Friedrich Freiherr von Weizsäcker, Bedingungen des Friedens, Berlin (West) 1964, S. 29.

11 Vgl. dazu Egbert Jahn, Eine Kritik der Sowjet-marxistischen Lehre vom „gerechten Krieg", in Edition Suhrkamp Neue Folge, Band 17, S. 163.

12 Zum Friedensdienst der Kirche, eine Handreichung für Seelsorge an Wehrpflichtigen, II 4, Kirchliches Jahrbuch der EKD 1968, S. 244-261.

13 Christoph Demke, Friedensauftrag der Kirche, unveröffentlichte Thesen vom 12. 3. 1981, 4.1.: „Es ist z. B. absurd, den Dienst ohne Waffe als ‚deutlicheres Zeichen' zu bezeichnen, als wenn der Dienst mit der Waffe ein deutliches Zeichen für den Frieden Christi wäre." Bei gründlicher Lektüre hätte Christoph Demke auffallen müssen, daß in der Handreichung vom deutlicheren Zeugnis die Rede ist, das die Wehrdienstverweigerer unter den jungen Christen geben, während das Zeugnis der jungen Christen in der Armee, das sie durch treues Festhalten an Bibel und Gemeinde sowie durch tapfere Gesprächsbeiträge geben, durch den Mitvollzug des Waffendienstes undeutlich wird.

[14] Wort an die Gemeinden der Synode der Evangelisch-Lutherischen Kirche in Thüringen vom 27.03.1982. epd Dokumentation 19/82, S. 57.

[15] Christa Wolf in „Ein Brief": „Eine Zivilisation, die imstande ist, ihren eigenen Untergang zu planen und sich unter ungeheuren Opfern die Mittel dafür zu beschaffen, erscheint mir wie krank. Die Rakete, die Bombe sind ja keine Zufallsprodukte dieser Kultur; sie sind folgerichtige Hervorbringungen expansionistischen Verhaltens über Jahrtausende; sie sind vermeidbare Verkörperungen des Entfremdungssyndroms der Industriegesellschaften, die sich mit ihrem Mehr! Genauer! Schneller! alle anderen Werte untergeordnet, viele von ihnen, die auf menschliches Maß berechnet waren und nicht auf die Unmaße gigantischer Instrumente, einfach verschlungen hat. Die Massen von Menschen in ein entwirklichtes Objekt-Dasein gezwungen und besonders die Naturwissenschaften in den Dienst genommen, die Fakten, die sie liefern, in den Rang der einzig gültigen Wahrheit erhoben haben, was heißt: Was nicht meßbar, wägbar, zählbar, verifizierbar ist, ist so gut wie nicht vorhanden. Es zählt nicht. So wie überall da, wo das Wirkliche, wirklich Wichtige, entworfen, geplant und hergestellt wird, Frauen nicht zählten und nicht zählen: seit dreitausend Jahren." Beitrag für eine Sendung des Südwestfunks am 31.12.1981, zuerst gedruckt in: Mut zur Angst. Schriftsteller für den Frieden, hg. von Ingrid Krüger, Darmstadt und Neuwied 1982.

[16] H. Dembowski, Streit und Frieden, in Winrich C.-W. Clasen/Sabine Zoske (Hg.), Den Frieden gewinnen, CMZ Verlag Rheinbach-Merzbach 1981.

[17] Kirchengemeinschaft, Berlin/DDR 1980, S. 38 f.

[18] Diesen Begriff hat Alois Riklin als Alternative zu einem Bedrohungsdenken geprägt. Außenpolitik und Zeitgeschichte B 3/81, S. 20.

[19] Im Wort der Synode heißt es: „Die Fortsetzung des Entspannungsprozesses und die Notwendigkeit der gleichen unverminderten Sicherheit aller Staaten in Europa verlangt von den Staaten des Warschauer Vertrages wie von der NATO den Verzicht auf Entscheidungen, die einer Eskalation des Wettrüstens in Europa Vorschub leisten." epd Dokumentation 44-45/79, S. 139.

[19a] Wortlaut in: Büscher, Wensierski, Wolschner (Hg.), Friedensbewegung in der DDR, Hattingen 1982, S. 111 ff.

[20] „Grundfragen eines politischen Wirksamwerdens von christlichem Friedensdienst", erarbeitet von der Theologischen Studienabteilung beim Bund der Evangelischen Kirchen in der DDR in Zusammenarbeit mit dem Ausschuß Kirche und Gesellschaft und der ad-hoc-Gruppe des Sekretariats „Erziehung zum Frieden" (hektografiert).

[21] Joachim Garstecki, Die KSZE und die Kirchen – und was weiter? Referat auf der Konsultation des Ausschusses Kirche und Gesellschaft zum Thema „Helsinki heute", Februar 1977 (hektografiert).

[22] Mitteilungsblatt des Bundes der Evangelischen Kirchen in der DDR, 5/6, 8. Dezember 1978, S. 73.

[22a] epd Dokumentation 30a/78.

[23] Schritte zur Abrüstung, ein Abrüstungsvorschlag, vorgelegt von der Arbeitsgruppe „Schritte zur Abrüstung" im Mai 1981, Ziffer 22, epd Dokumentation 21 a/81, S. 13.

[24] „Wir meinen, daß ein einseitiger – in Abstimmung mit den verbündeten Staaten des Warschauer Vertrages durchgeführter Verzicht der DDR auf eigene nuklearfähige Trägersysteme als ein Schritt in Richtung auf die Denuklearisierung Europas angestrebt werden sollte." Erklärung der ad-hoc-Gruppe Abrüstung des Referates Friedensfragen der Theologischen Studienabteilung beim Bund der Evangelischen Kirchen vom März 1981. Abgedruckt in: Büscher/Wensierski/Wolschner (Hrsg.), Friedensbewegung in der DDR, Hattingen 1982, S. 126ff.

Die Synode der Evangelischen Kirchen der Kirchenprovinz Sachsen erklärte im November 1981: „So treten wir ein

– für kalkulierte und mit den Verbündeten abgestimmte Vorleistungen in der Abrüstung (z. B. Reduzierung der SS 20-Raketen);
– für defensive, bedrohungsarme Sicherheitssysteme (z. B. Abbau der zahlenmäßigen Panzerüberlegenheit)

und so für einen neuen Aufbau von Vertrauen in Europa von unserer Seite aus." epd Dokumentation 51/81, S. 18.

Ermutigung zum Bleiben in der DDR

Ein Brief an die Pfarrer und Mitarbeiter im Propstsprengel Erfurt im Februar 1984

Dieser Brief ist im Juli 1985 zusammen mit anderen Beiträgen zur Sache unter dem Titel „Leben und Bleiben in der DDR" als Nr. 14 der Informationen und Texte der Theologischen Studienabteilung beim Bund der Evangelischen Kirchen in der DDR auch über den ursprünglichen Empfängerkreis hinaus verbreitet worden. Die Sammlung erschien auch in epd Dokumentation 41a/85.

Liebe Brüder und Schwestern!

In den letzten Wochen war viel von einer „Ausreisewelle" die Rede. Das beschäftigt viele in unseren Gemeinden, und auch so mancher, der gar nicht ausreisen will, hört in sich die Frage: Warum bleibe ich eigentlich in der DDR? Auch wenn es mit der Ausreisewelle bald vorbei sein sollte, diese Frage bleibt und will beantwortet sein, wenn es nicht zu einer Welle der *inneren* Emigration kommen soll.

Natürlich gibt es eine ganze Reihe von Ausreiseanträgen, die wir alle gut verstehen und nur unterstützen können: Familienzusammenführungen, Krankheiten, die Spezialbehandlungen erfordern, schwere Konflikte mit der politisch-ideologischen Macht usw.

Aber ist die Ausreise aus der DDR denn überhaupt zu problematisieren? Ist es heute nicht das Normalste von der Welt, daß ein Mensch, eine Familie von einem Land in das andere umzieht, zumal wenn es nur aus dem einen Deutschland in das andere geht? Mobilität kennzeichnet das Leben in der modernen Welt, Freizügigkeit gehört zu den Menschenrechten. Liegt das Problem einer Übersiedlung in die BRD nicht einzig darin, daß es unser Staat zum Problem macht?

Die geschlossene und schwerbewachte Grenze ist in der Tat einer der wundesten Punkte unseres Staates. Vielen seiner Bürger gibt sie das Gefühl des Eingesperrtseins, das für manche zum Motiv für den Ausreiseantrag wird. Ich weiß keinen Grund, diese so beschaffene Grenze zu rechtfertigen. Wir können sie nur als ein Faktum hinnehmen. Dafür, daß wir das tun sollten, gibt es allerdings politische Gründe, die vor allem mit der Erhaltung des Friedens in Mitteleuropa zu tun haben. Dies ist aber natürlich kein Argument gegen einen Ausreiseantrag.

Auch mit einer *theologischen* Problematisierung der Ausreiseanträge müssen wir kritisch und genau sein. Daß die meisten von uns hier aufgewachsen oder doch hier zu Hause sind, hier ihre „Heimat" haben, und daß wir als Christen darin die Fügung des Schöpfers und keinen sinnlosen Zufall sehen: ist das ein theologischer Grund, der uns an dieses Land bindet? Wir könnten mit diesem Argument in eine bedenkliche Nähe zu der pseudotheologischen Verklärung der Heimat geraten, wie sie uns bei den Vertriebenenverbänden begegnet.

Die ältesten heilsgeschichtlichen Überlieferungen der Bibel stammen aus der Nomadenzeit, und der Schöpfungssegen Gottes war für sie ein mitwandernder Segen. Dann wurde Israel seßhaft in dem von Gott verheißenen, geschenkten und wiedergeschenkten Land. Für Israel ist das Land Unterpfand des Heils. Für uns Christen aber kann kein Land zum „Heiligen Land" werden. In Christus gilt das Heil Gottes allen Völkern, und er sendet seine Jünger zu ihnen. „Nachfolge" wird zur Leitmetapher christlichen Lebens, und sie ist heute in einer Welt zu leben, die nach der bäuerlichen und urbanen Kultur der Seßhaftigkeit durch Technik, Industrie und Kommunikationsmedien in eine neue Mobilität und Fluktuation überführt wurde.

Freilich gehört es zu unserem Schöpfungsglauben, daß wir auch in allem, was uns am Ort und in der Zeit unseres Aufwachsens zugewachsen ist, Gottes Hand im Spiel sehen. Die Prägung, die wir durch Eltern, Geschwister, Freunde und Umwelt empfingen, die Auseinandersetzungen, in denen wir unseren Standort fanden, der Ausbildungsweg und dann die berufliche und familiäre Seßhaftwerdung, diese ganze biographische Geschichte gehört zum Wichtigsten unseres Lebens, das wir nicht von uns abtrennen können. Schon der kurze Überblick über die Stadien der biblischen Überlieferung zeigt aber, daß die Gottesgabe der Heimat nicht als solche schon bedeutet, daß ich dort bleiben soll statt auszuziehen und anderswo mit dem mir zugewachsenen „Pfund" zu wuchern und durchaus auch mein Glück zu machen.

Wo also liegt das Problem bei den Ausreiseanträgen?

Wir dürfen uns diese Frage darum nicht leicht machen, weil die im Lande Bleibenden dazu neigen, die Ausreisenden festhalten zu wollen. Ihr Weggang macht uns ja ärmer, und er rührt vielleicht auch eine Sehnsucht in uns auf, die wir gar nicht so leicht unter Kontrolle bekommen. So müssen wir unsere eigenen Argumente kritisch prüfen. Auf keinen Fall können wir ja die Diskriminierung der „Antragsteller" mitmachen, wie sie in unserer Umwelt bisweilen geschieht!

Soweit ich sehe, hätten wir in unseren Gesprächen mit Ausreisewilligen (das könnten ja auch Selbstgespräche sein!) vor allem drei Fragenkreise anzusprechen:

1. Ist die Übersiedlung in den Westen wirklich der Ausweg aus den wirklichen Problemen, die ihr habt?
2. Wenn ihr an die Menschen denkt, die ihr hier zurücklaßt, sind sie nicht auch eure Nächsten, denen ihr Nächste sein und bleiben sollt?
3. Wenn euch die politischen Verhältnisse kein sinnvolles Leben zu erlauben scheinen, sollen wir nicht auch unser Land und unser Leben in ihm trotz aller Enttäuschungen unter Gottes Herrschaft und Verheißung sehen?

Zu 1. Mehrfach habe ich beobachtet, und andere haben diese Beobachtung bestätigt, daß die Motivation für den Ausreiseantrag nicht in der gesellschaftlich-politischen Situation lag, die man verlassen will, sondern in persönlich-familiären Problemen, die man mitnimmt.

Gewiß wirken Schwierigkeiten, die man in Staat, Berufsleben und Bildungswesen hat, oft problemverschärfend, aber sind sie wirklich die Ursache? Verdecken sie vielleicht eher den Kern der persönlichen Probleme? Könnte der Übersiedlungswunsch in der Illusion gründen, man könne mit dem Land auch die persönlichen Probleme zurücklassen, und ist diese Illusion nicht darum gefährlich, weil sie die notwendige Aufarbeitung dieser Probleme verhindert? Oft ist der Ausreiseantrag der letzte Schritt einer langen Konfliktgeschichte, in der viel früher hätte Rat gesucht und Hilfe angeboten werden sollen.

Zu 2. Bedenken wir genügend, wieviel für unser Leben das Geflecht menschlicher Beziehungen bedeutet, in das wir biographisch hineingewachsen sind? Manchmal habe ich den Eindruck, daß diese mitmenschliche Lebenswirklichkeit durch das Leiden an den Verhältnissen und durch den Wunsch nach besserer Selbstverwirklichung in den Hintergrund gedrängt wird.

Bei Menschen im Konflikt kann es zu einer Blickverengung auf den Konfliktstoff und die Befreiung von ihm kommen. Fixiert auf den Konfliktstoff sagen sie: „Ich kann hier nicht mehr leben!", und sie nehmen die Lebensangebote, die vor allem in dem Geflecht mitmenschlicher Beziehungen liegen, nicht wahr.

Bedenken die Ausreisewilligen genügend, welche Lücke sie in diesem Geflecht hinterlassen und wie ihr Weggang andere entmutigt? Wie ein Durchstehen der Schwierigkeiten hier, wie tapferer Widerstand gegen Opportunismus und wie ein wenig Mut zum Verzichten andere stärken und aufrechterhalten könnte? Ob sich die aus politischen Gründen Ausreisenden nicht ernster fragen müßten, wieviel Zurückbleibende durch ihre Emigration in die innere Emigration abtreiben?

Das alles gilt in besonderer Weise von Christen und Mitchristen und natürlich von Pfarrern und kirchlichen Mitarbeitern, die durch ihren Auftrag an die Gemeinde hier gewiesen und gebunden sind. Ich denke, daß ich zu diesem letzten Punkt nicht ausführlicher werden muß.

Der Apostel Paulus spricht von der Befreiung aus traditionellen Ordnungen und Abhängigkeitsverhältnissen. „In Christus" sei weder Mann noch Frau, weder Herr noch Sklave (Galater 3, 28). Trotz dieser Emanzipation in Christus empfiehlt er Frauen und Sklaven, im Blick auf die politischen Ordnungen den Christen überhaupt, in den untergeordneten Verhältnissen zu bleiben (1. Korinther 7, 20 f; Römer 13, 1 ff; Galater 5, 13 f). Dabei mag auch ein Schuß Konservativismus oder die Naherwartung des wiederkommenden Herrn eine Rolle gespielt haben. Leitend dabei war aber der Gedanke, daß der Ort in der Gesellschaft als Berufung zum Dienst am Mitmenschen in der Liebe angenommen werden soll. Wir haben in Christus das Recht zur Emanzipation, aber der Gebrauch dieses Rechtes soll von der Liebe zum Nächsten geleitet und auch begrenzt sein.

Vor dem Ausreiseantrag sollte daher die Erwägung stehen, ob das Geflecht mitmenschlicher Beziehungen, in dem wir leben, nicht der „Ort der Berufung" ist, an dem uns Gottes Ruf zur Praktizierung unserer Freiheit in der Liebe festhält. Sollten wir wirklich eine andere Freiheit suchen? Politische Verhältnisse können uns *diese* Freiheit weder gewähren noch nehmen.

Zu 3. Nicht wenige Antragsteller tun diesen Schritt, weil sie bei ihrer politischen und/oder christlichen Überzeugung für sich und ihre Familie hier keine Zukunftschancen sehen, und weil sie keine Hoffnung mehr haben, daß sich der Sozialismus ändert oder sie ihn durch ihr politisches Engagement ändern könnten. Einige von ihnen können von Enttäuschungserfahrungen berichten, die schwer zu überwinden sind und uns ratlos machen. Gerade in letzter Zeit sind Hoffnungen, daß es mit Frieden und Entspannung und der ökologischen Verantwortung vorangeht, schwer enttäuscht worden. Gerade politisch bewußt und verantwortlich lebende Menschen, die daran leiden, daß unser Staat hinter den drei Hauptaufgaben unserer Zeit – Überwindung des Abschreckungssystems, globale Gerechtigkeit, Naturbewahrung – weit zurückbleibt, können oft nur schwer zum Bleiben ermutigt werden.

Braucht unsere Gesellschaft aber nicht besonders dringend diese Menschen, die an den Verhältnissen leiden, sich an ihnen reiben und damit ihre Schäden bewußt machen? Wenn es eine Hoffnung auf Besserung gibt, dann doch nur so, daß wir Konflikte durchstehen und nicht aus ihnen fliehen. Zur Konfliktbereitschaft gehört freilich, daß wir uns nicht auf totale Konfrontation festlegen, sondern auf praktikable Schritte und auf fruchtbare Kompromisse um des Nächstbesseren willen einlassen. Oft habe ich das Gefühl, im Protest erstarrten Menschen gegenüberzusitzen, und es gälte, den Pro-test beweglich, gangbar, aktiv und wenn irgend möglich kooperativ zu machen.

Die Grundfrage freilich bleibt: Gibt es denn Hoffnung? Hierzu kann ich nur die Glaubenswahrheit wiederholen, die wir schon oft gehört und gepredigt haben, und die ich vor zwölf Jahren mit der Wendung vom „verbesserlichen Sozialismus" deutlich machen wollte: Wir dürfen auch unser Land unter der Herrschaft des Schöpfers, Versöhners und Vollenders sehen und darum als veränderbare Größe in der offenen Geschichte, die Gott mit uns hat. Gerade als Christen sollten wir sehr lange überlegen, ob wir aus dieser Geschichte und also aus dem Versuch, Christsein in der sozialistischen Gesellschaft zu leben, aussteigen wollen. Zwei Generationen sind noch keine Zeit für solch einen Versuch, den Gott uns erstmalig in der deutschen Geschichte zumutet, und den nicht nur viele in der weltweiten Ökumene, sondern sicher auch die Engel im Himmel mit Spannung beobachten! „Werft euer Vertrauen nicht weg", heißt es im Hebräerbrief, der an Christen der zweiten Generation gerichtet war.

Könnte es sein, daß unsere Hoffnung für unsere Gesellschaft einen längeren Atem braucht und offener werden muß für verschiedene Möglichkeiten? Ein Pfarrbruder meinte kürzlich, die Weisheit der Sprüche, daß alles seine Zeit habe, könne doch auch bedeuten: Verändern hat seine Zeit, und Warten hat seine Zeit.

Weiter sollten wir bedenken, daß die Wandlungen, die uns die drei Hauptaufgaben unserer Zeit abverlangen, nicht nur die politisch-ökonomischen Makrostrukturen betreffen, denen gegenüber wir uns oft ohnmächtig fühlen, sondern mit gleichem Gewicht unsere Lebensweise. Da wäre sehr viel möglich und zu tun im persönlichen, familiären und gemeindlichen Leben, was dann auch gesellschaftlich-politisch relevant werden kann. „Das weiche Wasser bricht den Stein", singen sie gerade im Westen, wo der Spielraum eigenständiger Veränderungsaktivitäten soviel größer zu sein scheint!

Ich hoffe, daß Sie mit diesen Erwägungen etwas anfangen können. Wenn Sie es nicht brauchen – um so besser!

Ich wünsche Ihnen eine gesegnete Passionszeit und grüße Sie als
Ihr Heino Falcke

Zur theologischen Grundlegung kirchlicher Weltverantwortung

Die Bergpredigt als Grund der politischen Verantwortung des Christen und der Kirche

Vortrag bei den sächsischen Pfarrertagen 1982

Dies Manuskript lag Vorträgen zugrunde, die bei den drei Pfarrertagen der Evangelisch-lutherischen Landeskirche Sachsens im Jahre 1982 gehalten wurden. Es erschien in Heft 4/84, Seite 376 ff, der Zeitschrift für Evangelische Ethik.

Die Bergpredigt ist ein politisch umstrittener Text geworden. Die Friedensbewegung im Westen und Friedensinitiativen bei uns berufen sich auf sie. Das ließe sich vielleicht noch als (das aus der Kirchengeschichte bekannte) Schwärmertum oder als nicht „politikfähiger" Utopismus abtun, wenn es nicht inzwischen realpolitische Vorschläge und Konzepte zur Abrüstungs- und Friedenspolitik gäbe, die von der Bergpredigt inspiriert sind. So Carl Friedrich von Weizsäckers „intelligente Feindesliebe" und das Konzept des sogenannten Gradualismus, das vertrauensbildende Vorleistungen einer Seite im Kontext politischer Verhandlungen vorschlägt[1]. Zwei westdeutsche Zeitungen haben den Text der Bergpredigt abgedruckt, offenbar weil man sie kennen muß, um die gegenwärtige politische Diskussion zu verstehen![2] Pinchas Lapide sagte in seinem Dialog mit Carl Friedrich von Weizsäcker über die Seligpreisungen, die Bergpredigt sei „kein utopischer Wolkentraum, sondern ein nüchternes Rezept zum Überleben"[3].

Gegen diese politische Inanspruchnahme der Bergpredigt hat jedoch der Tübinger Neutestamentler Martin Hengel protestiert. Er schärft erneut den steilen Widerspruch zwischen der Radikalität der Bergpredigt und der gängigen Moral und Politik ein. Nur in bedingungsloser Nachfolge, frei von allen Bindungen, sei die Bergpredigt zu leben, und sie sei keine Weisung für machbare Politik. Der paulinisch-lutherische Satz wird auf die Bergpredigt bezogen: „Durch das Gesetz kommt Erkenntnis der Sünde": „Die bessere Gerechtigkeit des Reiches Gottes ist das

Ende des menschlichen Selbstbehauptungswillens, das Ende einer von Menschen machbaren Geschichte und damit das Ende aller menschlichen Politik"[4]. Was von diesem Einwand aufzunehmen ist, werden wir noch bedenken. Vorher ist es jedoch wichtig, den aufregenden Vorgang zu verstehen, daß die Bergpredigt und die fragende politische Vernunft neu ins Gespräch kommen, einander viel zu sagen haben und dies vorbei an den herkömmlichen dualistischen Auslegungsmodellen der Zweistufenethik oder Gesinnungs-Verantwortungs-Ethik tun. Die politische Vernunft, die ihr Ende nur zu deutlich sieht und sich in die Aporien des Abschreckungssystems verrannt hat, fragt, ob die Bergpredigt vielleicht eine Wende der Politik erschließt und Zukunft eröffnet. Die Bergpredigt *will* Zukunftsmöglichkeit zeigen: „Wer diese meine Rede hört und tut sie, der gleicht einem klugen Mann, der sein Haus auf den Felsen baut", sagt der Bergprediger am Schluß (Matthäus 7, 24f).

Rücken wir in eine Zeit ein, wo die Wahrheit dieses Gleichnisses geschichtlich erfahrbar wird? Werden am Hause der Realpolitik Risse sichtbar, die bis ins Fundament gehen? Sollte im Selbstwiderspruch der politischen Vernunft die Bergpredigt als politische Weisheit aufleuchten und einleuchtend werden? Gewiß, ein Gebot wie die Feindesliebe fordert das „Außerordentliche", wie Dietrich Bonhoeffer diesen Abschnitt in der „Nachfolge" überschrieb[5]. Carl Friedrich von Weizsäcker aber sagte schon vor zwanzig Jahren, daß der Friede im wissenschaftlich-technischen Zeitalter eine „außerordentliche moralische Anstrengung" erfordere[6]. Die Jünger der Bergpredigt galten in der Kirchengeschichte als Narren in Christo – der heilige Franz, die Quäker, Tolstoi und andere. Heute könnte ihnen mindestens die Funktion von Hofnarren zukommen, die das Ohr der Mächtigen finden, und wenn die Experten sich ins Gestrüpp der Probleme verirren und den Wald vor lauter Bäumen nicht sehen, dann stellen sie die einfachen, entwaffnenden Fragen und erinnern an die schlichten menschlichen Ziele.

Was also bedeutet die Bergpredigt für unser gesellschaftliches Zeugnis heute? Haben wir das Ende der Politik anzusagen oder sie in eine Wende zu rufen? Gilt vielleicht beides? Worin aber liegt das Ende und wohin geht die Wende? Ich möchte mit Ihnen aus der Fülle des zu Erörternden drei Gedankengänge herausgreifen, die mir selbst beim Nachdenken die wichtigsten wurden:

1. Die Seligpreisungen erschließen einen ganzheitlichen Verstehenszugang zur Bergpredigt von der Zukunft der Gottesherrschaft aus.
2. Die Bergpredigt erweist sich als „Verantwortungsethik höherer Ordnung" und kommt damit heutiger politischer Vernunft zu Hilfe.
3. Die Gemeinde des Bergpredigers in dialogischem Zeugnis und kooperativem Dienst auf dem politischen Felde.

1. Die Seligpreisungen als Verstehenszugang zur Bergpredigt

1.1 Die Bergpredigt als ständige Unruhe der Kirche

Unser Thema fragt nach der Beziehung zwischen den Seligpreisungen der Bergpredigt und unserem gesellschaftlichen Zeugnis. Diese Beziehung läuft über Kreuz und Auferweckung des Herrn. Vieles, was in der Bergpredigt steht, leuchtet unmittelbar ein, aber nur als Wort des auferweckten Gekreuzigten wird es für uns verbindliche Weisung. In der Bergpredigt verkündet Jesus die nahe Gottesherrschaft als die Wirklichkeit, die ein neues Tun ermöglicht und unerläßlich macht. In der Auferweckung des Gekreuzigten identifizierte sich die Gottesherrschaft, die der Bergprediger verkündet hatte, mit dem Verkündiger[7]. Auf Grund dieses Identifizierungsvorganges kann der erhöhte Christus nach Matthäus 28, 18 sagen: „Mir ist gegeben alle Gewalt im Himmel und auf Erden." In diesem Vorgang gründet die Autorität der Bergpredigt für uns.

Als einziger unter den Evangelisten hat Matthäus den Zusammenhang zwischen dem erhöhten Herrn und dem irdischen Jesus ethisch formuliert. „Matthäi am Letzten" beauftragt der Erhöhte die Jünger, die Völker zu lehren, alles zu halten, was der irdische Jesus seinen Jüngern befohlen hat. Hier wird die Bergpredigt für alle Völker in Kraft gesetzt, und der Glaube an den erhöhten Herrn wird an die ethische Weisung des irdischen Jesus gebunden.

Matthäus schreibt dies kritisch gegen eine nachösterliche Verkündigung, die zwar Christus als den Herrn ausruft und sogar Exorzismen in seinem Namen vollbringt, aber den von Jesus verkündeten Gotteswillen nicht verbindlich macht. Darum gibt Matthäus der Bergpredigt das Nachwort gegen diese libertinistischen Propheten, die einen Christusglauben ohne Nachfolgekonsequenzen predigen (Matthäus 7, 15 ff)[8]. Der Apostel Paulus hielt den Osterglauben durch die Predigt vom Kreuz in der irdischen Verantwortung fest. Matthäus tut dasselbe durch die Nachfolgepredigt Jesu. Matthäus begründet die Ethik in der Herrschaft Christi. Die Herrschaft Christi aber legt er durch den „Weg der Gerechtigkeit" aus, den der irdische Jesus geht und führt. Hier wird nicht – wie man bei „Königsherrschaft Christi" leicht vermutet – der Welt von oben und außen verkündigungstheokratisch etwas oktroyiert, sondern Herrschaft Gottes ereignet sich mitten im Alltagsgedränge, im Lebensvollzug dieses einen Menschen, der das Leben seiner Jünger teilt, mit ihnen im selben Boot sitzt und so alltagsnah Nachvollzüge solchen Lebens stiftet.

Matthäus bindet die Christusverkündigung und die Bergpredigt unlösbar aneinander. Er macht die Bergpredigt so für die Kirche in allen Völkern verbindlich. Die Volkskirchen oder Großkirchen haben diese Einheit kaum je durchzuhalten vermocht, sondern haben sie aufgelöst in die Zweistufenethik von Kirche und Mönchtum oder haben sie auseinanderbrechen lassen zwischen Großkirche und sektiererisch-sozialrevolutionären Randgruppen, die die Bergpredigt gegen eine säkularisierte und angepaßte Großkirche geltend machten. Im Neuprotestantismus schließlich wurde die Bergpredigt auf Gesinnungsethik reduziert. Das Matthäusevangelium aber ist der Protest gegen diese Reduktionen, Halbheiten und Ausflüchte. So macht Matthäus die Bergpredigt zur ständigen Unruhe der Kirche und hält die Unruhe um die Auslegung der Bergpredigt wach. Wie ist sie zu verstehen?

1.2 Zugang zur Bergpredigt über die Seligpreisungen

Entscheidend ist, von wo aus man den Zugang zur Bergpredigt sucht. Meine These lautet, daß sich ihr rechtes Verständnis von den Makarismen, den Seligpreisungen her erschließt. Das scheint ein Gemeinplatz zu sein. Befragt man jedoch die verschiedenen Auslegungskonzepte, von welchem Punkt der Bergpredigt sie eigentlich ausgehen, so führt das keineswegs auf die Makarismen als hermeneutischen Kanon der Bergpredigt.

Nehmen wir die Auslegung der Bergpredigt als Beichtspiegel zur Erkenntnis der Sünde, als Gesetz im *usus elenchticus*. Sie geht von der ersten und zweiten Antithese aus und deutet sie als Thoraverschärfung: Schon das Zürnen und der begehrliche Blick auf die fremde Frau sind Sünde. Hier liegen ja gar keine Handlungsanweisungen vor, sondern die Affekte der Aggression und der sexuellen Begierde werden als Sünde des Herzens aufgedeckt.

Oder man nimmt die Antithesen mit den Worten zum Almosen geben, Beten und Fasten zusammen und stellt fest, daß Jesus überall von der äußeren Tat zu der Gesinnung des Herzens vorstößt. Von hier aus ergibt sich die Auslegung der Bergpredigt als Gesinnungsethik.

Oder man kann von der Kritik der öffentlichen religiösen Institutionen ausgehen. In den Worten zum Almosen geben, Beten und Fasten stellt Jesus den öffentlichen Institutionen die personale Verantwortung des einzelnen *coram deo*, nicht *coram publico* gegenüber. So kommt Dietrich von Oppen zur Bergpredigtauslegung im Gegenüber von Person und Institution[9].

All diese Auslegungen in·dualen Spannungsverhältnissen haben ihre Berechtigungsanteile, aber sie dürfen nicht zum Auslegungsprinzip werden. Vielmehr werden sie relativiert, wenn man in der Bergpredigtauslegung von den Makarismen ausgeht.

1.2.1 Entfaltung der Gottesherrschaft

Zuerst stoßen wir auf den ganzheitlichen, das ganze menschliche Dasein umspannenden Charakter der Makarismen. Sie sprechen den Menschen in seiner elementaren Bedürftigkeit an, als Armen, Ohnmächtigen, Hungernden und Leidenden. Sie sprechen ihn im zweiten Teil als Täter an, als Barmherzigen, Friedensstifter, als Gerechten und Nachfolger Jesu. Mit Recht wird immer wieder gesagt, daß Matthäus die Seligpreisungen ethisiert habe. Wenn er aber von den Armen „im Geist" und von den Hungernden „nach Gerechtigkeit" spricht, hebt er nicht auf, sondern unterstreicht noch, daß der Mensch ein Angewiesener und Empfangender ist. Daß er sogar *zuerst* als solcher in Blick kommt, dürfte darin gründen, daß die Makarismen völlig beherrscht sind von der nahenden Gottesherrschaft, die den Menschen zum Empfangenden macht. Gerade auch als Täter bleibt der Mensch ein Angewiesener. Die Gerechtigkeit muß *kommen*, damit sie getan werden kann (vergleiche 5, 6 und 5, 10). Das Tun der Gewaltlosen, Barmherzigen und Friedensstifter ist in der Welt so von Vergeblichkeit bedroht, daß es der kommenden Gottesherrschaft bedarf, um in seiner Sinnhaftigkeit aufzuleuchten.

Weiter umgreifen die Makarismen die soziale und politische Existenz des Menschen ebenso wie den Kern seiner Personalität, das Herz.

Matthäus hat den Makarismus der Armen verändert und spricht von den Armen im Geist[10]. Das ist aber keine Spiritualisierung, sondern eher eine Erweiterung und Radikalisierung des Armutsverständnisses. Matthäus wehrt eine ökonomische Verengung des Begriffes ab. Die sozial Deklassierten sind eben auch arm in ihrem Bildungsstand und ihrem religiösen Erfüllungsstand[11]. Gewiß schwingt hier auch mit, daß sich die Armen der Gottesherrschaft erwartungsvoll öffnen, mit leeren Händen vor Gott stehen, aber wir müssen uns vor einer rechtfertigungstheologischen Verengung hüten, als ginge es hier nur um das Sündenbewußtsein.

Im Makarismus der Sanftmütigen und nach Gerechtigkeit Hungernden ist die politische und gesellschaftliche Dimension des Lebens angesprochen. Die Sanftmütigen sind die Geringen, Niedrigen, Machtlosen, die aber ihre Machtlosigkeit bejahen, nicht in Aggressionen und Allmachtsphantasien ausbrechen, sondern wie Jesus, der sanftmütige und von Herzen demütige (Matthäus 11, 29), den Weg der Friedensstifter in gewaltfreier Güte gehen.

In der vierten Seligpreisung verändert Matthäus den Makarismus der Hungernden in die Seligpreisung der nach Gerechtigkeit Dürstenden und Hungernden. Im Kontext seines Evangeliums ist hier gewiß das Tun der Gerechtigkeit gemeint. Aber gerechtes Verhalten und gerechte Verhältnisse sind hier noch nicht getrennt. Das ist vielmehr eine moderne

Unterscheidung, die wir in das biblische Denken nicht eintragen dürfen[12]. Wenn Menschen die Gerechtigkeit tun, die der Gottesherrschaft entspricht (Matthäus 6, 31), dann werden die Hungernden satt werden; und wenn die Hungernden satt werden wollen, dann müssen sie nach Gerechtigkeit trachten.

Mit der sozialen und politischen Existenz gehört aber das Innerste des Personseins zusammen. Es ist im Makarismus der Herzensreinen angesprochen, denen die Gottesschau verheißen wird. Damit sind kultische Traditionen aufgenommen, in denen es um die Begegnung des einzelnen mit Gott geht.

Das Menschsein in seiner Vieldimensionalität kommt in den Makarismen aber darum in Blick, weil die nahende Gottesherrschaft Mensch und Welt in ihrer Ganzheit betrifft. Als Gottesherrschaft hat sie einen deutlichen politischen Bezug zu den theokratischen Bewegungen in der Umwelt Jesu[13]. Wenn die Friedensstifter Söhne Gottes genannt werden, so dürfte die messianische Verheißungstradition des Friedenskönigs und Gottessohnes anklingen. Die Gottesherrschaft ist aber auch Tröstung für den Trauernden und vollendet die kultische Gemeinschaft des einzelnen mit Gott. Die Gottesherrschaft heißt Herrschaft der Himmel, aber sie verheißt den Machtlosen die Erde als Erbe und erfüllt so die alttestamentliche Landverheißung[14]. Die Chiffre „Gottesherrschaft" wird also durch die Makarismen in umfassender Fülle und realistischer Konkretheit entfaltet[15]. Eine Verengung der Bergpredigt auf Gesinnung, Personalität und private Mitmenschlichkeit sollte von daher ausgeschlossen sein.

1.2.2 Die Dialektik von adventus und futurum

Entscheidend für die Bergpredigtauslegung ist nun eben diese Orientierung auf die Gottesherrschaft, die in den Makarismen geschieht. Sie sind jeweils von ihrem Nachsatz her zu interpretieren. Die Armen, Niedrigen, Barmherzigen und Friedensstifter sind nicht selig, weil sie arm, niedrig und Friedensstifter sind, sondern weil ihnen die Gottesherrschaft zukommt, sie die Erde erben und Söhne Gottes heißen werden. Die Makarismen sind also die kategorische Aufforderung an alle, sich selbst und die Wirklichkeit ihrer Welt von der ankommenden Gottesherrschaft her zu verstehen. Diese aber ist in der Verkündigung Jesu durch ihre Nähe qualifiziert, besser: durch die dynamische Bewegung ihres Nahekommens, Angehens, Annehmens, auf den Leib Rückens. Sie sprengt damit das Schema von Transzendenz und Immanenz.

Schon die Übersetzung von makarios in „selig" läßt die Makarismen in dieses Denkschema einrasten. Seligkeit ist in der abendländischen Sprachtradition die himmlische, jenseitige Glückseligkeit, die in der Neuzeit freilich verinnerlicht wird zum Gefühl der Glückseligkeit. Die diesseitige äußere Wirklichkeit von Armut, Hunger und Gewalt wird davon nicht tangiert und wird so gerade festgeschrieben. In der Verkündigung Jesu aber liegt der ganze Ton auf dem Nahen, der Inscendenz der Gottesherrschaft. Nicht ihr Ausstand, sondern ihr Einstand ist für sie kennzeichnend, und sie läßt die Wirklichkeit der Welt nicht, wie sie ist, sondern stellt sie in Frage, führt sie in die Krise und zieht sie in radikale Veränderungen. Was mit der Transzendenz der Gottesherrschaft theologisch zu Recht ausgesagt werden soll, nämlich ihre Unverfügbarkeit, ist ein Prädikat ihres Kommens, nicht ihres Fernbleibens.

Für das Kommen der Gottesherrschaft ist eine andere Dialektik als die von Transzendenz und Immanenz kennzeichnend, und sie läßt sich gut mit einer Differenzierung der Zeitform der Zukunft aussagen: die Unterscheidung von *adventus* und *futurum*[16].

Adventus ist die Zukunft als auf uns zukommende, die wir nur erwarten und empfangen, nicht aber gestalten oder machen können. Wir können uns ihr im Vertrauen öffnen oder uns vor ihr in Angst verschließen, aber wir können über sie nicht planend und gestaltend verfügen. Die Makarismen fordern uns dazu auf, daß wir uns dem Kommen der Gottesherrschaft vertrauens- und erwartungsvoll öffnen und uns selbst im Licht ihres Advents in unserer elementaren Bedürftigkeit annehmen.

Vom adventus ist das futurum zu unterscheiden. Futurum (von fuo, werden) bedeutet das Entstehen und Hervorgehen aus der Gegenwart und ihren Potenzen. Futurum ist das, was wir aus der Gegenwart extrapolieren, prognostizieren, planen und gestalten. Der Advent der Gottesherrschaft erzeugt neue Gestaltung von futurum. Die empfangene Gottesherrschaft bringt Menschen zur Umkehr, so daß sie als Barmherzige, Friedensstifter und Gerechte das Weitergehen ihrer Welt gestalten und verantworten. Adventus und futurum verhalten sich wie Glaube und Werke. Erwartung des Advent und Arbeit am futurum entsprechen einander wie das Gesättigtwerden mit Gerechtigkeit und das Trachten nach Gerechtigkeit, wie empfangene und getane Barmherzigkeit.

Der Gegensatz zu den Makarismen aber wäre die Sorge, vor der die Bergpredigt warnt. In der Sorge sehen wir unsere Zukunft nur noch als futurum, das wir sicherstellen müssen, und wir verdrängen die Dimension des Advent, sei es nun aus Angst oder aus Hybris. Glauben und Hoffen aber heißt, Advent und futurum so zu unterscheiden und aufeinander zu beziehen, daß der Advent das futurum begrenzt, regiert und mit Liebe erfüllt[17].

Sich und die Welt in dieser Weise aus der Zukunft der Gottesherrschaft verstehen, das verändert das Verständnis der Wirklichkeit. Wir sehen unsere Welt dann nicht mehr als etwas Festgelegtes, kausal Determiniertes und durch ihr Schuldverhängnis Unverbesserliches, wo Gott nichts außer den Herzen bewegen kann. Wir nehmen die Wirklichkeit wahr als offenen Prozeß im Zeichen neuer von Gott her eröffneter Möglichkeiten. Georg Picht hat gezeigt, daß zum Zeitmodus der Vergangenheit die Kategorie der Notwendigkeit, zum Zeitmodus der Zukunft aber die Kategorie der Möglichkeit gehört. Die Wirklichkeit von der Zukunft der Gottesherrschaft her verstehen heißt also, sie im Lichte der ankommenden Möglichkeiten Gottes wahrnehmen. Die Seligpreisungen zeigen ja, wie radikal und durchgreifend die Veränderungen sind, in die Gott die Welt hineinzieht. Er faßt sie in ihrer Tiefe, bei den Armen, Hungernden und Leidenden, und sagt die große Umwertung der Werte an. Die Makarismen kündigen an, wie der kommende Gott um seine Schöpfung kämpft, sie gegen alle Entstellungen und gegen alles, was sich als endgültig gebärdet, zur Erfüllung bringen und uns als Verbündete in diesem Kampf einbeziehen will.

Daß die Reichgottesbotschaft Wirklichkeit neu wahrnehmen läßt, zeigt Jesu Umgang mit der Schöpfung. Die Feindesliebe begründet er mit dem Handeln des Schöpfers, der über Gute und Böse, Gerechte und Ungerechte regnen und seine Sonne scheinen läßt. Die Weisheitsliteratur nennt dasselbe Naturphänomen, aber mit dem resignativen Schluß, daß doch alles eitel und nichts Neues unter der Sonne sei (Prediger 1, 5 ff; 9, 2; 11, 3-5). Im Licht des nahenden Gottes wird die Schöpfung zum Gleichnis seiner bedingungslos annehmenden Liebe, die neues herausführt und zur Überwindung des ehernen Freund-Feind-Schematismus provoziert.

Zusammenfassend ließe sich sagen: Die Makarismen sprechen in die menschliche Existenz da hinein, wo sie im Elend und am Ende ist; gerade da sprechen sie eine chancenreiche Existenz in einer offenen Geschichte zu, die im Lichte der ankommenden neuen Möglichkeiten Gottes zu entdecken und zu gestalten ist.

1.3 Konsequenzen für die Ethik

Die Ganzheitlichkeit der Makarismen und ihr Wirklichkeitsverständnis haben nun Konsequenzen für das Verständnis der Ethik der Bergpredigt. Ich will das an der Gegenüberstellung von Gesinnungsethik und Verantwortungsethik verdeutlichen. Sie geht vornehmlich auf den Theologen Wilhelm Herrmann und den Soziologen Max Weber zurück. Sie standen unter dem massiven Eindruck der Eigendynamik, mit der Wissenschaft, Technik und kapitalistische Wirtschaft das industrielle Zeitalter formten. Dem Wissenschaftsbegriff des 19. Jahrhunderts entsprechend nahm man an, daß dahinter objektive, wissenschaftlich feststellbare Sachgesetzlichkeiten oder Eigengesetzlichkeiten stehen. Wilhelm Herrmann meinte, „daß der Staat ein Gebilde der Natur ist und deshalb nicht Liebe sein kann, sondern Selbstbehauptung, Zwang und Recht". Und er folgerte: „Wir können uns nicht so zur Welt stellen wie Jesus, der Vorsatz es zu wollen erstickt in der Luft, die wir heute haben"[18]. Während nach Max Weber der Gesinnungsethik die Reinheit und absolute Konsequenz der Gesinnung alles ist, bedenkt der Verantwortungsethiker die Folgen, die durch die Sachgesetzlichkeiten der Welt bedingt sind.

Dabei ist aber die Welt für ihn bereits festgestellt. Er sperrt die Verantwortungsethik in einen zuvor definierten Rahmen ein. Nicht die Verantwortungsethik, sondern ihr Wirklichkeitsverständnis ist anzufragen, das immer schon zu wissen meint, was politische Ratio, ökonomische Gesetzmäßigkeit, technische Sachzwänge sind und sagen. Eben mit dieser festgestellten und festgelegten Welt legen sich die Makarismen und die Bergpredigt an. Sie tun das, indem sie den Gewaltlosen die Erde verheißen und den Friedensstiftern die Gottessohnschaft zusprechen, indem sie die Mechanismen von Gewalt und Gegengewalt und den Schematismus des Freund-Feind-Denkens in Frage stellen. Mit Christopher Fry[19] möchte ich die Bergpredigt eine Verantwortungsethik höherer Ordnung nennen. Indem sie unser festgelegtes Bild von Welt, Mensch und Politik in Frage stellt, lehrt sie uns, daß wir auch dafür Verantwortung tragen und für die Folgen, die aus diesen Fixierungen und Vergötzungen hervorgehen. Bedenken wir nur die naturzerstörerischen Folgen, die das Naturverständnis der neuzeitlichen Wissenschaft gehabt hat. Daß der Krieg zu den ehernen Gesetzen der Geschichte gehört, galt als Dogma, und für Max Weber war der Machtkampf zwischen Nationalstaaten eine nicht hinterfragbare politische Gegebenheit. Heute aber stehen wir vor der politischen Notwendigkeit, die Institution des Krieges durch die Institutionalisierung gewaltfreier Wege der Konfliktaustragung zu überwinden und eine Völkergemeinschaftsmoral zu entwickeln.

Natürlich sind das Fragestellungen, die in der Bergpredigt selbst nicht vorkommen. Aber die Botschaft von der nahen Gottesherrschaft, die verändernd in die kleine Lebenswelt der galiläischen Fischer eingriff, ist radikal und universal genug, um auch Verhalten und Verhältnisse der heutigen Welt in Frage zu stellen und zu Veränderungen herauszufordern. Nach Matthäus sendet der erhöhte Herr die Jünger mit der Bergpredigt zu allen Völkern. In diesem Sendungsauftrag liegt gleichzeitig der Auftrag der Übersetzung in veränderte Situationen und Problemhorizonte.

2. Die Bergpredigt als Verantwortungsethik höherer Ordnung

Was meint Verantwortungsethik höherer Ordnung? Ich möchte das an der Bergpredigt unter drei Gesichtspunkten zeigen und dabei jeweils auch Konsequenzen für unser gesellschaftliches Zeugnis andeuten.

Die Bergpredigt vereint (1.) Gesinnungs- und Verantwortungsethik.

Sie ist (2.) Kritik nicht nur des Herzens, sondern auch der Verhältnisse, und sie inspiriert (3.) zu schöpferischer Veränderung.

2.1 Die Bergpredigt läßt die Alternative von Gesinnungs- und Verantwortungsethik hinter sich

Wir sahen, daß sich die Alternative von Gesinnungs- und Verantwortungsethik bei den Makarismen nicht durchhalten läßt. Sie sprechen den Menschen auf die Verhältnisse an, in denen er lebt, wie auf sein Herz und Verhalten. Die Bibel kennt eben die Kantische Aufteilung der Welt in Kausalität und Freiheit und ihre neukantianische Aufteilung in eine Sachwelt und in eine Welt personaler Beziehungen noch nicht. Die Synoptiker bezeugen, daß das Reich Gottes, die kommende neue *Welt*, in einer *Person* zu uns kommt, die durch ihr Wort und ihr Handeln *Personen* ergreift und verwandelt und so Vorzeichen der neuen *Welt* Gottes schafft.

Das läßt sich von dem her zeigen, was man die gesinnungsethische Dimension der Bergpredigt nennen könnte. Dietrich von Oppen hat sie uns in seiner Auslegung neu als personale Verantwortung verstehen gelehrt. An Jesu Kritik der religiösen Institutionen des Almosens, des geordneten Betens und des Fastens zeigt er, daß das Neue der Bergpredigt die personale Verantwortung ist. Sie wird „vor Gott" und nicht in der Außensteuerung durch die Institutionen und die öffentliche Meinung gelebt. Nun mag es bei von Oppen einen Hang zum Personalismus geben, seine Intention ist es aber gerade, die gesellschaftliche Relevanz personaler Verantwortung in der Neuzeit zu zeigen. Die Verantwortungsethik bedarf der Verankerung im Personalen. Die Institutionen müssen von persönlicher Verantwortung getragen, mit Leben erfüllt, vor Erstarrung bewahrt, wandlungsfähig und menschendienlich gehalten werden. Allein das Beispiel des liebevollen Gatten und Vaters und gleichzeitigen Schreibtischmörders Eichmann zeigt, was möglich ist, wenn Gesinnung aus den Strukturen und Institutionen auswandert.

Wir erleben in unserer Gesellschaft, daß Veränderung der Produktionsstrukturen und Eigentumsverhältnisse nicht von selbst die notwendigen Bewußtseinsänderungen mit sich führt. Zentrale Planung und industrielle Großstrukturen bedürfen personaler Verantwortung von unten, um zu funktionieren. Sonst potenzieren sich Organisation und Kontrolle zur Bürokratie.

Aber auch von der Verantwortungsethik her läßt sich die Alternative zur Gesinnungsethik nicht halten. Verantwortungsethik bedenkt die Folgen. Eben dies aber liegt auch im Liebesgebot, dem Herzstück der ethischen Predigt Jesu. Jesus empfahl nicht die Kultivierung der eigenen Gesinnung, sondern er befreit zu der Liebe, die wahrhaftig ein personaler Akt ist und als solcher Verantwortung für den Nächsten übernimmt und die Folgen für ihn bedenkt bis hin zu den zwei Denaren, die der barmherzige Samariter dem Wirt daläßt, damit er den Verletzten gesund pflege (Lukas 10, 35).

Bei der goldenen Regel sind die Folgen sogar das Regulativ des Handelns. „Was du willst, das dir die Leute tun, das tue ihnen auch" – in diesem Wort leitet Jesus den Hörer an, sich in die Situation zu versetzen, wo er von den Folgen des Handelns anderer betroffen ist. Dann soll sich der Hörer klar machen, wie die anderen von seinem Tun betroffen werden, welche Folgen es für sie hat. Danach soll er sein Handeln einrichten.

Gegenwärtig wird uns an den ökologischen Problemen klar, daß die westliche Zivilisation wohl die Erfolge ihres großen Machens, nicht aber dessen Folgen oder negative Nebenwirkungen bedacht hat. A. M. Klaus Müller hat daher gefordert, wir müßten es lernen, von denen her zu denken, die von den Folgen unseres Handelns betroffen sind. Sie müssen zu einem Regulativ unseres Handelns werden. Verantwortungsethik hätte also ihr Kriterium darin, daß sie nicht nur die eigenen Erfolge, sondern die Negativfolgen für andere und sich selbst bedenkt. Jesus spricht in den Makarismen zuerst den leidend Betroffenen Heil zu, er ist selber ein Leidender und mit den Leidenden solidarisch geworden.

Auch hier sind Struktur und Gesinnung überhaupt nicht zu trennen. Es geht um die Bereitschaft, Leiden wahrzunehmen und anzunehmen, ein tief personaler Vorgang, und um Strukturveränderung in Technik und Wirtschaft. Das Problembündel, das man heute die Überlebensfrage nennt, fordert von uns beides mit gleicher Dringlichkeit: Lebensstiländerungen und Gesellschaftsveränderungen. Der Politologe Theodor Leuenberger meint, daß es mit einer Revolution politischer Strukturen heute gar nicht mehr getan sei. Die heute nötigen tiefen Veränderungsprozesse unserer Zivilisation vollzögen sich nicht im Stil eines Sturms auf die Bastille oder das Winterpalais, sondern in Gestalt einer Fülle von Alltagsrevolutionen oder Verhaltensänderungen, die einen wachsenden Veränderungsdruck auf die Strukturen ausüben[20].

Auch von hier aus zeigt sich: Wir brauchen die höhere Einheit von Gesinnungs- und Verantwortungsethik, die uns die Bergpredigt zeigt.

2.2 Die Bergpredigt ist Kritik nicht nur des Herzens, sondern auch der Verhältnisse

Carl Friedrich von Weizsäcker erzählt, wie er als Elfjähriger erstmals die Bergpredigt las und ungeheuer erschrak: „Denn ich mußte die Folgerung ziehen: wenn das, was da steht, wahr ist, dann ist mein Leben falsch. Dann ist das Leben, das in meiner Umwelt geführt wird, auch falsch"[21]. Dieser theologisch völlig unbefangene Ersteindruck des Elfjährigen faßt schlicht und präzis zusammen, was die lutherische Tradition mit ihrer Bergpredigtauslegung im *usus elenchticus legis* sagt. Die Bergpredigt überführt uns unserer Sünde, und das wird so bleiben, bis der Jüngste Tag kommt.

In einem wichtigen Punkt führt der Eindruck des Elfjährigen über die lutherische Tradition hinaus. Die Bergpredigt überführt nicht nur der persönlichen Sünde, sie zeigt nicht nur, daß *mein* Leben falsch ist, sondern auch das meiner Umwelt. Die Bergpredigt ist nicht nur Beichtspiegel, sondern auch Kirchen- und Gesellschaftskritik. Die gesinnungsethische Verengung der Bergpredigt hat ihre kirchenkritische und gesellschaftskritische Brisanz verdeckt.

Wenn Jesus den Armen die Gottesherrschaft verheißt, dann liegt darin die Kritik einer Gesellschaft, die vom Haben bestimmt und auf Wirtschaftswachstum als oberstes Ziel orientiert ist. Wenn er den Gewaltlosen den Besitz des Erdreichs verheißt, dann liegt darin eine tiefe Relativierung und Verunsicherung der Macht und des Machtstrebens. Wenn er von den nach Gerechtigkeit Hungernden spricht, dann ist damit implizit auch das Unrecht in der bestehenden Gesellschaft beim Namen genannt.

Ich möchte aber die gesellschaftskritische Bedeutung der Bergpredigt gerade da aufzeigen, wo ihre Deutung als Beichtspiegel des Herzens festgemacht ist: an der ersten und zweiten Antithese. In ihnen radikalisiert Jesus das Verbot des Tötens bis in den zornigen Affekt, das Verbot der Ehescheidung bis in das sexuelle Begehren hinein. Er gibt hier keine Handlungsanweisungen, sondern deckt die Affekte auf. Der Hörer muß anerkennen, daß das Böse schon in seiner destruktiven Aggression und seiner vagabundierenden Libido steckt. Daß beides in ihm aufsteigt, unterliegt aber gar nicht seinem Willen. Die Thoraverschärfung, die zur Introspektion führt, hebt sich gerade darin auf. Gesetz und Moralität stoßen an ihre Grenze. Hinter dieser radikalisierten Thora steht bei Jesus aber seine radikale Gnadenpredigt von der bedingungslos annehmenden Liebe Gottes.

Gerd Theißen hat in seiner Soziologie der Jesusbewegung nach der gesellschaftlichen Funktion dieser Verkündigung in Jesu Umwelt gefragt. Ich skizziere seine Antwort in Abbreviatur: Das jüdische Volk war durch Hellenismus und Römerherrschaft in tiefe Identitätskrisen gestürzt. Erneuerungsbewegungen versuchten, das Selbstbild Israels durch verschärfte Normen wiederherzustellen. Pharisäer, Qumransekte, Zeloten versuchten jeder auf anderem Wege, die jüdische Identität durch verschärfte religiöse und theokratische Leistungsforderungen zu retten. Aber sie konkurrierten miteinander, und die verschärften Normen führten zu Spannungen, die das Volk zerrissen[22]. Indem Jesus die Thoraverschärfung in die radikale Gnadenpredigt aufhob, führte er aus diesen Aporien heraus. Die bedingungslos annehmende Liebe Gottes befreit aus Identitätsängsten und läßt Abgrenzungen überschreiten.

Jesus lebte und verbreitete diese Freiheit. Die Jesusbewegung „experimentierte am Rande der Gesellschaft mit einer Vision von Liebe und Versöhnung". Für sie war Solidarität zwischen den Menschen „letztlich nicht durch verschärfte Normen zu gewinnen, welche die verborgene und offene Aggressivität zwischen den Menschen nur steigern konnten, sondern in einem neuen Verhältnis zu allen Normen: in der Vorordnung eines angstfreien Vertrauens vor alle Forderungen"[23]. Die gesellschaftliche Relevanz dieser Verkündigung Jesu geht über die damalige gesellschaftliche Funktion natürlich hinaus. Wie ist sie heute zu bestimmen? Bezüge zu Identitätsproblemen unserer Gesellschaft, zur Klassenkampfideologie, zu innergesellschaftlichen Polarisierungen drängen sich auf. Die Bergpredigt wird aber darüber hinaus zur Kritik moderner Leistungsgesellschaft, die ihre Identität aus ihrer technischen Leistung gewinnt und für die der Mensch nur als Täter und *homo faber* etwas gilt. Um es mit Carl Friedrich von Weizsäcker noch umfassender zu sagen: sie wird zur Kritik unserer einseitigen Willens- und Verstandeskultur[24].

2.3 Die Bergpredigt inspiriert zu schöpferischer Veränderung

Das ist am Gebot der Feindesliebe und der Antithese zum Vergeltungsgesetz zu zeigen, die mit der Seligpreisung der Friedensstifter und der Gewaltlosen zusammenhängen.

Feindesliebe gehört zum Kern der Botschaft Jesu. Sie ist zuerst die von Gott erfahrene Feindesliebe, und von daher wird sie konkrete menschliche Tat. Wie die Friedensstifter werden die den Feind Liebenden Kinder Gottes genannt[25]. Am himmlischen Vater orientiert, bringen sie etwas Neues, Veränderndes in die Welt, statt nur den Feind nachzuahmen, dem Feind zum Feind, seinem Schrecken zur Abschreckung zu werden. Sie durchbrechen die Regelmechanismen der Aggression und beantworten Fluch mit Segen, Haß mit Wohltun, Verfolgung mit Fürbitte.

Dasselbe zeigt sich in der Antithese zum *jus talionis*. Zwar ist sie zunächst negativ formuliert: dem Bösen nicht widerstehen. Das hat zu dem Mißverständnis geführt, als solle der Jünger Jesu vor dem Bösen zurückweichen, ihm das Feld überlassen. Das hieße der Flut des Bösen die Schleusen öffnen und wäre in der Tat der schärfste Gegensatz zur Verantwortungsethik. Aber schon die Seligpreisung der Gewaltlosen, die hier mitzuhören ist, spricht dagegen. Gerade ihnen ist ja die *Erde* verheißen. Dahinter steht also nicht die Haltung der Weltflucht. Das Verbot, dem Bösen zu widerstehen, wird dann mit lauter Aktionen erläutert, die über den Gegensatz von Selbstbehauptung und quietistischer Unterwürfigkeit hinausführen. Der Aggression soll nicht ausgewichen, sondern begegnet werden, aber auf alternative Weise. Der Konflikt wird nicht vermieden[26], sondern der Angegriffene wendet sich auf eine überraschend neue Weise dem Angreifer zu. „Halte hin, gib auch den Mantel, geh' zwei Meilen mit" – das sind verblüffende Aktionen, die den Automatismus unseres Regelverhaltens blockieren, den Raum unserer Liebe und Friedensfähigkeit erweitern und jedenfalls die Chance bieten, daß Aggression verändert, vielleicht sogar der Aggressor verwandelt wird.

Begründend verweist Jesus auf das Schöpferhandeln Gottes und auf die jedermann zugängliche Erfahrung, daß die Schöpfertreue Gottes für die Bösen wie die Guten sorgt. Das Gebot der Feindesliebe ist also nicht der Spitzensatz oder der Grenzfall einer Elitemoral, es geht alle an und müßte eigentlich allen einleuchten. Überwindung von Feindschaft ist etwas elementar Leben Bewahrendes und Zukunft Gewährendes, so wie die Feindschaft von Kain und Abel die erste elementare Störung geschöpflichen mitmenschlichen Lebens nach dem Fall brachte.

Die Feindesliebe und die Alternative zur Gewalt meinen nicht nur Gesinnungswandel, sondern beziehen sich auf konkrete Weltverhältnisse. Wie aber ist diese Beziehung zu fassen? In doppelter Weise: kritisch und konkret. Kritisch: Jesus erhebt hier Einspruch gegen die Selbstzerstörung des Menschen durch Feindschaft und Gewalttätigkeit. Einspruch gegen die Selbstzerstörung des Menschen – diese glückliche Formulierung von Ernst Lange enthält eine doppelte Negation. Damit ist gesagt: Die Selbstzerstörung des Menschen durch Gewalt und Feindschaft bleibt eine Realität. Die Bergpredigt ist nicht das illusionäre Programm zur Abschaffung von Gewalt und Feindschaft, sondern der tätige und ständige Einspruch gegen sie und ihre destruktive Macht. Weil in der Welt Gewalt und Feindschaft ist, muß die durch und durch positive und schöpferische Liebe die Gestalt von Protest und Kritik annehmen und muß die christliche Gemeinde ständig den Aufstand gegen Feindschaft üben. Die Liebe ist inspiriert von der kommenden Gottesherrschaft, aber in der Welt muß sie den aus der Vergangenheit kommenden Fluch der bösen Tat abarbeiten, sogar sich daran abarbeiten. Darum haben die Heidelberger Friedensforscher nüchtern den Frieden als Prozeß der *Minimierung* von Gewalt, Unrecht und Unfreiheit definiert[27].

Der *Einspruch* gegen die Selbstzerstörung des Menschen lebt aber aus dem *Zuspruch*, daß Liebe und Versöhnung im Kommen, Gewalt und Feindschaft im Gehen sind. Leben wir nicht aus diesem Zuspruch, dann wird uns im Einspruch gegen den Haß die Stimme heiser, und der Einspruch gegen Gewalt wird selber aggressiv.

Konkret: Die gewaltlose, alternative Feindesliebe ist jeweils konkret. Die Bergpredigt verkündet kein Prinzip der Gewaltlosigkeit, wie man oft mißverstanden hat. Die andere Backe hinhalten, auch den Mantel geben, zwei Meilen mitgehen – das sind situative Handlungsmodelle, und sie machen die Konkretheit des Gebotes deutlich. Sie fordern nicht buchstäblich Nachahmung, sondern kreative Umsetzung in freier Verantwortung und schöpferischer Nachfolge. Die Überlieferungsgeschichte dieses Gebotes im Neuen Testament und in der Kirchengeschichte liefert dafür die beste Anschauung, besonders dann, wenn wir die sozialgeschichtlichen Aspekte der Überlieferungsgeschichte einbeziehen[28].

Ich kann hier nur kurz andeuten und verweise auf das neue Buch von Wolfgang Lienemann, „Gewalt und Gewaltverzicht", wo die überlieferungsgeschichtlichen Befunde zusammenfassend dargestellt sind. Bei Jesus selbst sind Feindesliebe und Gewaltverzicht eine politisch höchst brisante Alternative zur Theologie und Praxis der zelotischen Bewegung. Bei der Quelle Q ist dann an Gewaltverzicht in der politischen Krise vor dem jüdischen Krieg zu denken. Lukas spricht das Gebot in die Erfahrung sozialer, ökonomischer Gegensätze hinein, und Matthäus hat den Schuldprozeß vor Augen. Lienemann faßt zusammen: „Nicht eine unpolitische Äquidistanz zu allen Parteiungen, sondern eine besondere Weise einer zugleich distanzierten wie intensiven Beteiligung an den Problemen ihrer Welt ist den in die Nachfolge Gerufenen geboten; die Seligpreisungen der Armen, Hungernden und Trauernden machen die Richtung des gewiesenen Gehorsams eindeutig klar." „Nicht über den Parteien, sondern in der kämpferisch liebenden Zuwendung zum Feinde verläuft der Weg der Nachfolge"[29].

Wir könnten jetzt einen großen überlieferungsgeschichtlichen Sprung zu Martin Luther machen und sehen, wie er den Gewaltverzicht der Bergpredigt gegen das Fehdeinstitut ins Feld führte. Sehr direkt predigte er im politischen Raum ein Stück Kreuzesnachfolge, die um des Friedens willen nötig war, damit sich der vom Kaiser ausgerufene allgemeine Landfriede durchsetzen könne[30]. Als moderne Konkretion haben wir Martin Luther Kings Predigt und Praxis des gewaltlosen Kampfes in der Bürgerrechtsbewegung vor Augen.

Das neue Anwendungsfeld, das vor uns liegt, sind Gewalt und Feindschaft zwischen den Staaten. Mit dem Gebot der Feindesliebe und der Alternative zur Gewalt wandern wir in eine Situation ein, in der das Gesetz der Vergeltung zwischen den Staaten die Funktion der Begrenzung der Gewalt und der Stabilisierung des Friedens nicht mehr erfüllt. Die unvorstellbare Eskalation der Gewalt stellt uns vor die Aufgabe, die Institution des Krieges zu überwinden, weil sie kein sinnvolles Mittel der Konfliktaustragung ist. Das System der Abschreckung erweist sich zunehmend als gefährliche Vortäuschung kurzfristiger Sicherheit, die langfristig in die Falle totaler Selbstvernichtung führt. Die Dynamik des Wettrüstens, die dem Abschreckungssystem immanent ist, wird aber durch die Feindschaft, ihre Ängste und ihr Mißtrauen angetrieben.

Überwindung von Feindschaft und Gewalt ist also eine elementare Forderung politischer Vernunft geworden. Das erfordert tiefgehende und weitreichende Veränderungsprozesse, sowohl in der Mentalität als auch in den politischen Strukturen. In diese Veränderungsprozesse die orientierende und innovatorische Kraft der Bergpredigt einzubringen, ist Aufgabe des gesellschaftlichen Zeugnisses der Kirche. Das schließt politische Optionen ein, für die es ja bereits konkrete Vorschläge gibt.

Ich denke an das, was Carl Friedrich von Weizsäcker – durch die Bergpredigt inspiriert – „intelligente Feindesliebe" genannt hat, also den Versuch, den Feind zu verstehen, seine Bedrohungsängste nachzuvollziehen, seine Motive zu begreifen und so Kompromißbereitschaft zu lernen. Hans Ruh hat auf derselben Linie die goldene Regel für die heutige Rüstungssituation umgesprochen: „Rüste nur so, daß der andere das genau nachmachen kann, ohne daß du dich davon bedroht fühlst"[31]. Hierher gehört auch das Konzept der Sicherheitspartnerschaft oder der „gemeinsamen Sicherheit"[32] und das Konzept des Gradualismus, das durch einseitige Vorleistungen im Kontext politischer Verhandlungen Vertrauen aufbauen und so Gewalt abbauen will.

In all diesen Fällen zeigt sich, daß die Bergpredigt eine Verantwortungsethik höherer Ordnung inspirieren kann. Sie kann das aber nur durch eine Gemeinde, die sie lebt und in der säkularen Gesellschaft bezeugt. Dem ist nun noch ein Reflexionsgang zu widmen.

3. Die Gemeinde der Bergpredigt und ihr gesellschaftliches Zeugnis

Die Bergpredigt ist an die Jüngergemeinde gerichtet, aber der *ochlos*, das Volk hört mit und nimmt am Schluß staunend die Vollmacht des Wortes Jesu wahr (Matthäus 5,1; 7,28). Die Jünger sollen im Tun der besseren Gerechtigkeit Salz der Erde, Stadt auf dem Berge, Licht der Welt sein (Matthäus 5,13-16. 20). Sie sind also keine weltabgewandte Sekte, sondern der Welt zugewandt, sie als Salz ·erhaltend, als Licht orientierend und schließlich zu den Völkern gesandt (Matthäus 28,16 ff).

3.1 Gemeinde und Welt sind aufeinander bezogen

Es bleibt also das Gegenüber von Gemeinde und Welt, aber beide sind aufeinander bezogen, die Gemeinde durch ihren Auftrag und das Wort auf die Welt, und die Welt auf die Gemeinde. In der Bergpredigt selbst war uns diese Doppelbeziehung begegnet. Sie ist ganz geprägt durch die nahende Gottesherrschaft, bringt den alten Äon in die Krise und führt in Alternativen, aber was gegen alle Erfahrung spricht, geht keineswegs gegen alle Vernunft. Vielmehr wird allgemein zugängliche geschöpfliche Erfahrung aufgegriffen, weisheitliche Tradition aufgenommen, und den Werken der Bergpredigt wird verheißen, daß die Leute angesichts ihrer den Vater im Himmel preisen werden (Matthäus 5,16). Offenbar leuchten sie trotz Verfolgung und Kreuz als lebensdienlich und zukunftsträchtig ein.

Nachfolge bedeutet also immer neue Einwanderung in die Welt mit dem verwandelnden Wort Jesu. Damit die gelebte Bergpredigt ihre Salzwirkung tun kann, muß eine Einweltlichung geschehen – freilich keine Verweltlichung; damit sie ihre Lichtwirkung tun kann, muß die Gemeinde ins Haus der Welt eingehen – freilich ohne sich dort häuslich einzurichten. Vor allem muß die Bergpredigt von der Gemeinde gelebt werden, und zwar weder im geschützten Getto noch in verweltlichter Anpassung, sondern da, wo es am schwersten ist, im Prozeß der Einweltlichung. Dazu nachher.

Vorher ist zu bedenken, daß Einweltlichung nicht ohne Dialog mit der säkularen Vernunft und nicht ohne Kooperation mit Nichtchristen gelebt werden kann. Wie steht es mit den Chancen und Wegen dieses Dialogs heute?

3.2 Dialog zwischen Bergpredigt und politischer Vernunft

Das gemeinsam Gründende und Verbindende, das einen Dialog ermöglicht, ist heute nicht mehr in einer Ontologie gegeben. Politische Vernunft gründet nicht mehr in einem göttlich garantierten Welt-*ordo* wie im mittelalterlichen Modell der Zweistufenethik. Auch die teleologische Orientierung an einem höchsten Gut ist nicht mehr allgemein formulierbar, nicht einmal mehr innerhalb des marxistischen Sozialismus. Vielmehr ist die wissenschaftliche, technische und politische Vernunft in eine tiefe Krise ihrer eigenen Zielsetzungen geraten[33].

Klaus Müller hat in dieser Situation vorgeschlagen, die Vernunft des wissenschaftlich-technischen Zeitalters am „Prinzip Überleben" zu orientieren. Die unverstellte Wahrnehmung der Folgen, die unser Tun anrichtet, müßte den menschlichen Verstand eigentlich zur Vernunft bringen. Der Philosoph Hans Jonas hat seine Ethik[34] auf das dem Prinzip Überleben ziemlich nahestehende Prinzip Verantwortung gegründet. Kompaß für die Verantwortung müsse die vorausgedachte Gefahr sein (Seite 7), die in einer „Heuristik der Furcht" zu ermitteln ist (Seite 63). Wir müssen also in der Tat ausziehen, das Fürchten zu lernen, damit wir erkennen, was zu tun ist, „um dem Menschen ... die Unversehrtheit seiner Welt und seines Wesens gegen die Übergriffe seiner Macht zu bewahren" (Seite 9).

Dies ist ein theologisch höchst relevanter Ansatzpunkt für den Dialog zwischen Bergpredigt und politischer Vernunft. In drei Hinsichten möchte ich ihn entfalten.

Erstens: Die Folgen des eigenen Handelns bedenken, die Gefährdung rechtzeitig wahrnehmen, das ist ein Urbestand alttestamentlicher Weisheit. Dieser Ansatz berührt sich auch mit der vorhin genannten Charakterisierung der Verkündigung Jesu als Einspruch gegen die Selbstzerstörung des Menschen. In Jesu Verkündigung ist das Gleichnis vom ungerechten Haushalter gerdezu ein Musterbeispiel für die Heuristik der Furcht[35]. Der Dialog hätte also bei der Schaffung eines gemeinsamen Problembewußtseins einzusetzen. Zuallererst wäre der Problemverschleierung und -verdrängung zu wehren. Christliche Hoffnung erfährt hier heilsame Ernüchterung. Sie wird aus Allgemeinplätzen und Illusionen auf den Boden der Tatsachen gezogen, wo es das Kreuz der Wirklichkeit aufzunehmen und unter ihm Hoffnung zu bewähren gilt. Der Dialog wird von hier aus praxisorientiert sein, nach möglichen Handlungskonsequenzen suchen und sich von der Praxis zu den theoretischen Voraussetzungen zurückfragen.

Zweitens freilich, die Voraussetzungen haben es in sich. Die Wahrnehmung der Folgen geschieht ja von bestimmten Weltdeutungen, Wertsetzungen und Erwartungshorizonten aus, und von ihnen hängt es ab, was wir überhaupt als Gefährdung ansehen. Das Alte Testament sagt darum, die Furcht des Herrn sei der Anfang der Weisheit. Immerhin zeigt die Erfahrung, daß sich in der Praxis doch immer wieder ein konkreter Konsens herstellen läßt, zuerst und vor allem über die Gefahren, die man vermeiden will. Die Gemeinde der Seligpreisungen wird in diesem Dialog darauf achten, daß auf die Stimme der Leidenden gehört wird. Sie kommt ja von der Seligpreisung der Armen und Leidenden her, die bereits von den Gefährdungen und Beschädigungen des Menschseins betroffen sind. Die Gefährdungen dürfen also nicht über den Kopf hinweg von den Herrschenden und den Machern definiert werden. Wir sahen ja, daß die goldene Regel dazu anleitet, von den Betroffenen her zu denken.

Am wichtigsten erscheint mir der dritte Gesichtspunkt für den Dialog: Die Heuristik der Furcht hat eine offene Flanke zur Angst, die das Fürchten im Sinne der unverstellten Wahrnehmung konkreter Gefahren gerade nicht lernen kann und will und für das Rettende gerade nicht befähigt, sondern lähmt.

Unsere Vernunft ist immer eingebunden in Affekte. Paulus spricht von der Begierde, marxistische Gesellschaftskritik von Interessen. Die Gefangenschaft, in der sich die politische Vernunft heute, vor allem im Ost-West-Konflikt, befindet, heißt Angst oder, mit der Bergpredigt zu reden, Sorge. Darum ist ihr Hauptinteresse Sicherheit. Solange aber die Selbstsicherung das Hauptinteresse ist, wird die politische Vernunft nicht frei werden für das kreative Denken und die Risikobereitschaft, die zur Gewinnung des Friedens heute politisch nötig ist. Angst führt zu einer Totalstellung des Sicherheitsdenkens, scheut das Wagnis offener Partnerschaft, muß so wesentliche Chancen des Friedens versäumen und führt daher gerade das herauf, was sie verhindern möchte.

Um noch einmal die Unterscheidung von *adventus* und *futurum* zu bemühen: Angst möchte die Zukunft als offene, nicht manipulierbare am liebsten ausschließen, weil sie ängstigt. Zukunft soll nur noch futurum sein, etwas, das ich plane, sicherstelle, mache. Diese Totalstellung des futurum nennt das Neue Testament Sorge. Aus ihr befreit die Vertrauen weckende Botschaft von der Gottesherrschaft. Adventliches Vertrauen befreit zu verantwortlicher Gestaltung des futurum und zu den Risiken, die dabei unvermeidlich sind. Aus diesem Vertrauen heraus können wir das Fürchten lernen und von einer Heuristik der Furcht einen nützlichen Gebrauch machen. Dabei muß die Heuristik der Furcht freilich verbunden werden mit der Heuristik der suchenden Liebe Jesu, die zu den Leidenden führt.

Daß Jesus uns durch das Vertrauen, das er stiftet, zur politischen Vernunft bringe, das ist es also mit einem Wort, was wir nötig haben. Wie aber soll die politische Vernunft dieses Vertrauen fassen ohne Glauben? Hat also der Dialog in der säkularen Welt überhaupt eine Chance?

Wir fanden jedoch Beispiele für politische Handlungskonzepte, die von der Bergpredigt inspiriert und mit säkularer Vernunft konsensfähig sind. Auch machen wir die Erfahrung, daß es unter den Kindern der Welt bisweilen mehr angstfreies und schöpferisches politisches Denken gibt als unter den Kindern des Lichts.

Das führt uns auf eine theologische Spur, die im Neuen Testament von Jesus über Matthäus bis zu den Deuteropaulinen und Johannes weist. Jesus zitiert die Weisheit, die sich auch bei den Heiden findet. Matthäus, als der einzige Evangelist, setzt Jesus mit der Weisheit gleich, die in der Tradition personifiziert worden war und Gottes Selbstmitteilung in der Schöpfung meint (Matthäus 11, 19. 25-28)[36]. Im Kolosserbrief und im Johannesprolog wird Jesus dann zum Schöpfungsmittler. Christus ist also wirksam im Raum der Schöpfung, steckt dort Lichter auf, wirkt Befreiungen. Letztlich ist es dies, was die Einweltlichung der Bergpredigt ermöglicht, den Glauben dazu ermutigt und dabei leitet.

Ontologisch oder geschichtstheologisch ist Weltvertrauen heute schwerlich zu begründen. Aber christologisch wird der Glaube ermutigt, auch nach der zehnten Enttäuschung wieder erwartungsvoll den Dialog und die Kooperation zu suchen und anders als der Prophet Jona der großen Stadt Ninive zuzutrauen, daß sie Vernunft annimmt und umkehrt.

3.3 Einweltlichung der Bergpredigt

Einweltlichung der Bergpredigt – was bedeutet das für Gemeinde und Kirche, wie stellt sich das ekklesiologisch und soziologisch dar?

Mindestens seit die Kirche Mitverantwortung für die Gestaltung des politischen Lebens übernommen hat, kommt ihr stets eine Doppelfunktion zu: Anpassung und Kritik, Unterstützung der Sozialisation und Anstiftung zur Emanzipation, Stabilisierung und Mobilisierung. Die Kirche muß sich auf die Gesellschaft, ihre Kultur und ihre Strukturen einlassen, um in ihnen das Evangelium überhaupt verständlich zu machen und den Einspruch Jesu gegen die Selbstzerstörung des Menschen zu artikulieren und zu praktizieren[37]. Man könnte das die Dialektik der Einweltlichung nennen, und wir brauchten so etwas wie eine Theorie kirchlichen Handelns, besonders kirchlichen Friedenshandelns, die das ausarbeitet.

Gerade um die Impulse der Bergpredigt geltend zu machen, muß die Kirche sich auf kulturelle Symbiosen, gesellschaftliche Kooperation, politische Kompromisse einlassen, in denen ihre Identität als Gemeinde der Bergpredigt verdunkelt wird. Gerade als die Friedensstifter Jesu müssen sich Christen auf die organisierte Friedlosigkeit einlassen, die heute Friedenssicherung heißt. In dem Interesse, Gewalt zu überwinden, müssen sie doch an der schrittweisen Begrenzung der Gewalt auch durch Androhung und Ausübung von Gewalt mitarbeiten. Die Gefahr, daß Einweltlichung Verweltlichung und das Salz dumm wird, ist unheimlich groß. Wie die Bergpredigt auf diesem Wege in ihrer Radikalität abgeschwächt wird, ihre Sprengkraft und Erneuerungsdynamik verliert, zeigen viele Beispiele der Kirchengeschichte. Entscheidend ist, daß die Spannung durchgehalten wird. Die Kirche muß genötigt bleiben, ihr Handeln vor der Bergpredigt zu legitimieren. Sie darf sich nicht durch Anpassungsideologien von der kritischen Instanz Bergpredigt abschirmen, etwa durch die ideologische Schutzbehauptung, die Bergpredigt gelte nicht für den politischen Bereich.

Ist die derart gefährdete Kirche nicht geradezu darauf angewiesen, daß in ihrer Mitte einzelne und vor allem Gruppen die Bergpredigt in ihrer Radikalität, in ihrer kritischen Schärfe und ihrem Überschuß über alle Strukturen der Welt zur Darstellung bringen? Muß sich die Dialektik der Einweltlichung nicht auch in einer Doppelgestalt von Kirche darstellen? Braucht die Kirche, um die Kirche des Bergpredigers zu bleiben, nicht Gruppen wie Taizé oder Bräunsdorf, die Bausoldaten und den sozialen Friedensdienst, die Alternativen und die offene Arbeit?

Hier könnte das Wahrheitselement der Zweistufenethik liegen. Freilich können wir sie nur in radikaler Korrektur aufnehmen. Es handelt sich nicht um zwei Stufen, wobei Gesamtkirche und Gesellschaft vom Tun der Bergpredigt dispensiert würden, sondern es geht um zwei Sozialgestalten von Kirche, die beide der Bergpredigt verpflichtet sind und ihrer Bezeugung in der Gesellschaft dienen[38].

Ich vermute, daß die Kirche nur Kirche des Bergpredigers bleiben kann, wenn sie solche Gruppen als eine unverzichtbare Gestalt von Kirche begreift und wenn diese Gruppen die Aufgabe der Einweltlichung der gelebten Bergpredigt mittragen und mitverantworten. Kirche wäre dann als dialogischer, konziliarer Prozeß zwischen Gesamtkirche und diesen Gruppen zu organisieren.

Anmerkungen

[1] epd Dokumentation 32/80 über die KEK-Konsultation in Madrid, S. 16; Schritte zur Abrüstung, ein Abrüstungsvorschlag, vorgelegt von der Arbeitsgruppe „Schritte zur Abrüstung" im Mai 1981.

[2] Nach Ev. Kommentare 12/81, S. 686, waren es „Die Zeit" und die „Frankfurter Rundschau".

[3] Pinchas Lapide, C. Fr. v. Weizsäcker, Die Seligpreisungen, ein Glaubensgespräch, Calwer 1980, S. 98, vgl. auch Kurt Scharf in seiner Rede vor der UNO 1982: „Wir begreifen – in den Großkirchen erst heute – wie treffend richtig und zukunftsweisend die Ethik Jesu ist."

[4] Ev. Kommentare 12/81, S. 687. Nach Fertigstellung des Manuskripts kam mir die Erwiderung von W. Schrage Ev. Kommentare 6/82, S. 333, in die Hände, der ich mich fast vollständig anschließen kann.

[5] Dietrich Bonhoeffer, Nachfolge, Berlin 1954, S. 119.

[6] C. Fr. v. Weizsäcker, Bedingungen des Friedens, Berlin (West) 1964, S. 10. Gerd Theißen schreibt am Schluß seiner Soziologie der Jesusbewegung, München 1977, S. 111, es könnte sein, „daß das Ethos der Feindesliebe, der Gewaltlosigkeit und Freiheit gegenüber dem Besitz, das viele zu den Sonntagsnormen der Weltgeschichte zählen, bei wachsender Labilität unserer sozialen Beziehungen auch für den ‚Alltag' von Bedeutung wird. Die Notwendigkeit des Friedens im Inneren und Äußeren bei gleichzeitiger Dringlichkeit sozialer Veränderung verlangt von uns vielleicht radikalere Verhaltensänderungen, als wir wahrhaben wollen. Was bisher disfunktional war, könnte sich einmal als funktional, was zum ethischen Luxus der Menschheit gezählt wurde, als Überlebenschance erweisen."

[7] Formuliert nach E. Jüngel.

[8] E. Schweizer, Das Neue Testament Deutsch, Band 2, Das Evangelium nach Matthäus, S. 115, 129.

[9] Dietrich von Oppen, Das personale Zeitalter, Stuttgart 1960.

[10] Too pneumati ist Dativ der Beziehung und auf den menschlichen Geist zu beziehen.

[11] „So ist an Arme gedacht, die ihr Armsein als Armsein vor Gott verstehen, die in ihrem äußeren Armsein ein Gleichnis ihrer Existenz vor Gott erkennen – die ihr Armsein von Gott annehmen und sich allein auf ihn geworfen wissen. So wird der Begriff trotz seiner Doppelschichtigkeit einheitlich. Die beiden Komponenten treffen sich. Das Interpretament ‚im Geist' meint ein Armsein bis in die innerste Schicht der Existenz hinein." Georg Eichholz, Auslegung der Bergpredigt, Neukirchen-Vluyn 1965/70, S. 34.

[12] Vgl. Lapide/Weizsäcker a. a. O. S. 41f.

[13] Vgl. G. Theißen a. a. O. S. 62 und 73.

[14] E. Schweizer a. a. O. S. 52.

[15] G. Eichholz a. a. O. S. 28.

[16] Die Unterscheidung von adventus und futurum fand ich bei E. Brunner, Das Ewige als Zukunft und Gegenwart, Zürich 1953, und dann bei Jürgen Moltmann und Karl Rahner.

[17] Die Dialektik von adventus und futurum ist dem Rechtfertigungsgeschehen

näher als die ontologische Unterscheidung von Transzendenz und Immanenz. Eschatologie wird hier durch das Rechtfertigungsgeschehen interpretiert, während die Rechtfertigungslehre des eschatologischen Horizontes bedarf, um nicht personalistisch verengt zu werden.

[18] Zitiert aus „Umdeutungen der Zweireichelehre Luthers im 19. Jahrh.", Texte zur Kirchen- und Theologiegeschichte 21, hg. v. Ulrich Duchrow, Wolfgang Huber und Louis Reith, Gütersloh 1975, S. 38 f, 45 f.

[19] Christofer Frey, der mir freundlicherweise das unveröffentlichte Manuskript seiner Ethikvorlesung zur Verfügung stellte, verdanke ich neben mancherlei Anregung diese Kritik des Wirklichkeitsverständnisses Max Webers, die über den Gegensatz von Verantwortungs- und Gesinnungsethik hinausführt.

[20] Theodor Leuenberger/Rudolf Schilling, Die Ohnmacht des Bürgers, Zürich 1979.

[21] C. Fr. v. Weizsäcker, Der Garten des Menschlichen, München/Wien 1977, S. 444.

[22] G. Theißen a. a. O. S. 88.

[23] a. a. O. S. 100.

[24] C. Fr. v. Weizsäcker, Wege in der Gefahr, München/Wien 1977, S. 252-265.

[25] Matthäus 5, 9. 45. 48.

[26] Den Konflikt vermeiden, indem man den Aggressor nicht beachtet oder als quantité négligeable behandelt, kann die schärfste Form der Aggression sein, die den anderen schon nicht mehr als existent ansieht.

[27] Eschatologie und Frieden, Band 1, Heidelberg 1978, S. 11 ff.

[28] Dazu sind die Arbeiten von Martin Hengel, Gerd Theißen, Willy und Luise Schottroff u. a. zu vergleichen.

[29] Wolfgang Lienemann, Gewalt und Gewaltverzicht, Studien zur abendländischen Vorgeschichte der gegenwärtigen Wahrnehmung von Gewalt, München 1982, S. 64 f.

[30] G. Scharffenorth, Römer 13 in der Geschichte des politischen Denkens, ein Beitrag zur Klärung der politischen Traditionen in Deutschland seit dem 15. Jahrh. Diss. Heidelberg 1964. Ulrich Duchrow, Christenheit und Weltverantwortung, Traditionsgeschichte und systematische Struktur der Zweireichelehre, Stuttgart 1970, S. 545 ff.

[31] epd-Dokumentation 32/80 über die KEK-Konsultation in Madrid, S. 24.

[32] Bericht der unabhängigen Kommission für Abrüstung und Sicherheit „Common Security", sogen. „Palme-Bericht", April 1982.

[33] So lautet der Untertitel des Buches von A. M. Klaus Müller, Die präparierte Zeit: Der Mensch in der Krise seiner eigenen Zielsetzungen.

[34] Hans Jonas, Das Prinzip Verantwortung, Frankfurt/M. 1980.

[35] Luk. 16, 1-13. Das Gleichnis von den Talenten Matth. 25, 14-30 zeigt dagegen, wie die Furcht, welche die zukünftige Gefahr denkend und entschlossen handelnd vorweg nimmt, zur lähmenden Angst werden kann, die ihr Talent vergräbt, nichts wagt und darum auch nichts gewinnt.

[36] E. Schweizer, a. a. O. S. 292.

[37] Vgl. dazu E. Lange, Überlegungen zu einer Theorie kirchlichen Handelns, in: Jenseits vom Nullpunkt?, Stuttgart 1972, S. 364 f.

[38] Diese Intention verfolgte das Modell der Komplementarität, wie es von G. Howe und C. Fr. v. Weizsäcker in den Heidelberger Thesen konzipiert war. Es ist inzwischen durch Mißbrauch diskreditiert, wäre aber vielleicht auf dem hier gezeigten Hintergrund der „Dialektik der Einweltlichung" neu zu durchdenken.

Kirchen im Friedensbund Gottes

Gastvorlesung über ekklesiologische Aspekte des Friedensauftrages der Kirchen heute bei der Ehrenpromotion durch die Universität Bern 1984

Dies ist die überarbeitete und erweiterte Fassung einer Gastvorlesung bei der Verleihung des theologischen Ehrendoktors, die ich am 30. November 1984 in der Universität Bern gehalten habe. In diese Fassung habe ich einige Anregungen aus dem Symposion aufgenommen, das wenige Tage danach unter der Leitung von Lukas Vischer über denselben Gegenstand stattfand. Der Text erschien in Evangelische Theologie 4/85, Seite 348 ff.

An der Friedensfrage ist in den letzten Jahren theologisch, ethisch und politologisch intensiv gearbeitet worden. Weniger untersucht wurde die ekklesiologische Frage, was der Friedensauftrag der Kirche für ihr Kirchesein, für ihre auftragsgerechte Gestalt, für ihre Einheit in Glaube, Lehre und Handeln bedeutet[1]. Entschlagen könnte man sich dieser Frage nur, wenn man im Ernst behaupten wollte, Subjekt des Friedenshandelns im politischen Raum sei nicht die Kirche, sondern nur der einzelne Christ und dieser überdies auch nur in seiner Eigenschaft als Bürger. Dieser Behauptung hat das Moderamen des Reformierten Bundes widersprochen, als es erklärte, die Friedensfrage sei als *status confessionis* für die Kirche zu erkennen[2]. Damit ist gesagt, daß sich an der Friedensfrage das Kirchesein der Kirche entscheidet. Die Friedensfrage wird dadurch zur ekklesiologischen Frage. Sie ist mit der Erklärung der Friedensfrage zum *status confessionis* als ekklesiologische Frage aber nur gestellt, keineswegs beantwortet. Das zeigte die seither geführte Diskussion, die sich nicht zuletzt damit beschäftigte, wie sich das Erklären des *status confessionis* in einer Kirche und zwischen Kirchen konkret vollzieht. Das führte zur Forderung eines *processus confessionis* mit mehreren Stationen, was wiederum ekklesiologische Implikationen hat[3].

Die Friedensfrage stellt sich als ekklesiologische heute von mehreren Seiten zugleich:

Der Bund der Evangelischen Kirchen in der DDR hat sich mit seinen synodalen Friedensentschließungen weit vorgewagt. Er hat eine bekenntnishafte „Absage an Geist, Logik und Praxis der Abschreckung" vollzogen[4]. Diese Absage hatte Gewicht, weil sie sich folgerichtig aus einem langen und deutlich gerichteten Erkenntnisprozeß ergab[5]. Nun aber haben die Kirchen des Bundes offensichtlich Schwierigkeiten, diese Absage einmütig zu interpretieren und friedensethisch wie friedenspolitisch zu konkretisieren. Eben diese Konkretisierung fordern aber Friedensgruppen ein, die sich selbst zu einem Handeln auf der Linie der Synodalerklärungen entschlossen haben. Ihre kirchliche Identität, an traditionellen Lehr- und Ordnungskriterien gemessen, ist zum Teil unklar, sie leben nicht selten am Rande oder gar *extra muros*, aber unter dem Vordach der Kirche. Sie fühlen sich aber von der Kirche zu ihrem Friedensengagement ermutigt und fordern es nun auch von der Kirche ein, zum Teil mit der Bergpredigt in der Hand[6]. Was bedeutet dieser Vorgang ekklesiologisch?

In der Ökumene begegnen wir „Bundesschlüssen" (covenants) mit konkreten friedenspolitischen Zielsetzungen oft über Grenzen und politische Gegensätze hinweg. So entsteht ein Netzwerk von Beziehungen zwischen Gruppen. Der *status confessionis* bekommt in diesen Bundesschlüssen eine erste Sozialgestalt. Ein Beispiel unter vielen ist der „new abolitionist covenant", der neue Bund zur Abschaffung der Atomwaffen, der von den Mennoniten in den USA ausging[7]. Hier bildet sich eine alternative kirchliche Struktur, die aus der reformiert-puritanischen Tradition der Bundestheologie und der Bildung freier Gemeinden von unten erwächst[8]. Wie aber verhalten sich diese Bundesschlüsse zu den Bundesschlüssen Gottes mit seinem Volk? Meint nicht speziell der „Neue Bund" die *ganze* Kirche? Im Mai 1983 schlug der Reformierte Weltbund vor, „alle Kirchen, welcher Tradition auch immer, die Jesus Christus als Gott und Heiland bekennen, sollten einen Bund für Frieden und Gerechtigkeit bilden"[9]. Die Vollversammlung des ÖRK in Vancouver hat diesen Vorschlag aufgegriffen und einen konziliaren Prozeß zur Bildung dieses Bundes vorgeschlagen[10]. Soll die ökumenische Bewegung zur Friedensbewegung im Namen Jesu werden? Eine begeisternde Vision für die einen, eine ekklesiologische Angstvorstellung für andere! Hier ist das Einheitsmodell der Konziliarität, das sich auf die Einigung in der Lehre bezog, nun auch auf eine ökumenische Sozialethik angewandt, in der die Konflikte erfahrungsgemäß noch heftiger aufbrechen. Wie kann sich die Einheit der Kirche in der Differenz politischer Loyalitäten und Entscheidungen darstellen?

Die friedensethischen Herausforderungen treffen unsere europäischen Kirchen in der konstantinischen Symbiose mit Gesellschaft und Staat. In der konstantinischen Wende hatte sich die Kirche auf die Mitverantwortung politischer Macht eingelassen, um diese Macht zu domestizieren und zu einem, wenn auch oft paradoxen, Werkzeug der Liebe zu machen. Heute stellt sich aber immer lauter die Frage, ob die

Entwicklung der militärischen Macht die Kirche nicht zur Kündigung dieses konstantinischen Bündnisses nötigt. Die Kirche entwickelte die Lehre vom gerechten Krieg weiter, um *militärische Macht* wenigstens annähernd in den Grenzen der Friedensdienlichkeit zu halten. Die Abschreckung mit Massenvernichtungsmitteln, die ja zu ihrem Einsatz bereit sein muß, widerspricht aber allen Kriterien des gerechten Krieges und allen drei Artikeln des christlichen Glaubensbekenntnisses. Die *Wirtschaftsmacht* der Industriestaaten verschlimmert die Abhängigkeit, die Armut und den Hunger in der Welt, statt sie zu lindern. Neuzeitliche Wissenschaft und *Technik* wurden geistesgeschichtlich durch eine Verschmelzung biblischen Schöpfungsglaubens mit säkularistischer Weltbemächtigung freigesetzt. Müssen Kirchen und Theologie nicht aus ihrer Schöpfungsvergessenheit umkehren, die Geister jener Synthese kritisch unterscheiden und sich an der Entwicklung alternativer Modelle beteiligen? Damit aber fragt sich, ob unsere Kirchen ihren *schalom*-Auftrag noch als Großkirchen oder Staatskirchen oder als „Religion der Gesellschaft" wahrnehmen können. Müssen unsere Kirchen nicht zu Friedenskirchen im Sinne der Freikirchen werden, also zum Bund oder zur bekennenden Kirche der Friedensstifter?

Ich denke nicht, daß dies schon die ganze Wahrheit ist. Die konstantinische Wende war ja die Folge der missionarischen Einwanderung der Kirche in die Gesellschaft, die Folge also eines Erfolges. Wenn die Gemeinde Jesu das Salz der Erde sein soll, darf sie solche Entweltlichungen nicht verweigern. Freilich muß sie sich bewußt halten, daß Christianisierung der Gesellschaft auch Vergesellschaftung des Christentums heißt, Einweltlichung sehr schnell zur Verweltlichung umschlägt und das Salz leicht verdummt. Dennoch ist dieses Wagnis nicht rückgängig zu machen, es ist vielmehr mutig fortzusetzen, aber so, daß sich die Kirche für die Wandlung offenhält, in die Gottes Friedensauftrag sie heute führt. Vieles deutet darauf hin, daß die partikularstaatlichen Ordnungen den Aufgaben des Friedens, der Gerechtigkeit und der Naturbewahrung nur noch teilweise gerecht werden können und zu ihrer Erfüllung übernationale Strukturen aufgebaut oder gestärkt werden müssen. Alle drei Aufgaben fordern tiefgreifende Änderungen unserer Lebensweise. Welche Sozialgestalten von Kirche müssen wir für diese Aufgaben und Änderungsprozesse übernational und lokal bereitstellen?

Damit sind mehr Fragen zur Ekklesiologie des Friedens gestellt, als ich im Folgenden beantworten kann. Ich möchte auf sie eingehen, indem ich den Begriff des *Bundes* aufgreife. Er hat eine lange und verwickelte Überlieferungsgeschichte – biblisch und dann reformatorisch, neuzeitlich, politisch. Er ist weithin säkularisiert und wird von seiner Überlieferungsgeschichte abgetrennt gebraucht. Worte von Gewicht sollten wir aber nicht von ihrer Geschichte ablösen; denn aus ihr ergeben sich Korrekturen und neue Aufschlüsse. Einige solcher Aufschlüsse möchte ich in der biblischen Überlieferung aufsuchen, Aufschlüsse für die Kirche und für den Frieden; denn wenn wir von der Kirche des Friedens sprechen, dürfen wir uns nicht nur das Verständnis der Kirche, sondern müssen uns auch das Verständnis des Friedens von Gottes Bund erschließen lassen.

Ich gehe so vor, daß ich fünf Merkmale der biblischen Bundesüberlieferung hervorhebe und jeweils frage, was daraus für den Frieden und für eine Kirche des Friedens folgt.

I. Der Bund wird von Gott gewährt und vom Menschen empfangen

Bund, *berith*, bezeichnet (wahrscheinlich auch im Rechtsleben) ein Verhältnis zwischen ungleichen Partnern[11]. Gott handelt befreiend, rettend, berufend, und „sein" Bund macht aus diesem einmaligen Handeln eine Gemeinschaft auf Dauer[12]. Gott wird es dann auch sein, der beim Versagen seiner Bundespartner immer wieder die Bundeserneuerung gewährt. Indem Gott aber den Bund stiftet, bereitet er *schalom*. Man kann geradezu sagen: Der Bund ist *schalom*, und *schalom* bedeutet die Ganzheit und Unversehrtheit dieses Bundesverhältnisses. *Berith-schalom*, Friedensbund ist eine Wortverbindung, die das ausdrückt[13], und wenn es heißt: „Jahwe schalom", Gott ist Frieden (Richter 6, 24), dann ist damit die Quintessenz des Bundes zusammengefaßt.

Das Neue Testament führt diese Linie weiter. Das erste Wort des Auferstandenen, mit dem er den Jüngern Gemeinschaft gewährt, ist der Friedensgruß (Johannes 20, 19. 21). Der johanneische Christus gibt den Frieden (Johannes 14, 27); er ist nach Paulus die Gabe der rechtfertigenden Gerechtigkeit Gottes (Römer 5, 1 ff), und der Epheserbrief wendet die Kurzformel „Jahweschalom" auf Christus an: „Er ist unser Friede" (Epheser 2, 14).

Was folgt daraus für das Verständnis des Friedens?

Der Friede, den wir machen, machen müssen und machen können, lebt aus dem Frieden, den wir nicht machen können, sondern empfangen. Die politische Friedensaufgabe stellt uns unter enormen Handlungsdruck. Darin liegt gerade für ernsthafte Friedensarbeit die Gefahr, daß wir den Frieden auf das Machbare verengen und verflachen und ihn dem typischen neuzeitlichen Machbarkeitswahn ausliefern. Der Friede ist aber eine vorethische Wirklichkeit, wie die Menschlichkeit des Menschen. Wir empfangen uns als befriedete Menschen, indem uns Gott und Mitmenschen Frieden gewähren, und wir werden nur Frieden *machen* können, wenn wir eingestehen, daß wir auf Frieden *angewiesen sind*.

Was folgt daraus für eine Kirche des Friedens?

Die Kirche hat in ihrem Zeugnis und Leben eben dieses unumkehrbare Gefälle von dem empfangenen zu dem aufgegebenen Frieden deutlich zu machen. Gottes Beschluß zielt auf die einstimmende Entscheidung des Menschen, ist durch diese aber nicht konstituiert. Daher kann sich die Kirche auch nicht von dieser Entscheidung her definieren als Aktionsgruppe oder als Bund entschiedener Friedensstifter. Die Kirche braucht solche Bundesschlußgruppen, die das volle Friedensengagement leben. Unsere Großkirchen in ihrer pluralistischen Unverbindlichkeit müssen begreifen, daß sie *nur* mit diesen Gruppen *zusammen* den Friedensbund Gottes darstellen können und ihre volkskirchliche Offenheit nur leben können, wenn und weil es in ihrer Mitte Gruppen gibt, die die *Verbindlichkeit* einer Freiwilligkeitskirche leben.

Unsere Großkirchen müssen aber offene Kirchen bleiben, die freie Gnade Gottes verkünden *allem* Volk[14]. Sie müssen also offen sein für verschiedene Formen der Partizipation, offen besonders für alle, die von den vielerlei Friedlosigkeiten unserer Welt gezeichnet und des Friedens *bedürftig* sind.

Es ist kein historischer Zufall, daß in der Auseinandersetzung zwischen Zwingli und den Täufern *beide* Seiten mit dem Bundesbegriff argumentierten: die Täufer für die Glaubenstaufe im Namen des Entscheidungs- und Verpflichtungscharakters des Bundes; Zwingli für die Kindertaufe im Namen des korporativen Charakters des Bundes, der nicht mit lauter einzelnen, sondern mit einem Volk geschlossen wurde. Was in der Reformation alternativ auseinanderbrach, müssen wir als zusammengehörig begreifen und leben.

Das bedeutet für die Friedensgruppen, daß sie sich nicht rigoristisch, elitär abschließen und sektiererisch werden, sondern ihr Engagement kommunikabel und konsensfähig halten und deutlich machen, daß sie mit der ganzen Kirche allein aus dem einen Friedensbund leben, den Gott in Christus mit uns geschlossen hat.

Es bedeutet für die Volkskirchen, daß sie sich der Infragestellung und dem Ruf, der von den Friedensgruppen an sie ergeht, offenhalten. Bonhoeffer hat die volkskirchliche Gestalt der Kirche aus dem übergreifenden Charakter des Wortes Gottes auf alle, die auch nur der Möglichkeit nach zu ihr gehören können, begriffen. Das aber schließt ein, daß die „volkskirchliche Art" als „Mittel muß angesehen werden können, zur Freiwilligkeitskirche durchzudringen"[15]. Das bedeutet für unseren Zusammenhang, daß die Volkskirche als Instrument des Friedenswortes Christi in Zeugnis und Dienst erkennbar sein muß[16]. Es bedeutet weiter, daß sie sich einem *status confessionis* in der Friedensfrage nicht mit der Begründung verschließen darf, daß ihr spezifischer Dienst am Frieden das Zusammenhalten der pluralistischen Meinungsvielfalt in einem

Grundkonsensus sei. Hier tritt ein soziokultureller Einheits- und Friedensbegriff an die Stelle der Einheit der Kirchen in dem einen Christus und seinem Frieden.

Die Kirche lebt hier nicht aus dem Friedensbund Gottes in Christus, sondern aus den Übereinkünften in und mit der Gesellschaft. Damit steht sie im Erbe eines *Säkularisats* der Bundestheologie, nämlich des „Gesellschaftsvertrages".

Wird der Bund von Gott gewährt und vom Menschen empfangen, können dann Menschen Bünde schließen, wie wir es heute in der Ökumene erleben? Wird hier der Bundesbegriff austauschbar mit dem der Aktions- oder Initiativgruppe? Die Überlieferungsgeschichte des Bundesbegriffs enthält Warnungen in diese Richtung. Der Bundesgedanke hatte in der reformierten Tradition die Kraft, im 17./18. Jahrhundert politische Befreiungs- und Demokratisierungsprozesse in Gang zu setzen. Diese Einweltlichung des Bundesgedankens brachte freilich auch seine Verweltlichung mit sich. Er wurde zum Konzept des Gesellschaftsvertrages säkularisiert, und seine theologische Wurzel, sein Gabecharakter als Gottesbund wurde ausgeblendet. Es könnte sein, daß heute eine neue Einweltlichung des Bundesgedankens erfolgt, und zwar über die biblische Friedensüberlieferung, die auch für säkulare politische Vernunft plausibel wird und Kooperation zwischen Christen und Nichtchristen stiftet. In dieser Kooperation ist wiederum die theologische Wurzel des Friedensbundes latent, aber nicht Inhalt des Konsensus; denn dieser bezieht sich auf das gemeinsame Handeln.

Christen werden in diesen Bundesschlußgruppen deutlich zu machen versuchen, woher sie den Bund verstehen und leben. Es wird ein Prüfstein für die Friedensfähigkeit solcher Gruppen sein, daß die Kommunikation über das, was für einige Grund und Kern ihres Lebens ist, gelingt.

Unter der Vorgabe des von Gott in Christus ein für allemal mit uns geschlossenen Bundes kann das Schließen eines Bundes durch uns nur die Aktualisierung, Konkretisierung und Erneuerung des in Christus schon geschlossenen Bundes meinen. Die Beteiligten schließen den Bund, weil sie von einer Verheißung und Verpflichtung, die im Gottesbund enthalten ist, in einer Situation konkret getroffen und überführt sind. Den Christusbund schließen wir nicht, wir feiern ihn. Der Begriff des Neuen Bundes ist im Neuen Testament in der Überlieferung vom Herrenmahl festgemacht. Das Herrenmahl aber ist die Feier des für und mit uns geschlossenen Bundes, und sie ist als solche der Nährboden jeder Bundesgemeinschaft.

Weil der Bund ein für allemal und für alle geschlossen ist, wir ihn also nicht schließen müssen, eröffnet er uns die Aussicht, auch außerhalb der Kirche Verbündete zu finden, schließt er also auch die Nichtchristen oder Noch-Nicht-Christen ein[17]. Gerade die theologisch-christologische Wurzel des Bundesgedankens partikularisiert den Bund also nicht; sie führt nicht zur Selbstabschließung der Christen, sondern öffnet sie für die Kooperation mit Nichtchristen. Entsprechend ist auch die Feier dieses Bundes, das Mahl, für alle zu öffnen, die sich ihrerseits dem Frieden öffnen wollen, den wir nur empfangen können.

II. Der Bund ist eine freie und verbindliche Gemeinschaftsbeziehung, von der her unser ganzes Sein als Sein in Beziehung bestimmt ist

Indem Gott den Bund gewährt, fordert er Menschen zum freien und verpflichtenden Einstimmen in den Bund auf. So ist der Bund eine Gemeinschaftsbeziehung, in der Gottes Versprechen und des Menschen Entsprechen, Gottes Treue und des Menschen Trauen[18], Gottes Wille und des Menschen Gehorsam zusammengehören. Der Bund Gottes mit dem Volk oder der Gemeinde begründet zugleich mitmenschliche Gemeinschaft, die der Gemeinschaft mit Gott entsprechen soll.

Nun zeigt freilich die Bundesgeschichte Israels ein permanentes Versagen des Bundesvolkes, so daß der Deuteronomist vom Ende, vom Exil her, das vernichtende Fazit zieht: „Ihr könnt Jahwe nicht dienen" (Josua 24,19). In der Erfahrung dieses Scheiterns aber kündigen die Propheten des Exils einen Neuen Bund an, in dem Gott durch seinen Geist das Herz der Menschen erneuert, so daß sie Subjekte einer neuen mündigen Bundespartnerschaft werden und dann keiner Lehrautoritäten oder Herrschaftsinstitutionen mehr bedürfen (Jeremias 31; Ezechiel 36). Es hätte ja nahe gelegen, aus der Erfahrung des Scheiterns eine radikale anthropologische Skepsis abzuleiten und alles Heil von starken Institutionen zu erwarten. Bundestheologie ist aber herrschaftskritisch, freilich nicht aus einem emanzipatorischen Pathos der Selbstbefreiung des Menschen, sondern im Namen der Verheißung des Geistes, der Menschen in die Mündigkeit führt.

Das Neue Testament nimmt die Verheißung des Neuen Bundes auf und verankert sie in der Überlieferung vom Herrenmahl: „Dies ist der Kelch des Neuen Bundes in meinem Blut" (Lukas 22,20; 1. Korinther 11,25). Im Mahl des Neuen Bundes sind beide Dimensionen der Bundesgemeinschaft untrennbar verbunden. Darum kann Paulus im Brot auch die Gemeinschaft des Leibes Christi, der Gemeinde bezeichnet sehen (1. Korinther 10,16), während durch Verstöße gegen die eucharistische Bruderschaftsethik das ganze Herrenmahl in Frage gestellt ist (1. Korinther 11,17ff). Bei der Feier des Mahles des Neuen Bundes wurde auch das Wirken des Geistes Gottes in den Geistesgaben erfahren, und es galt, das verantwortliche Zusammenwirken der Geistesgaben einzuüben (1. Korinther 14,12; Römer 12,3-8).

Seinen apostolischen Dienst sieht Paulus als Dienst des verheißenen Neuen Bundes und das heißt als Dienst des Geistes, durch den Gott die Herzen erneuert (2. Korinther 3). Ausweis der Autorität und Vollmacht dieses Dienstes ist das Wirken des Geistes in den Herzen der Gemeinde. Die Herrlichkeit dieses Dienstes, die Paulus geradezu überschwenglich preist, führt dann aber gerade nicht zur Heraushebung eines Amtes oder Amtsträgers, sondern sie besteht darin, daß die ganze Gemeinde (3, 18) durch die Herrlichkeit Gottes, die wir in Christus schauen, und durch seinen Geist in sein Abbild verwandelt wird[19]. Aus der Verheißung des Neuen Bundes im Alten Testament und der paulinischen Aufnahme dieser Verheißung ergibt sich ein Kriterium für die Institutionen des Neuen Bundes: Sie müssen in die Freiheit des Geistes führen. Ihr Dienstcharakter muß sich daran erweisen, daß sie nicht andere in Abhängigkeit von sich festhalten, sondern permanent bemüht sind, sich selbst entbehrlich zu machen[20]. Dem Bund als Gemeinschaftsbeziehung entspricht die biblische Anthropologie. Der Mensch ist ein Beziehungswesen. Sein Menschsein entscheidet sich in den Beziehungen, in denen er lebt: als Gottes Ebenbild, als Mann und Frau, als Mitgeschöpf und Mandatar Gottes gegenüber den Mitgeschöpfen. Leben hat der Mensch, indem er auf Gott bezogen ist und bezogen bleibt. Karl Barths relationale Anthropologie trifft den Kern des biblischen Menschenbildes[21].

Was bedeutet das für den Frieden?

Auch *schalom* ist eine Beziehungswirklichkeit. *Schalom* heißt heil, ganz sein. Ganzheit ist dabei aber kein Substanz-, sondern ein Relationsbegriff. *Schalom* meint heile, lebendige, gelingende Beziehung. Die elementare Sprachgestalt des Friedens ist darum auch der Gruß: „Schalom alechem"[22], der eine *schalom*-Beziehung eröffnet – im Wagnis einer Vorleistung übrigens!

Dem Bund entspricht also ein kommunikatives, assoziatives Friedensverständnis. Dieses Friedensverständnis bekommt heute als Alternative zum Abschreckungsfrieden eine unmittelbare politische Relevanz. Wir finden es wieder im Konzept der „Gemeinsamen Sicherheit" der Palme-Kommission. Es beruht auf der Grundeinsicht, daß die Großmächte ein gemeinsames Sicherheitsinteresse haben, dem sie nur durch politische Beziehungen, wirtschaftliche Verflechtungen und den Aufbau von Vertrauen entsprechen können.

Dem assoziativen Friedensverständnis steht ein individualistisches gegenüber, wo man sich aus dem Streit der Welt auf sich selbst zurückzieht. Der andere Gegensatz wäre ein Herrschafts- oder Ordnungsfrieden, der durch Zwang nach innen und durch Abgrenzung und Abschreckung nach außen sichergestellt wird.

Dies zuletzt genannte Friedenskonzept hat in der Geschichte des Bundesgedankens eine befremdende und erschreckende Rolle gespielt: in der puritanischen Revolution Oliver Cromwells. Er begann die Revolution im Namen der Freiheit der Gemeinden, im Namen des Neuen Bundes und des der ganzen Gemeinde gegebenen Geistes, aber die Revolution verkam dann zu einer im Grunde verzweifelten Gewaltherrschaft der Heiligen und führte in chaotische Verhältnisse. Unter dem Eindruck dieser Revolutionswirren schrieb Thomas Hobbes seinen „Leviathan" und entwickelte darin ein säkularisiertes Zerrbild des biblischen Bundesgedankens. Der Mensch sei im Naturzustand des Menschen Wolf und lebe im Krieg aller gegen alle. Um diesem untragbaren Zustand zu entkommen, schließen die Menschen einen *covenant*, in dem sie alle auf ihr persönliches Freiheitsrecht der Selbstregierung verzichten und es dem Staat übertragen, der nun durch absolute und totale Herrschaft die Wolfsnatur des Menschen in den Frieden zwingt[23].

Der Mensch wird hier nicht als Beziehungswesen, sondern als das auf seine Selbsterhaltung bezogene Wesen gesehen, der Bund nicht als Befreiung, sondern als Abdankung der Freiheit und als Legitimierung von Herrschaft. Daß Herrschaft zur Domestizierung oder Zivilisierung des Menschen nötig sei, war in vielerlei Abwandlungen seither die Logik aller totalitären Staaten bis hin zu dem *big brother* in Orwells „1984".

Die biblische Vision der herrschaftsfreien Gemeinde des Geistes erstand, wie wir sahen, ebenfalls in einer Stunde tiefster Desillusionierung über den Menschen. Sie kann ausgerechnet in dieser Stunde menschlichen Scheiterns erstehen, weil sie in der Bundestreue Gottes zum Menschen gründet und Gott in seiner Bundestreue die ontologische Bestimmung des Menschen zur Gemeinschaft zur Erfüllung bringt. Aus der Verheißung des Geistes erwächst die Vision eines assoziativen Friedens, und in Erfahrungen des Scheiterns schöpft sie aus dieser Verheißung die Kraft, mit der ontologischen Disposition des Menschen für diesen Frieden zu rechnen.

Was bedeutet das für unsere Kirchen?

Von der Bundestheologie her fällt ein starkes Gewicht auf ihren Charakter als *Volk* Gottes, als Mahl*gemeinschaft*, als Gemeinde des Geistes. Als Gemeinde des Geistes ist sie nicht nur Werkzeug, sondern auch erste Frucht des Friedens Christi (Epheser 2, 14ff; 4, 3f). Freilich kann sie als *koinonia* Frucht und Darstellung des Friedens Christi nur sein, wenn sie dem Frieden in der Welt dient; denn gerade die Verheißung des Neuen Bundes schließt den *schalom* der ganzen Schöpfung ein (vergleiche den Kontext des Neuen Bundes in Jeremia 31).

Die Sozialgestalten, in denen sich die Kirche als *communio* darstellt, wandeln sich in den wechselnden Kontexten und – wenn es gut geht! – entsprechend den jeweiligen Auftragslagen. In den sich allenthalben bildenden Friedens-, Öko- und Dritte-Welt-Gruppen schälen sich offensichtlich Sozialgestalten von Kirche heraus, die den Herausforde-

rungen der gegenwärtigen Weltsituation entsprechen. Ich verdeutliche das mit einigen Hinweisen:
– Diese Gruppen bilden sich problem- und aktionsorientiert. Menschen werden durch einen gemeinsam empfundenen Problemdruck zusammengeführt, und sie hoffen, gemeinsam mehr zu bewirken. So werden die Gruppen aber auch Stätten der Sozialisation, die den einzelnen Geborgenheit, Stabilisierung, Ermutigung und Orientierung vermitteln und ihn zu verantwortlichem Handeln freisetzen. Die Gruppen vertreten hierin Gesellschaft und Kirche, die diesen Menschen diesen Dienst eben nicht tun können.
– Aktive Partizipation wird in unseren immer komplizierter, spezialisierter und undurchschaubarer werdenden Gesellschaften immer schwieriger lernbar und vollziehbar. In den Volkskirchen ist aktive Partizipation trotz aller Bemühungen, von oben nach unten Laien zu aktivieren, eine konstitutionelle Schwäche geblieben. Auch die Vermittlung der überlebenswichtigen Einsichten und Handlungsimpulse scheint über die etablierten Institutionen kaum zu gelingen. Die Initiativgruppen führen Menschen aus den lähmenden Ohnmachtsgefühlen heraus, indem sie Ansätze möglichen und wirksamen politischen Handelns zeigen. In ihnen können Menschen, die sich als Objekte anonymer Trends und Institutionen fühlen, zu Subjekten politischen Handelns werden. In den Gruppen kann im Wechsel von Aktion und Reflexion ein Gruppenlernen in Gang kommen.
– Stellen wir uns dem Problembündel von Friede, Gerechtigkeit und Naturbewahrung in der heutigen Weltsituation, so sehen wir uns zu sehr tiefgreifenden Änderungen unserer Lebensweise aufgefordert. Mehrheitsabhängige Großorganisationen können auf diese Herausforderung nicht, mindestens nicht rechtzeitig und angemessen reagieren. Der einzelne und die Kleinfamilie andererseits sind überfordert, weil sie unter dem Konformitätsdruck der Gesellschaft stehen und die gesellschaftlichen Risiken alternativen Handelns nur sehr schwer tragen können. Die Gruppen können in dieser Situation Einübungsgemeinschaften sein, die neue Lebensmöglichkeiten herausfinden und ihre Erprobung begleiten und stützen. Sie können auch zu Risiken ermutigen und ihre Last mittragen. Solche Gruppen werden damit zu Gemeinschaften schöpferischer Nachfolge. Duchrow hat sie Nachfolgegruppen genannt.
– Mehrfach ist in den letzten Jahren die Frage gestellt worden, ob die bestehenden politischen Strukturen und Institutionen überhaupt in der Lage sind, die Veränderungsprozesse einzuleiten und zu vollziehen, die heute überlebensnotwendig sind[24]. Ist dafür ihr Entscheidungsspielraum nicht zu eng, ihre Eingebundenheit in Interessengruppen und Sachzwänge zu stark, ihre Abhängigkeit von Mehrheiten zu groß? Bedürfen sie nicht der politischen Initiativen von unten, die den Problem-

druck in seiner ganzen Härte artikulieren, den Finger auf das langfristig Vernünftige legen, die Folgeschäden halber Lösungen aufdecken und die Kompetenz der Betroffenen einbringen? Politische Verantwortung scheint sich zu einem wesentlichen Teil im Wechselspiel dieser Handlungsträger zu vollziehen. Sie sind also *beide* verantwortungsethisch zu interpretieren. Die Gruppen können nicht unter Gesinnungsethik verrechnet und politisch irrelevant gemacht werden.

– Nach Bonhoeffers Ethik ist das erste Strukturmerkmal verantwortlichen Lebens Stellvertretung[25]. Bonhoeffer exemplifiziert sie an den traditionellen Modellen des Vaters, Staatsmanns und Lehrmeisters. Stellvertretendes Handeln gibt es aber nicht nur bei den Mandatsträgern institutionalisierter Verantwortlichkeiten, sondern auch bei Gruppen, die ohne institutionelle Deckung und Beauftragung stellvertretend für die Gesamtheit Aufgaben erkennen und in Angriff nehmen in der Hoffnung, daß die Gesamtheit dies dann auch als ihre Aufgabe aufnimmt. Beispiele wären die Aktion Sühnezeichen und die Versöhnung der Deutschen mit ihren östlichen Nachbarn, die dann von der Ostdenkschrift der EKD und der Ostpolitik der Bundesregierung aufgegriffen wurde; oder die Öko-Gruppen, deren Kritik und Anregungen in die politischen Strukturen einwanderten; oder die Gruppe der Wehrdienstverweigerer, von denen Carl Friedrich von Weizsäcker sagte, daß sie antizipatorisch versuchen, „heute schon streng nach derjenigen Ethik zu leben, die eines Tages wird die herrschende sein müssen"[26].

Die genannten Gruppenbildungen sind also als Sozialgestalten von Kirche zu begreifen, die der heutigen Situation und Auftragslage von Kirche und Gesellschaft zu entsprechen suchen. Huber hat sie unter dem Sammelbegriff Initiativgruppen, Duchrow unter dem anspruchsvolleren Begriff Nachfolgegruppen unter die Sozialgestalten von Kirche aufgenommen[27].

Das Verhältnis von Gruppen und Kirche ließe sich mit den Begriffen Stellvertretung und Angewiesensein beschreiben[28]. Die unterschiedlichen Sozialgestalten der Kirche nehmen füreinander Stellvertretungsfunktion wahr und sind wechselseitig aufeinander angewiesen. Das eben beschriebene stellvertretende Handeln der Gruppen bedeutet gerade nicht, daß die Gesamtkirche aus dem Anspruch entlassen wäre, dem sich die Gruppen stellen. Bezeichnen sich die Gruppen als Bundesschlußgruppen, so ist dies vollends klar. Denn wird der Begriff des Bundes theologisch gefüllt gebraucht, so schließt er tendenziell die gesamte Kirche als die Gemeinde des Neuen Bundes ein und ist für sie der Ruf, sich auf die von der Gruppe erkannte Aktualisierung und Konkretion des Bundeswillens Gottes einzulassen.

Die gemeinsame Verantwortung vollzieht sich aber in verschiedenen sozialen Rollen und gesellschaftlich-politischen Funktionszusammenhängen. Sie vollzieht sich – paulinisch gesprochen – in unterschiedlichen „Berufungen" mit verschiedenen Charismen (1. Korinther 7, 17ff; 12). Eben darin treten sie wechselseitig füreinander ein und sind in ihrer Begrenztheit aufeinander angewiesen.

Diese so strukturierte Gemeinde des Neuen Bundes ist konfliktträchtig; denn sie ist vielgestaltig und vielstimmig, aber verbindlich aneinander und an den einen Auftrag gewiesen. Unter der Geistverheißung des Neuen Bundes kann sie weder in eine zentralistisch-autoritäre Uniformität noch in eine pluralistische Beliebigkeit der Meinungen und Standpunkte ausweichen. Der Geist und der Friede des Neuen Bundes wollen also im Konflikt bewährt sein. Darum schreibt Paulus in solch einem *Konflikt*, das Reich Gottes sei Gerechtigkeit und Friede und Freude im Heiligen Geist (Römer 14, 17).

Solch einen Konflikt haben wir in unseren Kirchen um die Friedensfrage. Daß die Beteiligung am Abschreckungssystem mit Massenvernichtungsmitteln als *status confessionis* für die Kirche identifiziert wurde, hat diesen Streit nicht etwa vom Zaun gebrochen, sondern nur den Konflikt, um den es geht, in seiner Schärfe benannt. Nun gilt es, diesen Konflikt in einer Weise auszutragen, die der Verbindlichkeit des Neuen Bundes entspricht und der Wahrheit des Friedens dient. Dies muß in einem Prozeß kommunikativer Wahrheitsfindung geschehen. Bedeutet Bund verbindliche Gemeinschaft, so muß Wahrheitsfindung in der Gemeinde ein vor allem kommunikativer Vorgang sein. Erst nach Ausschöpfung aller seiner Möglichkeiten wird es zur Exkommunikation kommen können, die aber ihrerseits ebenfalls als Mittel der Kommunikation gemeint ist.

Kommunikative Wahrheitsfindung kann auf keinen Fall bedeuten, daß die Einheit der Kirche durch Konfliktvermeidung gewahrt wird, etwa so, daß man auseinanderbrechende Positionen durch ein mehr oder minder formales Integrationsangebot beieinander zu halten sucht[29]. Dabei neutralisieren sich die gegensätzlichen Standpunkte, so daß die Kirche als ganze in den konkreten Entscheidungsfragen keine klare Stimme mehr hat.

Ernst Langes Leitwort vom konfliktorientierten Lernen wäre auch auf die Friedensfrage anzuwenden[30]. Der kirchenleitende Dienst am Zusammenhalt würde dann darin bestehen, den Prozeß der Konfliktaustragung in der Kirche zu inszenieren. Dabei muß dafür gesorgt werden, daß die Gruppen und Handlungsträger, die keinen ekklesialen Status haben, gleichberechtigt in kirchliche Beratungs- und Entscheidungsprozesse einbezogen werden[31]. Im Sinne dieses Prozesses der Konfliktaustragung hat Duchrow vorgeschlagen, von einem *processus confessionis* oder von einem „konziliaren Bekenntnisprozeß im Bundesvolk Gottes" zu sprechen. Ich kann hier auf seine ausführliche Darstellung verweisen[32]. Die Bundesschlußgruppen werden in diesem Prozeß häufig eine Impulsfunktion haben. Als Gruppen von Gleichgesinnten in relativer Unabhängigkeit haben sie am ehesten die Möglichkeit, dem Ruf Christi in das Risiko aktuellen Bekennens zu folgen. Sie werden der Kirche ihre Erkenntnis zur Prüfung vorlegen, sie fragen, ob sie nicht diese Erkenntnis teilen muß, und sie anderenfalls um argumentative Widerlegung bitten. In den Gruppen findet das Erkennen des *status confessionis* sein erstes soziales Subjekt. Subjekt der Feststellung des *status confessionis* kann nur die Gesamtkirche sein. Weil das Bundesvolk Gottes eine verbindliche Gemeinschaft ist, muß es sich auch für diesen Schritt offenhalten, der Trennungen einschließt. Sonst würde der dialogisch-kommunikative Prozeß zur Dauerreflexion werden, durch die man verbindlichen Entscheidungen ausweicht.

III. Das Bundesverhältnis ist bestimmt durch Gottes Gerechtigkeit, der die Gerechtigkeit des Menschen zu entsprechen hat

Gerechtigkeit ist im Alten Testament wie *schalom* ein Relationsbegriff. Sie ist das Verhalten, das dem im Bund grundgelegten Verhältnis entspricht. Dieses Verhältnis ist aber von Gottes Gerechtigkeit bestimmt, in welcher Gott seinem erklärten Heilswillen gerecht wird und also Heil schafft. Der Mensch entspricht dieser Gerechtigkeit Gottes, indem er ihr traut, sich in seiner eigenen Existenz von ihr bestimmen läßt und also helfend dem Nächsten in seiner Not gerecht wird. Friede, *schalom*, ist die Frucht dieser Gerechtigkeit. Im Gottesbund bilden Bundestreue, Gerechtigkeit und Frieden *einen* Lebenszusammenhang[33].

Für unser *Friedensverständnis* bedeutet dies, daß Friede inhaltlich durch Gerechtigkeit definiert wird. Er ist weder negativ als Nichtkrieg, noch ist er positiv als Sicherheit zureichend bestimmt. Unser gängiges, an Selbstbehauptung orientiertes Friedensverständnis assoziiert bei Frieden zuerst Sicherheit, während das relationale Friedensverständnis der Bibel Friede mit Gerechtigkeit verbindet. Beide sind in der Wurzel, im Gottesbund, eins und darum in der Praxis nicht zu trennen. Ein Unterdrückungsfriede, der ungerechte Verhältnisse festschreibt, kann nicht beanspruchen, *schalom* zu sein, während ein Befreiungskampf für gerechtere Verhältnisse durchaus im Namen des *schalom* geführt werden kann.

In der ökumenischen Bewegung gab es in den letzten Jahren die Gefahr, daß Friede und Gerechtigkeit als konkurrierende Problemstellungen gegeneinander geraten, die einen den Ost-West-Konflikt, die anderen den Nord-Süd-Konflikt thematisierten. Vancouver hat die Einheit beider doch wohl mehr betont als gezeigt. In der konkreten politischen Situation werden wir immer wieder in einen Konflikt zwischen Gerechtigkeit und Friede geraten. Um so wichtiger ist es, theologisch zu zeigen, wie sie im Gottesbund als dem Grund und dem Verheißungsziel unseres Handelns eines sind.

Die *Kirche* wird sich für die Einheit von Friede und Gerechtigkeit nur *konkret* und *praktisch* einsetzen können, und sie kann dies nur, indem sie einen entschiedenen Standort bezieht. Das kann nicht der Standort eines neutralen Schiedsrichters über den Fronten sein, mit der Binde der unparteiischen *justitia* vor den Augen. Die Gerechtigkeit Gottes macht sehend für die Not der Leidenden und weist der Kirche ihren Ort bei ihnen an. Um der *Gerechtigkeit* Gottes willen muß die Kirche Partei ergreifen für die auf der Schattenseite des Lebens Stehenden, um des *Friedens* willen muß sie von hier aus die Kommunikation mit denen suchen, die im Licht stehen, aber von Gott gerufen sind, im Dienst an den Notleidenden Christus zu begegnen und so auch den eigenen Frieden zu finden.

Das ist einschneidend für unsere Volkskirchen, die gerne so für alle da sind, daß sie über allen politischen Fronten schweben oder gar thronen. Sie müssen aber Kirche *des* Volkes werden. Nicht Kirche des Volkstums, wie die Deutschen Christen wollten, also des Volkes im Sinne von Blut und Boden, vielmehr Kirche des Volkes im Sinne der lateinamerikanischen *communidades de base*, als des Volkes im Sinne von Blut und Tränen. Das widerspricht nicht dem Sinn der konstantinischen Symbiose; denn in ihr übernahm die Kirche nicht nur stabilisierende, sondern auch kritisch verändernde Funktionen. Die Kirche kann sich also nicht, wie es einige kirchensoziologische Theorien wollen, auf die stabilisierende und legitimierende Funktion festlegen lassen. Sie muß vielmehr bereit sein, die konstantinische Symbiose aufs Spiel zu setzen, wenn ihr Dienst an der Gerechtigkeit Gottes nicht angenommen wird[34].

IV. Der Bund eröffnet eine Geschichte und führt auf einen Weg

Gottes Bundesschlüsse enthalten Verheißungen – das Land, die Nachkommenschaft und so weiter – und setzen in Bewegung. Der Bund schließt das Wagnis des Auszugs ein und die Einwanderung in neue Situationen. Gottes Verheißungen sind ein mitwandernder Horizont, der alte Hoffnungen hinter sich läßt und neue Zukünfte eröffnet. Auf dem Weg des Bundes versagt das Volk, so daß es der Bundeserneuerung in jährlichen Kultfesten oder in geschichtlichen Reformen bedarf, und selbst im Scheitern des Bundes, im Gericht des Exils eröffnet Gottes Treue einen neuen Weg, einen neuen Exodus, einen neuen Bund. Das Mahl des Neuen Bundes aber wird gefeiert auf dem Weg zum Reich (Lukas 22, 16ff), als Mahl der Bundeserneuerung für versagende Jünger (Matthäus 26, 21-25, 31-35); es wiederholt sich nicht als ewige Wiederkehr des gleichen, sondern als Zehrung auf dem Wege (1. Korinther 11, 25f).

Was bedeutet das für den Frieden?

Frieden ist als ein Prozeß, als ein Weg zu verstehen, den man in Offenheit für die Zukunft und in Veränderungsbereitschaft geht. Wir assoziieren – wie schon gesagt – bei Frieden zuerst Sicherheit. Sicherheitsdenken, das dominant wird, neigt dazu, sich im *status quo* einzumauern. Es entwirft Erhaltungsstrategien und ist flexibel nur im Interesse der Bewahrung, nicht aber, um schöpferisch neue Möglichkeiten zu erschließen. Planung hat dann den Sinn, das Heute ins Morgen zu verlängern und das bedrohliche Unbekannte weitgehend auszuschließen. Frieden verfällt so der zwanghaften Sorge, während Jesus sagt: Sorget nicht, sondern öffnet euch der Zukunft Gottes und stellt euch seiner Gerechtigkeit zur Verfügung (Matthäus 6, 33). Gerechtigkeit als Verhältnisbegriff besagt aber, daß wir uns auf den offenen Prozeß partnerschaftlicher Beziehungen einzulassen haben. Hier scheint die Friedensfähigkeit heute besonders auf dem Spiel zu stehen. Unser wissenschaftlich-technisches Zeitalter trainiert mehr auf die Manipulierung berechenbarer Dinge und Prozesse als auf die offene Geschichte, die sich in der Beziehung freier Partner vollzieht. Friedensfähigkeit bewährt sich hier als Vertrauensfähigkeit und Vertrauenswürdigkeit. Dieses Verhalten, das im Gottesbund wächst, macht politisch bündnisfähig, und Bündnisfähigkeit, nicht Drohpotentiale geben dem Frieden Dauer.

Im Lernprozeß Frieden gilt es gegenwärtig, eine besonders hohe Lernschwelle zu nehmen. Wie Carl Friedrich von Weizsäcker seit über zwanzig Jahren immer wieder einschärft, geht es um nicht weniger als die Abschaffung der *Institution* des Krieges und die Entwicklung anderer Wege der Konfliktaustragung. In dieser Situation werden Zukunftsoffenheit, Risiko- und Veränderungsbereitschaft besonders notwendige Haltungen.

Was bedeutet das für unsere Kirchen?

Wollen sie Kirchen des Friedens sein, so müssen sie sich auf den *Weg* des Friedens führen lassen (Lukas 1, 79). Sie müssen also die Veränderungsprozesse, die den Frieden jeweils ermöglichen, nicht nur mitvollziehen, sondern in ihnen eine inspirierende und mobilisierende Kraft sein. In Situationen wie der heutigen, wo der Weltfriede außergewöhnliche Wandlungs- und Lernprozesse erfordert, wird sich die Kirche nicht an Erhaltungs-, sondern an Vorwärtsstrategien orientieren müssen. Sie wird nicht nur das oft Bewährte reproduzieren dürfen, sondern Experimente ermutigen. Sie wird die Zukunft nicht als Verlängerung von Vergangenheit und Gegenwart verstehen dürfen, sondern dem auf uns zukommenden Herrn des Friedens den Weg bereiten und sein Kommen in neu aufbrechenden Möglichkeiten und ungewohnten Wegen wiederzuerkennen suchen. Sie wird versuchen, zuerst in ihrer eigenen Existenz exemplarisch und symbolisch die Änderungen zu vollziehen, die Friedensgefährdendes abbauen und Friedensdienliches fördern. Dazu gehört zum Beispiel, daß die Kirchen in einem konziliaren Prozeß lernen, ihre Trennungen zu überwinden und mit ihren Verschiedenheiten und Konflikten auf eine produktive und nicht destruktive Weise umzugehen; daß sie ökumenische Strukturen schaffen, die politische Gegensätze überwölben und so Strukturen zur internationalen Konfliktbewältigung anregen und vorbereiten; daß sie in der Friedenserziehung Lernprozesse in Gang setzen, die für die Lösung der Aufgaben von morgen vorbereiten.

Zu dem allen braucht die Kirche eine *theologia viatorum*, die sie in der Bundestheologie finden kann. Die Bundestheologie ist kirchenkritisch und deckt die Erneuerungs*bedürftigkeit* des Gottesvolkes auf; denn im Bundesschluß liegt das Kriterium der Bundestreue, der Entsprechung zu Gottes rettender und führender Treue. Im Bund, zuletzt im „Neuen Bund", liegt aber auch die Verheißung, die das Bundesvolk und seine Institutionen immer wieder über alle ihre vorläufigen Verwirklichungen hinausführt und das Volk Gottes in veränderten Versuchungen und Chancen nach neuen Entsprechungen zu dem verheißenen Heil suchen lehrt.

Die innovatorische Kraft der Bundesüberlieferung zeigt im geschichtlichen Beispiel die puritanische Bewegung[35]. Ihr Gedanke der freien Gemeinde gründet im Bund *(covenant)* und im Wirken des Heiligen Geistes. Sie war eine das ganze Leben der Gemeinde und ihrer Glieder erfassende Erneuerungsbewegung, sie richtete sich aber auch auf die kirchlichen Strukturen und Institutionen. Das unterschied sie von den Heiligungsbewegungen, die sich nur auf die innere Erneuerung des einzelnen und des „Geistes" der Institutionen beziehen. Über die Kirche hinaus leitete diese Erneuerungsbewegung dann auch gesellschaftliche Veränderungsprozesse ein. Freilich zeigt die puritanische Bewegung zugleich, wie aus dem Geist der Erneuerung der tötende Buchstabe des Gesetzes wird (die Cromwellsche Revolution bietet eine erschreckende Illustration zu dem paulinischen Wort vom tötenden Buchstaben des Gesetzes!). Die Gemeinde des Neuen Bundes bedarf also immer neu der Bundeserneuerung. Das gilt ebenso für Gruppen, die in der Kirche zu ihrer Erneuerung aufbrechen. Nur indem sich die Kirche diesem kritisch-kreativen Erneuerungsprozeß stellt, kann sie Kirche des Friedens sein.

V. Der Bund öffnet sich zu grenzüberschreitender Universalität

Diese Öffnung geschieht in doppelter Richtung: zur Schöpfung hin und zur Vollendung im Reich Gottes hin.

1. Im Noah-Bund (Genesis 9) öffnet sich der Bund zur Schöpfung hin. Er schließt nun alles Lebendige ein. Er verheißt der Schöpfung Bestand trotz ihrer Bedrohtheit durch Chaosmächte, Konflikte und Gewalttätigkeit. Der Noah-Bund sichert das Weitergehen des Lebens, indem er die Gewalt und das Verfügungsrecht des Menschen über die Tiere eingrenzt. Das Blut, die Lebenskraft, darf nicht verzehrt werden, es muß erhalten werden[36]. Zu Frieden und Gerechtigkeit kommt hier die *Bewahrung der Natur* als Inhalt des Bundesschlusses Gottes hinzu[37]. Die Konsequenz für den *Frieden* liegt auf der Hand. Der moderne Krieg mit Massenvernichtungsmitteln bringt eine unkalkulierbare Eskalation der Gewalt, die das Weitergehen des Lebens bedroht und dem Sinn des Noah-Bundes stracks zuwider läuft. Die Abschaffung der Institution des Krieges ist also eine *schöpfungs*theologisch begründete Lebensnotwendigkeit, nicht eine eschatologische Utopie, die ihren Ort erst jenseits der Geschichte hätte und deren geschichtliche Antizipation unter Illusionsverdacht stünde.

2. Der Bund öffnet sich geschichtlich-eschatologisch zu den Völkern hin. Die universale Öffnung des Bundesgedankens ist nicht erst in der späteren Prophetie, sondern sehr eindrucksvoll schon im Geschichtswerk des Jahwisten erkennbar. Hans Walter Wolff hat das in einer überzeugenden Analyse gezeigt[38]. Im Kontrast zur Turmbaugeschichte eröffnet die Abrahamsverheißung und der Abrahamsbund die Segensgeschichte für die Völker (Genesis 12). Das ganze jahwistische Geschichtswerk steht unter der Leitfrage: Wie kommt der Abrahamssegen zu den Völkern? Unter dieser Leitfrage werden die Vätergeschichten zur Beispielsammlung, die exemplarisch zeigt, wie die Verheißungsträger zu Segensträgern für die Völker werden (zum Teil indem sie ihrerseits Bünde mit Vertretern anderer Völker schließen: Genesis 20; 21; 26; 31; 44ff). Diese Leitfrage und diese Beispiele aber trägt der Jahwist an die salomonische Großreichpolitik heran. Er stellt sie also unter die Frage, ob sie den Völkern den Segen Abrahams bringt. Bundestheologie in universaler Öffnung wird also hier zum Kriterium internationaler Politik! Deuterojesaja verkündet dann den Gottesknecht als Bundesmittler für die Menschheit (Jesaja 42, 6 *berith am*). Das Blut des Neuen Bundes aber wird vergossen für die „Vielen", das heißt für alle (Markus 14, 24). Der Epheserbrief bündelt die Universalität des Neuen Bundes in eine christologische Aussage: Christus ist unser Friede; denn er hat die Kluft zwischen dem Beschneidungsbund und den gottfernen Heiden überwunden und die Getrennten in seinem Leibe zu einem und damit zu einem ganzen neuen Menschen gemacht (Epheser 2, 11ff).

126

Was bedeutet das für den Frieden?

Christus ist unser Friede, indem er die Ganzheit der Menschheit in seinem Leibe verwirklicht. Die Wirklichkeit unserer heutigen Welt aber zeigt, daß wir den Frieden in der Ganzheit oder Einheit der Menschheit suchen müssen, um ihn auch lokal, partikular zu finden. Denn unsere Welt ist zum *global village* geworden, in dem alles mit allem zusammenhängt, in dem aber auch das Konfliktpotential dramatisch wächst. Darum gilt es, von der in *Christus* verwirklichten Einheit her der Menschheit zu ihrer *weltlichen* Einheit zu helfen. Wie aber ist diese Einheit zu verstehen? Welche Einheit der Menschheit dürfen wir erhoffen und müssen wir daher erstreben? Oder müssen wir vielmehr zuerst fragen: Welche Einheit der Menschheit haben wir zu befürchten? Denn vorerst scheint die negative Utopie eines totalitären Weltstaates, der aus einem dritten, atomaren Weltkrieg hervorgehen könnte, näher zu liegen[39]. Auf globaler Ebene erstünde dann die Vision des Leviathan von Thomas Hobbes neu: Die Nationalstaaten, von denen einer des anderen Wolf ist und die sich in einer letzten Runde des *bellum omnium contra omnes* zugrunde gerichtet haben, schließen den Vertrag zur Gründung eines totalen zentralistischen Weltstaates, der vielleicht den Weltfrieden, sicher aber nicht das goldene Zeitalter brächte[40].

Bundestheologie und Christologie inspirieren uns zu einer anderen Hoffnung; denn der Neue Bund ist die Verheißung einer herrschaftsfreien Menschengemeinschaft, die aus der Freiheit des Geistes den Bund des Friedens hält. Christus aber ist die Einheit der Menschheit als der Gekreuzigte (Epheser 2,16), und das Kreuz ist das Zeichen einer Herrschaft, die sich als freisetzender Dienst verwirklicht. So ist noch ein letztes Mal zu fragen:

Was folgt aus dem universalen Friedensbund für unsere Kirchen?

Ich nenne zweierlei:
– Nach dem Epheserbrief haben wir nur *eine* Bürgerschaft. Wir sind Bürger des einen menschheitlichen Leibes Christi, in den weltlichen, partikularen Sozialgebilden aber sind wir Fremdlinge und Beisassen[41]. Unsere erste Loyalität gehört also dem universalen Leibe Christi und seinen weltlichen Entsprechungen. Unsere Kirchen haben also ihre partikulare, nationalstaatliche Loyalität zu relativieren. Die Kirchen der Reformation haben sich ja aus einleuchtenden Gründen im Rahmen der vorgefundenen Staatsgebilde organisiert. Sie haben dann auch den Landeskirchen eine hervorgehobene ekklesiale Dignität als Kirchen verliehen. Sie haben auch ihre politische Ethik ganz auf den partikularen Staat orientiert, nachdem sie bei Kaiser und Reich für ihre Sache

kein Gehör fanden. Man braucht nur daran zu denken, daß jahrhundertelang Christen im Kriegsfall aus nationaler Loyalität bedenkenlos auf Christen geschossen haben, um zu ermessen, wie sich die Loyalitätsverhältnisse gegenüber dem Neuen Testament verschoben haben. Relativierung nationalstaatlicher Loyalität ist Schwerstarbeit, die auch ins Leiden führt; denn sie bedeutet nicht selten Sturz von Götzen. Friedrich Schleiermacher, der vor 150 Jahren starb, schrieb in seiner „Christlichen Sitte", nichts Mächtigeres könne sich dem Geist Christi entgegenstellen als der Eigennutz der Staaten. Wie recht hat er noch immer!

Partikularstaaten können heute aber nur noch friedensdienlich sein, wenn sie sich selbst als Teil eines größeren politischen Zusammenhangs verstehen und auch bereit sind, ihre Souveränitätsrechte der Verbindlichkeit dieses Zusammenhangs unterzuordnen. Christen und Kirchen sind durch den universalen Gottesbund berufen, den Staaten darin voranzugehen, indem sie sich selbst als Teil der ökumenischen Christenheit und die Ökumene als Kernbestandteil ihres eigenen Kircheseins und nicht als zusätzliche Außenbeziehung begreifen und leben.

– In solcher ökumenischer Loyalität könnten die Kirchen Einigungsprozesse vorleben, die für die Welt vielleicht modellhaften Charakter bekommen könnten. Ich denke an das Modell der Ökumene als konziliare Bewegung. In diesem Zusammenhang sind die grenzüberschreitenden Bundesbeschlüsse in der Ökumene und ist der Vancouver-Aufruf zu einem umfassenden konziliaren Prozeß für Frieden, Gerechtigkeit und Bewahrung der Schöpfung zu sehen.

Hier zeichnen sich Züge einer Gegenutopie zu dem globalen Leviathan ab. Kirche als konziliare Bewegung meint nicht die zentralistische, integrale, vereinheitlichende Superkirche, sondern geistgewirkte Pluralität, die in verbindliche Beziehung tritt. Sie ist bundestheologisch gedacht; denn sie geht aus von der Einheit in Christus und der Vielheit der um das Mahl des neuen Bundes versammelten Gemeinden am Ort, in denen Christus gegenwärtig ist. Sie stimuliert das Zeugnis von Christus in vielen Zungen, in kultureller Authentizität und konkretem lokalem Engagement; sie will, daß die abhängigen Völker der Dritten Welt zum Subjekt ihres politischen Schicksals werden und sucht nach Formen, in denen die Kirchen einander befragend und kritisierend, voneinander lernend und einander behaftend das *eine* Volk Gottes darstellen können"[42].

Es wäre hybrid, hierin schon die fertige Lösung sehen zu wollen. Wir wissen noch kaum, was gemeinsames Handeln in globalen Zusammenhängen wirklich bedeutet. Was vorliegt, sind Modellversuche, sind „Pfade in Utopia", aber auf diese Pfade weist uns die Überlieferung vom Friedensbund Gottes, damit wir Kirchen des Friedens werden.

Anmerkungen

1 Vgl. jedoch zu dieser Frage W. Huber, Der Streit um die Wahrheit und die Fähigkeit zum Frieden, München 1980. – U. Duchrow, Bekennende Kirche werden – 1934 und 1984 (Barmen III), in: Bekennende Kirche wagen, hg. von Jürgen Moltmann, München 1984, S. 126-190.

2 Das Bekenntnis zu Jesus Christus und die Friedensverantwortung der Kirche. Eine Erklärung des Moderamens des Reformierten Bundes, Gütersloh 1982.

3 U. Duchrow, a. a. O. S. 182.

4 Die Synode des Bundes der Evangelischen Kirchen in der DDR sprach 1982 eine Absage an Geist und Logik der Abschreckung aus, die 1983 um die Absage an die Praxis der Abschreckung erweitert wurde (Bericht des Berichtsausschusses der Bundessynode 1982 und 1983).

5 Vgl. dazu den Beitrag „Friedenszeugnis in kritischer Partizipation" in diesem Buch.

6 Z. B.: „Die Gefahr erkennen, den Glauben bekennen, den Frieden leben", Eingabe der Gruppe „Frieden 83".

7 Der Weg des Friedens, eine Veröffentlichung des Deutschen Mennonitischen Friedenskomitees Nr. 16. U. Duchrow, Neue Friedensbewegung in den USA. Theologische Wurzeln und Perspektiven, in: PTh 72, 1983, S. 33-45.

8 Zur puritanischen Bundestheologie und ihrer gesellschaftlichen Relevanz vgl. jetzt M. L. Stackhouse, Creeds, Society, and Human Rights, Study in Three Cultures, Michigan 1984, bes. Kap. 3.

9 Erklärung des Exekutivausschusses des Reformierten Weltbundes, Mai 1983, S. 4.

10 Bericht aus Vancouver 83, S. 261 (Bericht des Ausschusses für Programmrichtlinien): „5. Die Mitgliedskirchen in einem konziliaren Prozeß gegenseitiger Verpflichtung (Bund) für Gerechtigkeit, Frieden und die Bewahrung der ganzen Schöpfung einzubinden, sollte einen Arbeitsschwerpunkt der ÖRK-Programme bilden." Vgl. außerdem den Abschlußbericht der Gruppe VI, a. a. O. S. 116. Der Zentralausschuß hat in seiner Sitzung im Sommer 1984 entsprechend beschlossen.

11 G. v. Rad, Theologie des Alten Testaments I, München 1957, S. 135f.

12 C. Westermann, Das Buch Jesaja (Kap. 40-66) (ATD 19), Göttingen 1966, S. 222.

13 Gen 26, 30ff; 1 Kön 5, 26; Jes 54, 10; Ez 34, 32; 37, 36; vgl. G. Quell, Art. διαθήκη, in: ThWNT II, S. 116. – G. v. Rad, a. a. O. S. 136.

14 Barmer Theologische Erklärung, These 6; vgl. zu diesem Zusammenhang W. Huber, Folgen christlicher Freiheit, Neukirchen 1983, bes. S. 144.

15 D. Bonhoeffer, Sanctorum Communio (TB 3), München 1954, S. 163f.

16 Vgl. dazu unten, S. 119 und 124.

17 So etwa formuliert Christian Link bei dem oben genannten Symposion.

18 Vergleiche den Sprachzusammenhang zwischen ämunah und häämin.

19 „Mit V. 18 hat nun eigentlich Paulus zuviel bewiesen: es kam darauf an, die δόξα seines Apostelamtes zu begründen, der ‚christliche Midrasch' hat ihn weitergeführt zu einem Nachweis der δόξα des Christenstandes (ήμεῖς πάντες) überhaupt" (H. Lietzmann, An die Korinther I und II [HNT 9], Tübingen 1931, S. 115). Wenn es nun aber Paulus gerade darauf angekommen wäre zu zeigen, daß die doxa des Apostelamtes eben darin liegt, daß es Kraft des Geistes Gottes in die Freiheit dieses Geistes führt?

[20] Eine treffliche säkulare Entsprechung dazu ist in B. Brechts Keuner-Geschichte „Der unentbehrliche Beamte" zu lesen, in: Kalendergeschichten, Berlin 1955, S. 228.

[21] K. Barth, Kirchliche Dogmatik III/2, Zürich 1948.

[22] Vgl. C. Westermann, Was ist Frieden – eine Anfrage an die Bibel, in: Christen im Streit um den Frieden, hg. von Friedensdienste, Aktion Sühnezeichen, Freiburg 1982, S. 21ff.

[23] Vgl. dazu E. Hirsch, Geschichte der neuern evangelischen Theologie I, Gütersloh 1964, S. 30ff.

[24] Vgl. dazu A. M. Klaus Müller, Die präparierte Zeit, Stuttgart 1972, S. 505-549, bes. S. 514ff.

[25] D. Bonhoeffer, Ethik, München 1949, S. 174f. Den Hinweis auf diesen Gedanken Bonhoeffers in diesem Zusammenhang verdanke ich Christian Link.

[26] C. F. v. Weizsäcker, Bedingungen des Friedens, Göttingen 1964, S. 29.

[27] W. Huber, Kirche (Themen der Theologie), Stuttgart/Berlin 1979, S. 46. – U. Duchrow, Bekennende Kirche werden, a. a. O. S. 179.

[28] Ich nehme damit Begriffe von D. Sölle auf: Stellvertretung. Ein Kapitel Theologie nach dem „Tode Gottes", Stuttgart/Berlin 1965, S. 64ff.

[29] Vgl. W. Huber, Folgen christlicher Freiheit, S. 141, und ders., „Frieden wahren, fördern und erneuern." Die Denkschrift der EKD und die Friedenspolitik in der Bundesrepublik Deutschland, in: H. Pfeifer (Hg.), Frieden – das unumgängliche Wagnis, München 1982, S. 39-58, hier: 49.

[30] Vgl. E. Lange, Überlegungen zu einer Theorie kirchlichen Handelns, in: Jenseits vom Nullpunkt? Bischof D. Kurt Scharf zum 70. Geburtstag, Stuttgart 1972.

[31] Von der Synode der Kirchenprovinz Sachsen ist das in den letzten vier Jahren durch einen intensiven Dialog mit Gemeindegruppen und einzelnen Gemeindegliedern versucht worden. Er begann mit Eingaben von der Basis an die Synode. Die Synode beriet und beantwortete die Eingaben. Die Antwort der Synode wurde auf zwei Wochenendseminaren mit den Eingebern diskutiert, das Ergebnis der Diskussionen in die Synode eingebracht, die im Juni '85 eine Sondertagung diesen Fragen widmen will.

[32] U. Duchrow, Bekennende Kirche werden, a. a. O. S. 140. 173.

[33] Jes 32,17; Ps 85,10-14; der Psalm spricht von einem Zusammenspiel der hypostasierten Heilsbegriffe. Gnade und Treue begegnen einander, Gerechtigkeit und Friede küssen sich, die Treue wächst aus der Erde auf, und Gerechtigkeit schaut vom Himmel herab. Das ist mehr als Allegorie, hier spricht sich eine Ontologie der Beziehung aus.

[34] Vgl. dazu J. Moltmann, Politische Theologie – Politische Ethik, München/Mainz 1984, bes. II., Das Gespenst einer neuen „Zivilreligion". Antwort der kritischen politischen Theologie an Hermann Lübbe, S. 70ff.

[35] Vgl. oben Anm. 23.

[36] Vgl. dazu G. Liedke, Im Bauch des Fisches, Stuttgart/Berlin 1979.

[37] Ein bundestheologischer Ansatz muß also keineswegs, wie in der ökologischen Diskussion öfter zu lesen und zu hören war, in einen Gegensatz von Natur und Geschichte geraten und zur Vernachlässigung der Schöpfung führen.

[38] H. W. Wolff, Das Kerygma des Jahwisten, in: EvTh 24, 1964, S. 73-98.

[39] „Der Weltfriede ist nicht das goldene Zeitalter. Nicht die Elimination der Konflikte, sondern die Elimination einer bestimmten Art ihres Austrags ist der unvermeidliche Friede der technischen Welt. Dieser Weltfriede könnte sehr wohl eine der düstersten Epochen der Menschheitsgeschichte werden. Der Weg zu ihm könnte ein letzter Weltkrieg oder blutiger Umsturz, seine

130

Gestalt könnte die einer unentrinnbaren Diktatur sein. Trotzdem ist er notwendig" (C. F. v. Weizsäcker, a. a. O. S. 10).

[40] Vgl. Anm. 39.

[41] Eph 2,19; 1 Petr 1,1.

[42] Lukas Vischer formuliert: „Die eigentliche Frage wird lauten müssen: Wie kann die Kirche ohne die von oben gedachten zentralistischen und autoritären Strukturen der Vergangenheit ihre universale Sendung wahrnehmen? Wie kann sie als Gemeinschaft von lokalen Kirchen dennoch als *ein* Volk in Erscheinung treten?" (Um Einheit und Heil der Menschheit, Frankfurt a. M. 1973, S. 239.)

Mit Gott Schritt halten

Bibelarbeit bei einer ökumenischen Konsultation in Genf 1986

Vom 3. bis 5. März 1986 fand in Genf auf Einladung von Generalsekre-
tär Emilio Castro eine ökumenische Konsultation statt, die einen Rah-
menplan für den vom Ökumenischen Rat eingeleiteten konziliaren Pro-
zeß gegenseitiger Verpflichtung (Bund) für Gerechtigkeit, Frieden und
Bewahrung der Schöpfung beriet. Dort wurde diese Bibelarbeit gehal-
ten. Die Zeitschrift Junge Kirche, die den Text in Heft 5/86 veröffentlich-
te, gab ihr unter Nutzung des von mir zitierten Satzes von Martin Buber
die Überschrift „Mit Gott Schritt halten". Dem Hineinfinden in das
Schrittmaß Gottes und damit dem Lernen des Gottesvolkes, gewisse
und gemeinsame Schritte zu tun, gelten im Grunde alle hier versammel-
ten Arbeiten, so daß der gesamte Band diesen Titel erhielt.

Wir wollen in diesen Tagen an dem ökumenischen Prozeß des Bund-
schließens *(covenanting process)* für Gerechtigkeit, Frieden und Bewahrung der Schöpfung arbeiten. „Bund" ist dabei ein Schlüsselwort.
Bund ist aber zuerst ein Schlüsselwort der biblischen Tradition, und es
hat in ihr so zentrale Bedeutung, daß wir die hebräische Bibel und die
Zeugnisse der ersten Christenheit unter den Begriffen Altes Testament
und Neues Testament, das heißt alter Bund und neuer Bund zusammenfassen.

Kann man das Alte und Neue Testament als Überlieferung eines *cove-*
nanting process verstehen? Die theologische Tradition der reformierten Kirchen hat es in der Tat so gesehen. Die Geschichte des Heils ist ein
Prozeß von Bundesschlüssen Gottes mit seinem Volk.

Die Bibelwissenschaften haben uns gezeigt, daß wir die Bundesschlüsse Gottes nicht als einen historischen Ablauf sehen können, sondern ein Geflecht verschiedener Überlieferungen vor uns haben, die
von Bundesschlüssen Gottes sprechen. Weiter ist deutlich geworden,
daß „Bund" zwar eine sehr bedeutsame, aber nicht die einzige Begrifflichkeit ist, in der das Heilshandeln Gottes bezeugt wurde.

Ein uns unbekannter Verfasser in der Umgebung des Königshauses
Salomons, den wir wegen des von ihm ausschließlich verwandten Got-
tesnamens den Jahwisten nennen, faßte als erster die verstreuten Geschichtsüberlieferungen Israels in eine Konzeption zusammen. Er ließ
die Geschichte des Heils mit dem Abrahamsbund beginnen (Genesis 12-
15) und führte sie über den Bundesschluß am Sinai (Exodus 24 mit Kon-

text) und den speziellen Bund mit David (2. Samuel 7 und 23, 5) bis zu seiner, der salomonischen Zeit. Der Bund Gottes mit David wurde dann zur Quelle der messianischen Verheißung eines „Sohnes Davids". Das Geschehen am Sinai ist von mehreren Erzählern als Bundesschluß gestaltet worden, offenbar nach einer Bundesschlußliturgie, die im Volk Israel gefeiert wurde. Als im Gottesgericht des babylonischen Exils jene ersten Bundesschlüsse zerbrachen, kündigte der unbekannte Exilprophet, den wir den 2. Jesaja nennen, einen neuen Exodus an (Jesaja 40, 1-11), und Jeremia verheißt einen „neuen Bund" (Jeremia 31, 31-34, vgl. Hesekiel 36, 26ff; 37, 26). Das Neue Testament nimmt diese Verheißung und mit ihr die Bundestradition auf. Das geschieht vor allem in der Abendmahlsüberlieferung. Der Kelch ist „mein Blut des neuen Bundes, das für viele vergossen wird" (Markus 14, 24; Matthäus 26, 28) oder „der neue Bund in meinem Blut" (1. Korinther 11, 25; Lukas 22, 20). Paulus zieht in der Auseinandersetzung um Glaube und Werke den Abrahamsbund heran (Galater 3) und kontrastiert im Zusammenhang mit dem Wirken des Geistes durch seinen Dienst in der Gemeinde den alten und neuen Bund als Buchstabe und Geist (2. Korinther 3).

Bund war in der alten orientalischen Welt keineswegs zuerst ein theologischer Begriff, der ein Heilsgeschehen bezeichnet. Vielmehr haben wir im Bund *(berith)* ein verbreitetes Rechtsinstitut vor uns. Wenn wir heute in der Ökumene vom *covenanting,* von Bünden zwischen Menschen sprechen, so scheint das vor allem in diesen Rechtsbünden biblischen Anhalt zu haben. Ich nenne nur zwei weit auseinanderliegende Beispiele. Isaak schließt mit dem Erbfeind Israels, den Philistern, einen Bund und beendet damit einen langen Konflikt um lebenswichtige Wasserstellen. So stiftet er Frieden *(schalom),* und der Segen Gottes, der sichtbar auf ihm liegt, kommt so auch den Feinden zugute (Genesis 26, 26-31). Das zweite Beispiel finden wir in der Geschichte Davids. Jonathan, Königssohn und Thronfolger, schließt einen Bund mit David, dem charismatischen Heerführer und Konkurrenten der Königsmacht. Der Bund umgreift also einen heißen politischen Konflikt. Jonathan, auf der Seite der Herrschenden, gibt David sein Gewand, seine Rüstung, seine Waffen und tritt für ihn bei Saul ein (1. Samuel 18, 3-4; 19-20). Der Bund wehrt der eskalierenden Gewalt, ergreift aber Partei für den kommenden, von Gott designierten Herrscher.

So sehr sich diese Bundesschlüsse auch mit den uns beschäftigenden Problemen von Friede und Gerechtigkeit berühren – es wäre biblizistische Kopie und nicht biblische Begründung, wenn wir unsere Bundesschlüsse aus diesen weit entfernten historischen Analogien ableiten wollten.

Nun wurden diese freilich erzählt, weil sie etwas über den Gottesbund sagten, der dahinter stand und dem der *schalom* dieser Menschenbünde zu verdanken war. Nur der Gottesbund, der heute für uns in Kraft steht, kann die hermeneutische Brücke sein, über die jene alten Bundesüberlieferungen für uns aktuell werden, und es müßte gezeigt werden, wie unsere Bundesschlüsse heute in diesem Gottesbund gründen, von ihm gefordert sind und ihm entsprechen.

Wir stoßen im Alten Testament auf ein Geschehen, in dem der Bundesschluß Gottes mit seinem Volk und die Bundschließung im Gottesvolk ineinanderliegen. Es ist „Bundeserneuerung" genannt worden. In der Frühzeit Israels hat es offenbar eine kultische Versammlung des ganzen Stämmebundes gegeben, in der der Bund mit Gott feierlich erneuert wurde. Nach 5. Mose 31, 9-13 fand dies alle sieben Jahre, also in einem Sabbatjahr, statt (das hier zugleich ein „Erlaßjahr", ein Jubeljahr ist). In der Schilderung des Bundes, den Josua im Auftrag Gottes mit dem Volk in Sichem schließt, spiegelt sich dieser Brauch.

Es ist sehr umstritten, wann und wie lange diese Bundeserneuerung wirklich gefeiert wurde. Die liturgischen Texte und Formen solcher Bundesschlüsse liegen aber vor und haben die Berichte von den Bundesschlüssen Gottes – vor allem die Sinaiüberlieferung – geformt. So begegnen uns also die Zeugnisse vom *covenant* Gottes in der Prägung, die sie durch die Akte des *covenanting* erhielten.

Bundeserneuerung geschah aber nicht nur in kultischer Form, sondern auch als reformatorisches Geschichtsereignis. Am bekanntesten ist die Reform, die der König Josia durchführte. Sie wird als Bundeserneuerung in Form eines Bundesschlusses berichtet. Im Tempel war das Gesetzbuch gefunden worden, das den ursprünglichen Bundeswillen Gottes aussprach. Der König las dem Volk das Bundesbuch vor. Hierauf trat der König auf das Gerüst und verpflichtete sich vor dem Herrn, ihm anzuhangen und seine Gebote, Verordnungen und Satzungen von ganzem Herzen und von ganzer Seele zu halten, um so die Worte dieses Bundes in Kraft zu setzen. Und das ganze Volk trat dem Bunde bei (1. Könige 23, 1-3). Hier bekennt jemand den Willen Gottes, der ihm verpflichtend geworden ist. Er bezeugt für sich selbst, daß er diesem Willen Gottes entsprechend handeln will, und das Volk tritt diesem Bund bei.

Ich meine, wir sollten die heutigen Bundesschlüsse in der Ökumene aus dieser Bundeserneuerung heraus verstehen. Dabei muß klar sein, daß der in Christus ein für allemal geschlossene neue Bund keiner Erneuerung bedarf. Erneuert werden muß unsere Erkenntnis, was dieser Bund im aktuellen Kontext bedeutet, wohin er uns heute führt, wozu er uns praktisch verpflichtet und zusammenschließt. Erneuert werden müssen also wir, unser Glaube, unsere Hoffnungen, unsere Liebe, unser Denken und Handeln. In den Bundesschlüssen wird diese neue, verpflichtende und befreiende Erkenntnis gemeinsam und verbindlich ausgesprochen. Martin Buber hat gesagt: Glauben heißt mit Gott Schritt halten. In der Bundeserneuerung faßt das aus dem Tritt gekommene, zurückgebliebene oder vorgepreschte Gottesvolk wieder Tritt, findet wieder hinein in das Schrittmaß seines Gottes und lernt so, gewisse und gemeinsame Schritte zu tun.

Lassen Sie uns nun auf einige Aspekte der Bundeserneuerung in den biblischen Überlieferungen achten. Ich möchte fünf davon hervorheben.

1. Zur Bundeserneuerung gehört die Anamnese (Erinnerung)

„Ihr habt selbst gesehen, was ich den Ägyptern getan und wie ich euch mit Adlersflügeln getragen und euch hierher zu mir gebracht habe" (Exodus 19, 4; vgl. Josua 24, 2-13). Hier spricht sich etwas ganz Fundamentales aus. Der Bundschließung geht immer schon ein Heilshandeln Gottes voraus. Gott beruft den Abraham, verspricht ihm große Nachkommenschaft und ein Land, geht mit ihm einen langen Weg, dann erst schließt er den Bund (Genesis 12-15). Gott befreit das Volk aus Ägypten, rettet es vor den Sklavenjägern und im Hunger der Wüste, und erst am Sinai schließt er den Bund. Jesus geht mit den Jüngern den Weg von Galiläa bis Jerusalem, sie erfahren seine Vollmacht in Worten und Taten, und dann erst feiert er mit ihnen das Passahmahl des neuen Bundes. Zur eucharistischen Liturgie der nachösterlichen Gemeinde aber gehört die Anamnese (die Erinnerung im Gebet an die großen Taten Gottes).

Wir können den Bund und auch die Bünde, die wir schließen, nicht primär als unsere Aktion verstehen. Wir können sie nur aus dem befreienden und rettenden Handeln Gottes verstehen. Darum kann das Volk des Bundes keine elitäre Gruppe von Aktionisten sein, sondern es ist als Volk der Befreiten und Geretteten offen für alle, die arm sind, Leid tragen, nach Gerechtigkeit hungern (Matthäus 5, 1 ff). Die Spiritualität des Bundes ist eine Spiritualität der Offenheit und des Empfangens, eine Spiritualität der offenen und leeren Hände. Nur von befriedeten Menschen kann Friede ausgehen. Nur befreite Menschen können sich anderen zuwenden. Der Friede, den wir machen müssen, lebt aus dem Frieden, den wir nicht machen können, sondern empfangen. Das ist darum so wichtig, weil die Bundesschlüsse heute aus der enormen Herausforderung zum Handeln in der bedrohten Welt entstehen. Im Abschlußgottesdienst des Düsseldorfer Kirchentages 1985 trug eine Gruppe symbolisch eine Weltkugel ins Stadion. Ein ambivalentes Symbol! Ist das die Botschaft unseres Aufrufes zum konziliaren Prozeß: Laßt uns einen Bund schließen, damit wir Atlas werden? Wir müssen heute durch den Bund Gottes befreit werden aus der Manie: „Alles ist machbar!" und aus der Depression: „Wir können nichts tun!" Diese Befreiung geschieht in heutiger Bundeserneuerung.

Wer aus der Anamnese der großen Taten Gottes lebt, bekommt einen anderen Zugang zur Wirklichkeit. Er wird der Wege Gottes gewahr, die sich verborgen in der Weltwirklichkeit anbahnen. Er entwickelt einen abrahamitischen Spürsinn für die Möglichkeiten Gottes in unserer Wirklichkeit. Er muß nicht erzwingen, was Gott jetzt nicht geben will, aber er wagt das Unmögliche, wenn Gottes Ruf es fordert. Der Blick auf Gottes Verheißung und die Sensibilität für die Leidenden der Zeit sind die beiden Äste der Wünschelrute *(divinig rod)*, mit denen das Bundesvolk Gottes die Lebensadern Gottes aufspürt, die vom Heute ins Morgen führen.

2. *Zur Bundeserneuerung gehört die Ausrufung des Gotteswillens über dem Volk*

Urbild dafür ist die Proklamation der Zehn Gebote am Sinai. Das Alte Testament zeigt, wie die überlieferten Gebote und Gesetze immer wieder in sich wandelnden Situationen aktualisiert und variiert wurden. Hier griffen die Propheten seit Amos ein als zeitkritische Ausleger des Bundeswillens Gottes.

In der Bundeserneuerung, zu der wir unterwegs sind, soll es um Frieden, Gerechtigkeit und Bewahrung der Schöpfung gehen. Es läßt sich zeigen, daß eben dies zentrale Gehalte des Bundeswillens Gottes in der biblischen Überlieferung sind.

Frieden, *schalom*, heißt im Alten Testament heil sein, ganz sein. Dabei sind Beziehungen im Blick. Der Mensch hat *schalom*, wenn die Beziehungen, in denen er lebt, heil sind: *Schalom* ist ein Relationsbegriff wie auch der Bund. Darum ist die Sprachgestalt, in der Frieden im Alten Testament vor allem begegnet, der Gruß, der eine Beziehung eröffnet: *Schalom alechem*. Vom Bund her wird in der Bibel überhaupt die Wirklichkeit als eine Wirklichkeit von Beziehungen verstanden. *Schalom* gründet also im Bund, denn im Bund stiftet Gott eine heile Beziehung. Friede ist darum die erste Frucht des Bundes. Man kann geradezu sagen: *Der Bund ist schalom* (Genesis 26,30 ff; 1. Könige 5,26; Jesaja 54,10 und öfter).

Ebenso eng sind Bund und Gerechtigkeit verknüpft. Gerecht ist, wer der Beziehung zu Gott und den Mitmenschen entspricht, die im Bund begründet wurde. Gott aber begründete den Bund, indem er Sklaven befreite, Bedrohte rettete, Hungernde speiste, Flüchtlingen Heimat gab. Das ist seine Gerechtigkeit, der sein Volk entsprechen soll. Friede ist die Frucht dieser Gerechtigkeit (Jesaja 32,17). Ein an Selbstbehauptung orientiertes Denken assoziiert bei Frieden zuerst Sicherheit. Das am Bund orientierte Denken verbindet zuerst Friede mit Gerechtigkeit. Ein Friede, der durch Unterdrückung erzwungen wird, kann im Sinn des Bundes nicht *schalom* heißen.

Auch die „Integrität der Schöpfung" ist eng mit dem Bund verknüpft.

Die Feier der Bundeserneuerung fand alle sieben Jahre in einem Sabbat-jahr statt. In diesem Jahr durfte der Acker nicht bestellt werden; eine Ruhepause für das Land und eine Erinnerung daran, daß die Erde Gott gehört und dem Volk als Geschenk zuteil wurde (Numeri 25, 11). Auch an den Noahbund, den Gott zum Schutz alles Lebendigen schließt (Genesis 9), sei hier erinnert.

Für das Deuteronomium ist das siebente Jahr der Bundeserneuerung zugleich ein „Erlaßjahr" (*year of remission*, Deuteronomium 15, 1 ff; 31, 9 ff). Alle entstandenen Unrechtsverhältnisse und Abhängigkeits-verhältnisse waren rückgängig zu machen, weil sie dem ursprünglich von Gott geschaffenen Bundesverhältnis widersprechen. Die Befreiung von Schuldabhängigkeit stand dabei an erster Stelle. Was bedeutet also Bundeserneuerung heute angesichts der ungeheuren Schuldabhängig-keit der Dritte-Welt-Länder? Bundeserneuerung meint nicht nur Ände-rung des Menschen, sondern auch Änderung der Verhältnisse. So ist es kein Zufall, daß die Bundestradition im 17. und 18. Jahrhundert poli-tisch revolutionär gewirkt hat. Sie wurde vor allem durch die puritani-sche Bewegung eine Quelle der neuzeitlichen Demokratie. In den USA des 19. Jahrhunderts ging aus der *covenant*-Tradition der *abolitionist covenant* zur Abschaffung der Sklaverei hervor. Es gehört zur Stärke der *covenant*-Tradition, daß sie den Bezug des Bundeswillens Gottes zu den politischen Strukturen besonders transparent machen kann.

3. Zur Bundeserneuerung gehört die Reinigung von den Götzen

„Ich bin der Herr, dein Gott, der dich aus Ägypten, dem Sklavenhause geführt hat, du sollst keine anderen Götter haben neben mir" (Exodus 20, 2). In dem Bundesschlußritual Josua 24 gibt es eine förmliche Absa-ge an die Götter. Das Volk wird aufgefordert: Tut die Götter von euch! Wählt heute, wem ihr dienen wollt! Das Volk antwortet: Das sei ferne von uns, daß wir den Herrn verlassen und anderen Göttern dienen. Denn der Herr ist unser Gott, er ist es, der uns und unsere Väter aus dem Lande Ägypten, aus dem Sklavenhause geführt hat (Josua 24, 14 f; 16 f). Die Begründung der Absage an die Götter liegt beide Male darin, daß al-lein die Herrschaft des Gottes Israels als befreiende Herrschaft erfahren wurde. Allein im Bund mit ihm ist Leben und Zukunft. Das Lebensange-bot der Götzen ist Trug, Irreführung, Versklavung, sie führen – wie dann der Prophet im Exil sagen wird – in den Nihilismus, denn sie sind selber nichts (Jesaja 44). Diese Absage an die Götzen hat der Prophet Jesaja in seiner Spätzeit in eine ganz konkrete politische Situation hineingespro-chen. Der judäische König spekulierte mit dem Verfall des assyrischen Großreiches und suchte sich durch eine zweideutige Bündnispolitik mit Ägypten politisch zu stärken und zu befreien. Die politischen Ideologen rühmten sich, daß sie „mit dem Tod einen Bund und mit dem Hades einen Vertrag gemacht haben", der ihnen Sicherheit gibt (Jesaja 28,15). Offenbar ist an Osiris, die ägyptische Gottheit gedacht, die man beschworen hat als Garant des Vertrages mit Ägypten. Jesaja warnt vor diesem „Bund mit dem Tod". Er wird die assyrische Flut nicht aufhalten können: Zerbrochen wird euer Bund mit dem Tod, und euer Vertrag mit dem Totenreich hat keinen Bestand. Wenn die wogende Flut einherfährt, wird sie euch zermalmen (Jesaja 28,18). Die rettende Alternative liegt darin, daß König und Volk auf die Zusage trauen, die Gott an den Berg Zion geknüpft hat: Siehe, spricht Gott, ich lege in Zion einen unzerstörbaren Grundstein, wer glaubt, wird nicht zu Schanden (Jesaja 28,16).

Absage an den Bund mit dem Tod, Umkehr zu dem Gott des Lebens! Wir haben heute einen gigantischen Bund mit dem Tod; denn was ist das System der Abschreckung mit Massenvernichtungswaffen, der Versuch, Frieden und Leben durch *overkill*-Kapazitäten zu sichern, anderes als ein Bund mit dem Tod, der übrigens nicht weniger irrational ist als der Bund mit Osiris? So haben Mennoniten in den USA zu einem neuen *abolitionist covenant* zur Abschaffung der Kernwaffen eingeladen. Die Kirchen in der DDR haben eine „Absage an Geist, Logik und Praxis der Abschreckung" ausgesprochen.

Was bedeutet „Absage an die Götzen" für eine Bundeserneuerung heute? Die Mächte des Todes, die sich als Verbündete anbieten, haben vielerlei Gestalt!

4. Die Feier des Bundesschlusses

Der Bundesschluß wurde offensichtlich in einem Opfermahl gefeiert. Das spiegelt sich in einer altertümlichen Erzählung vom Bundesschluß auf dem Sinai. Mose und Aron, Nadab und Abihu und siebzig von den Ältesten Israels, also die Vertretung des ganzen Volkes, steigen den Sinai hinauf. Dann heißt es: Sie schauten Gott, aßen und tranken (Exodus 24,9-11). Während in späteren Darstellungen Mose mit Gott auf dem Berg allein und das Volk in großer Distanz weit unten ist (Exodus 34), hält hier das Volk in seinen Vertretern Tischgemeinschaft in der Gegenwart Gottes. Wir haben hier ein besonders eindrückliches Symbol für das, was Bund bedeutet: Gemeinschaft mit Gott und Gemeinschaft untereinander in der Gegenwart Gottes.

Der Bund wird mit dem *Volk* Gottes geschlossen. Eine Ekklesiologie des Bundes ist darum weniger am Amt und ganz und gar am Volk Gottes orientiert. Wie sich das auch im Versagen des Bundesvolkes Gottes, in seinen vielfachen Bundesbrüchen durchhält, zeigt die Verheißung des neuen Bundes bei Jeremia und Hesekiel. Es hätte ja nahe gelegen, aus dem Versagen des Bundesvolkes eine radikale anthropologische Skepsis abzuleiten und mit ihr die Notwendigkeit von starken sakralen Autoritäten, von Herrschaft und Zwang zu begründen. Das ist die Logik aller autoritären Systeme. Die Verheißung des neuen Bundes aber orientiert uns darauf, daß Gott die Herzen so erleuchtet und erneuert, daß nicht einmal mehr die Autorität von Lehrern nötig sein wird. „Ich werde mein Gesetz in ihr Inneres legen und es ihnen ins Herz schreiben, ich werde ihr Gott sein, und sie werden mein Volk sein. Da wird keiner mehr den anderen, keiner seinen Bruder belehren und sprechen: ‚Erkennet den Herrn!‘, sondern sie werden mich alle erkennen, Klein und Groß, spricht der Herr" (Jeremia 31, 34). So stimulieren der neue Bund und die Verheißung des Geistes ein Vertrauen in die Lernfähigkeit des Gottesvolkes und – von der Universalität des Schöpfergeistes Gottes aus – zur Lernfähigkeit der Menschheit. Der neue Bund bringt die Erneuerung des Gottesvolkes und der Kirche von unten her, von der Erneuerung des Menschen an der Basis her. Das wird im Neuen Testament breit aufgegriffen, wie sich leicht zeigen ließe.

Die Bundestradition des Alten Testaments mündet im Neuen Testament aber vor allem in die Abendmahlstradition ein. Der Kernsatz der Bundestheologie des Neuen Testaments ist das Kelchwort beim Abendmahl: „Dieser Kelch ist mein Blut des Bundes (oder: der neue Bund in meinem Blut), das für viele vergossen wird", ein Zitat aus dem Bundesschlußbericht Exodus 24, 8. Das Konzept des *covenant* und die eucharistische Vision, von der das Lima-Papier spricht, haben hier also ihre gemeinsame Wurzel!

Im Mittelpunkt steht das Mahl. Die Bundeserneuerung bekommt ihre Mitte in der Eucharistie. Jede Eucharistiefeier ist Bundeserneuerung in der Anamnese des ein für allemal in Christus geschlossenen Bundes und in der Erwartung seiner Vollendung im Kommen des Reiches Gottes. Paulus macht mit der Eucharistie als Bundeserneuerung radikal ernst. Der 1. Korintherbrief zeigt, daß in der eucharistischen Versammlung diskutiert wurde, wo Götzenbindungen vorliegen, und daß im Zusammenhang der Eucharistie eine Absage an die Götzen gefordert wurde. „Ihr könnt nicht am Tisch des Herrn Anteil haben und am Tisch der Dämonen" (1. Korinther 10, 21). Die Absage an die Götzen aus der Bundeserneuerung hat also ihren Ort in der eucharistischen Liturgie.

Weiter macht Paulus deutlich, daß die eucharistische Gemeinschaft mit Christus untrennbar ist von der Gemeinschaft der Brüder. Der Leib Christi ist zugleich die Gabe der Eucharistie und die Gemeinde als Gemeinschaft in Christus (1. Korinther 10, 16-17). Darum zerstört die Spaltung der Gemeinde in Satte und Hungernde die eucharistische Gemeinschaft im ganzen (1. Korinther 11, 17 ff). Die eucharistische Gemeinschaft provoziert und stimuliert einen Bundesschlußprozeß der Gerechtigkeit und des Teilens.

5. Die Öffnung des Bundes

In der Bundestradition liegt die Gefahr des sich Abschließens. Im Deutschen meldet sich die Gefahr schon sprachlich an: Wir *schließen* einen Bund. Ist im Bund also das Sich-Abschließen und andere Ausschließen konstitutionell angelegt? Müßte man im biblischen Sinn nicht sagen: Wir eröffnen einen Bund? Oder bedeutet die Absage an die Götter, die Götter Kanaans zum Beispiel, auch Absage an die bäuerliche kanaanäische Kultur und die Kanaanäer? Wird mit dem Bund zugleich ein elitäres Bewußtsein gestiftet? Ist das Gesetz der Zaun der Abgrenzung? Ist möglicherweise die Bundestheologie der reformierten Kirche in Südafrika zu einer Quelle der Apartheid geworden?

Der Bund bedarf der Öffnung. So sehr im Alten Testament nach der Landnahme die Polemik gegen die Vermischung mit der kanaanäischen Religion, gegen Synkretismus und Identitätsverlust vorherrschte, immer wieder steht auch die Kritik eines Denkens auf, das sich im Besitz des Bundes sicher fühlt und das Heil Gottes nur für sich beanspruchen will (vergleiche zum Beispiel Amos 6,1 ff; 9,7). Im Neuen Testament ist die Öffnung des Bundes im Kern der eucharistischen Bundesliturgie ausgesprochen: Das Blut des neuen Bundes ist vergossen für die vielen, das heißt für alle. Dennoch mußte Paulus um die Öffnung des neuen Bundes für die Heiden kämpfen.

Ich möchte zwei Beispiele anführen: aus dem Alten Testament nicht eines der bekannten universalen Zeugnisse aus der Spätzeit, sondern den schon erwähnten Jahwisten aus der Zeit Salomons, aus dem Neuen Testament den Galaterbrief.

Der Jahwist stellte in der Zeit des salomonischen Großreiches die Geschichtsüberlieferungen Israels zusammen. Der kompositorische Grundgedanke, der ihn leitete, enthält eine erregend aktuelle politische Predigt für seine Zeit (nach Hans Walter Wolff, Das Kerygma des Jahwisten, Evangelische Theologie 2/1964). Das salomonische Großreich brachte den Eintritt Israels in die Weltgeschichte, und so wendet sich das Nachdenken des Jahwisten der Völkerwelt zu. Er zeichnet im ersten Teil seines Geschichtswerkes (Genesis 1-11) aber die Situation der Völkerwelt unter dem bewahrenden Schöpferwalten Gottes von tiefen, unheilvollen Widersprüchen zerrissen, des Schöpfersegens nur tief verborgen unter Gottes Gerichten teilhaftig. Schon diese Anstrengung solidarischen, differenzierten Verstehens ist eine Öffnung des Horizontes und des Bundesgedankens. Diese aber tritt programmatisch im Kern seines Geschichtsbildes hervor: im Abrahamssegen und Abrahamsbund (Genesis 12 und 15). In Abraham sollen gesegnet werden alle Völker auf Erden (Genesis 12,1-3).

Von hier aus stellt der Jahwist die ganze Geschichte Israels unter die Leitfrage: Wie kommt der Abrahamssegen zu den Völkern? Diese Frage richtet er an die salomonische Großreichpolitik. Bringt sie den Segen Abrahams zu den Völkern, oder ist sie imperialistische Macht- und Ausbeutungspolitik? Die Vätergeschichten werden zur Beispielsammlung, die exemplarisch zeigt, auf welchen Wegen der Segen zu den Völkern kommen kann: Abrahams Fürsprache für Sodom, die auf Vergebung und Verschonung bedacht ist und also selbstgerechte Vorurteile gegen die Nachbarn durchbricht (Genesis 18); Abraham läßt von sich aus dem Schwächeren das gute Land (Genesis 13); der schon erwähnte Bundesschluß Israels mit dem Erbfeind, den Philistern, und die Josephsgeschichte, die breit ausführt, wie der Nachkomme Abrahams Ägypten zum Segen wird (Genesis 37 ff). Die Anamnese der Bundesgeschichte stellt den Bund in die Solidarität mit der Schöpfung und öffnet ihn zur Völkerwelt.

Im Galaterbrief kämpft Paulus mit Judenchristen, die das mosaische Gesetz zur Vorbedingung der Mahlgemeinschaft und zur Einlaßbedingung in den neuen Bund machen wollen. Man muß Jude werden, um Christ sein zu können, und so sind die Völker als solche vom neuen Bund ausgeschlossen. Auch Paulus greift – wie der Jahwist – auf Abraham zurück (Galater 3, 6 ff), dem die Verheißung *vor* dem Sinaigesetz gegeben wurde und in dem alle Völker gesegnet werden sollen. Paulus hebt den Glauben Abrahams hervor, weil in seiner Situation die Offenheit der Gemeinde daran hing, daß sie sich nicht hinter der Hürde des Gesetzes in seiner Identität aus den Werken verschanzt, sondern sich mit der Einladung zum Vertrauen auf Gottes Werk allen Menschen bedingungslos öffnet. Wie beim Jahwisten dient der Abrahamsbund in seiner universalen Ausrichtung dazu, Selbstbehauptungs- und Abschließungstendenzen des Bundesvolkes von innen her aufzubrechen und das Identitätsgewissen aus seinem innersten Kern heraus zu öffnen.

Wo haben wir solche Tendenzen heute? Natürlich in der Politik und Theologie der Apartheid. Aber auch der Bundesschlußprozeß, den wir beginnen wollen, kann elitäre und exklusive Züge gewinnen. Auch Basisgruppen und politische Bewegungen, die befreien wollen, entwickeln Trennungen zwischen innen und außen, Freund und Feind. Und wo stehen die konfessionellen Grenzen im Bundesvolk Gottes dem Bundeswillen Gottes heute im Wege?

So zeigt sich hier am Schluß noch einmal besonders deutlich, daß unsere Bundesschlußaktionen der ständigen Korrektur und Erneuerung aus dem Gottesbund bedürftig sind.

Zur Verantwortung für Umwelt und Überleben

Christliche Verantwortung für Umwelt und Überleben in einer sozialistischen Gesellschaft

Eine Gastvorlesung in Basel 1977

Die Gastvorlesung wurde auf Einladung der Theologischen Fakultät der Universität Basel am 8. Februar 1977 gehalten. Sie ist bisher nicht veröffentlicht. Zur hier behandelten Sache gehören auch die in der V. Abteilung dieses Bandes versammelten Beiträge zum Gespräch in der ökumenischen Bewegung.

Meine sehr verehrten Damen und Herren! Bevor ich zur Sache selbst komme, erlauben Sie mir bitte eine Vorbemerkung. Ich werde über eine Dimension der politisch-gesellschaftlichen Verantwortung sprechen, die Christen in der sozialistischen Gesellschaft der DDR wahrzunehmen versuchen. Die Beziehung zwischen Christen und Marxisten in der DDR ist etwas sehr Verletzliches und von Mißverständnissen Bedrohtes, so daß es kaum möglich ist, in einem westlichen Land darüber zu sprechen, ohne diese Beziehung zu gefährden. Ich spreche dennoch davon, weil es in der *einen* Christenheit die Chance und auch Aufgabe des gegenseitigen brüderlichen Austausches gibt, der ohne Information nicht sein kann.

Nun werde ich im folgenden manches Kritische über meine Gesellschaft zu sagen haben, freilich nichts, was ich nicht auch dort äußere. Ich sage es nicht, um hiesige Kritik am Sozialismus zu bestätigen, sondern weil ich *für* meine Gesellschaft hoffe und möchte, daß sie auf dem sozialistischen Weg weiterkommt. Wir versuchen in meiner Kirche, den Weg einer kritischen Solidarität mit unserem Staat zu gehen. Trotz seines atheistischen Selbstverständnisses sehen wir ihn unter dem Auftrag und der Verheißung des Dreieinigen Gottes und daher als veränderbare Größe im offenen Prozeß der Geschichte Gottes mit uns Menschen. So lassen wir uns nicht auf das atheistische Selbstverständnis und die Klassenkampfalternativen unseres Staates fixieren, so daß uns nur die Wahl

144

zwischen totaler Integration oder totaler Konfrontation bliebe. Wir versuchen, im Hören auf die lebendige Stimme Christi freizuwerden zu lernbereitem und kritischem Dialog mit unseren Sozialisten und zur konkret unterscheidenden Mitarbeit in unserer Gesellschaft.

Das gilt nun auch für die ökologischen Fragen, bei denen wir freilich noch ganz in den Anfängen stecken.

Ich möchte Sie im folgenden ein wenig teilhaben lassen an dem Dialog, den wir mit unseren sozialistischen Partnern versuchen bzw. vorbereiten. Das ausgedehnte Problemfeld fächert sich mir in vier Bereiche auf:

1. Wissenschaftsethik
2. Mensch und Natur
3. Wachstumsfetischismus und Lebensqualität
4. Demokratischer Zentralismus und Verwirklichung ökologischer Vernunft

1. Wissenschaftsethik

Eines der schwierigsten und brennendsten Probleme unserer Zeit liegt in der Frage, wie die neuzeitlichen Erfahrungswissenschaften und die Technik in gesellschaftliche Verantwortung für eine menschliche Zukunft eingebunden werden können. Bertolt Brecht hat mit einem vom Marxismus geschärften Blick das Problem in seinem Galiläi klassisch formuliert: Wird es so etwas wie einen hippokratischen Eid der Naturwissenschaftler geben oder werden sie nichts weiter sein als erfinderische Zwerge, die für alles gemietet werden können?[1]

Der Marxismus weiß um die gesellschaftliche Interessenverflochtenheit der Wissenschaften und darum, daß Wissenschaft und Ethik nicht durch individualethische Appelle allein, sondern auch durch gesellschaftliche Strukturveränderungen versöhnt werden müssen. Der frühe Marx hat diesen Zusammenhang an den Widersprüchen zwischen Nationalökonomie und Moral reflektiert. Marx meinte, es sei im Wesen der menschlichen Selbstentfremdung begründet, daß jede Lebenssphäre einen anderen und entgegengesetzten Maßstab an den Menschen lege. Das sei nur durch Aufhebung der Selbstentfremdung und also durch revolutionäre Praxis zu überwinden[2].

In der DDR gibt es Anzeichen einer neuen wissenschaftsethischen Diskussion. So wendet sich ein Hallenser Professor gegen die positivistische These, das naturwissenschaftliche Gebiet läge jenseits von Gut und Böse. Man müsse sich dem Problem der *Wertung* von Erkenntnissen zuwenden. Er betont dies im Zusammenhang mit der Ökologie und fordert die Einrichtung der Disziplin „Wissenschaftsethik"[3]. Im sozialistischen Weltanschauungskonzept scheint diese Frage längst entschieden zu sein. Daß sie hier als *offene* Frage angemeldet wird, zeigt, daß auch ideologisch Festgeschriebenes durch den Druck der Probleme neu in Bewegung geraten kann.

Das wissenschaftsethische Modell, das der Sozialismus anbietet, ist *theoretisch* die Integration der Wissenschaften in das Weltanschauungssystem des Marxismus-Leninismus und *praktisch* die gesellschaftliche Integration der Produktivkraft Wissenschaft in den demokratischen Zentralismus. Um es in der Begrifflichkeit eines Aufsatzes der führenden philosophischen Zeitschrift der DDR zu sagen: Die instrumentale Rationalität ist in die „humanistische Rationalität" integriert, deren historisches Subjekt die Arbeiterklasse, konkret also deren Partei ist[4]. An anderer Stelle heißt es: „Indem sich Wissenschaft mit der Arbeiterklasse und dem Sozialismus verbindet, folgt sie in ihrer eigenen Entwicklung den Entwicklungsgesetzen der Produktivkräfte und ihren gegenwärtigen Erfordernissen und bildet in diesem Zusammenhang auch echte Eigenständigkeit, ‚Autonomie' heraus"[5].

Eben hier stellen sich die Fragen. Bietet das Modell weltanschaulicher Integration strukturell und praktisch genügend Spielraum für dialogische Offenheit und unabhängige Kritik? Im nachrevolutionären Sozialismus hat Ideologie jedenfalls *auch* die Funktion, Herrschaft zu legitimieren. Daher bedarf sie des ideologiekritischen Gegenübers, und Ideologiekritik braucht heutzutage wissenschaftliche Rationalität.

Das Modell ideologischer Integration bringt die Wissenschaften in Gefahr, ideologischen Abblendungen und Tabuisierungen zu erliegen. Zum Beispiel wird die Ambivalenz von Wissenschaft und Technik abgeblendet. Die marxistische Lehre von der „Unschuld" der Produktivkräfte – wie man es genannt hat – führt dazu, daß die durch Wissenschaft, Technik und Industrie verursachten Entfremdungsphänomene verharmlost werden und die Technik als wertneutrales Mittel erscheint, das nur in kapitalistischen Strukturen das Menschsein deformiert. Die Sorge vor konvergenztheoretischen Nivellierungen blockiert hier wissenschaftliche Analyse.

Das noch gravierendere Beispiel ist das Zögern, mit dem man den ökologischen Anfragen an das Wirtschaftswachstum bei uns Raum gibt. Zwar nimmt die positive Würdigung der Arbeiten des Club of Rome zu, sie werden nicht mehr als spätkapitalistische Panikmache abgetan, sondern als Schärfung des ökologischen Problembewußtseins gewürdigt; die sozialistische Orientierung auf quantitatives Wirtschaftswachstum und die Zukunftsvision einer kommunistischen Überflußgesellschaft wird jedoch nicht – noch nicht – zur Diskussion gestellt.

Was ist in diesem Problembereich von der christlichen Gemeinde zu tun? Wir haben (1.) Problembewußtsein zu wecken, und der Hauptfeind dabei ist die Trägheit der eigenen Einbildungskraft. Der arme Lazarus liegt eben nicht vor der Tür, so daß man über ihn stolperte, er erscheint allenfalls am Fernsehschirm oder ist noch nicht einmal geboren. Weckung von Problembewußtsein geschieht in Gemeindeseminaren, Vorträgen und Diskussionen, für die regional und zentral Vorbereitungsmaterial ausgearbeitet wird. Wir brauchen (2.) theologische Klärung. Die Auskunft, daß das Evangelium zur Sachlichkeit befreie, genügt nicht mehr; denn der Sachverstand bedarf der Orientierung durch den Zielverstand. Wir haben im Neuen Testament ein Modell, das der Problematik der Wissenschaftsethik sehr nahe ist.

Paulus hat in Korinth mit Christen zu tun, die sich ihres aufgeklärten Weltwissens (ihrer Gnosis) und ihrer freien Verfügungsmacht über eine entgötterte Welt (ihrer Exusia) rühmen. Paulus stellt dagegen: Erkenntnis im Namen des Gekreuzigten hat ihr Kriterium darin, daß sie dem Bruder dient, für den Christus gestorben ist (1. Korinther 8,11). Wissen und Können finden ihre Wahrheit in dienender Verantwortung. Die Liebe freut sich der Wahrheit, sagt Paulus danach (1. Korinther 13,8), und wir wissen heute, daß nur die Wahrheit, derer sich *Liebe* freuen kann, auch erfreulich ist. Von hier aus ist nach dem erkenntnisleitenden Interesse in Wissenschaft und Technik zu fragen. Paulus zeigt uns im Römerbrief, daß Vernunft den Begierden hörig wird, ins Sozialistische übersetzt: den gesellschaftlichen Interessen (Römer 7,14 ff). Was also macht uns erfinderisch? Ist es die Neugier, sind es Macht- oder Profitstreben, oder ist es die Liebe, die uns erfinderisch macht?

Zur Aufdeckung der Interessenhörigkeiten der Vernunft bedarf es der kritisch offenen Diskussion. Wenn Wissenschaftsethik nicht nur Thema von Sonntagsreden sein, sondern mit den Wissenschaften und gesellschaftlichen Strukturen auf rationale Weise vermittelt werden soll, dann bedarf es auch hier des Dialogs, den Sachverstand und Zielverstand und die verschiedenen Verantwortungsträger in der Gesellschaft miteinander führen. Dem aber wird nur eine Kirche dienen können, die ihre eigenen Abhängigkeiten kritisch analysiert, und ich meine, daß die Kirchen in der DDR hieran noch viel zu tun haben.

2. Mensch und Natur

Schon Ludwig Feuerbach hatte sich gegen ein idealistisches Christentum gewandt, das den Menschen aus der Natur herauserlösen möchte. Karl Marx sieht den Menschen im Stoffwechsel mit der Natur. Nach ersten Äußerungen, die etwas romantisch nach Identität von Mensch und Natur klingen, hat Marx dann den Stoffwechsel des Menschen mit der Natur durch die gesellschaftliche Arbeit vermittelt gesehen. Die Einheit von Mensch und Natur träumt er nicht romantisch nach rückwärts, sondern prophetisch revolotionär nach vorwärts. Der

Mensch ist zugleich Teil der Natur und ihr Bezwinger und Bearbeiter. Er ist es in der Dialektik von Abhängigkeit und Herrschaft, passiver und aktiver Anpassung. Damit ist aber das ökologische Denken im Ansatz des Marxismus angelegt. „Wir werden bei jedem Schritt daran erinnert," – schreibt Friedrich Engels –, „daß wir keineswegs die Natur beherrschen, wie ein Eroberer ein fremdes Gebiet beherrscht, wie jemand, der außer ihr steht, sondern daß wir mit Fleisch und Blut und Hirn ihr angehören"[6].

Ist der Stoffwechsel mit der Natur durch gesellschaftliche Arbeit vermittelt, so ist er auch durch deren entfremdete Gestalt gezeichnet. In erstaunlich weitreichender Voraussicht haben Marx und Engels auf die ökologischen Probleme der industriellen Produktion aufmerksam gemacht. Vieles wäre hier zu zitieren. Nur eine Stelle aus dem Kapital sei genannt, in der Marx auf sehr aktuelle Weise die haushalterschaftliche Verantwortung der Gesellschaft für die kommenden Generationen einschärft: Selbst eine ganze Gesellschaft, eine Nation, ja alle gleichzeitigen Gesellschaften zusammengenommen, sind nicht Eigentümer der Erde. Sie sind nur ihre Besitzer, ihre Nutznießer, und haben sie als boni patres familias (gute Familienväter) den nachfolgenden Generationen verbessert zu hinterlassen[7].

Ausbeuterische Verdinglichung und Zerstörung der Natur sieht Marx im kapitalistischen Profitstreben begründet, dem alles zur Ware, zum zweckrational vernutzten Ding wird[8].

Das ökologische Denken und Handeln der sozialistischen Staaten ist also nicht nur durch die Situation provoziert, sondern auch durch die sozialistische Tradition vorbereitet. Wenn ich nun einige Daten zur Ökologie in der DDR und der Sowjetunion bringe, so sind vorweg zwei leitende Gesichtspunkte zu nennen:

1. Durchweg herrscht in sozialistischen Veröffentlichungen der Optimismus, die ökologischen Fragen auf der Basis der sozialistischen Gesellschaftsordnung wissenschaftlich-technisch zu lösen. Sieht der Marxismus die ökologischen Probleme durch die destruktive Anarchie kapitalistischer Konkurrenzwirtschaft verursacht, so ermöglicht es sozialistische Planung und Leitung, den Stoffwechsel zwischen Mensch und Tier rational, ökologisch vernünftig zu regeln. Hier liegt das Pathos sozialistischer Ökologie.

2. Die weithin undiskutierte Selbstverständlichkeit sozialistischer Ökologie liegt darin, daß ökologische Vernunft wirtschaftlichem Wachstumsinteresse nicht widerspricht, sondern es im Gegenteil ermöglicht und ihm dient. Wohl werden Spannungen, nicht aber wird ein Widerspruch zwischen Ökologie und Ökonomie zugegeben. Ökologische Maßnahmen haben die Randbedingungen für einen reibungslosen wirtschaftlich-technischen Fortschritt zu liefern. Das läßt sich an der Rede Leonid Breshnews auf dem XXIV. Parteitag der Kommunistischen

Partei der Sowjetunion zeigen, das geht aber auch aus dem Landeskulturgesetz der DDR von 1970 hervor. Seine Präambel setzt als Ziel des Umweltschutzes die „Sicherung eines kontinuierlichen Wachstums der Volkswirtschaft und die Verbesserung der Lebens- und Arbeitsbedingungen der Bürger"[9].

Ich kenne nur zwei Stimmen in der DDR und der Sowjetunion, die eine Begrenzung des Wachstums fordern. Professor Döpel, Ilmenau, kommt zu dieser Forderung, weil wegen der steigenden Abwärme, die klimatisch gefährlich wird, die Energieerzeugung gestoppt werden muß. Professor Rytschkow, Moskau, fordert, daß man von dem westeuropäisch-amerikanischen extensiven Entwicklungstyp zu einem intensiven Entwicklungstyp übergehe, und dafür gebe es kulturgeschichtliche Wurzeln in den Völkern der Sowjetunion[10]. Das energische Buch von Wolfgang Harich, der einen „Kommunismus ohne Wachstum" entwirft[11], ist zwar in der DDR geschrieben, aber nicht in ihr erschienen und bisher auch nicht diskutiert.

Auf die beiden genannten leitenden Gesichtspunkte werde ich im 3. und 4. Teil noch eingehen. Zuvor aber einige notwendigerweise fragmentarische, hoffentlich exemplarische Daten zur Ökologie:

In der Sowjetunion werden ökologische Fragen intensiver seit 1961 diskutiert. 1972 referierte der Kernphysiker Kapiza die Warnsignale des Club of Rome vor dem Obersten Sowjet. Resümé: Die Energie-, Rohstoff- und Umweltprobleme sind lösbar, wenn das Wachstum der Weltbevölkerung gestoppt und eine internationale Organisation zur Lösung der globalen ökologischen Probleme geschaffen wird. Im Zusammenhang mit dem XXIV. Parteitag der KPdSU gibt es Beschlüsse zum Schutz und zur rationellen Nutzung der Ressourcen, für eine wissenschaftliche Prognose der möglichen Veränderungen in der Biosphäre bis zum Jahre 2000, für die Schaffung geschlossener Technologien, welche rohstoffsparend und abfallfrei arbeiten, für Komplexforschung unter ökologischen Problemstellungen und ein interessantes Projekt für den Schutz des Baikalsees, der Wolga und des Ural. 1973 fand in Moskau ein interdisziplinäres Rundgespräch statt, das hohen offiziellen Stellenwert hat. Es schärft den Ernst der ökologischen Probleme ein. Die Erörterungen reichen von wissenschaftstheoretischen Fragen der Ökologie, der Wechselwirkung von Biosphäre und Noosphäre bis zur Schaffung territorialer Produktionskomplexe, in denen ein Leitbetrieb mit Nebenbetrieben gekoppelt werden soll, um die Abprodukte zu verarbeiten und ökologische mit ökonomischen Rentabilitätsgesichtspunkten kombinieren[12].

Die DDR hat durch die forcierte Industrialisierung mit schweren Umweltproblemen zu kämpfen. Die Flüsse und Seen sind ökologisch so überstrapaziert, daß die meisten eutroph, einige tot sind, so zum Beispiel die Pleiße und die untere Saale. Die Phenolverschmutzung der

Pleiße überstieg 1971 den zulässigen Grad um ein Vielfaches. Noch schwerere Probleme gibt die Luftverunreinigung auf, vor allem darum, weil die Braunkohle Hauptenergieträger ist und etwa 1 Prozent Schwefel enthält.

Jährlich werden in der DDR 5 bis 10 Millionen Tonnen Schwefeldioxyd emittiert (in England 7 Millionen Tonnen). An Flugasche werden in der DDR 10 bis 15 Millionen Tonnen (in England 4 Millionen Tonnen) ausgestoßen.

Die DDR macht große Anstrengungen für den Umweltschutz. Die gesetzlichen Vorschriften sind bemerkenswert weitsichtig. Seit die Industrie ein Abwassergeld für Gewässerverschmutzung zahlen muß, bemüht sie sich, durch Kläranlagen diesen Kostenfaktor zu senken. Beim Neubau eines petrolchemischen Kombinates wurden 10 Prozent aller Investitionen in die wasserwirtschaftlichen Anlagen gesteckt, so daß das aufbereitete Abwasser trinkbar ist. Ein weiteres Ansteigen der Verschmutzung der Elbe konnte verhindert werden. Keine Lösung scheint sich für die Luftverschmutzung mit Schwefeldioxyd und Staub abzuzeichnen. Es geschieht auch immer wieder, daß Umweltschutz hinter Produktionssteigerung zurücktreten muß[13].

Was ist zu diesem Komplex theologisch zu sagen? Christliche Theologie kann meines Ermessens an das dialektische Verhältnis von Mensch und Natur und die haushalterschaftliche Verantwortung des Menschen, wie sie sich bei Karl Marx finden, anknüpfen. Wir können das nur selbstkritisch tun. Zwar ist es übertrieben, mit Carl Amery die Umweltzerstörung für die gnadenlose Folge des Christentums zu halten[14], aber es hat doch eine idealistische, denn geschichtstheologische und existentialtheologische Engführung der Theologie gegeben, in der die Fragen der Natur abgeblendet wurden. Wir haben das biblische Weltherrschaftsmandat mit seiner Profanisierung der Welt wohl allzu undifferenziert als Beleg für die Modernität, die Wissenschafts- und Technikfreundlichkeit des Christentums genommen. Wir müßten neu erkennen, daß der Mensch nicht nur Krone, sondern auch Kreuz der Schöpfung ist, nicht nur ihr Herr, sondern ihr Teil, und daß Mitmenschlichkeit zur Mitkreatürlichkeit zu erweitern ist. Eine Lehre von der Haushalterschaft des Menschen wäre aus dem Schöpfungsglauben, dem Christusglauben und der Hoffnung auf die Vollendung der Welt zu entwickeln.

Auch darin ist dem Marxismus zuzustimmen, daß er das Mensch-Natur-Verhältnis durch die Arbeit vermittelt und deformiert sieht, so daß ernsthafte Ökologie hier ansetzen muß, statt von einer konfliktfreien Harmonie zwischen Mensch und Natur zu träumen. Hier setzen aber auch die Fragen ein.

Daß Verdinglichung, Vernutzung und Ausbeutung der Natur durch kapitalistisches Profitstreben zureichend erklärt sei, muß bestritten werden. Neuzeitliche Wissenschaft und Technik selbst sind ein

Herrschaftswissen, das Welt verobjektiviert im Interesse technischer Verfügung. Das hat Marx nicht gesehen, und bis heute wird eine Weiterführung der Kritik der politischen Ökonomie durch eine Kritik der instrumentellen Vernunft vom Sozialismus ideologisch abgewehrt[15]. Von daher kommt es, daß Entfremdung und Beschädigung des Menschen durch die technisch-industrielle Zivilisation abgeblendet oder verharmlost werden[16]. Es wird damit aber vor allem auch verdeckt, daß sich das auf Herrschaft eingerichtete Instrument von Wissenschaft und Technik nicht nur mit Profitinteressen, sondern auch mit Herrschaftsinteressen verbünden und Ausbeutung von Natur im Interesse politischer Machterweiterung betreiben kann. So wird nun auch in dem Pathos, ökologische Probleme duch umfassende Planung und Steuerung lösen zu können, die Gefahr einer totalen Verplanung und Manipulierung des Menschen kaum gesehen. Das Moskauer Symposium ist diesem Problem an einigen Stellen nahe, aber daß der Mensch in einem perfekten Steuerungssystem der „Biotechnosphäre" zu einem manipulierten Teil einer totalverwalteten Welt verdinglicht werden könnte, ist kaum im Blick[17].

Theologische Kritik wird hier, bei der ideologiekritischen Analyse von Herrschaft, ansetzen, belehrt von der Bibel, die uns von der Schöpfungsgeschichte an die Ambivalenz menschlicher Herrschaft zeigt. Wir werden dem Kult der Machbarkeit zu widerstehen haben, in welchem der Mensch sein Schaffen, sein Werk und sich selbst als Täter vergötzt zum Schaden seiner selbst.

Wenn die Christengemeinde dem Gekreuzigten treu ist, wird sie nicht bei den Machern, sondern bei denen zu finden sein, die von den Nebenwirkungen und Folgen des großen Machens betroffen sind.

Und es wird schließlich zu fragen sein, ob wirklich der Mensch durch seine Arbeit zum Versöhner von Mensch und Natur werden kann. Liegt es vielleicht schon an diesem Konzept, daß der menschliche Produktionsprozeß den Primat und alle Ökologie nur seinem Voranschreiten zu dienen hat? Der bleibende Riß zwischen Mensch und Natur verweist auf einen anderen Versöhner. Paulus spricht davon in dem 8. Kapitel des Römerbriefes, wo er sagt, die Kreatur sehne sich nach Befreiung ebenso wie die Söhne Gottes, so daß also beide Partner auf dem Weg zur Erlösung sind. Die Söhne tragen in mitkreatürlicher Solidarität für die Natur Verantwortung. Im Glauben an Gott den Schöpfer und in der Hoffnung auf Gott den Erlöser der Schöpfung ist ein Moment der Unverfügbarkeit der Natur festgemacht.

3. Wachstumsfetischismus und Lebensqualität

Die sozialistischen Staaten verfolgen durchweg ein quantitatives Wirtschaftswachstum. Für die DDR ist das sogar in der Verfassung fixiert und vom VIII. und IX. Parteitag der SED als Hauptaufgabe formuliert. Es geht um die Erhöhung des materiellen und kulturellen Lebensniveaus[18]. Der Begriff Lebensniveau umfaßt dabei nicht nur quantifizierbare materielle Größen, sondern auch soziale Sicherheit, Bildung und Kultur. Er nähert sich also dem Begriff der Lebensqualität[19]. Die Verheißung des Marxismus ist ja die ganzheitliche Selbstverwirklichung des Menschen in der Sozialität. Sie ist aber an die Entwicklung der Produktivkräfte und Produktionsverhältnisse gebunden. So wird die kommunistische Gesellschaft als Überflußgesellschaft gedacht und Wirtschafswachstum auch ideologisch festgeschrieben[20]. Wolfgang Harich meint daher mit Recht, daß die Grenzen des Wachstums den Sozialismus zu einer Korrektur seiner Zielvision nötigen[21]. Es gibt aber auch objektive Zwänge, die zu forciertem Wirtschaftswachstum nötigen. Das ist die Wettbewerbssituation mit den kapitalistischen Wirtschaftsmächten auf dem Weltmarkt, und es ist der Erwartungsdruck der Bevölkerung, die an westlichem Konsumverhalten und -niveau orientiert ist und auf Steigerung des Lebensstandards drängt. Ein höherer Staatsfunktionär, mit dem ich über ökologisch-ökonomische Fragen sprach, sagte mir: „Selbst wenn wir wirtschaftlich zurückstecken wollten, wir könnten nicht. Hier am Rande der kapitalistischen Welt können wir uns das nicht leisten. Unsere Menschen würden nicht mitmachen." Der Mann dürfte recht haben. Wirtschaftliche Überlegenheit des Westens ist darüber hinaus ein ideologischer Stachel, weil sich die Vergesellschaftung der Produktionsmittel nach sozialistischer Lehre auch ökonomisch auszahlen soll. Die Zumutung von Konsumverzicht würde die Loyalität der Bürger zum sozialistischen Staat gefährden.

Was im Zusammenspiel all dieser Faktoren herauskommt, nennt Harich mit Recht Wachstumsfetischismus. Es geht in der Tat um ein Geflecht kollektiver Zwänge und Verblendungen, in denen Subjektives und Strukturelles zusammenwirken und so etwas wie die Gefangenschaft unter den „Mächten" ergeben, von denen das Neue Testament spricht.

Die Situation ist um so beklemmender, als die Fragen und Anklagen aus der Dritten Welt die ökologischen Begrenzungsforderungen sozialethisch unerhört verschärfen. Das aber trifft die sozialistische Identität; denn ein für unsere Epoche geschichtlich interpretierter Sozialismus müßte ja Befreiungs- und Entwicklungshilfe, soziale Gerechtigkeit für das externe Proletariat im Süden bringen.

Wieder ist nach der Aufgabe der christlichen Gemeinde und ihrer Verkündigung zu fragen. Die marxistische Vision von der ganzheitlichen Selbstverwirklichung des Menschen wäre aufzugreifen. Ist sie aber wirklich an quantitatives Wirtschaftswachstum gebunden?

Wie, wenn verwirklichtes Menschsein, Lebenserfüllung, Freude es allererst ermöglichen würden, quantitatives Wachstum zu begrenzen und das ökologisch wie ökonomisch Vernünftige zu tun? Das würde zu Korrekturen in der marxistischen Lehre von Basis und Überbau nötigen. Der bekannte Satz von Bertolt Brecht: „Erst kommt das Fressen, dann kommt die Moral" stimmt dann eben nicht mehr.

Die spezifische Aufgabe der Christengemeinde liegt sicher nicht darin, die säkulare Gerichtsprophetie von der drohenden ökologischen Katastrophe zu verschärfen und den Verzicht als Gesetz zu predigen. Hier lauern einige Versuchungen. Marxistische Religionskritiker verdächtigen uns bereits, daß wir die ökologischen Aporien der Welt apologetisch mißbrauchen, um die Unentbehrlichkeit der Religion zu beweisen[22]. Es könnte zu kurzschlüssigen apokalyptischen Deutungen der ökologischen Krise kommen, und die Problematik des *Über*lebens könnte als Absprungbrett für die Verkündigung des *ewigen* Lebens mißbraucht, statt als Praxisfeld christlicher Hoffnung erschlossen zu werden.

W. Harich setzt in seinem Buch auf Belehrung, auf kritische Analyse der Bedürfnisse und ihre Formbarkeit. Das ist theologisch gesprochen Gesetz. Wachstumsfetischismus aber überwindet man nicht mit dem Gesetz. Der spezifische Auftrag der Christengemeinde wäre es, in die säkularen Unheilsprophetien die Botschaft Jesu vom nahen Reich hineinzusprechen, gleichsam den Überschritt von Johannes dem Täufer zu Jesus zu vollziehen, der nicht droht, sondern die Gottesherrschaft als eine neue Möglichkeit des Menschseins erschließt. Er zeigt Alternativen des Glücks „nicht vom Brot allein", eine Freiheit vom Zwang des Machens und Habens, die Machen und Haben vermenschlichen, ein Leben aus empfangener und ermöglichter Liebe als die neue Lebensqualität.

Was kann die christliche Gemeinde bei uns tun? Schrecklich wenig, wenn wir daran denken, daß die wirksamen Veränderungen ja in den großen Strukturen durchgesetzt werden müssen.

Was wir tun können, liegt im Bereich des Personalen, der Bildung, der sogenannten Bewußtseinsbildung. Es könnte Christen und christlichen Gruppen gegeben werden, die neue Qualität des Lebens ausstrahlungskräftig zu leben und das im großen Notwendige in kleinen Aktionsmodellen abzubilden und vorwegzunehmen. Die Umwandlungen, die von uns gefordert werden, reichen vermutlich sehr tief bis in den Kern des Menschseins. Dazu braucht es lange Fristen. Das gelebte Evangelium reicht in diese Tiefen, und wir brauchen den langen Atem und die zähe Geduld der Hoffnung, die sich nicht auf schnelle Erfolge von Aktionen fixiert, sondern mit dem Fruchttragen des Geistes rechnet.

4. Demokratischer Zentralismus und Verwirklichung der ökologischen Vernunft

Nicht nur in sozialistischen Ländern hört man die These, daß das wachsende Ausmaß der ökologischen Probleme eine zentrale Planung und Lenkung des Wirtschaftsprozesses erfordert. Es ist hier nicht meine Aufgabe, den Kapitalismus zu kritisieren. Mir scheint jedoch, daß der irrationale Widerstreit partikularistischer Interessen in eine politische Struktur aufgehoben werden muß, welche Ökonomie und Ökologie miteinander vermittelt und den langfristigen Zielsetzungen der ökologischen Vernunft Chancen der Verwirklichung bietet. Ich sehe nicht, wie das ohne Vergesellschaftung der Produktionsmittel möglich sein soll.

Allerdings zeigt nun gerade die Überlebensproblematik, daß ein autoritär zentralistisches System den kommenden Aufgaben auch nicht gewachsen sein wird. Was wir brauchen werden, scheint das Paradox einer zentral ermöglichten Dezentralisierung, einer geplanten Freiheit, es scheint genau die sozialistische Utopie eines sich permanent selbst überflüssig machenden, weil politische Vernunft und Freiheit stiftenden Staates zu sein.

Gerade diese sozialistische Utopie meint Wolfgang Harich freilich begraben zu müssen; denn ein Kommunismus ohne Wachstum lasse sich nur durch einen starken Staat realisieren, der zu rigorosen Unterdrückungsmaßnahmen, gesetzlich verfügten Massenentziehungskuren und einer Kontrolle des individuellen Konsums greift[23].

Gesetzt, das ließe sich politisch realisieren, solch eine zentralistische Machtkonzentration mit asketischem Tugendterror würde die Loyalität der Bürger nur finden, wenn sie sich radikaler demokratischer Kontrolle stellt. Es wird sich weiter die Frage aufdrängen, ob das Überleben unter einer Diktatur des Verzichtes eine überhaupt wünschbare Zukunft sei. Es könnte sich unter solchen Umständen ein Zukunftsnihilismus ausbreiten (nach uns die Sintflut!), der wiederum die Konsumdisziplin auflöst. Das aber könnte den Staat fast unwiderstehlich in die Versuchung führen, die Menschen massenweise psychisch zu manipulieren. Wir hätten dann den teuflischen Zirkel aufgezwungener Macht.

Ökologische Vernunft wird sich also letztlich nur so verwirklichen lassen, daß sie in Freiheit bejaht und übernommen wird. Damit aber führt uns die ökologische Frage letztlich auf eine ungeheure Bildungsaufgabe. Wir brauchen eine Bildung, die zu mündiger Mitverantwortung befähigt, eigenverantwortliches, kritisches und schöpferisches Mitdenken freisetzt. Solche Einstellungen und Fähigkeiten aber können nur wachsen, wo sie in Spielräumen der Freiheit, in der Partizipation an politischen Entscheidungsprozessen eingeübt werden. Eben das war die *demokratische* Hoffnung, die sich bei den Klassikern des Marxismus bis hin zu Rosa Luxemburg mit der Diktatur des Proletariats verband. „Sozialistische Demokratie" – schrieb Rosa Luxemburg – „beginnt aber nicht erst im gelobten Land als Weihnachtsgeschenk für das brave Volk, sie beginnt zugleich mit dem Abbau der Klassenherrschaft." Und weiter: „Der einzige Weg zur Wiedergeburt ist die Schule des öffentlichen Lebens selbst, uneingeschränkteste, breiteste Demokratie, öffentliche Meinung"[24].

Wir werden die Alternative zwischen ökologischer Vernunft und Freiheit also nicht akzeptieren können und dürfen. Geschichtliche Erfahrung scheint freilich dafür zu sprechen, daß wir sie akzeptieren müssen. Erst durch Schaden wird der Mensch klug, aber im Fall der ökologischen Krise kommt diese Klugheit zu spät. Hier droht also am Schluß das Gespenst nihilistischer Skepsis. Wir bedürfen einer in radikalen Hoffnungskrisen bewährten Verheißung, um geschichtlicher Verantwortung standzuhalten und nicht in Libertinismus einerseits oder Totalitarismus andererseits auszubrechen. Die Gemeinde des auferweckten Gekreuzigten weiß um diese Verheißung, die aus dem Abgrund der Hoffnungslosigkeit auferstand. Sie ist empirisch nicht ausweisbar, aber sie hilft, der empirischen Wirklichkeit auf schöpferische Weise standzuhalten. Diese Verheißung denen zu sagen, die angesichts der Übermacht der Probleme resignieren, ist unsere Aufgabe. Es ist im Licht dieser Verheißung die Chance der Gemeinde, angstfreie, mündige Mitverantwortung zu trainieren, Solidarität als Lebenshaltung einzuüben und in zäher Geduld für entsprechende Gesellschaftsstrukturen einzutreten.

Anmerkungen

[1] B. Brecht, Stücke VIII, S. 181, Berlin (DDR) 1957.
[2] K. Marx, Die Frühschriften. Hg. S. Landshut, Stuttgart 1953, S. 259 f.
[3] Prof. Dr. R. Mocek, Philosophie und Naturwissenschaft, in: Z. für die gesamte Hygiene und ihre Grenzgebiete 21 (1975), 6, S. 445-454.
[4] Deutsche Zeitschrift für Philosophie 73, Sonderheft S. 37.
[5] Ebd. S. 12.
[6] Zitiert nach W. Harich, Kommunismus ohne Wachstum? Hamburg 1975, S. 17.
[7] Zitiert nach Dtsch. Z. f. Phil. 73, 2 S. 204.
[8] „Die Natur wird erst rein Gegenstand für den Menschen, rein Sache und Nützlichkeit; hört auf, als Macht für sich anerkannt zu werden; und die theoretische Erkenntnis ihrer selbständigen Gesetze erscheint selbst nur als List, um sie den menschlichen Bedürfnissen, sei es als Gegenstand des Konsums, sei es als Mittel der Produktion, zu unterwerfen." K. Marx, Das Kapital Bd. 1, M.E.W. S. 313.
[9] Gesetzblatt der DDR 1970, Teil I, Nr. 12, S. 67.

[10] Rundtischgespräch der Zeitschrift Woprossy filosofii, Der Mensch und seine Umwelt. Sowjetwissenschaft, Gesellschaftswissenschaftliche Beiträge Jg. 73, 2. Hälfte, H. 12, und 1974, H. 1.

[11] Vgl. Anm. 6.

[12] Vgl. das Moskauer Rundtischgespräch oben Anmerkung 10; Presse der SU 1973, 35; Gromyko, Entwurf einer Konvention über das Verbot der Einwirkung auf die natürliche Umwelt und das Klima, die mit internationaler Sicherheit, Wohlergehen und Gesundheit der Menschen nicht vereinbar sind. M.B. vom 29.9.1974.

[13] Nach Gilsenberg, Wasser, Probleme, Projekte, Perspektiven; Leipzig, Jena, Berlin 1971.

[14] Carl Amery, Das Ende der Vorsehung. Die gnadenlosen Folgen des Christentums, Hamburg 1972.

[15] Dtsch. Zeitschr. f. Phil. 73, Sonderheft.

[16] A.a.O.

[17] Vgl. oben Anmerkung 10.

[18] Verfassung der DDR von 1968, Art. 2.

[19] Der Begriff der Lebensqualität wird freilich abgelehnt, weil im Gegensatz zum Quantitativen stehend und die Krisen des Kapitalismus verschleiernd. Dtsch. Zeitschr. f. Phil. 73, Sonderheft S. 180. Zum Begriff Lebensqualität vgl. auch Wörterbuch der Soziologie 1969, S. 266.

[20] K. Marx, Kritik des Gothaer Programms, Zitate bei I. Fetscher, Der Marxismus, seine Geschichte in Dokumenten, München 1967.

[21] Vgl. Anmerkung 6.

[22] Olof Klohr, Tendenzen des Absterbens der Religion in der DDR, maschinenschriftliche Übersetzung aus dem Russischen.

[23] A.a.O. S. 172, 179.

[24] R. Luxemburg, Die russische Revolution, zitiert nach I. Fetscher, a.a.O. S. 755.

„Verlaßt eine gute Welt"

Gemeindevortrag bei der Kirchlichen Woche Greifswald 1980

Der Vortrag wurde am 24. September 1980 in Greifswald gehalten. Das Monatsblatt der Evangelisch-Reformierten Kirche in Sachsen „Friede und Freiheit" druckte ihn in Heft 2/1981 zusammen mit anderen Texten, die zu einem neuen Umgang mit der uns anvertrauten Schöpfung herausfordern.

„Verlaßt eine gute Welt!" Bertolt Brecht, von dem dieser Satz stammt, wollte damit sagen: Hinterlaßt, wenn ihr einmal abtretet, euern Nachkommen eine gute Welt. Er will uns mit dieser Mahnung hineinnehmen in eine weitgespannte und hochgespannte Verantwortung. Und ich möchte Sie bitten, sich auf diese weitgespannte Verantwortung für die Welt unserer Kinder und Enkel einzulassen. Es gibt gewiß Näherliegendes, was uns täglich fordert und in Atem hält. Aber gerade das, was wir in unserer wissenschaftlich-technischen Welt, wie man sie nennt, täglich tun, hat Folgen für die Welt unserer Nachkommen. Nicht nur Atomphysik, sondern auch Haushaltschemie, nicht nur industrielle Produktion, sondern unser täglicher Konsum, und nicht zuletzt die Rüstung, die täglich betrieben wird, hat schwerwiegende Folgen für die Welt unserer Kinder. Wir hinterlassen sie als schwere Hypothek. Und müssen wir nicht unsere Verantwortung so weit spannen, wie die Folgen unseres Tuns reichen?

„Verlaßt eine *gute* Welt", sagte Bertolt Brecht. Diese hochgespannte Erwartung ist wohl inzwischen ernüchtert worden. Wo man enthusiastisch von technischem Fortschritt sprach, sorgt man sich heute um das Weitergehen des Lebens. Wir wollen froh sein, wenn wir eine bewohnbare, eine lebensfähige Erde hinterlassen. Und so bitte ich Sie, mit mir über die Gefahren nachzudenken, die unserer Welt drohen, und zu fragen, wie wir als Christen mit diesen Gefahren umgehen können, welchen Anruf Gottes wir da hören und welche Antwort wir vielleicht darauf geben können.

Ich möchte zunächst die vier Gefahren skizzieren beziehungsweise Sie an diese bekannten, aber oft verdrängten Gefahren erinnern.

Die wachsende Gefahr eines atomaren Krieges

Erstens ist das die wachsende Gefahr eines atomaren Krieges. Wir leben mit dieser Gefahr seit etwa dreißig Jahren. Aber trotz aller Appelle und Verhandlungsbemühungen steigert sich die Rüstung ins Absurde und wächst die Gefahr. Dazu einige Fakten: Über fünfzig Prozent aller Wissenschaftler und Techniker der Welt sind in militärischen Projekten oder militärisch verwendbaren Projekten tätig. Mehr als fünfhundert Milliarden Dollar gibt die Welt jährlich für militärische Zwecke aus. Das sind ungefähr eine Million Dollar in der Minute. Inzwischen ist völlig klar geworden, daß wir keine Chance haben, das Armutsproblem und das ökologische Problem in der Welt zu lösen, wenn wir nicht das Wettrüsten stoppen.

Waffen töten in unserer Welt also nicht erst, wenn sie eingesetzt werden; schon ihre Produktion tötet. Für jeden Panzer auf dem Fließband müssen ungezählte Kinder an Hunger und fehlender medizinischer Versorgung sterben. In den technischen Laboratorien wird ständig an der Verbesserung alter und an der Erfindung neuer Waffensysteme gearbeitet. Ein wissenschaftlicher Berater des britischen Verteidigungsministeriums schrieb im Januar 1980: „Der Techniker, gar nicht mal der General im Felde, steht am Start des Wettrüstens. In den Laboratorien werden neue Erfindungen gemacht und ihre militärischen Verwendungsmöglichkeiten ausgedacht. Die Militärs fungieren nur als Kanal für deren Anwendung." Die Entwicklungsgeschwindigkeit der Waffentechnik ist so groß geworden, daß die Politiker nicht hinterherkommen, durch Verhandlungen die Kontrolle und den Stopp oder gar die Abschaffung der neuen Waffen zu erreichen. Waffen sollen Sicherheit geben, aber wir laufen in die Falle einer trügerischen Sicherheit.

Die wachsende Kluft zwischen Reichen und Armen

Die zweite Gefahr ist die wachsende Kluft zwischen Reichen und Armen. Die zweite sogenannte Entwicklungsdekade der Vereinten Nationen liegt hinter uns. Ihre Losung war „Transfer von Technologie" – also nicht nur Spenden von Geld, nicht nur Produkte, sondern Produktionsmittel in die Dritte Welt exportieren! Diese Zauberformel, die helfen sollte, hat sich inzwischen nicht als die Lösung herausgestellt. Die Kluft zwischen Reich und Arm ist größer geworden. Die Abhängigkeit der Länder der Dritten Welt hat sich verstärkt, denn die Forschungskapazitäten für diese exportierte Technologie bleiben bei den reichen Industrienationen. Auch ist diese neue Technik den ganz anderen Kulturen im Süden gar nicht angepaßt, sondern untergräbt sie. Sie hilft zwar einigen Eliten, reich zu werden, kommt aber nicht der breiten

Masse der Armen zugute. Und vor allem: sie bleibt zum großen Teil in der Hand ausländischer Industriekonzerne, die mit Industrieanlagen in der Dritten Welt ihre eigenen Interessen verfolgen.

Die Verbitterung in der Dritten Welt wächst. Die Hoffnung, mit den Industriestaaten zu einer sinnvollen Kooperation zu kommen, schwindet. Die ökumenische Diskussion in der Christenheit über diese Fragen hat sich zu der doppelten Forderung zugespitzt: Gerechtigkeit und Partizipation; das heißt, es gilt, die Länder der Dritten Welt so zu stärken, daß sie als gleichberechtigte und selbständige Partner am Spiel der wirtschaftlichen und politischen Kräfte teilnehmen können. Aber werden die mächtigen Industrienationen des Nordens so weitblickend sein, die Länder der Dritten Welt zu befähigen, freie und starke Partner zu werden? Oder wird es eine Weltrevolution vom Süden nach Norden geben?

Ein Freund erzählte mir von Reichen in Ländern der Dritten Welt, die nachts ihre Villen und Parks von gemieteten Wächtern mit Maschinenpistolen bewachen lassen aus Angst vor verzweifelten und erbitterten Slumbewohnern. Ist das die Zukunftsvision für uns Reiche: ein schwerbewaffneter Reichtum, der sich vor dem Aufstand der Armen schützen muß? Und kann man das noch Wohlstand nennen? Wohin verrennen wir uns eigentlich, wenn wir als Ziel immer nur die Erweiterung, Vergrößerung, Verbesserung unseres Wohlstandes im Blick haben? Wirkliches Wohl schließt offenbar ganz andere Werte und Ziele ein. Die provozierende These muß ausgesprochen werden: Unser subjektiv ehrlich verdienter und schwer erarbeiteter Wohlstand ist – weltweit gesehen – ungerechter Mammon. Jesus sagt: „Macht euch Freunde mit dem ungerechten Mammon!" Sonst laufen wir in die Falle eines ungerechten und angstbesetzten Reichtums.

Die wachsende Gefahr für die Natur

Die dritte Gefahr ist die Erschöpfung der Schöpfung, die Erschöpfung unserer natürlichen Lebensreserven und die Umweltzerstörung. Davon ist viel die Rede, davon ist auch in Greifswald viel zu reden! Umwelt, Umweltverschmutzung, Umweltzerstörung ist aber eine verharmlosende Verniedlichung des tieferen und ernsteren Problems. Die Natur ist ja nicht nur Umwelt, also wie eine Umrahmung unseres Lebens, wobei das Bild, sprich unser Leben, schön und intakt bleiben kann, auch wenn der Rahmen verdirbt. Die Natur ist der Wurzelboden unseres Lebens. Durch tausend Fäden sind wir mit ihr verwachsen.

Im Alten Testament heißt der Ackerboden Adama, und das Wort für Mensch ist davon abgeleitet: Adam. Der Mensch ist der Erdling. Schinden, plündern und verderben wir die Erde, so zerstören wir uns selbst.

Das schwerste Problem in diesem Zusammenhang ist die Ausbeutung und Erschöpfung der sogenannten Ressourcen, der Rohstoffe und Energiequellen. Der stellvertretende Umweltminister der DDR sagte bei einem Gespräch mit dem Bund der Evangelischen Kirchen am 6. März dieses Jahres, die drei Hauptumweltprobleme der DDR seien die Verschmutzung der wichtigen Lebensressourcen Wasser und Luft und die rationelle Nutzung des Bodens. Denn seit Kriegsende sei in der DDR für Industrie- und Städtebau eine Fläche von der Größe des Bezirkes Gera zugebaut worden. Ein UNO-Dokument von diesem Jahr zeigt, daß gegenwärtig in jeder Minute ein Hektar Wald von der Erde verschwindet. Berechnungen im Weltmaßstab zeigen an, daß die Erträge des Getreideanbaus, der Weidewirtschaft, der Forstwirtschaft und der Fischerei in den siebziger Jahren einen Gipfelpunkt erreichten und seitdem alle vier rückläufig sind. Und dies bei ständig wachsender Weltbevölkerung! Ein weiteres UNO-Dokument sagt: Wenn die ganze Welt die Reserven von Wasser, mineralischen, pflanzlichen und tierischen Rohstoffen in dem Ausmaß nutzen würden, wie es die reichen Länder tun, wären die bekannten Reserven in zehn Jahren verbraucht.

Hier zeigt sich, wie das Umweltproblem mit dem Gerechtigkeitsproblem kollidiert. Wenn die knappen Vorräte der Welt gerecht verteilt werden sollen, müssen die reichen Nationen zurückstecken. Die Reichen müssen einfacher leben, damit die Armen überhaupt leben können, sagte der australische Biologe Charles Birch schon 1975. Und ein amerikanischer Wirtschaftswissenschaftler, Professor Daly, führte im vorigen Jahr aus: Während in der Welt noch der Klassenkampf zwischen Armen und Reichen in der Gegenwart tobt, hat längst schon ein anderer Klassenkampf begonnen: der zwischen den heute Lebenden und den nachfolgenden Generationen. Denn auf Kosten der kommenden Generationen plündern wir die Schätze der Erde aus, die in Jahrmillionen gebildet wurden und die den Nachkommen genauso gehören wie uns. Und dies alles ist möglich geworden durch die ungeheure Entwicklung von Wissenschaft und Technik. Der Mensch hat die Beherrschung der Natur so perfektioniert, daß sie unter dem harten Zugriff des Menschen ihr Leben auszuhauchen droht. Wir laufen in die Falle einer zerstörerischen Naturbeherrschung.

Die wachsende Gefahr für den Menschen

Die vierte Gefahr betrifft uns Menschen selbst. Wir staunen, was der Mensch durch Wissenschaft und Technik doch alles erfinden und machen kann. Auch sind Wissenschaft und Technik lebensnotwendig für die heutige Welt. Ohne industrielle Massenproduktion könnte die zahlenmäßig so gewachsene Weltbevölkerung überhaupt nicht versorgt und ernährt werden. Sind uns aber unsere technischen Möglichkeiten nicht über den Kopf gewachsen? Geraten wir nicht immer mehr unter die Räder des Räderwerks, das wir selbst erfunden haben? Wer setzt eigentlich im Arbeitsprozeß von Mensch und Maschine das Maß? Ist es nicht längst so, daß die Maschine und die Produktionsprozesse das Maß bestimmen, nach dem sich der Mensch richten muß? Weil es die rationelle Nutzung der Maschine und die Effektivität der Produktion fordert, muß in Schichten gearbeitet werden, müssen Felder zu riesigen Flächen zusammengelegt, große Industriekombinate gebildet werden, wo der Arbeiter nur ein winziges Teilstück überblickt und kein Verhältnis zum Produkt seiner Arbeit mehr hat.

Wo kann der Mensch noch schöpferisch tätig sein, so daß ihn die Arbeit befriedigt und nicht nur Mittel zum Zweck des Verdienens ist? Wir brauchen eine Technik nach menschlichem Maß. Gegen die überall herrschende Tendenz zur Großtechnik hat daher der englische Wirtschaftswissenschaftler (also nicht ein Träumer, sondern ein nüchterner Ökonom!) Ernst Schumacher die Losung geprägt: „Small is beautiful" – klein ist schön. Wir werden unsere Zielsetzungen überprüfen müssen. Suchen wir unser Glück darin, immer mehr zu produzieren, zu konsumieren, zu haben? Wollen wir immer mehr Wirtschaftsmacht, technische Macht, dann machen wir uns selbst zu Sklaven einer Diktatur der Technik. Wir müssen unsere Ziele und Wertsetzungen überprüfen, sonst laufen wir in die Falle eines technischen Weltgewinns, bei dem wir uns selbst verlieren.

Viermal habe ich jetzt davon gesprochen, daß wir in der Gefahr sind, in eine Falle zu laufen. Und das ist gerade das Gefährliche an diesen Problemen, die ich zu schildern suchte, daß sie so verlockend sind, diese Gefahren. Sie locken, wie der Speck Mäuse in die Falle lockt. Waffen versprechen Sicherheit. Die Wirtschaftspolitik der Industrienationen verspricht beruhigende wirtschaftlich-technische Überlegenheit und Macht. Perfekte Naturbeherrschung verspricht Freiheit und Bequemlichkeit. Technischer Fortschritt verheißt Befriedigung aller Bedürfnisse. Die eindrucksvollen kurzfristigen Erfolge sind der Speck, der blind macht für die langfristig lauernden Gefahren. Es gilt, diese Täuschung zu durchschauen. Weisheit bestünde darin, die Folgen zu bedenken, weitblickend zu sein, weiter zu denken. Wissenschaft und Technik genügen nicht. Sie müssen von dieser Weisheit geleitet werden. Der wissenschaftliche und technische Sachverstand muß zur Vernunft kommen.

Jesus spricht oft von dieser Klugheit, von dieser Weisheit, von dem klugen Mann, der sein Haus auf Felsen baut, weil er nämlich Sturm und Regengüsse voraussieht; von dem klugen Haushalter, der stets im Sinn hat, daß der Tag der Abrechnung kommt. Jesus ruft uns zur Umkehr vom Lauf in die Falle zu dem Leben, das Zukunft und Verheißung hat. Mit seinem Ruf zur Umkehr bringt er uns zur Vernunft. Seinem Ruf folgen heißt oft, kurzfristig lockende Vorteile und Erfolge aufgeben, um langfristig Leben zu gewinnen. Die Frage ist, ob wir uns seiner Stimme anvertrauen. Sich seiner Stimme anvertrauen heißt glauben. Glauben ist der Weg, auf dem wir zur Vernunft kommen. Aus dem Glauben heraus vernünftig mit Wissenschaft und Technik umgehen, das könnte der Beitrag der Christen zu den Problemen unserer wissenschaftlich-technischen Welt sein. Was bedeutet das für die vier Problemfelder, die ich vorhin beschrieb? Ich will versuchen, im folgenden mit Ihnen wenigstens ein wenig darüber nachzudenken.

Vertrauen aufbauen

Erstens: Mit der Rüstung laufen wir in die Falle trügerischer Sicherheit. Zukunft aber gewinnen wir nur durch den Aufbau von Vertrauen. Das mag kurzfristig riskant sein, ist langfristig aber der einzige Weg zur Sicherheit. Was macht uns wirklich sicher? Vor zehn oder zwanzig Jahren dachten wir noch, ein Gleichgewicht der Rüstung in Ost und West stabilisiere die Lage, so daß wir Zeit haben zu politischen Friedenssicherungen, daß wir Zeit gewinnen, durch Verhandlungen zur Abrüstung zu kommen. Aber statt eines stabilen Rüstungsgleichgewichts stellte sich das Wettrüsten ein, das die Kriegsgefahr steigert.

Wie gefährlich das ist, sieht jeder ein. Keiner hat ein Interesse daran, daß es zu einem atomaren Kriege kommt, weil ein solcher Krieg jeden tödlich bedroht. Welche irrationalen Kräfte also treiben dann eigentlich das Wettrüsten an? Analysen des Prozesses, Analysen von Friedensforschern, führten auf die Mechanismen der Angst. Der Mensch hat die Fähigkeit, sich zukünftige Gefahren vorzustellen und Machtmittel gegen diese Gefahren aufzuhäufen. Angst vor diesen Gefahren ruft Überreaktionen hervor. Man rechnet stets mit dem schlimmsten aller Fälle. Und darauf muß das eigentliche Sicherheitssystem gewappnet sein. Jeder neue Schritt in der Rüstung ruft darum beim anderen einen noch größeren Schritt hervor. Wir leben in einer Eskalation der Angst. Um zur Abrüstung zu kommen oder wenigstens zum Rüstungsstopp, müßte die Angst abgebaut werden. Angst abbauen aber heißt positiv, Vertrauen aufbauen.

Vertrauen aufbauen aber ist ein Kernwort des Evangeliums. Das war und ist das Werk Gottes in dem Menschen Jesus: Vertrauen zu wecken. Er weckte Vertrauen durch sein Wort, durch die liebende Zuwendung zu den Menschen, durch die Klarheit, die von ihm ausging und dadurch, daß er seine Macht nie zur Drohung, Einschüchterung oder Selbstbehauptung einsetzte, sondern nur zur Hilfe für andere. Wer ist Jesus? Man könnte heute sagen: Er ist der vertrauenerweckende Mensch schlechthin. Das Vertrauen, das er weckt, trägt auch, wenn ich Angst um mich selber bekomme, sogar Todesangst. Die Psychologen sprechen von dem Grundvertrauen, das jeder Mensch braucht, um das Leben überhaupt anzupacken, aus sich herauszugehen, auf andere zuzugehen. Wenn die Angst mächtiger wird als dieses Grundvertrauen, verkümmert der Mensch. Jesus weckt das tragende Grundvertrauen, und so macht er friedensfähig: „Meinen Frieden gebe ich euch, euer Herz erschrecke nicht und fürchte sich nicht." Hier müssen wir ansetzen mit unserem Dienst für den Frieden. Wie können wir aus dem Vertrauen, das Jesus weckt, die Angst eindämmen und Vertrauen stiften zwischen Menschen und Staaten? Damit ist nicht Vertrauensseligkeit gemeint, sondern nüchterne Arbeit in den Konflikten unserer Welt. Das muß auf politischer Ebene geschehen. Und die Konferenz für Sicherheit und Zusammenarbeit in Europa in Helsinki sprach von „vertrauensbildenden Maßnahmen". Welche vertrauensbildenden Maßnahmen könnten wir uns einfallen lassen und vorschlagen? Was erzeugt Angst innerhalb unseres Landes? Und was erzeugt Angst gegenüber unserem Land? Wir müssen uns das klar machen und überlegen, was wir zum Abbau dieser Ängste beitragen können, ohne aber wiederum Angst zu machen mit der Anklage: Ihr erzeugt Angst.

Vertrauen aufbauen, das gilt zuerst und vor allem für die Erziehung. Seit einigen Jahren schon haben wir in unserer Kirche entdeckt, wie wichtig die Erziehung zum Frieden ist. Sie ist im Kern Erziehung aus Vertrauen, im Vertrauen, zum Vertrauen. Nur im freien Raum des Vertrauens werden wir auch die hohe Kunst lernen, Konflikte nicht nach der Drohmethode von Sieg und Niederlage, sondern partnerschaftlich mit friedlichen Mitteln zu lösen. Hinterlaßt eine Welt, in der etwas mehr Vertrauen möglich ist und darum etwas weniger Waffen nötig sind!

Wohlstandserwartungen abbauen

Zweitens: Wir laufen in die Falle eines ungerechten Wohlstandes, der zu einem luxuriös ausgestatteten Gefängnis wird, hatten wir gesehen. Seit langem wissen wir um die Not in den Ländern der Dritten Welt. Wir kennen die Aktion „Brot für die Welt", wir kennen Solidaritätsaktionen in unserer Gesellschaft. Wir wissen aber auch, daß Spenden und Einzelaktionen nicht genügen, sondern Solidarität zu einem Prinzip unserer Wirtschaftspolitik werden muß.

Was bedeutet Miteinanderteilen auf der Ebene der internationalen Arbeitsteilung, der Handelsbeziehungen, der Planungen und der Planziele unserer Wirtschaft? Wird es ohne Verzicht bei uns gehen? Ich glaube nicht. Wie aber werden wir dazu bereit und zum Miteinanderteilen mit dem fernen Nächsten befreit? Treiben wir nicht mit unseren

Wünschen und unserer Unzufriedenheit und Kritik unsere Regierung an, durch höhere Produktion unseren Konsum zu steigern? Zwingen wir ihr das nicht als die Hauptaufgabe ständig auf? Wir vergleichen uns mit dem Westen und finden, daß wir doch noch sehr viel brauchen. Wir sollten uns mit den Menschen in Äthiopien, Tansania und Indien vergleichen, um unseren Überfluß wahrzunehmen. Wir brauchen eine neue Freiheit im Umgang mit dem Besitz. Wir müssen neu die neutestamentliche Mahnung gegen den Geiz buchstabieren lernen. Und der Geiz wird nur überwunden durch eine innere Freiheit vom Besitz, durch ein neues Sein, das nicht am Haben orientiert ist.

Jesus ruft in diese Freiheit, indem er uns nahebringt, was uns wirklich reich macht. Gegen die Sorge, die um das Haben und die Sicherung des Habens kreist, sagt er: „Trachtet zuerst nach dem Reich Gottes und seiner Gerechtigkeit, so wird euch das andere dazugegeben werden." Es geht also um das Zurechtrücken der Prioritäten. Gottes Reich, das meint erfülltes Leben, eine neue Möglichkeit des Menschseins aus der Erfahrung der Liebe Gottes. Ein neues Sein, das uns füreinander aufschließt, das Gerechtigkeit und Gemeinschaft stiftet. Viel haben macht das Leben voll bis zur Völlerei. Christus führt in das erfüllte Leben, und das ist ein himmelweiter Unterschied. „Anders werdet ihr leben", sagt er, „nicht vom Brot allein, sondern von dem Wort Gottes, das euch das wirkliche Leben erschließt. Und so werdet ihr reich sein in Gott und für Gott und anderen etwas zu geben haben."

Wachstum in der Menschlichkeit

Von diesem neuen Lebensangebot aus werden wir die Prioritäten in unserem Leben zu überprüfen haben. Trachtet zuerst nach dem Reich Gottes, das heißt zum Beispiel, Priorität hat das Wachstum in der Menschlichkeit und nicht das Wirtschaftswachstum. Daß wir auf Christus hinwachsen, sagt der Epheser-Brief, ist das Entscheidende, daß wir reif im Glauben, stark in der Liebe werden und so auch vernünftig im Umgang mit Technik und Wirtschaft, so daß wir nicht von ihnen besessen sind, sondern sie in Freiheit besitzen. Das hat Priorität. Trachtet am ersten nach dem Reich Gottes, das heißt zum Beispiel, Kontakt ist wichtiger als Konsum. Daß wir miteinander reden ist wichtiger, als daß wir miteinander in eine bunte Röhre gucken. Daß wir mit unseren Kindern spielen ist wichtiger, als ihnen teures Spielzeug zu kaufen. Daß wir mit dem Nachbarn über den Zaun hinweg reden ist wichtiger, als diesen Zaun zu reparieren und möglichst dicht und hoch zu machen.

Wo überall zerstört Konsum den Kontakt? Besitz bekommt seinen wirklichen Stellenwert im Leben nur in heilen mitmenschlichen Beziehungen. Die Weisheit des Alten Testamentes sagt schon: Eine Gemüsesuppe unter freundlichen Tischgesprächen ist besser als ein Gänsebraten unter giftigen Streitgesprächen. Nächst dem Militarismus ist der Konsumerismus die größte Weltgefahr, und beides gehört zusammen. Christus will uns aus der Gefangenschaft im Konsumerismus befreien zur Kontaktfähigkeit, zum Stiften von guten Kontakten zwischen Reich und Arm, zum Dienst der Gerechtigkeit und Versöhnung gerade auch im materiellen Bereich. Verlaßt eine Welt, in der man besser weiß, daß Teilen die Freude verdoppelt und das Leid halbiert.

Verantwortung gegenüber der Natur wahrnehmen

Drittens: Wir laufen in die Falle einer zerstörerischen Naturbeherrschung. Wir müssen neu entdecken, was es für unseren Umgang mit der Natur bedeutet, daß wir an Gott den Schöpfer und daß wir an die Welt als Gottes Schöpfung glauben. Hier gibt es in der neueren Bibelauslegung sehr viel zu entdecken, was ich jetzt nicht alles darstellen kann. Ich möchte nur eines herausheben: Im ersten Kapitel der Bibel steht, daß der Mensch als Ebenbild Gottes geschaffen wurde, als Entsprechung zu Gott, und daß er als dieses Ebenbild Gottes in Entsprechung zu Gottes Handeln über die Erde herrschen soll. Am Anfang der neuzeitlichen Wissenschaft und Technik steht eine sehr charakteristische Umdeutung, ja Umkehrung dieses biblischen Wortes.

Der französische Philosoph René Descartes sagte: Dadurch, daß sich der Mensch die Erde untertan und sich selbst mit Hilfe von Wissenschaft und Technik zum Meister und Besitzer der Natur macht, verwirklicht er sich selbst als Gottes Ebenbild. Wie versteht sich hier der Mensch? Durch die Beherrschung der Natur kommt er zu sich selbst. In den Großtaten der Technik findet er seine Identität. Als der große Macher findet er sein Selbstbewußtsein. Wie versteht der Mensch von da aus Wissenschaft und Technik? Wissen ist Macht, sagt dieser Mensch. Wissenschaft und Technik sind die großen Werkzeuge zur Unterwerfung der Natur und zur Demonstration der Gottähnlichkeit des Menschen. Und wie versteht er die Natur? Eben als Umwelt, als Bühne und Kulisse für das große Heldendrama des Menschen, als Mittel zum Zweck der menschlichen Selbstbereicherung und Selbstdarstellung, als Objekt seines schrankenlosen Verfügens.

Aus diesem Denken, das die Natur zerstört, müssen wir umkehren zum biblischen Zeugnis. Als Gottes Ebenbild soll der Mensch Herr der Erde sein. Als Partner Gottes soll er Verantwortung tragen für Gottes Schöpfung, die Gott erhalten und vollenden will. Wie versteht dieser Mensch die Natur? Als Gottes geliebte Geschöpfe und nicht als Ausbeutungsobjekte. Wie versteht er die Wissenschaft? Wissenschaft heißt dann, die Zusammenhänge und Lebensgesetze der Natur verstehen.

Wissenschaftler sind dann Anwälte der Natur, die darüber wachen, daß die Techniker nur so weit in sie eingreifen, daß sie deren Leben nicht zerstören. Wissenschaftler sind aber gerade nicht die, die sozusagen die Natur ans Messer liefern. Und wie versteht der Mensch sich selbst? Er findet dann seine Identität eben nicht in den Werken, er findet sie nicht als der willkürliche Tyrann der Natur, sondern er findet sie im Dienst am Weitergehen des Lebens. Das Kernproblem aber ist der Umgang mit der wissenschaftlich-technischen Macht. Und hier hätten wir uns zu orientieren an dem Ebenbild Gottes schlechthin, an dem Menschen Jesus. Wie ist er denn mit der Macht umgegangen? Er hat der Versuchung widerstanden, seine Macht zur Selbstbehauptung und Selbstdurchsetzung zu mißbrauchen. Er hat seine ganze Macht in das Dienen gelegt, in den Dienst an den Leidenden gestellt. Was das praktisch heißt, erfahren wir aus solch einem schlichten Satz wie der goldenen Regel, wie man sie genannt hat: Was ihr wollt, das euch die Leute tun, das tut ihr ihnen auch. Ein ganz schlichter Satz von unermeßlicher Tiefe. Wozu leitet uns Jesus hier an? Er leitet uns an, uns in die Lage derer zu versetzen, die vom Tun anderer betroffen sind: Was euch die Leute tun ... Was tun uns die Leute? Was möchten wir, das uns die Leute tun? Und bedenkt, daß andere von den Folgen eures Tuns betroffen sind. Versteht euch als Betroffene, versetzt euch in die Situation der Leidenden, werdet sensibel für das Leiden anderer und handelt entsprechend. Habt also nicht den Ehrgeiz, zu den großen Machern zu gehören, sondern stellt euch zu denen, die von den großen Machern leidend betroffen sind. Laßt euch nicht von den großen Erfolgen von Wissenschaft und Technik faszinieren, sondern fragt nach den Folgen, die das zum Beispiel für die Bewohner der Industriegebiete hat. Verlaßt eine Welt, in der die Stoßseufzer der Leidenden wenigstens annähernd so viel gelten wie die Wünsche der Prominenten und die Bedarfsmeldungen des Militärs.

Verantwortung zur Menschlichkeit erkennen

Und letztlich: Wir laufen in die Falle eines Weltgewinns, eines technisch perfekten Weltgewinns durch Selbstverlust. Verlaßt eine gute Welt, schärft Bertolt Brecht ein. Gegen den Individualismus hatte er das gesagt, der nur die gute Gesinnung kultiviert und nur ein unbeflecktes Gewissen aus der Welt herausbringen will, sich aber nicht um die Wirkungen seines Tuns in der Welt kümmert. Darum betont er die Veränderung der Welt. Aber es ist wohl wieder an der Zeit, daran zu erinnern, daß auch die beste aller Welten dem Menschen nichts nützt, der sich selbst verliert, und daß die wahrhaft gute Welt eben bei uns selber und in uns selber anfangen muß. Wir sehen ja, daß die vier Gefahren, die die

Welt bedrohen, nicht nur Veränderung der Verhältnisse, sondern Änderung des Verhaltens fordern, daß sie nicht nur Gesellschaftsstrukturen, sondern unseren Lebensstil in Frage stellen, daß sie schließlich darauf hinauslaufen, daß wir uns selbst in unserer Menschlichkeit finden müssen, um eine technische Welt nach menschlichem Maß bauen zu können.

Es gibt eine Flucht in die Aktivität, weil man es mit sich selbst nicht aushält. Wer sich aber in die Praxis stürzt, weil er mit sich selbst nicht fertig wird, fällt anderen nur zur Last. Wer für andere da sein will, ohne seine Ich-Schwäche überwunden, seine Liebesfähigkeit vertieft und Freiheit sich selbst gegenüber gefunden zu haben, der wird anderen nur die Seuche seiner Ichsucht, die Aggressionen seiner Angst und die Vorurteile seines Denkens mitzuteilen haben. Unsere Zeit versteht sich perfekt auf Maschinen. Aber verstehen wir uns auf Menschen? Verstehen wir uns auf uns selbst?

Es gilt also, daß wir uns selber finden, zu uns selber kommen. Wenn wir uns aber selber suchen und finden, dann entdecken wir: Das Menschliche ist nicht machbar. Menschlichkeit läßt sich nicht technisch herstellen, biologisch manipulieren, psychologisch andressieren. Sollte die technisch so tüchtige Welt auf den ihr durchaus naheliegenden Gedanken kommen, den guten Menschen herzustellen, den sanften, den aggressionsfreien, den bedürfnislosen Menschen herzustellen, dann würde sie die Menschlichkeit gerade töten.

Menschlichkeit ist nicht machbar. Menschlichkeit lebt aus dem Empfangen. Wir leben als Menschen aus geschenkter Liebe, gewährtem Vertrauen, angebotener und treu durchgehaltener Gemeinschaft. Und diese Erfahrung setzt der Arbeit ihr menschliches Maß. Weil wir aus dem Empfangen leben, gebührt nicht der Aktion, sondern der Meditation, nicht der Arbeit, sondern der Besinnung, nicht der Produktion, sondern der Kommunikation, nicht dem Werktag, sondern dem Sabbat, dem Ruhetag der Primat. Wollen wir die Welt gut machen, dann müssen wir Menschen uns Zeit lassen, gut zu werden. Wir haben zu lernen, daß Nachdenken und Sich-Besinnen, daß die Pflege von Gemeinschaft mindestens ebenso lebenswichtige Tätigkeiten sind wie die Berufsarbeit. Unsere Arbeitswelt wird sich nur vermenschlichen, wenn gleichzeitig unsere Freizeit sinnvoller, menschlicher wird, nicht totgeschlagene, sondern erfüllte Zeit innerer Erneuerung und Gemeinschaft.

Ich habe Sie eingangs gebeten, sich auf die weitgespannte Verantwortung für die Welt unserer Kinder und Enkel einzulassen. Wir brauchen für diese Verantwortung die Quellen des Mutes und die Quellen der Verantwortlichkeit. Es gibt nämlich auch einen Verbrauch und ein Dahinschwinden moralischer Ressourcen und der Rohstoffquellen der Menschlichkeit. Wir brauchen den Zugang zu den Quellen des Mutes und der Verantwortlichkeit, zu den Quellen der Hoffnungen und der zähen Geduld, an der besseren Welt zu arbeiten. Diese Quellen erschließen sich, wo wir in der Begegnung mit Jesus Christus Empfangende werden.

Theologische Gesichtspunkte zu der Frage nach einer neuen Lebensweise

Ein Thesenpapier 1981

Die Thesen wurden 1981 für die Arbeitsgruppe Lebensstil des Ausschusses Kirche und Gesellschaft des Bundes der Evangelischen Kirchen in der DDR ausgearbeitet und dort diskutiert. Sie sind Bestandteil einer Mappe mit Materialien zum Thema „Auf der Suche nach dem menschlichen Maß – Zur sozialistischen Lebensweise", die der Kirchenbund im Dezember 1985 hektografiert vorgelegt hat. In der DDR gibt es eine marxistische Theoriediskussion zur sozialistischen Lebensweise. In der Kirche ist die Suche nach einem neuen Lebensstil ein Thema. Dieser Diskussion dienen die Materialien.

Die folgenden Thesen wurden im Januar 1981 vorgetragen und erläutert. Sie versuchen, aus theologischer Perspektive einen Überblick über das breit gefächerte Problemfeld einer neuen Lebensweise zu geben.

Ich meine, daß die Krise unserer Lebensweise so tief im Kern unseres persönlichen und sozialen Lebens wurzelt, daß ihr mit nur strukturellen, nur moralischen oder nur pädagogischen Empfehlungen und Maßnahmen nicht beizukommen ist. Sie reicht dahin, wo Jesu Ruf in die Umkehr und Paulus' Wort von dem neuen Leben zu uns spricht. Das ist natürlich eine *theologische* Diagnose, aber sie hat reichen Anhalt an empirischen Beobachtungen.

In unserer Welt, in der alles mit allem zusammenhängt, ist es wichtig, die Verflechtung unserer persönlichen Lebensweise mit den globalen Problemen und Strukturen unserer Welt zu erkennen. Das wird im zweiten Teil andeutungsweise versucht, wobei das Problem des Friedens und der Kriegsverhütung hier einmal am Rande bleibt.

Die theologische Kernthese findet sich in These 16. Wir sind „Beziehungswesen", und in den Beziehungen, in denen wir leben, entscheidet sich unsere Lebensqualität. Auch dies ist eine theologische Erkenntnis, aber sie findet vielfache Bestätigung in der Erfahrungsweisheit und in heutigen Erkenntnissen der Humanwissenschaften. Das erweist sich als eine wichtige Gesprächsbrücke, wenn wir als Christen unsere Glaubenserkenntnisse in den Dialog mit Nichtchristen über eine neue Lebensweise einbringen wollen.

Begriff und Fragestellung

1. Der Begriff Lebensstil meint ein Gesamtverhalten des Menschen, das für eine Gesellschaft oder eine Gesellschaftsklasse in einer Epoche kennzeichnend und Ausdruck ihrer Lebensorientierung (ihres Geistes, Wertbewußtseins, ihrer Sinnfindung) ist.

2. In der Frage nach einem neuen Lebensstil spricht sich das Bewußtsein eines epochalen Umbruchs aus, das sich verschieden auslegt.

Die Lehre von der sozialistischen Lebensweise fragt nach der individuellen Entsprechung zu dem konkreten Entwicklungsstand der sozioökonomischen Verhältnisse.

3. Lebensstil im ganzheitlichen und epochalen Sinn erschließt sich nur rückblickender geschichtlicher Deutung (vgl. z. B. Wilhelm Dilthey, Max Weber, Hans Freyer, Theodor Leuenberger u. a.). Lebensstil in diesem Sinn ist aber kein mögliches Handlungs- oder Erziehungsziel. Lebensstile, die man machen will, geraten zu Moden oder Uniformen.

4. Im Sinne ethischer Orientierung spricht man daher besser, nüchterner und bescheidener von Lebensweise, die sich in Verhaltensweisen konkretisiert.

Die Frage nach der Lebensweise ist mehr an kontinuierlichen Haltungen und Einstellungen als an punktuellen Entscheidungen bzw. Aktionen orientiert. Sie steht dem nahe, was früher Sittlichkeit und Tugend hieß (vergleiche auch die neutestamentlichen Tugend- oder Lasterkataloge).

5. Weil Lebensweise in Lebenssinn gründet, darf die Frage nach Veränderung der Lebensweise nicht moralisch, psychologisch, soziologisch verengt werden, sondern sie muß zu den Quellen des Sinns und der Erneuerung vorstoßen.

6. Welche Änderungen der Lebensweise an der Zeit sind, erkennt die Vernunft, die sich unverstellter Wahrnehmung der Krisen, Leiden und Verfehlungen der Zeit öffnet und von dem Lebensangebot Gottes erleuchten läßt. Sachverständige Analysen und geschichtliche Deutungen sind Wegbereitung zu dieser Erkenntnis.

Herausforderung zur Veränderung der Lebensweise

7. Das epochale Umbruchsbewußtsein ist darin begründet, daß die krisenhaften Entwicklungen der Gegenwart zugleich konstitutive Einstellungen und Verhaltensweisen und institutionelle Strukturen der Mo-

derne in Frage stellen. Nur wer beides miteinander wahrnimmt, stellt sich der geschichtlichen Herausforderung in ihrer Tiefe.

8. Die krisenhaften Entwicklungen sind:
die wachsende Kluft zwischen Arm und Reich;
Umweltzerstörung und Ressourcenverknappung;
der friedensbedrohende Prozeß des Wettrüstens;
wachsende Selbstentfremdung des Menschen in politischen und technischen Strukturen.

Dadurch sind in Frage gestellt:
Weltwirtschaftsordnung und Konsumerismus;
„harte" Technologie, objektivierendes, „abblendendes", „machtförmiges" Denken und ausbeuterisches Verhalten zur Natur;
bestehende Sicherheitssysteme, herrschendes Sicherheitsdenken und Freund-Feind-Denken;
partizipationsfeindliche Strukturen und mangelnde Verantwortungsbereitschaft und -fähigkeit und anderes.

9. Die Wurzeln des Konsumerismus dürften in einer Tiefe liegen, die von moralischen Aufrufen zu Verzicht und Askese nicht erreicht wird. Max Weber deutete den Geist des *Kapitalismus* aus der puritanischen Ethik, die Leistung und Erfolg als Anzeichen von Gottes Erwählung und Segen auffaßte. Arbeit und Erwerb dienten nicht dem Konsum, vielmehr lebte man bescheiden in „innerweltlicher Askese" und akkumulierte das Kapital, weil sich in ihm ein transzendenter Sinn manifestierte. Als dieser transzendente Sinnhorizont einstürzte, trat der Zirkel des Leistens und Sich-leisten-könnens an die Stelle. Durch die Wirtschaftstheorie von Keynes wurde die Steigerung der Nachfrage zum Motor des Wirtschaftswachstums im kapitalistischen System und damit der Konsumerismus auch strukturell im Wirtschaftssystem verankert.

Der Konsumerismus kann daher nur überwunden werden, wenn wir eine die Arbeit und die materielle Bedürfnisbefriedigung transzendierende und relativierende Lebenserfüllung finden und das System geändert wird, das den Menschen zwanghaft auf Konsumbedürfnisse orientiert.

10. Der *Sozialismus* Lenins förderte und forderte Arbeitsethos und Konsumaufschub für den Aufbau des Sozialismus und das Glück künftiger Generationen. Dies war die innerweltliche Askese einer säkularisierten Verheißungsreligion. Die Motivationskraft dieser Verheißung ist längst geschwunden. Sie kann Konsumaufschub kaum noch motivieren und die Frustrationstoleranz für unbefriedigte materielle Bedürfnisse nicht erhöhen. Die Steigerung der Bedürfnisbefriedigung wird hier zur sozialpsychologischen Notwendigkeit; denn die Loyalität gegenüber dem Sozialismus und die Arbeitsmotivation hängen an wachsenden Konsummöglichkeiten.

Auch hier bedarf es einer das gesellschaftliche System transzendierenden Lebenserfüllung und Sinngebung, damit der Konsumerismus überwunden werden kann.

11. Ökologische Krise und Wettrüsten weisen zurück auf eine „machtförmige" Wahrnehmung der Wirklichkeit (Carl Friedrich von Weizsäcker). Die Natur wird verdinglicht im Interesse ökonomischen, technischen Verfügens. Dahinter steht eine Umdeutung der Gottebenbildlichkeit und des Weltherrschaftsauftrages von 1. Mose 1, 27 ff. Nach René Descartes verwirklicht sich der Mensch als Gottes Ebenbild, indem er sich die Natur aneignet und sie zu seinem Nutzen meistert.

Daraus geht hervor, daß sich das Selbstbewußtsein des Menschen und seine Wahrnehmung der Wirklichkeit ändern muß, wenn die ökologische Krise bewältigt werden soll.

12. Die Ohnmachtserfahrung vieler Menschen und die Partizipationskrise der modernen Gesellschaften weisen auf ein zentrokratisches (Th. Leuenberger) und zugleich partikulares (A. M. Klaus Müller) Denken zurück. Es kommt heute aus zwei Gründen in die Krise:

– Die Strukturen der Gesellschaft werden immer komplexer und zentralistisch immer weniger regierbar;

– Zentrokratie hindert Spontaneität, Kreativität und Eigenverantwortlichkeit von unten.

Dezentrale Strukturen und die Herausbildung eines partizipatorischen Bewußtseins fordern sich gegenseitig.

13. Es macht sich ein „Unbehagen in der Modernität" breit (Peter L. Berger). Es greift auch in unsere Gesellschaft über und erfaßt zuerst die sozial Schwachen, die Nichtetablierten, die Sensiblen, die den Preis angepaßter Etablierter durchschauen, diejenigen, die Identität und Anpassung nicht auszubalancieren wissen. Diese Gruppen sind Seismographen einer Sinnkrise der Gesellschaft. Das Unbehagen zeigt sich im Fragen nach herrschaftsfreier Kommunikation, Selbstverwirklichung, zweckfreier Freude, Transzendenz und Lebenssinn.

Wird aber dieses Fragen aus dem Unbehagen heraus zu den Quellen der Erneuerung für ein verantwortliches Leben oder wird es zur Weltflucht führen?

Theologische Zugänge zu einer veränderten Lebensweise

14. Zur Änderung der Lebensweise ist unsere ganze Gesellschaft herausgefordert. Christliches Leben und Zeugnis sollen dazu einen Beitrag geben, der kommunizierbar mit Nichtchristen und für sie einleuchtend und einladend sein möchte. Der Heilige Geist erweist sich in seinem Wirken als der „intimste Freund des gesunden Menschenverstandes" und verbündet sich mit allem, was dem Weitergehen des Lebens dient.

Die Rede von einem „christlichen Lebensstil" muß sich vor der Gefahr der Gesetzlichkeit und der Abgrenzung hüten.
15. Der Zugang zu einer neuen Lebensweise ist das Evangelium, nicht das Gesetz (vergleiche These 5). Die neue Lebensweise ist nicht Forderung des Gesetzes, sondern für alle, die die Härte der Herausforderung erkennen, Angebot des Evangeliums. Sie wird nicht durch drohende Katastrophen erpreßt, sondern erwächst aus der Wiedergeburt zur lebendigen Hoffnung (1. Petrus 1, 3).
16. Menschliches Leben ist als geschöpfliches und in Jesus Christus angenommenes Leben in seinem Sein als *Leben in Beziehung* bestimmt. Als Gottes Gabe ist und bleibt menschliches Leben ständig auf Gott und sein Geben bezogen. Es empfängt sich aus Gottes schenkender und bedingungslos annehmender Liebe.
Seinem Bezogensein auf Gott entspricht das Bezogensein auf den Mitmenschen *(analogia relationis)*. Die Qualität des Lebens entscheidet sich in diesen Beziehungen.
17. In diesen Beziehungen gewinnen die Dinge, gewinnen Reichtum oder Armut ihren Stellenwert, ihre Qualifikation.
Kommunikation entscheidet über den Lebenswert von Konsum. Während Kommunikation und Konsum weltweit im Widerstreit liegen, ist das Herrenmahl das zentrale Symbol ihrer integrierten Einheit: Im Konsumieren von Brot und Wein kommunizieren wir mit Gott und miteinander.
18. Das Abendmahl zeigt, daß wir die spirituelle Dimension des Lebens nicht als „Überbau" dazugewinnen können, ohne die „Basis" unseres Lebens und unser Basisverhalten in Frage stellen zu lassen. Wir können nicht über den Verlust der Spiritualität in einem konsumeristisch verflachten Leben klagen und die Klage derer überhören, die an unserem Konsumerismus verhungern. Das primäre spirituelle Problem unseres säkularisierten Lebens ist das tägliche Brot des hungernden Nächsten. Kulturkritik in den Industrieländern ist blasphemisch, wenn sie nicht gleichzeitig Gesellschaftskritik im Interesse der Dritten Welt ist.
19. Daß die Ich-Es-Beziehungen ihren Stellenwert von den Ich-Du-und Ich-Wir-Beziehungen her erhält, leuchtet auch der Erfahrungsweisheit ein (vergleiche Sprüche 15, 16 f; 16, 8; Psalm 37, 16).
Psychologie als heutige Erfahrungsweisheit zeigt, daß materielle Bedürfnisbefriedigung nicht selten ein Surrogat frustrierter sozialer Bedürfnisse ist und umgekehrt reiche Erfahrung von liebender Zuwendung in der Kindheit zum Konsumaufschub befähigt.
20. Aus dem Geist der Kommunikation, des miteinander Teilens und Mitteilens ist ein kritisches Konsumbewußtsein und ein sozialethisch bewußtes Konsumverhalten zu entwickeln, das auch Konsumverzichte einschließen wird.
21. Auch die Produktionsarbeit empfängt ihren Stellenwert in den Be-

ziehungen, die das menschliche Leben qualifizieren. Nicht der Zirkel von Produkten und Konsum, Leisten und Sich-leisten-können entscheidet also über die Qualität des Lebens.

Das bedeutet, daß die Produktionsarbeit nur als eine Gestalt der Lebenstätigkeit neben „Meditationsarbeit" (Beziehung zu Gott oder den Quellen der Erneuerung) und „Kommunikationsarbeit" (mitmenschliche Beziehung) anzusehen ist (Götz Planer-Friedrich). Nur in diesen Beziehungen kann die Produktionsarbeit selbst von ihrem entfremdet-entfremdenden Charakter befreit werden.

Ein neues Arbeitsethos erwächst also nicht aus einer Verabsolutierung der Arbeit, sondern aus ihrer Relativierung, das heißt ihrer Einordnung in diese Beziehungen.

22. Die Verdinglichung der Natur, ihre Verrechnung unter die Ich-Es-Beziehung, ist vom Modell der Ich-Du-Beziehung her zu korrigieren. Partnerschaftlicher Umgang mit der Natur fordert heute die Grundhaltung der „Solidarität im Konflikt" (G. Liedke). Sie kann die Manipulation der Natur durch den Menschen zwar nicht aufheben, wohl aber einschränken und für das Leiden der Mitgeschöpfe unter den Menschen sensibilisieren. Die Hoffnung auf den Schöpfungsfrieden hält die Solidarität im Konflikt durch, ohne in kurzatmige Einungsträume mit der Natur oder technokratische Allmachtsphantasien über die Natur auszubrechen.

23. Die Partizipationsprobleme der heutigen Gesellschaften fordern eine Antwort heraus, die in der Verheißung des Geistes Gottes gründet:

Die prophetische Verheißung zeigt den Neuen Bund als Reich der vollen Partizipation aller (Jeremia 31, 33 ff). Während Christokratie noch zentrokratisch mißverstanden werden kann, führt der Geist in die herrschaftsfreie Kommunikation der Liebe.

In der geistgewirkten Gemeinde findet der Mensch seine Identität im Charisma, das ihn zu aktiver Gliedschaft und also zu partizipatorischer Existenz befähigt (1. Korinther 12).

Der Schöpfer- und Auferweckergeist führt in schöpferische Nachfolge, kreative Phantasie und verwandelnde Liebe, die an der Vermenschlichung der Verhältnisse arbeitet.

Als Geist des Gekreuzigten befreit er aus apathischer Existenz zu der Bereitschaft, sich vom Leiden der Mitmenschen und der Mitgeschöpfe mit betreffen zu lassen. Partizipatorische Existenz ist im Tiefsten ein Leben in der Solidarität des Mit-betroffenseins. Sie erfüllt, was in der goldenen Regel (Matthäus 7, 12; Lukas 6, 31) und in außerchristlicher Weisheitsliteratur implizit enthalten ist.

Die vom Geist Christi geleitete Hoffnung auf eine partizipatorische Gesellschaft setzt also beim Leiden der Mitmenschen und Mitgeschöpfe an, leiht ihnen und verschafft ihnen Gehör und Stimme.

24. Adventliche Hoffnung macht vertrauensfähig und ermöglicht die

Haltung der Zukunftsoffenheit. Sie widersteht den modernen Tendenzen, die Zukunft durch totale Planung, Technokratie und Zentrokratie verfügbar zu machen.

Machbarkeitskult und Sicherungsstreben (Sorge) verbauen die Zukunft, die sie sicherstellen wollen (vgl. Wettrüsten, Kernenergie, Manipulierung des Menschen). Das im Kreuz Christi gründende Vertrauen, daß Gott die Zukunft des Lebens durch Hingabe, Leiden und Tod hindurch kommen läßt, befreit dazu, das Leben nicht wie einen Raub festzuhalten, sondern es samt den eigenen Positionen und Ideologien im offenen Prozeß des Lebens ins Spiel zu bringen, aufs Spiel zu setzen und so das Weitergehen des Lebens zu ermöglichen. Zukunftsoffene Verantwortung und Planung verbündet sich mit dem Modell einer „offenen Gesellschaft" (B. Goudzwaard, Th. Leuenberger).

25. Zukunftsoffenheit aus dieser Hoffnung kann Ungewißheit ertragen, Pluralität gelten lassen, sich kritisch-dialogischen Prozessen aussetzen, Experimente wagen, Möglichkeitssinn entwickeln. Jenseits der lähmenden Alternative zwischen Systemstabilisierung und totaler Revolution inszeniert sie „Alltagsrevolutionen" (Th. Leuenberger).

Wege der Veränderung

26. Der Weg zur Veränderung der Lebensweise wird in eine neue Spiritualität führen müssen, in der sich die Quellen der Erneuerung erschließen.

27. Zur Veränderung der Lebensweise werden wir Gruppen als Lern-, Einübungs-, Beistands- und Lebensgemeinschaft brauchen. Der einzelne und die Kleinfamilie sind dem Konformitätsdruck der Umwelt meist nicht gewachsen.

28. Bei der Veränderung der Lebensweise werden sich Wandlungen im privaten Bereich mit Optionen politischer Verantwortung verbinden. Zum Beispiel wäre es wenig sinnvoll, den Gürtel enger zu schnallen und gleichzeitig ohne Protest den Helm fester zu binden, oder einen Fließbandarbeiter nach dem Achtstundentag Rilkelektüre statt Fernsehkonsum zu empfehlen.

Gleichwohl sind symbolische Aktionen auch dann sinnvoll, wenn sie keinen erkennbaren gesellschaftsverändernden Effekt haben.

29. Für die Änderung der Lebensweise wird es wichtig sein, Leiden, Defizite, negative Folgen in der jetzigen Lebensweise bewußt zu machen. Leidensdruck allein aber führt nicht weiter. Er muß mit erfahrbaren Antizipationen der Freiheit, zum Beispiel in kleinen Handlungsmöglichkeiten verbunden werden.

30. Psychologische und soziologische Barrieren der Veränderung sind aufzuklären, zum Beispiel die Mechanismen der Ersatzbefriedigung,

des Statusdenkens, der „geheimen Verführung" beim Konsumverhalten oder die Mechanismen des Aggressionsverhaltens.
31. Die Motivationen zur Veränderung sind zu ermitteln, die geeigneten und durchtragenden unter ihnen sind wirksam zu machen (Angst, Selbsterhaltung, Steigerung der Lebensqualität, Solidarität ...).
32. Die wichtigsten Handlungsfelder für die christliche Gemeinde sind
- Erziehung der Kinder in Familie und Gemeinde,
- Arbeit mit Gruppen, vor allem auf Rüstzeiten,
- symbolische Aktionen,
- Bewußtseinsbildung, die über die christliche Gemeinde hinauswirkt.

Zur Verantwortung
für den Frieden

Die ethischen Fragen des Krieges

Zum Stand der theologischen Erkenntnis 1966

Dieses Referat wurde für die vom Rat der Evangelischen Kirche in Deutschland (EKD) berufene Kammer für öffentliche Verantwortung erarbeitet und in einer ihrer Sitzungen im Jahre 1966 dort gehalten und diskutiert. Bis zum Sommer 1969 gehörten die evangelischen Landeskirchen in der DDR der EKD an. Die Kammer hatte den Auftrag, zum Thema „Kriegsverhütung und Friedenssicherung" zu arbeiten. Aus ihren Studien entstand zunächst eine Sonderveröffentlichung einiger ihrer Mitglieder, die Studie „Friedensaufgaben der Deutschen" vom 1. März 1968 (Kirchliches Jahrbuch der EKD 1968, S. 114-123). Am 1. Dezember 1969 dann legte die Kammer unter dem Titel „Der Friedensdienst der Christen" eine „Thesenreihe zur christlichen Friedensethik in der gegenwärtigen Weltsituation" vor. Mit dem Text wurden auch vorbereitende Arbeiten, darunter dieses Referat, als Buch veröffentlicht: Werner Danielsmeyer (Hrsg.), Der Friedensdienst der Christen, Gütersloh 1970.

Vorbemerkung: Es war mir nicht möglich, die neuere Literatur zur Frage vollständig aufzuarbeiten, ja, nicht einmal sie vollständig zu überblikken. Ich muß von vornherein damit rechnen, daß mir vor allem neueste Erscheinungen und Vorgänge entgangen sind. Ein sorgfältiger und ausführlicher Bericht über den Stand der Diskussion im Jahre 1959 von Erwin Wilkens findet sich in dem Sammelband „Atomzeitalter, Krieg und Frieden", Eckart-Verlag, Witten und Berlin 1959, herausgegeben von Günter Howe (im folgenden abgekürzt A. K. F.). Er erfaßt die Diskussion in der Evangelischen Kirche in Deutschland (EKD), in der Ökumene und in der katholischen Moral-Theologie. An neueren Beiträgen wurden von mir außer diesem Sammelband in der Hauptsache und mit Gewinn benutzt: der Artikel Krieg in „Religion in Geschichte und Gegenwart", 3. Auflage, von Helmut Gollwitzer (1960); Carl Friedrich von Weizsäcker: Bedingungen des Friedens, Union-Verlag Berlin/ DDR 1964; „Kriegsdienstverweigerung als christliche Entscheidung", Theologische Existenz heute, Heft 120; das Gutachten der Generalsynode der Niederländisch-Reformierten Kirche „Kirche, Krieg und Frieden", Band 16 der Polis-Reihe, Zürich 1963. In den drei zuerst genannten Beiträgen, aber – wenn ich mich nicht täusche – auch in dem holländischen Gutachten, ist zu spüren, daß die Verfasser an den Heidelberger Thesen mitgearbeitet haben oder von ihnen beeindruckt sind. Überhaupt scheinen mir im deutschen Raum die Arbeiten des Heidelberger Kreises der bedeutsamste Gesprächsbeitrag der letzten Jahre zu sein. Ich selbst habe an der Handreichung zum Friedensdienst der Kirche mitgearbeitet, die 1965 im Auftrage der Konferenz der Evangelischen Kirchenleitungen in der DDR erarbeitet wurde[1]. An einigen Punkten werde ich auf sie verweisen. Die folgenden Ausführungen verstehe ich als Überblick über die Problem- und Gesprächslage aus theologischer Sicht, wobei ich freilich meine eigene Position nicht verleugnen kann und will.

Was ich darlegen möchte, sei in fünf Punkten zusammengefaßt:
1. Zum Ansatz der Grundfragestellung
2. Zum Problem der theologisch-ethischen Grundlegung
3. Zur Frage des gerechten Krieges
4. Zur Frage der „Komplementarität"
5. Zum Verständnis der Wehrdienstverweigerung und des Ersatzdienstes

Zum Ansatz der Grundfragestellung

Überblickt man die Gesprächslage, wie sie sich nach der Spandauer Synode der EKD von 1958 darstellt, so kann man eine Verschiebung in der Fragestellung wahrnehmen. Bis dahin standen die ethischen Fragen des Krieges im Vordergrund. Die Diskussion kreiste um die Frage: Kann die Kirche heute zur atomaren Rüstung und zum Atomkrieg Ja sagen; kann sich der Christ daran beteiligen? Es wurde gefragt nach dem Wesen des modernen Krieges, nach dem Charakter der modernen Massenvernichtungsmittel, nach der Relevanz der Kriterien des gerechten Krieges in der heutigen Situation, nach der ethischen und politischen Bedeutung der atomaren Abschreckung, nach dem Verhältnis des atomaren zum konventionellen Kriege. Diese ethischen Fragen des Krieges haben ihre Bedeutung wahrhaftig nicht verloren. Es ist und bleibt eine Aufgabe christlicher Ethik zu sagen, ob und unter welcher Bedingung Teilnahme am Krieg und Kriegsrüstung vor Gott verantwortet werden kann[2]. Aber wenn ich recht sehe, werden diese ethischen Fragen des Krieges jetzt weithin in einem umfassenderen Fragehorizont gesehen, nämlich der positiven Aufgabe des Friedens. Das grundlegende und umfassende Thema ist die ethische, politische, christliche Verantwortung für den Frieden.

Die ethischen Fragen des Krieges sind als ein Teilproblem der Friedensaufgabe erkannt. Nur in diesem Fragehorizont sind die ethischen und politischen Probleme des Rüstungsgleichgewichts, der Abrüstung, der Wehrdienstverweigerung sachgemäß zu erfassen.

Karl Barth ist es gewesen, der die alte römische Sentenz *si vis pacem para bellum* umgekehrt hat: *si non vis bellum para pacem*[3]. *Para pacem,* das ist die Grundforderung und das Kriterium, an dem sich alles Nachdenken, Fragen und Handeln in diesem Problemkreis ausrichten und ausweisen muß. Diese Erkenntnis ist nicht völlig neu, und sie war in der Diskussion präsent. Aber sie ist als der beherrschende und bestimmende Grundansatz seit 1958 mehr ans Licht getreten und hat auch auf Einzelfragen neues Licht geworfen.

Die Wurzel dieser Problemverschiebung scheint mir vor allem in einem verantwortlichen Bedenken der gegenwärtigen Situation zu liegen. Das ist in den Heidelberger Thesen[4] angesprochen: „Der Weltfriede wird zur Lebensbedingung des technischen Zeitalters" (These 1). „Der Krieg muß in einer andauernden und fortschreitenden Anstrengung abgeschafft werden" (These 3). „Die tätige Teilnahme an dieser Arbeit für den Frieden ist unsere einfachste und selbstverständlichste Pflicht" (These 4). Weil der Friede elementar lebensnotwendig geworden ist, er nicht zum *bene vivere,* sondern zum *vivere* selbst gehört, genügt es nicht, Kriege im einzelnen zu verhüten, sondern die Anstrengung muß auf die Abschaffung des Krieges gehen. Dies ist aber nur möglich durch die positive, konstruktive Bemühung um eine internationale Friedensordnung, nur durch das *parare pacem.*

Karl Janssen sagt daher in seiner Erläuterung zu den Thesen mit Recht: „Immerhin ist es eine wichtige Tatsache, daß die Thesen jedenfalls deutlich zu machen suchen, daß die Frage des Krieges nur dann sachlich zutreffend behandelt werden wird, wenn sie der Frage nach dem Frieden untergeordnet wird. An dieser Stelle liegt der Schritt, an dem die Thesen in einer gewiß noch keineswegs zulänglichen Form einen Weg nach vorne zu zeigen suchen"[5]. In dieselbe Richtung weist Martin Schröter, wenn er zur Frage der Wehrdienstverweigerung schreibt: „Das Nein zum Kriegsdienst" ist „kein Sonderkapitel. Es ist vielmehr ein Teil des umfassenden Ja zum Frieden. Die Ausgangsfrage lautet: Was haben wir zu tun in einer Welt, die es – um des Fortbestehens der Menschheit willen – lernen muß, ohne Krieg zu leben?"[6]

Bei dem Postulat der Abschaffung des Krieges und der zukünftigen Friedensordnung liegt der Einwand nahe, daß es sich hier um eine geschichtliche Spekulation handele, die nicht tragfähig genug sei, um daraus Richtlinien für das Handeln abzuleiten. Man wird das meines Ermessens nicht sagen können. Erstens beruht dieses Postulat auf einer nüchternen Analyse der gegenwärtigen geschichtlichen Wirklichkeit und ist nicht als Utopie aus ethischen oder humanistischen Prinzipien deduziert. Zweitens kommt verantwortliches geschichtliches Handeln niemals ohne solchen Vorentwurf in die Zukunft hinein aus, der das Handeln am anzustrebenden Ziel orientiert. Theologisch ist dieses Postulat oder Leitbild, das der Orientierung des Handelns dienen soll, nicht an einem pessimistischen apokalyptischen Geschichtsbild, sondern an dem Gebot Gottes zu messen. Dieses aber weist mit dem Gebot der Lebenserhaltung, der Nächstenliebe und des Friedens in dieselbe Richtung. Zu erwägen ist in diesem Zusammenhang auch, was das Neue Testament mit der Gabe und Aufgabe der Prophetie bezeichnet, denn in ihr verbindet sich die Erkenntnis der Stunde und die Verkündigung des Gebotes.

Daß als Ausgangsfrage bei dem uns beschäftigenden Problem die Friedensaufgabe erkannt ist, erscheint auch theologisch notwendig und legitim.

Ich erinnere daran, daß die Leitfrage des Weißenseer Synodalwortes der EKD von 1950 lautete: Was kann die Kirche für den Frieden tun? Das ist darum schriftgemäß, weil die neutestamentliche Ethik nicht asketisch orientiert ist, nicht den Weg der Selbstheiligung durch Abgrenzung und Ausgrenzung von dem sündigen Äon weist. Vielmehr weiß sich der Glaube durch Christus geheiligt. Er ist der Sünde abgestorben, befreit zu dem neuen Wandel, der im Dienst der Liebe in der Welt und an ihr besteht. Das notwendige Disengagement des Glaubensgehorsams gegenüber der Welt der Sünde ist ein Moment im umgreifenden positiven Engagement des Dienstes in der Liebe.

Das bedeutet für die ethische Besinnung über Krieg und Frieden zweierlei:

1. An die Stelle eines Ethos der individualethisch verstandenen Heiligung tritt das Ethos der sozialethisch verstandenen Verantwortung. Der pazifistische Ansatz, sofern er individualethisch an der Bewahrung persönlicher Integrität orientiert war, ist damit überwunden. Bei der Wehrdienstverweigerung zum Beispiel kann nicht das entscheidende Motiv sein, daß ich mich aus dem Schuldzusammenhang des Krieges heraushalte. Die Stellung der westdeutschen kirchlichen Bruderschaften ist oft in dieser Richtung verstanden worden. Ernst Wolf sagt in seiner Erläuterung der theologischen Erklärung der Bruderschaften jedoch ausdrücklich: „Es geht bei dem hier ausgesprochenen Nein (zu den Massenvernichtungsmitteln) eben nicht um die ‚Sündenemigration‘, sondern um die besondere Konkretisierung auch politischer Mitverantwortung"[7]. In seiner Erläuterung zu den Heidelberger Thesen räumt Gollwitzer dann freilich ein, „daß es uns (er schließt sich hier offenbar mit den Bruderschaften zusammen) offenbar noch nicht gelungen ist, verständlich zu machen, wie bei dem uns als geboten erscheinenden grundsätzlichen Nein zum Atomkrieg und zur Drohung mit ihm der freie Raum für die politische Verantwortung des Christen gewahrt bleiben kann"[8]. Eben in diese Richtung will er mit seinem bedingten Ja zur The-

se von der Komplementarität vorstoßen, damit völlig klar werde, „daß das Nein (zu den Massenvernichtungsmitteln) nicht das der Selbstrechtfertigung, sondern das der Nächstenliebe ist"[9].

Damit ist die Diskussion an diesem Punkt offengehalten, und Annäherungen sind vielleicht möglich, was sich am Problem der Komplementarität zeigen muß. Für die ethische Klärung der Frage des Wehrersatzdienstes in den Baueinheiten der DDR hatte die Erkenntnis dieses theologisch-ethischen Ansatzes in dem Ethos gesellschaftlicher Verantwortung entscheidende Bedeutung.

2. Mit diesem ethischen Ansatz bei der Friedensaufgabe ist eine kasuistische Behandlung des Kriegsproblems überwunden, die das Problem der modernen Vernichtungswaffen und der Beteiligung an einem Krieg isoliert und die Hauptaufgabe dabei aus dem Blick verliert. Darauf wird bei der Behandlung des Problems des gerechten Krieges noch einzugehen sein.

Zum Problem der theologisch-ethischen Grundlegung

Nicht in allen Gesprächsbeiträgen tritt die theologisch-ethische Grundposition, von der aus gedacht wird, explizit hervor. Die Gegensätzlichkeit der theologischen Grundpositionen wird am deutlichsten auf der einen Seite in der theologischen Erklärung der Bruderschaften und auf der anderen Seite bei Thielicke und Künneth. Die Heidelberger Thesen halten sich in der theologischen Frage sehr zurück, sie sind aber wohl ein Beispiel dafür, wie verschiedene theologische Ansätze in den konkreten ethischen Entscheidungen konvergieren können. Ich würde es für nötig und im Blick auf das theologische Gespräch für fruchtbar halten, wenn man die ethischen Fragen von Frieden und Krieg nicht von fixierten theologischen Positionen aus durchdenkt (Christokratie hie, Zwei-Reiche-Lehre da), sondern von der Schriftauslegung selbst her. Das kann freilich nicht biblizistisch aufgrund einzelner Schriftstellen geschehen. Vielmehr muß nach dem hermeneutischen Ansatz gefragt werden, von dem aus die biblische Weisung in unserer Frage zu suchen ist.

Die einzelnen theologischen Konzeptionen müßten als verschiedene Weisen und Prinzipien der Schriftauslegung und also in ihrer hermeneutischen Funktion gesehen, geprüft und diskutiert werden.

Ich kann im folgenden nur ganz kurz und grob skizzieren.

1. Als erster hermeneutischer Ansatz wäre das gesetzliche Verständnis der Bergpredigt und der neutestamentlichen Paränese zu nennen. Darauf brauche ich nicht weiter einzugehen, weil ein so begründeter Pazifismus in der EKD nirgends vertreten wird. Nur zwei Bemerkungen scheinen mir hier wichtig: Die Stellung der Bruderschaften ist gelegent-

lich in dieser Richtung mißdeutet worden. Erwin Wilkens weist in seinem Bericht dieses Mißverständnis mit Recht zurück: „Es ist schwer zu begreifen, daß dieses Mißverständnis der Struktur dieser christozentrischen Ethik, mitunter bis in die Reihen ihrer eigenen Anhänger hinein, immer wieder vorgetragen wird"[10]. Dieser Vorwurf sollte also aus dem theologischen Gespräch in der EKD verschwinden. Zum anderen: Wenn diese theologische Grundlage des historischen Pazifismus abgelehnt wird, so sollte man damit kein pauschales Verdikt über ihn aussprechen. Die Theologie der Pazifisten ist ein Ding, der Zeugnischarakter und Zeugniswert ihres Tuns und die kirchengeschichtliche Bedeutung ihres Einsatzes ein ander Ding. In der Alternative zu einer pseudochristlichen ideologischen Rechtfertigung und Glorifizierung des Krieges haben sie die Schrift für sich. Bloße Verwerfung des Pazifismus als Irrlehre vergäße den schuldigen Dank gegen Gott und Menschen, der hier fällig ist, und solche Verwerfung von einem Standpunkt der Rechtgläubigkeit aus wäre unbußfertig.

2. Der zweite hermeneutische Ansatz geht von Römer 13 und den Sachparallelen aus. Römer 13 wird im Rahmen einer Theologie der Schöpfungs- und Erhaltungsordnungen interpretiert. Aus dem Wesen dieser Ordnungen in der gefallenen Welt unter Gottes Erhaltungswillen werden Normen für das Handeln abgeleitet, die für den Christen als Bürger dieser Welt und des Staates verbindlich sind. Die exegetische Basis für diese theologische Position dürfte zu schmal sein. Vor allem aber ist sie schwerlich mit dem Ansatz und Sinn der neutestamentlichen Paränese zu vereinbaren. Denn diese begründet das Handeln des Christen im Indikativ des Heilsgeschehens und stellt es unter Wort und Geist des lebendigen Herrn. Dabei wird in Stellen wie in Römer 13 der Bereich des Politischen für den Christen als Feld des Dienens unter dem Gebot der Liebe Christi eröffnet und verbindlich gemacht.

Das unaufgebbare Wahrheitsmoment in der Theologie der Erhaltungsordnungen liegt darin, daß sie die ethische Besinnung in der politischen Wirklichkeit dieses Äons festhält und dazu nötigt, die Wirklichkeitsstrukturen und Gegebenheiten ernst zu nehmen, in denen die christliche Verantwortung wahrzunehmen ist. Verantwortliches Handeln kann der rationalen Analyse der Wirklichkeitsfaktoren, die eine geschichtliche Situation konstituieren, nicht entbehren und muß sie als das Handeln mitbestimmende Faktoren in die ethische Besinnung einbeziehen. So ist von dieser Seite aus mit Recht immer wieder auf das Faktum der Atomwaffen und auf die politische Struktur des Gleichgewichts der Macht hingewiesen worden als auf Gegebenheiten, die durch kein theologisch begründetes Nein aus der Welt geschafft werden, mit denen vielmehr verantwortliches Handeln zu rechnen hat. Karl Janssen betont daher in seiner Erläuterung der Heidelberger Thesen: *in talibus ordinationibus exercere caritatem*, innerhalb der Ordnungen der Welt die Liebe ausüben[11]. Weil die Heidelberger Thesen bei einer rationalen Analyse der geschichtlichen Situation einsetzen und mit rationaler Bewältigung der Situation rechnen, weil sie den Weg zum Frieden in das vernünftige Ermessen stellen, sieht er die Thesen auf der theologischen Linie der Erhaltungsordnungen[12]. Das scheint mir insofern nicht zwingend zu sein, als der Differenzpunkt zwischen der Theologie der Erhaltungsordnungen und der theologischen Position der Bruderschaften nicht darin liegt, ob das rationale Ermessen in der Ethik eine Rolle zu spielen hat, sondern die Differenz setzt erst bei der Frage ein, welche Rolle es in ihr spielen kann. Die theologische Erklärung der Bruderschaften leugnet die Existenz und Relevanz der rational einsichtigen Ordnungen, Strukturen und Werte nicht. Allerdings wird bestritten, daß diese aus sich normative Kraft haben. Ihre Relevanz für das Handeln muß sich vielmehr jeweils erst in der Konfrontation mit dem Wort und Gebot Christi entscheiden.

Ich sprach von dem unaufgebbaren Wahrheitsmoment in der Theologie der Erhaltungsordnungen. Ihre Gefahr dürfte eben darin liegen, daß die rational erhobenen Wirklichkeitsstrukturen normative Dignität oder schicksalhafte Bedeutung gewinnen und dadurch die Relevanz des Heilsgeschehens und der aus ihm folgende Imperativ für unser Leben in dieser Welt suspendiert wird. Das geschieht da, wo das politisch-gesellschaftliche System der westlichen Demokratie zur göttlichen Ordnung aufgewertet, in seinem Verlust des Menschseins gesehen und zu seiner Erhaltung die Atomrüstung nicht nur, sondern notfalls auch ein Atomkrieg gerechtfertigt wird. Das geschieht aber auch da, wo die Struktur der gegenseitigen Abschreckung geschichtstheologisch auf das vom Sündenfall her zu verstehende Kampf- und Verdrängungsgesetz der Geschichte zurückgeführt und so das militärische Gleichgewicht des Schreckens als bleibende Notwendigkeit bis zum Jüngsten Tag behauptet wird[13]. Wird hier nicht theologisch etwas als Status fixiert, was im offenen Prozeß der Geschichte durchaus im Fluß ist? Die Heidelberger Thesen leugnen nicht den Kampfcharakter der Geschichte, sie gehen aber davon aus, daß Rüstung und Krieg in Zukunft kein mögliches Mittel zum Austrag dieser Kämpfe mehr sein können.

Das *exercere caritatem in ordinationibus* darf die Ordnung nicht statisch metaphysisch fixieren, sondern muß mit der Wandlung der Ordnungen im offenen Prozeß der Geschichte rechnen und an dieser Wandlung selbst aktiv konstruktiv gestaltend mitwirken.

3. Der dritte hermeneutische Ansatz geht vom Zentrum der Schrift aus, dem Zeugnis von der Versöhnung und Rechtfertigung in Christus. Der Imperativ des Friedensdienstes wird im Indikativ des Heilshandelns Gottes in Christus begründet. Der Dienst für den Frieden wird verstanden als Teil der Sendung der eschatologischen Gemeinde in die Welt. Das verbietet eine Einengung des Friedensangebotes auf den „in-

nerkirchlichen Dienstgebrauch", aber auch sein Mißverständnis als Programm einer innergeschichtlichen Verwirklichung des Reiches Gottes. Gut formuliert Helmut Gollwitzer: „Der Jünger, der das Neue in das Alte hineintragen soll, untersteht nicht zwei verschiedenen Geboten, wohl aber der Spannung zwischen dem Neuen, das er zu bezeugen hat, und den Lebensbedingungen der noch bestehenden alten Welt, in der er sein Zeugnis leben soll. Das Zeugnis hat also nicht chiliastischen, sondern bekenntnishaft demonstrativen Sinn"[14].

Ist der Friedensauftrag der Christenheit in der Versöhnungstat des Friedefürsten und im Anbrechen seines Reiches begründet und vollzieht er sich im Geschehen der Sendung der Gemeinde in die Welt, so ist damit gesagt, daß er zu ihrem Zeugendienst gehört. Das Handeln des Christen ist von seinem Verkündigungsauftrag nicht zu trennen, weil auch das Tun zum Zeugnis gehört. Es ist in der Christustat nicht nur begründet, sondern es bezeugt sie auch und weist auf sie zurück, damit die Menschen den Vater im Himmel preisen. Durch das glaubenschaffende Zeugnis, durch die *diakonia katallages* will Christus seine Friedensherrschaft anbruchsweise in dieser Welt durchsetzen.

Durch das *aletheuein en agape* der Gemeinde will er die Welt wachsen lassen auf ihn hin (Epheser 4, 15). Das Handeln des Christen im politischen Bereich, seinen Friedensdienst vom Zeugendienst trennen, das hieße hier, alles vom Menschen und nichts von Christus erwarten. Verheißung aber hat derjenige Friedensdienst, durch den Christus in der Welt wirksam wird. Christus ist nicht der Assistent unserer Friedensbemühungen, sondern christlicher Friedensdienst heißt, daß wir ihm bei seinem friedenschaffenden Handeln in der Welt assistieren. Die Weise dieses Assistierens kann nur der Zeugendienst in Wort und Tat sein.

Das Bedenken, das sich gegen diese Verklammerung von Verkündigung und Handeln immer wieder erhebt, ist das einer neuen Gesetzlichkeit. Hat dieser – wenn man so will – Christomonismus nicht mindestens ein Gefälle zum Christonomismus? Werden hier nicht in falscher Weise politisch-ethische Fragen zu Bekenntnisfragen gemacht und ethische Weisungen in die Allgemeinverbindlichkeit von Glaubensaussagen erhoben?

Diese christozentrische Ethik meint jedoch keine *nova lex*, sondern – mit W. Joest zu reden – den *usus practicus evangelii*. Sie impliziert keine christologisch begründete Staatsmetaphysik, keine direkte Deduktion politischer Entscheidungen aus christlichen Prinzipien. Das Verständnis der Herrschaft Christi von dem skizzierten Ansatz aus stellt vielmehr jeden einzelnen und die Gemeinde als ganze in die Freiheit und Aufgabe des *dokimazein* (Römer 12, 2) zu prüfen, was in der jeweiligen theoretisch nicht vorwegzunehmenden Situation für bestimmte Menschen der konkrete Wille des lebendigen Gottes sei. Das Problem der Ermessensentscheidungen hat meines Ermessens in diesem Vorgang des *dokimazein* seinen legitimen theologischen Ort. Es wird im Ansatz verfehlt, wenn ein Wirklichkeitsbereich des Handelns als Bereich des Ermessens abgegrenzt wird, wo Ratio und Gewissen mit sich selbst zu Rate gehen müßten, ohne mit Gottes Gebot konfrontiert zu werden. Das ist von entscheidender Bedeutung für die Seelsorge in diesem Fragenbereich.

Zur Frage des gerechten Krieges

Allgemein wird das Anliegen der Lehre vom gerechten Krieg in dem Sinne bejaht, daß sie nicht eine Rechtfertigung des Krieges, sondern gerade seine Begrenzung und seine kritische Unterstellung unter Gottes Gebot zum Ziele hat[15]. Einmütigkeit dürfte auch darin bestehen, daß ein Atomkrieg nicht als gerechter Krieg verstanden werden kann[16]. Gollwitzer sagt im Blick auf die fünfte Heidelberger These: „Die immer noch laufende Diskussion, ob nicht wenigstens zu Verteidigungszwecken der Atomkrieg ‚erlaubt' sei, ist damit prinzipiell schon überholt"[17]. Aber die Diskussion läuft noch, und einige lassen die Frage mindestens offen, ob die Anwendung nuklearer Waffen in einem äußersten Notfall nicht doch zulässig ist, so auch die neunte der Heidelberger Thesen. Sie stellt die Frage nach dem Ernstfall und sagt – in betonter Beschränkung der Blickrichtung auf den Soldaten –, daß er, der einmal A gesagt habe, nun im Ernstfall auch wird B sagen müssen. Dabei wird als „Rechtfertigung" für den Einsatz von Atomwaffen nur die Feststellung zugelassen, „daß die Drohung ohne Bereitschaft zum Ernstmachen sinnlos gewesen wäre; daß also nun die Folgen des Versagens des Friedensschutzes durch diese Drohung eingetreten und – als ein Gericht Gottes – von uns zu tragen sind"[18]. Gollwitzer wendet sich gegen den zwingenden Charakter der logischen Verknüpfung des Einsatzes von Atomwaffen mit der atomaren Abschreckung: „These 9 scheint mir an dieser Stelle noch zu sehr die Ethik der Logik zu unterwerfen, obwohl die im letzten Absatz von These 9 gegebene Überlegung die Unmöglichkeit jeder Rechtfertigung eines tatsächlichen Waffeneinsatzes erweist"[19].

Durch das Versagen der Abschreckung und das Eintreten des Ernstfalles ist nach Gollwitzer eine neue Situation entstanden, in der neu zu entscheiden ist: „Dann hat jeder Mensch, auch und gerade wenn er Soldat, General usw. ist, gerade das Gegenteil von dem zu tun, was er vorher gemacht hat (...) Dann ist jedenfalls für den Christen dieser ohnehin halsbrecherisch kühne Weg endgültig zu Ende"[20]. Ähnlich Günter Hove[21] und neuerdings sehr klar und entschieden das holländische Gutachten: „Die Welt muß wissen, daß die Christen und ihre Kirche der Meinung sind, daß Atomwaffen auch im äußersten Notfall nicht gebraucht werden dürfen und daß die Christen es nicht mit ihrem an Gottes Wort und Verheißung gebundenen Gewissen vereinbaren können, an einem atomaren Krieg mitzuarbeiten. Die Konsequenzen dieser Erkenntnis müssen bedacht werden. Eine dieser Konsequenzen ist die Überzeugung der Christen, daß der Obrigkeit und ihnen persönlich keine andere Möglichkeit bleibt, als die des Verzichts auf Vergeltung mit Atomwaffen, auch wenn der Feind wider alle Erwartungen und Berechnungen durch einen Krieg mit Einsatz von Atomwaffen beginnen würde"[22].

In der Tat, kann man diese Frage dem ethisch-politischen Ermessen in jenem Ernstfall überlassen, nachdem man vorher unter dem Gesichtspunkt des gerechten Krieges den Gebrauch von Atomwaffen verworfen und also dem ethisch-politischen Ermessen entzogen hat? Theologisch dürfte das nur möglich sein unter dem Begriff des ethischen Kompromisses, wie ihn Thielicke herausgearbeitet hat[23], also unter dem Vorzeichen des *non posse non peccare* in dieser Welt. Aber die unbestreitbare Wahrheit, daß wir allzumal Sünder sind auch in dem besten Leben, an dieser Stelle und so geltend zu machen, ist theologisch mindestens problematisch. Gollwitzer fürchtet mit Recht, daß ein Dissensus in dieser Frage den Konsensus in der Abschreckungsfrage von rückwärts her in Frage stellen kann[24].

Auch darum muß in dieser konkreten Frage Klarheit und wenn möglich Einmütigkeit erzielt werden. Allerdings hat ihre Beantwortung Rückwirkungen auf die Frage des militärischen Eides, ja, es wird von daher noch einmal problematisch, ob Wehrdienst in einer atomaren bewaffneten Armee überhaupt möglich ist, wenn die politisch und militärisch Verantwortlichen nicht erklären, daß sie die Atomwaffen auch im Verteidigungsfall nicht einsetzen werden[25]. Aber würde solche Erklärung den Abschreckungseffekt nicht aufheben? Die neunte der Heidelberger Thesen will doch wohl den Ernst des Problems atomaren Abschreckungsdienstes einschärfen, wenn sie schließt: Aber wehe den Leichtfertigen!

Eine wichtige Frage in diesem Zusammenhang des gerechten Krieges heute ist der begrenzte konventionelle Krieg im atomaren Zeitalter. Wie verhält er sich zum Atomkrieg, gilt das Verdikt des Atomkrieges auch für ihn? Hier spielt das Problem einer Ethik der Mittel eine Rolle. Gibt es eine qualitative Grenze zwischen den konventionellen und den ABC-Waffen? In der Diskussion scheint sich herauszukristallisieren, daß die Frage des Mittels weder zu nivellieren noch zu isolieren ist.

Nicht zu nivellieren: denn es gibt eine Grenze, jenseits derer Waffen nicht mehr als sinnvolle und legitime Kriegsmittel angesehen werden können. Die Lehre vom gerechten Krieg gibt hier auch heute brauchbare und gültige Kriterien. Diese Grenze ist bei den ABC-Waffen eindeutig überschritten.

Nicht zu isolieren: Der Einsatz von Atomwaffen ist nicht als Maßnahme für sich zu sehen und in dieser Isolierung kasuistisch zu beurteilen. Blickt man auf die Waffe an sich, so kann die Entwicklung immer kleinerer taktischer Atomwaffen die Grenze zu den konventionellen Waffen verschwimmen lassen. Auch wäre es denkbar, daß größere Atomwaffen „konventionell" eingesetzt werden, etwa zur Blockierung von Gebirgsübergängen[26]. Der Einsatz von Atomwaffen ist nur richtig zu beurteilen, wenn man das Gesamtgeschehen eines modernen Krieges ins Auge faßt. Dann wird klar, daß die Bereitstellung kleinerer Atomwaffen nur scheinbar eine Domestizierung des Atomkrieges ermöglicht, in Wahrheit aber die Gefahr der Eskalation eines begrenzten Krieges, in dem taktische Atomwaffen eingesetzt werden, zum großen Atomkrieg verschärft. Carl Friedrich von Weizsäcker kommt bei seiner Analyse der militärischen Situation zu dem Ergebnis, daß die Wahrscheinlichkeit eines Einsatzes von Atomwaffen in begrenzten Konflikten wächst. Wenn ein großer atomarer Weltkrieg ausbricht, dann nach seiner Meinung am wahrscheinlichsten auf dem Wege, daß er aus einem lokalen Konflikt durch beiderseitige Steigerung der Waffen hervorwächst[27]. So kommt er zu einer These, die dann auch in die elf Heidelberger Thesen aufgenommen ist und die besagt: Auf die Dauer wird der Atomkrieg nur zu verhüten sein, wenn es gelingt, den Krieg zu verhüten[28].

Aus dem allen folgt aber, daß der heutige konventionelle Krieg weder theoretisch noch praktisch vom Atomkrieg zu isolieren ist. In der atomaren Weltsituation muß sich die Beurteilung auch des konventionellen Krieges ändern, ganz abgesehen davon, daß auch die modernen konventionellen Waffen den Maßstäben des gerechten Krieges nicht mehr entsprechen. Selbst im Fall einer Ächtung und Abschaffung der ABC-Waffen ist der Rückweg zum konventionellen Krieg der Vergangenheit verschlossen, denn die Präsenz der Formel macht die Herstellung von Atomwaffen jederzeit möglich und damit auch die Steigerung des konventionellen zum atomaren Krieg[29].

Immerhin haben wir mit dem Faktum lokal begrenzter konventioneller Kriege zu rechnen. Wenn wir nicht den Standpunkt des prinzipiellen Pazifismus einnehmen wollen, müssen wir uns dieser Frage stellen. Sicher ist, daß in der heutigen Situation auch solch ein begrenzter konventioneller Krieg nur im äußersten Grenzfall legitim und für den Christen mitvollziehbar sein kann[30].

Zur Frage der Komplementarität

In diesem Gedanken ist wohl der bedeutsamste, aber auch problemgeladenste Beitrag zum Gespräch zu sehen. Er ist schon darum positiv zu werten, weil er die erstarrten Gesprächsfronten nach vorn in Bewegung setzt, ohne freilich schon eine abschließende Lösung gebracht zu haben. Es standen und stehen sich gegenüber: das radikale Nein zu den Atomwaffen, nicht nur als Mittel staatlicher Gewaltausübung, sondern auch staatlicher Gewaltandrohung; andererseits das bedingte Ja zu den Atomwaffen nicht nur zur Gewaltandrohung, sondern auch zur eventuellen Gewaltausübung im Verteidigungsfall. Die offene Flanke der einen Seite liegt in der Frage: Wie kann im Status quo, in dem das atomare Gleichgewicht, faktisch jedenfalls, auch eine kriegsverhütende Funktion ausübt, politisch verantwortlich gehandelt werden, wenn dieses Gleichgewicht durch ein radikales Nein aufgehoben wird? Die offene Flanke der anderen Seite: Wie kann die atomare Abschreckung bejaht werden, wenn man dann der Konsequenz des Waffeneinsatzes im Ernstfall doch nicht entgehen kann; und wie kann man diesen Einsatz bejahen, wenn er doch dem Gebot Gottes, des Versöhners und Erhalters, total widerspricht?

Die These von der Komplementarität bezieht sich nur auf den Waffenverzicht und das Beibehalten von Atomwaffen zur Abschreckung, keineswegs auf den Einsatz von Atomwaffen. Gollwitzer hat dies jedenfalls als seine Auffassung eindeutig dargelegt und seine Zustimmung zu diesem Gedanken davon abhängig gemacht. Daß die Thesen selbst an dieser Stelle nicht so eindeutig sind, sahen wir schon. Weiter ist zu sagen, daß die beiden Entscheidungen nur dann als komplementär verstanden werden können, wenn sie beide unbedingt von der Intention getragen sind, den Atomkrieg zu vermeiden und der Herstellung des internationalen Friedens zu dienen. Was bedeutet das für die Beteiligung an der atomaren Abschreckung? „Es muß nur unbedingt feststehen, daß sein (des Friedensschutzes durch Atomrüstung) einziges Ziel ist, den Frieden zu bewahren und den Einsatz dieser Waffen zu vermeiden; und daß nie über seine Vorläufigkeit eine Täuschung zugelassen wird"[31].

Damit ist zweierlei gesagt: Erstens: Die heute noch einzig mögliche Motivierung für die Beibehaltung atomar gerüsteter Armeen ist die Bewahrung der Welt auf eine künftige Friedensordnung hin. Damit sind die herkömmlichen Motivierungen der Rüstung in der nationalen Verteidigung abgelöst. An die Stelle nationaler Güter, auch an die Stelle eines zu verteidigenden Gesellschafts- und Wirtschaftssystems ist damit der Friede getreten, konkret die künftige Friedensordnung, die in dem durch das Rüstungsgleichgewicht offengehaltenen Spielraum auf politischem Wege erreicht werden muß. Die Frage ist, ob diese Motivierung und Zwecksetzung in den Thesen selbst konsequent durchgehalten ist.

Mit diesem ersten ist das zweite schon gegeben, daß nämlich diese Funktion und Funktionsbestimmung der Armeen nur eine vorläufige sein kann. Das wachsende Risiko des Atomkrieges, das auf diesem Wege liegt, ist gesehen. Eben weil die Abschreckung kein stabiler Dauerzustand ist, sondern nur in einem Übergangsstadium Sinn haben kann, darum sagt ja These 3, daß die Ausschaltung des Krieges überhaupt unser Ziel sein muß.

Die atomare Abschreckung ist also nicht wie bei Thielicke als die unausweichlich bleibende Ordnungsstruktur der gefallenen Welt angesehen. These 8 ist nicht auf dem Hintergrund solcher Theologie der Erhaltungsordnungen zu sehen. Das „Noch" in These 8 ist sorgfältig zu hören. Die Beteiligung an der Atomrüstung ist als eine heute noch mögliche christliche Handlungsweise anzuerkennen. So dürfte Gollwitzer richtig interpretieren, daß These 8 keine Rechtfertigung der Atomrüstung gibt, sondern lediglich die Begründung ihrer vorläufigen Beibehaltung[31]. Auch darin dürfte ihm zuzustimmen sein, daß die Atomrüstung hier nicht als Sonderfall des generellen Rüstungsrechtes, sondern als Ausnahmefall des generell unmöglichen Atomrüstungsrechtes verstanden ist[32]. Denn die Thesen sagen ja ausdrücklich, daß bei den Atomwaffen die klassische Rechtfertigung des Krieges versagt (These 5).

Es scheint mir sehr wesentlich, daß die Komplementarität beider Handlungsweisen nicht so gesehen wird, als stünden sie gleichgewichtig, zeitlos dauernd nebeneinander. Vielmehr sind die beiden Entscheidungen auf einen dynamischen geschichtlichen Prozeß bezogen, in dem sie unterschiedliche Funktionen auf dasselbe Ziel hin haben. Dabei ist der Waffendienst die auslaufende, der Waffenverzicht die anlaufende, kommende Haltung. Das hat Weizsäcker in seiner Friedensrede besonders pointiert ausgesprochen. Es ist ein Mangel des Begriffs der Komplementarität, daß diese geschichtliche Dimension der Sache in ihm nicht unmittelbar zum Ausdruck kommt.

Trotz all dieser Präzisierungen ist es mir fraglich, ob das Risiko des Atomkrieges auf dem Wege der atomaren Rüstung, ob das zum Krieg treibende Gefälle in dieser Rüstung selbst deutlich genug gesehen ist. Diese Frage stellt sich mir – ich deutete es vorhin bereits an – bei der Motivierung, die die Heidelberger Thesen für die Beibehaltung der Rüstung geben. Das Dilemma der gegenwärtigen Situation sehen sie für die Bürger der westlichen Welt darin, „ob sie die Rechtsordnung der bürgerlichen Freiheit durch Atomwaffen schützen oder ungeschützt dem Gegner preisgeben sollen"[33]. Eine einseitige Abrüstung schlösse das Risiko in sich, „daß unsere Begriffe von Recht und Freiheit für unabsehbare Zeit verlorengingen. Wie weit oder unter welchen Voraussetzungen in der Welt, die dann auf uns wartet, christliches Leben möglich wäre, wissen wir ebenfalls nicht"[34]. Hier ist relativ vorsichtig formuliert. Die unmögliche Alternative: geistig-moralischer Tod oder physischer Tod ist hier nicht aufgestellt.

Die Rechtsordnung der bürgerlichen Freiheit bleibt hier relatives Gut, zum *bene vivere*, aber nicht zum *vivere* selbst gehörig, und als solches wird sie niemand von uns gering schätzen. Aber kann sie als relatives

Gut das Risiko eines Atomkrieges oder gar diesen selbst rechtfertigen? Ist sie in dieser Relativität auch psychologisch wirksam genug, um dem Soldaten und dem ganzen Volk das moralische Rückgrat für einen Atomkrieg zu geben? Hier ist die Stelle, wo in den atomar gerüsteten Armeen und Gesellschaften das Zwangsgefälle zur Ideologisierung dieser Güter, zu ihrer Aufwertung und Verabsolutierung einsetzt; und entsprechend dazu die Nötigung zur Verteufelung des Gegners, die Darstellung seines Gesellschaftssystems als elementare Bedrohung und Verlust des Menschseins. Nur für höchste Güter und nur, wenn sie absolut bedroht sind, kann ein Atomkrieg riskiert werden. So treibt diese Argumentation zur Alternative von moralisch geistigem oder physischem Tod hin, und auch wer sich dagegen wehrt, muß sich fragen lassen, ob er in praxi dieser Konsequenz entrinnen kann.

Vollends verhängnisvoll wird die Argumentation, wenn mit dem westlichen Gesellschaftssystem das Christentum verquickt wird und die Verteidigung des Westens als die Verteidigung der Möglichkeit christlichen Lebens erscheint. Das wäre ein Rückfall hinter Luther in die Ideologie der Kreuzzüge. Den Bruderschaften wäre hier zuzustimmen, wenn sie darin in aller Form eine Irrlehre sehen[35].

Man muß sich klarmachen, daß mit dieser Argumentation und ihrem Gefälle die ursprüngliche Motivierung der Atomrüstung unterhöhlt und praktisch aufgehoben wird. Lag diese Motivierung in der Bewahrung der Welt auf eine zukünftige Friedensordnung hin und war dabei der Frieden das höchste Ziel, so droht jetzt die Rechtsordnung der bürgerlichen Freiheit als höchstes Gut an die Stelle des Friedens zu treten. Im Osten gilt dasselbe für die Werte des Sozialismus. Diese ideologische Selbstverabsolutierung jeder Seite blockiert aber alle Schritte auf die zukünftige Friedensordnung hin. Das ist die eigentliche Zwickmühle in der gegenwärtigen Situation. Es ist die Frage, ob dieses ideologische Zwangsgefälle mit allen Begleiterscheinungen des kalten Krieges überhaupt zu vermeiden ist, wenn man sich auf den Weg der Abschreckung einläßt. Geschichtlich und sozialpsychologisch gesehen, haben wir es hier mit einem geradezu klassischen Beispiel für Ideologie und Ideologisierung zu tun. Neutestamentlich exegetisch dürfte es nicht zu kühn sein, wenn man in diesem ideologischen Zwangsgefälle, das aus objektiver Nötigung erwächst und Menschen im Denken und Handeln gefangen nimmt, eine Gegenwartsgestalt dessen sieht, was das Neue Testament die *Stoicheia tou kosmou* nennt. Damit tritt auch theologisch die Bedrohlichkeit des Weges der Abschreckung noch einmal in ein grelles Licht.

Mir will scheinen, daß die einzig mögliche Motivierung für die Beibehaltung des atomaren Gleichgewichtes in dem Frieden selbst gesehen werden kann, dem sie dienen soll. Weil eine einseitige Kapitulation durch einseitigen Atomverzicht dem Frieden faktisch nicht dienen würde, darum muß das atomare Gleichgewicht vorläufig beibehalten werden. Solch eine Kapitulation würde die Gegenseite zum Mißbrauch der Macht als absoluter Macht verführen. Ein durch solche verabsolutierte Macht hergestellter Friede wäre kein dauerhafter Friede. Eine wirkliche Friedensordnung kann nur durch freie Vereinbarung auf dem Wege des Verhandelns erreicht werden. Die Freiheit beider Seiten zu solchen Verhandlungen muß jetzt noch durch das atomare Gleichgewicht garantiert werden. So motiviert und durch diese Motivierung streng begrenzt würde die vorläufige Beibehaltung der atomaren Rüstung von einer Verantwortung getragen, die auch den Gegner mit einschließt und die sich unterscheidet von dem Kollektiv-Egoismus beider Seiten, der das je eigene Interesse ideologisch auflädt.

Die große und sehr reale Bedeutung, die dem Faktor Ideologie in diesem Zusammenhang zukommt, zeigt, daß die Kirche hier große Verkündigungsaufgaben hat. Man wird die These von der Komplementarität des Waffenverzichtes und des Waffendienstes nur dann sinnvoll und verheißungsvoll vertreten können, wenn man in Ost und West dem Zwangsgefälle der Ideologisierung klar und entschieden entgegenwirkt.

Zur Wehrdienstverweigerung

Nach allem Vorangehenden kann ich mich hier mit wenigen Sätzen begnügen. Was zunächst das Verständnis der Wehrdienstverweigerung anlangt, so ist nach allem Gesagten klar, daß sie nur aus dem gesellschaftlich-politischen Engagement für den Frieden recht verstanden werden kann. Dieser Gesichtspunkt war und ist für uns in der DDR entscheidend für die Beurteilung der Anordnung über den Wehrersatzdienst in den Baueinheiten. Weil er bisher nur als Wehrdienst ohne Waffe verstanden werden kann, nicht als echte Alternative zum Wehrdienst mit der Waffe, mußten wir in der Handreichung kritisch zu ihm Stellung nehmen.

Für die Kirche bedeutet das, daß sie die Entscheidung der Wehrdienstverweigerer nicht nur als persönliche Gewissensentscheidung zu respektieren, sondern als eine existentielle Gestaltwerdung des der ganzen Kirche aufgetragenen Friedenszeugnisses zu bejahen hat. Sie sollte also nicht nur um der Freiheit des Gewissens willen für die Wehrdienstverweigerer eintreten, sondern ihre Entscheidung als eine legitime christliche Gehorsamsentscheidung mit vertreten. Durch die Annahme der Handreichung haben die Kirchen in der DDR diesen Schritt nach vorn getan.

Noch ein Wort zum Rechtsschutz der Wehrdienstverweigerer und zur

Regelung des Ersatzdienstes. Thielicke geht in seiner Theologischen Ethik bei der Behandlung dieser Frage einmal von der Spannung zwischen Legalität und Moralität und zum anderen davon aus, daß der Staat seine Ordnung und Frieden erhaltende Funktion durch seine militärische Verteidigungsmacht wahrnehmen muß. Die Wehrdienstverweigerung kommt hier nur als individuelle Gewissensentscheidung in Betracht, die um der Gewissensfreiheit willen geduldet werden muß, aber nur soweit geduldet werden kann, als sie die Verteidigungkraft des Staates nicht wesentlich schwächt. Das ist im wesentlichen aus der voratomaren Weltsituation heraus gedacht. Wenn es heute rationaler, geschichtlicher, politischer Einsicht entspringt, daß die Abschaffung des Krieges und der Aufbau einer internationalen Friedensordnung eine geschichtliche und politische Notwendigkeit ist, dann ist dem Staat auch eine neue und andere Auffassung der Wehrdienstverweigerung und eine neue und andere Gestaltung des Wehrersatzdienstes zuzumuten.

Wehrdienstverweigerung als Entscheidung für den Friedensdienst muß als positives politisches Engagement anerkannt und in der Gestaltung des Ersatzdienstes politisch fruchtbar gemacht werden. Ersatzdienst ist dann nicht mehr nur der Prüfstein für die Echtheit der Gewissensentscheidung, die sich in Leidensbereitschaft erweisen muß[36]. Ich kann hier auf den Aufsatz von M. Schröter in Theologische Existenz heute, Heft 120, verweisen. Er führt über die Position von Thielicke wesentlich hinaus und bis in konkrete Gestaltungsvorschläge hinein.

Anmerkungen

[1] Der Text ist in der DDR nicht gedruckt worden. Erstmals wurde er dokumentiert im Kirchlichen Jahrbuch 1966, Gütersloh 1968, S. 249 ff.

[2] H. Gollwitzer, Zum Ergebnis der bisherigen Beratungen, in: Günter Howe (Hrsg.), Atomzeitalter, Krieg und Frieden, Witten u. Berlin 1959, künftig zitiert als A. K. F., S. 262.

[3] Karl Barth, Kirchliche Dogmatik, III, 4, S. 517.

[4] Dokumentiert in A. K. F. S. 226-236.

[5] A. K. F. S. 237.

[6] Theologische Existenz heute (künftig Th. E.) 120, S. 29.

[7] Th. E. 70, S. 23. Vgl. den 3. Satz der Erklärung S. 15.

[8] A. K. F. S. 257.

[9] A. K. F. S. 258.

[10] A. K. F. S. 121. Direkt ist dieses Mißverständnis in Th. E. 70, S. 18 abgewehrt.

[11] A. K. F. S. 245.

[12] A. K. F. S. 239.

[13] Vgl. H. Thielicke, Theologische Ethik, II, 2, S. 574 u. a. Dagegen Th. E. 70, S. 79.

[14] Religion in Geschichte und Gegenwart (RGG), 3. Aufl., IV, Sp. 69.

[15] K. Jansen in A. K. F. S. 241 f.; H. Gollwitzer in RGG IV, Sp. 70.
[16] H. Thielicke, Theologische Ethik II, 2, S. 588; Heidelberger Thesen, 5. These; K. Jansen, A. K. F. S. 241.
[17] A. K. F. S. 241.
[18] A. K. F. S. 234.
[19] A. K. F. S. 263.
[20] A. K. F. S. 264.
[21] A. K. F. S. 192.
[22] Kirche, Krieg und Frieden. Bd. 16 der Polis-Reihe, Zürich 1963, S. 50 f., vgl. S. 27.
[23] Theologische Ethik II, I.
[24] A. K. F. S. 263.
[25] Vgl. dazu das holländische Gutachten Anm. 22, S. 28 f.; 72.
[26] A. K. F. S. 249.
[27] A. K. F. S. 30 f.
[28] A. K. F. S. 37; vgl. These 3, S. 227.
[29] C. F. v. Weizsäcker in A. K. F. S. 37, Gollwitzer in RGG IV, Sp. 72.
[30] Sehr sorgsam erwägt das holländische Gutachten diese Frage, a. a. O. Anm. 22, S. 37ff; 61.
[31] A. K. F. S. 233.
[32] A. K. F. S. 261; vgl. Th. E. 70, S. 24.
[33] A. K. F. S. 230.
[34] A. K. F. S. 233.
[35] Th. E. 70, S. 25.
[36] So W. Künneth nach H. Thielicke, Theologische Ethik II, 2, S. 659.

Aufregung um den Frieden

Rede zur Eröffnung der Friedensdekade 1981 in Erfurt

Seit 1980 findet in den evangelischen Kirchen in der DDR jeweils im November eine Friedensdekade statt. Die dezentralen Veranstaltungen dazu in Gemeinden und Kirchenkreisen – Gottesdienste, Meditationen, Diskussionen, Seminare, Ausstellungen, Lesungen und so weiter – haben jeweils ein gemeinsames Leitwort. Zentral erarbeitete Anregungen und Materialien stellt der Kirchenbund zur Verfügung. Ich habe bisher in jedem Jahr zur Eröffnung der Friedensdekade in der Stadt Erfurt in der Reglerkirche zum Thema und zur aktuellen Situation gesprochen. Die hier vorgelegte, bisher nicht gedruckte Rede wurde am 8. November 1981 gehalten. Das offizielle Thema der Friedensdekade 1981 hieß: „Gerechtigkeit – Abrüstung – Frieden".

Das ist heute der Ort des Friedens: zwischen Angst und Hoffnung. Wo man aber zwischen Angst und Hoffnung hin und her gerissen ist, herrscht Aufregung. Wir haben gegenwärtig Aufregung um den Frieden. In Westeuropa sind es die Friedensbewegungen. Sie regen sich auf, weil die gegenwärtige Politik der Friedenssicherung durch Rüstung, die so nüchtern, besonnen, realistisch und vernünftig einhergeht, immer mehr als lebensgefährlicher Irrsinn offenbar wird, der zwar Methode, aber keine Vernunft noch Zukunft hat. Darum *machen* die Friedensbewegungen Aufregung durch Appelle, Diskussionen, Demonstrationen und Aktionen.

Bei uns gibt es Aufregung um die Initiative „Sozialer Friedensdienst". Junge Leute bitten um die Möglichkeit, statt des Wehrdienstes und des Wehrersatzdienstes innerhalb der Nationalen Volksarmee einen sozialen Friedensdienst an hilfsbedürftigen Menschen tun zu dürfen. „SoFD" ist die hübsche Abkürzung dieser Initiative, auf deutsch also „weich, sanft". In der Tat, hier ist nichts Gewaltsames oder Provokatives, nur Eingaben an die Synoden der Kirchen, sie möchten das Anliegen aufnehmen und bei der Regierung vertreten.

Dieser sanfte Weg darf freilich nicht hinwegtäuschen über die tiefe Unruhe und Aufregung um den Frieden in unserer Jugend. Mögen da manche wieder einmal nur nachmachen, was im Westen gerade „in" ist. Mögen andere Frieden sagen, aber ihre Unzufriedenheit mit unserer Gesellschaft meinen. So kann man die tiefe Aufregung um den Frieden nicht wegerklären und von sich abschieben. In dieser sanften Initiative stecken schon sehr aufregende Fragen! Muß die Gleichung „Wehrdienst ist Friedensdienst" nicht in Frage gestellt werden? Ist sozialistische Wehrerziehung wirklich *die* Friedenserziehung? Ist der ganze Weg einer Friedenssicherung durch Rüstung nicht zu Ende, liegt das Dilemma, in das er führt, nicht am Tage, und es fehlt uns nur an Mut und Entschlossenheit, das zu sehen und zu sagen und davon umzukehren? Diese Aufregung um den Frieden läßt manche in Staat und Kirche um ihren Frieden fürchten. Sie denken bei Frieden an Ruhe, Ordnung und Sicherheit. „Bitte, nicht stören!" heißt ihre Friedenslosung: „Laßt mich in Frieden!"

Man wird unwillkürlich an den bissigen ironischen Anfang des Kommunistischen Manifestes erinnert und möchte es abwandeln: „Ein Gespenst geht um in Europa – das Gespenst des Pazifismus. Alle Mächte des alten Europa haben sich zu einer heiligen Hetzjagd gegen dieses Gespenst verbündet ..." Wenn diese Friedensbewegungen ein Signal dafür sind, daß eine alte Friedensordnung brüchig und am Ende ist, und wir zu neuen Wegen des Friedens aufbrechen müssen, dann läßt sich der Pazifismus ebensowenig wie der Kommunismus wie ein Gespenst verscheuchen. Wir müssen uns der Aufregung um den Frieden stellen. Solange der Ort des Friedens *zwischen* Angst und Hoffnung liegt, ist der Frieden eine aufregende Sache. Solange ist er noch nicht völlig da, aber auch nicht völlig verloren. Wenn das Reich Gottes, das Reich des Friedens gekommen sein wird, regen wir uns wegen des Friedens nicht mehr auf, wir werden in ihm wie in etwas Selbstverständlichem leben. Das wird freilich aufregend schön sein. Wenn dagegen die Angst allein herrscht und alles verschlingt, wird nur noch lähmendes Entsetzen und erstarrte Verzweiflung sein.

Gott sei Dank, es ist noch und wieder Aufregung um den Frieden! Nichts wäre schlimmer, als sie niederzuhalten, sie totzutreten, totzureden oder totzuschweigen. Es liegt an uns, daß es eine produktive, schöpferische Aufregung wird. Also nicht eine Hektik, die ratlos die Hände ringt. Eine Aufregung, die mit Aufbruch zu tun hat, mit Anregung, was man tun könnte, mit der Hoffnung, daß viel zu tun ist, und nur mit der einen Angst, wir könnten etwas versäumen.

Liebe Freunde, von dieser Aufregung sollte in der Friedensdekade, die wir heute beginnen, etwas spürbar sein. Sie ist keine diffuse Stimmung, sondern dringt auf Klarheit und will Besonnenheit. Darum wollen wir jetzt der Aufregung um den Frieden auf den Grund gehen. Welcher Grund zur Aufregung besteht? Danach möchte ich über die tätige Hoffnung für den Frieden sprechen.

Wir müssen den Mut aufbringen, den Gefahren, die dem Frieden drohen, ins Angesicht zu sehen. Verdrängen wir die Angst um den Frieden ins Halbbewußte oder Unterbewußte, bleibt die Angst ein unbestimmtes Gefühl, eine Grundstimmung, die Depression, Resignation, Aggression erzeugt. Fragen wir mit wachem Bewußtsein, was denn dran ist an dieser Angst, dann lichtet sich der Nebel zur Helle einer Furcht, die bestimmte Vorgänge, Entwicklungen und Mächte als Bedrohung ausmacht. Wir müssen den Mut haben, dieses Fürchten zu lernen. Ich nenne fünf Gründe der Furcht:

1. Die Rüstung läuft der Politik davon

Vor zwanzig Jahren haben wir in der Kirche um die Frage gestritten, ob Rüstung, speziell Atomrüstung ein erlaubtes Mittel der Politik sei. Ob also Politiker mit Atombomben drohen dürfen, um einen möglichen Angreifer abzuschrecken. Die Diskussion lief daraus hinaus, daß Atomwaffen als Mittel der Politik zur Friedenssicherung leider noch unvermeidbar seien. Die Frage, ob denn auch ihr Einsatz erlaubt sei, blieb ohne klare und einmütige Antwort. Inzwischen aber hat sich gezeigt, daß die Rüstung eine Eigendynamik entwickelt und den Politikern aus den Händen gleitet.

Die rüstungstechnische Entwicklung in den Laboratorien ist schneller als die Politik am Verhandlungstisch mit ihren Kontroll- und Begrenzungsvereinbarungen, sofern sie überhaupt zustande kommen. Die Frage ist nicht nur, ob Atombomben und Raketen ein *erlaubtes* Mittel der Politik sein dürfen, sondern vielmehr, ob sie überhaupt noch Mittel und Werkzeug sind. Aus dem Rüstungsgleichgewicht ist das Wettrüsten geworden. Rüstung soll uns sichern. Kurzfristig gedacht tut sie das vielleicht sogar. Aber langfristig gesehen laufen wir in die Falle eines unkalkulierbaren Sicherheitsrisikos. Alle verteidigen ihre Länder und alle miteinander sind dabei in der Gefahr, ihre Zukunft zu verlieren. Es ist endlich an der Zeit, daß wir anfangen, unsere *Zukunft* zu verteidigen.

2. Die Abschreckung wird unterlaufen, der Atomkrieg scheint machbar

Bis vor kurzem beruhte die Abschreckung darauf, daß jede Seite auch nach einem Angriff der Gegenseite noch zu einem so vernichtenden Gegenschlag fähig war, daß der Angriff für den anderen sich nicht lohnt. Inzwischen aber sind Raketen mit einer hohen Treffgenauigkeit entwickelt worden. So rechnet man die Chance aus, durch einen ersten Atomangriff die gegnerischen Waffensysteme so weitgehend vernichten zu können, daß deren Gegenangriff leidlich zu überleben ist. Die Abschreckung wird unterlaufen, der Vorteil des ersten Schlages kann verlockend erscheinen. Es droht der atomare Weltkrieg wider Willen. Denn in einer politischen Krisensituation kann es beiden Großmächten geradezu geboten erscheinen, dem Erstschlag des anderen zuvorzukommen.

3. Das Wettrüsten im Ost-West-Konflikt ist vor der Dritten Welt nicht mehr zu verantworten

Die ungeheuren Rüstungskosten im Ost-West-Konflikt verhindern eine gerechte Entwicklungspolitik gegenüber den armen Nationen in der sogenannten Dritten Welt. Die Waffen töten jetzt schon, indem sie produziert werden. Wir rüsten nicht nur gegen die NATO, sondern gegen die Hungernden. Mit unserem perversen Sicherheitsluxus, den Gegner gleich mehrfach töten zu können, produzieren wir Tod für die Welt statt Brot für die Welt. Die Propheten Jesaja und Jeremia sagten ihrem Volk aus zwei Gründen Gericht und Untergang voraus: weil sie ihre Sicherheit in Rossen und Streitwagen suchten und den Armen ihr Recht vorenthielten. Es macht mir Furcht, daß die Kritik der Propheten so haargenau auf uns zutrifft! Entspräche es nicht der geschichtlichen Logik der Propheten, wenn sich der hochgerüstete Norden im Ost-West-Konflikt zugrunde richtete und die Völker im Süden die Weltgeschichte weiterführten?

4. Wir müssen das Denken fürchten, das diesen Rüstungswahnsinn möglich macht

Der russische Religionsphilosoph Nikolai Berdjajew hat gesagt: „Krieg ist nur soweit möglich, als Menschen Dinge werden." Die Sprache verrät, wie weitgehend bei uns Menschen zu Dingen werden, besonders die militärische Sprache. Man mißt die Toten eines künftigen Krieges nach „Megatoten", das klingt nach Megatonnen. Man spricht von der „Ausschaltung" des Gegners, als handele es sich um Glühbirnen. Man spricht von Massenvernichtungsmitteln, als ginge es um Schädlinge, und die Sprache der strategischen Planspiele ist so abstrakt, daß man völlig vergessen kann, daß mit der Tötung von Männern, Frauen und Kindern gespielt wird.

Es ist ein Zug unserer wissenschaftlich-technischen Zeit, daß sie Lebewesen aus Partnern zu manipulierbaren Dingen macht. Tiere zum Beispiel werden zum Material von Fleischproduktion. Dinge, Mechanismen lassen sich leichter manipulieren und beherrschen als Partner, mit denen man sich verstehen, auseinandersetzen, verständigen muß. Viele können sich denn auch Frieden nur als Herrschaftsfrieden vorstellen, wo einer den potentiellen Feinden seinen Willen aufzwingen, sie manipulieren kann durch Abschreckung, Drohung oder auch durch den Ölhahn oder Weizenlieferungen. Übrigens: Abschreckung, Schrekken heißt auf lateinisch terror. Wird der Frieden auf Terror gegründet, soll man sich nicht über den wachsenden Terrorismus wundern.

Ich las kürzlich ein Interview mit dem Erfinder der Neutronenwaffe, Samuel T. Cohen. Er sagte dem Interviewer: „Wenn ich gefragt werde, ob es nicht unmoralisch sei, Menschen zu töten, aber Eigentum zu verschonen, dann sage ich immer: ‚Die Menschen sind feindliche Soldaten, und Zivileigentum zu verschonen, ist sehr richtig.‘ Wollen Sie eine Cola?" Frage zum Schluß des Interviews: „Wie kann man eigentlich schöpferisch sein, wenn man an zerstörerischen Sachen arbeitet?" Cohen: „Verzeihung, mein Herr, die Neutronenbombe ist keine zerstörerische Waffe ..." Einwurf: „Aber sie tötet Menschen!" Cohen: „Feindliche Militärs. Das gehört nun leider mal zum Krieg. So war es immer."

Menschen werden als Feinde oder feindliche Militärs definiert, und die Tötungshemmung ist abgebaut. Brauchbare Dinge werden erhalten, unbrauchbare Subjekte werden vernichtet. Das ist in letzter Konsequenz die Funktion des Feindbildes, von dem es auch in unserem Lande heißt, es sei nötig für die Verteidigungsbereitschaft. Diesem Denken müssen wir widerstehen. Überhaupt geht es heute nicht nur um technische Probleme der Abrüstung oder um politische Maßnahmen zur Entspannung. Wir stehen im Übergang von einem alten Sicherheitssystem, das abgewirtschaftet hat, zu neuen Lebensformen des Friedens.

Darum steht eine Revolutionierung des Denkens, eine Erneuerung der Sprache und eine Wandlung der Lebensweise an. Das Umschmieden von Schwertern zu Pflugscharen beginnt in unseren Köpfen und Herzen, oder es beginnt überhaupt nicht.

5. *Grund der Aufregung ist schließlich die verbreitete Gleichgültigkeit, deren Beitrag zum Frieden sich in dem Satz erschöpft: Laß mich in Frieden!*

Vom Wort „kapitulieren" aus möchte ich das die Kapitulistenmentalität nennen. Der Anklang an das negativ besetzte Wort Kapitalisten ist dabei beabsichtigt. Unsere Kapitulisten sagen: Misch dich da nicht ein! Erstens bist du kein Experte und verstehst zu wenig von den Dingen. Zweitens sind wir nur kleine Leute und können an den Strukturen und der Politik doch nichts ändern. Dorothee Sölle, die manches sehr Engagierte und Kluge zum Frieden gesagt hat, ist diesem Ratschlag „Misch dich nicht ein" etwas auf den Grund gegangen. Sie meint, das lernten wir Deutschen schon in der Kinderstube, mindestens in der gut bürgerlichen Kinderstube: Misch dich nicht ein, halt dich da raus, das geht dich nichts an, davon verstehst du nichts! Vor allem wird da unterschieden zwischen privat und öffentlich, persönlichem Leben und politischen Strukturen, familiär und beruflich, menschlich und wissenschaftlich. Dazu noch eine Kostprobe aus dem Interview mit dem Erfinder der Neutronenwaffe. Frage: „Wie reagieren Ihre Kinder auf Ihre Erfindung?" Cohen: „Mit einer enormen Gleichgültigkeit." Zur Tochter gewandt: „Wie findest Du es, daß Dein Papa die Bombe erfunden hat?" Tochter: „Das ist mir völlig gleichgültig ... Meine Mitschüler sehen meinen Vater ja anders als ich. Ich sehe ihn völlig getrennt von dem Monstrum Bombe."

Wenn sich die Tochter doch einmischen würde in das, was ihr Vater beruflich macht! Die Arbeiterin in der elektronischen Industrie, die zu Hause eine liebevolle Mutter ist, sollte fragen, ob die kleinen Dinger, die sie acht Stunden täglich herstellt, nicht in die Waffenproduktion gehen zur Tötung anderer kleiner Kinder. „Wer nicht nachfragt, wie Menschen sterben, der hilft töten" (Erich Fried).

Theologen haben sogar eine Lehre von der Nichteinmischung, eine Zwei-Reiche-Lehre entwickelt, daß man nur ja nicht Kirche und Politik, Glaube und Sachverstand, Himmel und Erde vermische! Gott aber hat sich eingemischt, davon leben wir. Weihnachten feiern wir die Einmischung Gottes, seine Menschwerdung, und die Engel rühmten sie als den Anfang des Friedens auf Erden. Mischen wir uns ein in die sachverständigen Darlegungen der Militärs und Politiker. Auch wenn wir dabei wie die Narren dastehen oder bloßgestellt werden. In mittelalterlichen Residenzen gab es die Hofnarren, die das Ohr des Königs hatten. Wenn sich der Sachverstand der Experten im Gestrüpp der Probleme verirrt hatte und den Wald vor lauter Bäumen nicht sah, dann stellte der Hofnarr seine einfachen, entwaffnenden Fragen und erinnerte an die schlichten menschlichen Ziele. Wenn die Experten vor lauter Friedenssicherung den Frieden aus dem Auge verlieren und vor lauter Landesverteidigung die Zukunft verspielen, dann trägt die Vernunft des Friedens die Narrenkappe.

Laßt uns die Hofnarren des Friedens in unserem Lande sein! Laßt uns die einfachen, einfältigen Fragen stellen: Was wollt ihr eigentlich verteidigen? Das lebende oder das tote Inventar? Nur Totes oder Halbtotes wird übrigbleiben, lohnt das den Aufwand? (So fragte in der vorigen Woche ein Student.) Wie können wir der Bedrohungslüge, die nur zu kurze Beine hat, Beine machen? Glücklicherweise wollen wir uns nur verteidigen. Was können wir beitragen, damit die anderen uns das glauben und sich weniger von uns bedroht fühlen, zum Beispiel durch unsere Überlegenheit in der Panzerwaffe, die ja eine Angriffswaffe ist. In Helsinki 1974 haben die europäischen Regierungen erklärt, Frieden durch Zusammenarbeit zu suchen. Wie paßt dazu das ständig propagierte Feindbild, das den Eindruck erweckt, mit den kapitalistischen

Staaten könne man gar nicht zusammenarbeiten, und Friede könne erst werden, wenn die weg sind?

Liebe Freunde, fünf Gründe zur Aufregung um den Frieden habe ich genannt. Als Christen und Kirche haben wir dazu nicht nur Fragen zu stellen. Durch die Bedrohung des Friedens sind wir zum *Bekennen* des Friedens Gottes herausgefordert. Dieses Bekenntnis zum Frieden aber gewinnt Profil und Verbindlichkeit nur, wenn auch das dazugehörige Nein ausgesprochen wird. Zum Bekenntnis gehört in der Christenheit seit altersher die Absage an das, was mit dem Bekennen ausgeschlossen ist.

Ich meine, daß Kirchen und Christen heute radikal Nein sagen müssen zur Beteiligung an einem Krieg mit Massenvernichtungsmitteln. Wir müssen die falsche Lehre heutigen Sicherheitsdenkens und die falsche Hoffnung verwerfen, wir könnten die Zukunft durch das System der Abschreckung sichern. Wir müssen Nein sagen zu diesem Terrorismus von oben. Wir müssen dem Denken absagen, das Menschen zu Dingen im Kalkül von Computern macht oder sie als Feinde definiert, um Tötungshemmungen abzubauen.

Frieden zwischen Angst und Hoffnung. Ich sprach von der Aufregung um den Frieden und ihre Gründe. Lassen Sie uns jetzt noch von der Hoffnung und ihrem Tun sprechen.

Hat denn die Hoffnung gute Gründe für sich? Hat sie stärkere Argumente als die Angst? Können wir der Angst ins Angesicht nicht nur sehen, sondern hoffen? Oder verfallen gerade die Einmischungsbereiten hoffnungslos der Enttäuschung, dem Kapitulismus?

Oh, die Hoffnung hat sehr gute Gründe. Aber es sind keine Argumente für Zuschauer und Abwartende, sondern für solche, welche die Hoffnung ergreifen. Jesus macht Hoffnung und gibt ihr den besten aller Gründe: Die Gottesherrschaft ist nahe bei euch. Aber er sagt: Kehrt um, ergreift sie! So merkwürdig es klingt: Zur Hoffnung müssen wir uns entschließen!

Wir selbst leben zwischen Angst und Hoffnung, nicht an einem dritten Ort, und müssen entscheiden, wovon wir uns bestimmen lassen wollen: von den lähmenden Zukunftsbildern der Angst oder den offenen Möglichkeiten der Hoffnung.

Wenn Politiker zum Beispiel von dem schlimmsten aller Fälle, dem atomaren Krieg aus denken, werden sie alles tun, um dem Gegner nicht die knappen Rohstoffe zukommen zu lassen, die er lebensnotwendig braucht, die ihn aber natürlich stärken (das Öl etwa oder Uran). Gerade so aber führt man den bewaffneten Kampf um die Rohstoffe herbei. Die Angst führt herauf, was sie doch fürchtet. Entschließen wir uns aber für die Hoffnung, die Konflikte ließen sich vielleicht friedlich regeln, so würde das den Weg zu einer sinnvollen Verteilung der Rohstoffe eröffnen.

Der Weg der Hoffnung ist riskant, aber er ist eine Chance. Jesus spricht denen Hoffnung zu, die sich für Gottes Zukunft öffnen, eben entschließen: den Friedensstiftern, den Leidensbereiten, den nach Gerechtigkeit Suchenden. Schöpferische Hoffnung ist nicht ein Ergebnis von Argumenten, sondern von Ergriffensein, nicht von Berechnung, sondern von Gewißheit, nicht von Prognosen, sondern von Verheißung. Von solcher Hoffnung lebt das Engagement für den Frieden. Diese Hoffnung spüre ich in den Friedensinitiativen vor allem der Jugend, zum Beispiel in der Anregung eines Sozialen Friedensdienstes. Unsere Regierung hat inzwischen ablehnend darauf geantwortet. Sie sieht sich aus politischen Gründen und wegen ihrer Bündnisverpflichtungen nicht in der Lage, darauf einzugehen, obwohl sie den Initiatoren keine antikommunistischen und verfassungsfeindlichen Motive unterstellt, sondern ihnen ihre christliche, friedensethische Motivation abnimmt.

Was sagen wir den *Jugendlichen* in dieser Situation? Laßt euch um Gottes Willen nicht entmutigen! Fixiert euch nicht auf die gesetzliche Möglichkeit der zwei Jahre!* Nur Angst läßt sich fixieren, Hoffnung bleibt beweglich, elastisch, flexibel. Sucht nach anderen Realisierungsmöglichkeiten sozialen Friedensdienstes! Es geht dabei doch nicht nur um die zwei Jahre, sondern um ein Lebensengagement. Übrigens war euer Vorstoß keineswegs umsonst. Viele sind dadurch zum Aufhorchen, nicht wenige zum Nachdenken gekommen. Ihr seid selbst ein Hoffnungszeichen für viele: daß Engagement und Phantasie in unserer Jugend ist, daß sie nicht nur pariert und reagiert auf das, was von oben kommt, sondern agiert, eigenverantwortlich, spontan, überlegt und geschickt. Nun zeigt, daß es euch ernst ist. Laßt eure Hoffnung auf keinen Fall in Aggression umschlagen! Wenn ihr nun doch Bausoldaten werdet, so werdet es nicht, um die eineinhalb Jahre mit einigermaßen unverletztem Gewissen zu überwintern, sondern gestaltet diese Zeit ganz bewußt als Praktikum eures Friedenswillens!

In diesem Sinne etwa hat die Synode unserer Evangelischen Kirche der Kirchenprovinz Sachsen, von der ich gerade komme, an die Verfasser der Eingaben zum Sozialen Friedensdienst geantwortet. Was hat sich in dieser Situation die Kirche, also zum Beispiel die Synoden und Kirchenleitungen sagen oder fragen lassen? Ich habe noch die Frage eines Wehrdienstverweigerers aus dem Jahre 1977 im Ohr, dem im Gefängnis gesagt worden war, er stünde mit seiner Entscheidung ganz allein, die evangelische und katholische Kirche dächten über den Wehrdienst ganz anders. „Steht die Kirche zu meiner Entscheidung?", war seine dringliche Frage.

Nun, unsere Kirchen haben sich zu dem Sozialen Friedensdienst ein-

---

* Dauer des zur gesetzlichen Regelung vorgeschlagenen Sozialen Friedensdienstes

deutig geäußert. Die Synode des Bundes der Evangelischen Kirchen in der DDR erklärte im September, sie sehe darin eine Initiative im Sinne einer kürzlichen Erklärung des Zentralausschusses des Ökumenischen Rats der Kirchen, der festgestellt hatte: „Der Zentralausschuß nimmt mit Anerkennung zur Kenntnis, daß sich eine große Anzahl von Gruppen und Bewegungen – alten und neuen – überall in der Welt für Frieden und Abrüstung einsetzen und daß darin sehr viele Christen im Gehorsam gegenüber den Geboten des Evangeliums aktiv mitarbeiten."

Die Synode unserer Kirchenprovinz hat heute eine Erklärung verabschiedet, in der es heißt: „Die Eingaben (zum Sozialen Friedensdienst), das unruhige Fragen unter Jugendlichen und Erwachsenen und die Friedensbewegung in Westeuropa haben eine über die Einzelaktionen hinausgehende Bedeutung: Viele Menschen beginnen zu begreifen, daß das gegenwärtige System einer Friedenssicherung durch Abschreckung nicht mehr tragbar und tragfähig ist, so daß neue und andere Wege für ein friedliches Zusammenleben der Völker gesucht werden müssen.
– Angesichts des Wettrüstens, das allen internationalen Verhandlungen davonläuft;
– angesichts des Mißtrauens zwischen Ost und West, wobei die eine Seite sich durch die Rüstung der anderen zu verstärkten Rüstungsanstrengungen provoziert fühlt und Abrüstung zur reinen Rhetorik wird;
– angesichts des Teufelskreises zwischen Rüstung und wirtschaftlicher Ungerechtigkeit gegenüber der Dritten Welt
kann es weder im Westen noch bei uns überzeugen, daß Wehrdienst als solcher Friedensdienst und Wehrerziehung als solche Friedenserziehung sei. Von daher ist die Suche nach einem alternativen Friedensdienst nur zu verständlich. Mit dem Bericht der Kirchenleitung deuten wir das soziale Engagement der Eingabe ‚Sozialer Friedensdienst!' als zeichenhaften Hinweis darauf, daß Frieden im Zeugnis der Bibel untrennbar verbunden ist mit dem Einsatz für den sozial Schwachen und daß Frieden heute vor allem als Gerechtigkeit gegenüber den wirtschaftlich schwachen Nationen weltweit zu bewältigen ist."

Einige Synodale spürten die Herausforderung, darüber hinaus ein klares Wort zum Wehrdienst zu sagen. Es müßte eine Stellungnahme zum Wehrdienst sein, die der bekennenden Absage an Geist und Praxis des Wettrüstens und des Abschreckungssystems entspricht. In dieser Stellungnahme hätte zum Ausdruck gebracht werden müssen, daß die Gemeinden ihre Glieder, die den Dienst in der Nationalen Volksarmee tun, mit ihrer Fürbitte begleiten, die Verbindung mit ihnen halten und versuchen werden, ihnen jede Hilfe zu geben, damit sie ihr Christsein in der Armee leben und bewähren. Die Gemeinden werden weiter dafür sorgen, daß sich die Soldaten bei ihnen angenommen und zu Hause fühlen können, und daß es in den Gemeinden ein offenes Gespräch über die Fragen des Wehrdienstes gibt, in dem sich die Soldaten nicht diskriminiert fühlen müssen. Es würde aber auch in aller Klarheit zu sagen sein, daß wir auf Grund unserer theologischen Erkenntnis und unserer Situationserkenntnis zum Weg des Wehrdienstes heute nicht mehr mit Gründen der Heiligen Schrift und der Vernunft ermutigen können. Mit solch einer Stellungnahme würde die Kirche die Handreichung zur Seelsorge an Wehrpflichtigen aufnehmen, die 1965 von der Konferenz der Kirchenleitungen beschlossen wurde. In ihr heißt es: „Vielmehr geben die Verweigerer (des Wehrdienstes) ... ein deutlicheres Zeichen des gegenwärtigen Friedensgebotes unseres Herrn. Aus ihrem Tun redet die Freiheit der Christen von den politischen Zwängen. Es bezeugt den wirklichen und wirksamen Friedensbund Gottes mitten unter uns."

Wir konnten uns jedoch nicht entschließen, der Synode solch eine Erklärung zuzumuten. Es gab dafür verschiedene Gründe. Es hätte dazu einer ausführlichen Sachdiskussion zur Meinungsbildung bedurft, damit sich keiner überfahren fühlt. Wir mußten fürchten, unsere jungen Christen zu überfordern, für die es ja schon etwas kostet, den dreijährigen Wehrdienst* und die Unterschrift unter die Bereitschaft zum Reserveoffiziersanwärter zu verweigern. Es müßte zuerst geprüft werden, ob es in dieser Frage Einmütigkeit unter den Kirchen in der DDR gibt. Schließlich müßte auch mit den Kirchen in der Bundesrepublik gesprochen werden, bevor wir solch eine Stellungnahme abgeben. Denn wenn die Kirchen dort den Wehrdienst als eine und wohl gar die normale Möglichkeit darstellen, während wir hier sie in Frage stellen, geraten unsere jungen Christen in die Zweideutigkeit, in Wahrheit nicht für den Frieden, sondern für den Westen und gegen den Sozialismus zu sein.

Ich empfinde hier eine quälende Spannung zwischen dem, was unserer Kirche aufgetragen ist, und der inneren Schwäche und Behinderung, dem in Wort und Tat zu entsprechen. Ich denke, wir müssen uns diese Spannung bewußt machen und dürfen sie uns nicht verschleiern. Nur so können wir auf dem Weg des Friedens weiterkommen.

Was sagen wir schließlich in dieser Situation den politisch verantwortlichen Vertretern unseres Staates? Bei allem Verständnis für politische und militärische Rahmenbedingungen und bei aller Diskussionsbereitschaft sicherheitspolitischer Argumente vor allem eines: Ohne die Jugend hat der Friede und hat unsere Gesellschaft keine Zukunft. Der Friede, um dessen Zukunft wir heute streiten, ist vor allem der Friede dieser Jugend. Sie will und soll in ihm leben. Wir Älteren sind nur die Haushalter des Friedens, der der Jugend gehört. Mit einer passiven, angepaßten resignierten Jugend wird der Friede nur eine kranke Zukunft, wahrscheinlich aber gar keine Zukunft haben. Darum macht die Hoffnung nicht kaputt, die sich in den Friedensinitiativen zeigt! Unterdrückt die Spontaneität nicht, die sich hier rührt! Erstickt die Phantasie

---

* Zeit der freiwilligen Selbstverpflichtung für Längerdienende

nicht und tötet die Einsatzbereitschaft nicht, die sich hier äußert. Die Gefahr ist riesengroß, daß wir der Jugend ihren Frieden kaputt machen. Hüten wir uns davor, auch noch die Phantasie und Einsatzbereitschaft der Jugend für den Frieden kaputtzumachen.

Frieden zwischen Angst und Hoffnung. Um Schritte tätiger Hoffnung für den Frieden soll es in dieser ganzen Friedensdekade gehen. Vielleicht erscheint uns, was wir tun können, als der Tropfen auf den heißen Stein, aber der Tropfen auf den heißen Stein kann der Anfang eines großen Regens sein! Vielleicht ist unsere Hoffnung für den Frieden nur noch wie ein geknicktes Rohr oder ein glimmender Docht.

Unsere Synode schließt ihr Wort zum Frieden mit der Erinnerung: „Wir alle aber sollen uns an die Verheißung halten, die der Prophet dem Volk zusagt, das seine Hoffnung verloren hat! Das geknickte Rohr wird er nicht zerbrechen, und den glimmenden Docht wird er nicht auslöschen" (Jesaja 42,3).

Die Zumutungen des Friedens heute begreifen

Rede bei der Demonstration der Friedensbewegung in Bonn 1983

Am 22. Oktober 1983 fand in Bonn eine große Demonstration und Kundgebung der Friedensbewegung statt, die sich gegen die Absicht der NATO-Staaten wandte, demnächst mit der Stationierung amerikanischer Mittelstreckenraketen in Westeuropa, vor allem auch in der Bundesrepublik zu beginnen. An der Kundgebung beteiligten sich auch Sprecher der etablierten Opposition im Bundestag, so Willy Brandt für die SPD und Petra Kelly für die Grünen. Als einziger Redner aus der DDR konnte ich einer Einladung folgen.

Liebe Freunde!
Als ich eingeladen wurde, hier zu sprechen, habe ich mich gefragt, ob ich als einer aus dem anderen Deutschland hier überhaupt mitreden kann. Aber, wenn die neuen Raketen hier stationiert werden, dann wird es nicht nur hier, sondern auch bei uns mehr Raketen, mehr Waffen und weniger Frieden geben. Das fürchten wir, und weil wir das gemeinsam verhindern müssen, darum wage ich als einer von drüben, hier mitzureden. Von Deutschland sind zwei Weltkriege ausgegangen. Den dritten Weltkrieg müssen wir von den beiden Deutschlands aus verhindern helfen.

Unter den Menschen in der DDR gibt es eine wirkliche und wachsende Angst vor der Stationierung der Raketen hier. Und miteinander müssen wir doch wohl für die Menschen in Polen und der Ukraine fürchten, auf deren Köpfe die Raketen gezielt werden sollen. Es darf doch wohl nicht wahr sein, daß wieder einmal Menschen im Osten von deutschem Boden aus bedroht werden!

Ich weiß, daß in der Bundesrepublik viele vor den Raketen im Osten Angst haben – vielleicht nicht ihr, die ihr hergekommen seid, aber die anderen, die nicht hier sind. Ich kann diese Angst niemandem ausreden, obwohl es gute Argumente gegen diese Angst gibt. Aber sie sitzt tiefer, als Argumente reichen. Wir können aber kritisch machen denen gegenüber, die diese Angst einreden wollen.

Die Angst vor dem Abschreckungsgegner wird immer mehr zum Alibi, selber das weiterzumachen, was man beim anderen verklagt. Unsere Angst voreinander mästet den Moloch Rüstung, der uns dann alle erschlägt. Die Gegner in der Abschreckung werden zu Kollaborateuren des Todes. Das ist es, was wir fürchten müssen und wovon wir miteinander umkehren müssen. Darum hat die Synode des Bundes der Evangelischen Kirchen in der DDR im September erklärt: „Wir können nur mit aller Eindringlichkeit vor der Aufstellung neuer Raketen warnen. Die Stationierung jeder neuen Rakete kann die Gefährlichkeit der militärischen Situation in Europa nur weiter erhöhen." Die Synode hat eine ausdrückliche Absage an Geist und Logik des Abschreckungssystems vollzogen. In der Tat, wir müssen die Zumutungen des Friedens heute begreifen und dem Abschreckungssystem absagen, seinem Mißtrauen säenden Geist, seiner morbiden Logik, seiner terroristischen Praxis.

So hat die Vollversammlung des Ökumenischen Rates der Kirchen in diesem Sommer in Vancouver erklärt: „Wir glauben, daß für die Kirchen die Zeit gekommen ist, klar und eindeutig zu erklären, daß sowohl die Herstellung und Stationierung als auch der Einsatz von Atomwaffen ein Verbrechen gegen die Menschheit darstellen und daß ein solches Vorgehen aus ethischer und theologischer Sicht verurteilt werden muß."

Viele Christen erleben heute, daß der Friede, den Christus gebracht und verkündet hat, immer stärker, unwiderstehlicher und direkter zu uns spricht. Er verbündet sich heute mit der friedenspolitischen Vernunft der Einsichtigen und führt uns Christen in die Zusammenarbeit mit Nichtchristen am Frieden. Für uns Christen in der DDR kommt es darauf an, daß wir uns dabei von dem Frieden Christi leiten und uns in unserer Friedensarbeit von niemandem zur politischen Waffe gegen irgendjemand machen lassen. Ich denke, für uns alle ist klar: Wenn wir Frieden sagen, dann meinen wir auch Frieden, und dann wollen wir den Frieden tun.

Den Frieden *tun!* Nur die Friedensworte wiegen heute noch, die mit Herzen, Mund und Händen, die mit Leib und Leben gesprochen werden. Mich beeindruckt die Körpersprache der Friedensbewegung, daß ihr mit euren Leibern auf Plätzen Kreuze bildet, mit euren Armen verfeindete Mächte verbindet, Wegbereiter für den Frieden seid und darum auch Wegblockierer für Waffen. Diese Körpersprache zeigt, daß der Friede heute Menschen braucht, die sich selbst für ihn einsetzen.

Liebe Freunde, unser Einsatz für den Frieden erschöpft sich nicht im Nein zu den Raketen. Was bewegt denn die Friedensbewegung? Doch ein starkes und zähes Ja zum Frieden! Dieses Ja erlahmt nicht, wenn stationiert werden sollte, es trägt darüber hinaus.

Wir müssen für Strukturen des Friedens und Zusammenlebens, der Entspannung und Vertrauensbildung in Europa arbeiten. Der Gedanke der „Gemeinsamen Sicherheit" muß sich durchsetzen und praktische Politik werden. Daß wir wirkliche Sicherheit nur gewinnen können mit dem Gegner, nicht gegen ihn; daß wir miteinander auskommen müssen, wenn wir nicht miteinander umkommen wollen. Wir sollten uns einsetzen für Konsultationen zwischen beiden deutschen Staaten über Fragen der militärischen Sicherheit.

Vor allem müssen wir uns einsetzen für Gerechtigkeit. Es gilt ja nicht nur, einen kommenden Krieg zu verhindern, sondern den Krieg zu beenden, der längst gegen die Dritte Welt und unsere natürliche Umwelt geführt wird. Die Massenvernichtung ist in vollem Gang, Millionen Menschen verhungern an dem perversen Sicherheitsluxus unserer Tötungskapazitäten. Die Friedensbewegung ist nur Friedensbewegung, wenn sie zugleich Dritte-Welt-Bewegung ist. Schwerter müssen zu solchen Pflugscharen umgeschmiedet werden, die in der Dritten Welt Brot schaffen.

Noch ein letztes muß ich sagen: Die Evangelischen Kirchen in der DDR werden im November Friedenstage begehen unter dem Thema „Frieden schaffen aus der Kraft der Schwachen". Hier erleben wir jetzt, was man eine „machtvolle Demonstration" nennt. Das könnte uns darüber täuschen, daß die wirkliche Kraft der Friedensbewegung die Kraft der Schwachen ist. Die „Politik der Stärke" hat uns dicht an den Abgrund geführt und ist das politisch Schwächste, das wir in den letzten Jahrzehnten erlebt haben. Wir wollen die Kraft der Schwachen entdecken und erproben: Sich an dem orientieren, was langfristig vernünftig ist, und Alternativen entwickeln, wo die Verwalter der Macht in kurzfristigen Zwängen stecken und in der Angst um das Bestehende gefangen sind; die schlichten menschlichen Werte und Ziele hochhalten, wenn sich der Sachverstand der Experten im Gestrüpp der Probleme verirrt und vor lauter Friedenssicherung den Frieden verspielt; Mut haben zur Verletzbarkeit, weil uns nur so fremdes Leiden nahe kommen kann. Die Kraft der Schwachen zeigt sich in dem Argument, das den Gegner nicht schlägt, sondern gewinnt. Die Kraft der Schwachen liegt im Herzen, nicht in den Fäusten. Auf diese Kraft wollen wir setzen, von ihr soll uns niemand abdrängen.

Das wünsche ich euch hier und uns drüben.

Frieden schaffen aus der Kraft der Schwachen

Rede zur Eröffnung der Friedensdekade 1983 in Erfurt

Die am 11. November eröffnete Friedensdekade 1983 fand kurz vor der für den 22. November angesetzten Entscheidung des Bundestages über die Stationierung von Pershing II und Cruise Missiles auf dem Boden der Bundesrepublik statt. Ihr Ergebnis war vorauszusehen. Die Staaten des Warschauer Vertrages hatten angekündigt, im Falle der Stationierung ihrerseits neue atomare Raketen in Stellung zu bringen, und zwar nunmehr auch auf dem Gebiet der DDR und der CSSR. Die Friedensbewegung in beiden Staaten hatte ihr Ziel nicht erreicht. In dieser Situation gewann das Leitwort der Friedensdekade „Frieden schaffen aus der Kraft der Schwachen" besondere Aktualität.

Dieses Thema der Friedenstage spricht eine Erfahrung an, die wir in den letzten Jahren gemacht haben, die Erfahrung unserer Ohnmacht. Wir wollten für den Frieden etwas erreichen, aber statt dessen kommen nun wohl die Raketen drüben und dann auch hier. Wir wollten einen sozialen Friedensdienst erreichen, eine deutlichere Alternative zum Wehrdienst, aber es ging nicht. Wir wollten mit den Aufnähern „Schwerter zu Pflugscharen" eine größere Öffentlichkeit gewinnen, mehr Menschen zum Nachdenken bringen, aber wir stießen sehr schnell auf Grenzen. Und dann wurden auch wir selber von der Schwäche ergriffen: „Hat's denn Zweck?" Und: „Lohnt denn das Risiko?"

Die Schwachheit wird also von denen erfahren, die etwas wollen und sich eingesetzt haben. An Grenzen stößt sich nur, wer sie zu überschreiten versucht, denen eine große Forderung zu stark wird, die spüren ihre Unzulänglichkeit. Die Schwachheit wird erfahren von den Ergriffenen, den Engagierten, den Hoffenden und den Liebenden. Und diese Schwachheit meint das Thema. Nicht die schäbige Schwäche derer, die immer schon wissen, daß alles keinen Zweck hat und die ihre Schultern nicht zum Tragen, sondern nur zum Zucken gebrauchen.

Die Schwachheit der anderen aber, der Engagierten und Bewegten, bekommt durch unser Thema eine große Verheißung: In ihrer Schwachheit sollen sie teil bekommen an einer Kraft, die gerade durch ihre Schwachheit hindurch Frieden schaffen kann, Frieden schaffen aus der Kraft der Schwachen, liebe Freunde, bei diesem Thema liegt eine Menge Mißverständnisse sehr nahe, besonders für uns Christen in der

DDR. Bevor wir von der *Kraft* der Schwachen sprechen, muß ich darum von der *Schwäche* der Schwachen reden.

1. Die Schwäche der Schwachen

Die erste Schwäche der Schwachen liegt darin, daß sie sich gern in ihrer Schwachheit einrichten, so gut einrichten, daß sie ihre Schwachheit kaum noch merken. Wenn wir für den Frieden in der großen Politik nichts ausrichten können, lassen wir es doch! Konzentrieren wir uns doch auf den Frieden in der Familie, in der Ehe, in der Gemeinde, in der Erziehung! Pflegen wir die Kleinkultur des Friedens und dafür in Reinkultur! Da liegt unsere Stärke, und die Ohnmacht im Politischen quält dann nicht mehr so. Aber wenn dann junge Leute zu Hause ausflippen und den häuslichen Frieden stören, weil sie es nicht ertragen, daß ihnen ihre Zukunftswelt kaputt gerüstet wird, dann bekommen sie womöglich zu hören: Und du willst für den Frieden sein!

Frieden in der Familie, in der Erziehung, in der Gemeinde, natürlich ist das wichtig, unentbehrlich, da wächst die Kraft der Schwachen. Aber das kann kein Alibi für Verzicht auf politische Verantwortung sein. Gerade der Friede Jesu Christi will heute auch politisch wirksam werden. Und nachher werden wir sehen, daß wir es gerade im politischen Raum zu lernen haben, Frieden zu schaffen aus der Kraft der Schwachen.

Eine zweite Schwäche der Schwachen besteht darin, aus der Not eine Tugend zu machen. Die eigene Schwachheit wird christlich verbrämt und auf Goldgrund gemalt. Menschliche Schwäche bekommt den Heiligenschein besonderer Christlichkeit: „Hat Jesus nicht die Armen, die Machtlosen selig gepriesen, hing er nicht selber in äußerster Schwachheit am Kreuz? Und wenn die christliche Gemeinde heute zur kleinen Minderheit schrumpft, ist das nicht gut für sie, schrumpft sie sich nicht gesund, sind wir nicht viel besser als die großen Volkskirchen? Ist ihr die Nähe zum Thron und politischer Einfluß nicht stets sehr schlecht bekommen?" Und so geht die Glorifizierung der Schwachheit häufig mit der Diskriminierung der Macht Hand in Hand: „Macht korrumpiert, Politik macht schmutzige Hände, die da oben sind von vornherein solche, mit denen nicht zu reden ist, und wenn ein Christ ein paar Stufen höher kommt, dann stimmt doch da was nicht, dann muß man doch mal mit ihm reden!"

Es gibt einen Hochmut der Schwachen, ein verstecktes Überlegenheitsgefühl. Da *fühlen* wir uns zwar stark, aber das ist nicht etwa die Kraft der Schwachen, sondern die *Schwäche* der Schwachen, denn Schwachheit ist nicht an sich selbst und als solche etwas Gutes oder gar Erstrebenswertes. Schwachheit ist eine Chance, wenn sie uns aufschließt für *Gottes* Kraft, wenn wir in der Erfahrung unserer Armut lernen, unsere Hände nach Gott auszustrecken, wenn wir im Scheitern unserer Werke dem Wirken Gottes als Werkzeug zur Verfügung stehen: „Mache mich zum Werkzeug Deines Friedens!"

Die dritte, die vielleicht schlimmste Schwäche der Schwachen ist das Ressentiment, der heimliche Neid auf die Mächtigen. Eben sprach ich von der Glorifizierung der Schwachheit. Hier wird die eigene Ohnmacht und Abhängigkeit gehaßt, innerlich abgelehnt, und der Haß wendet sich verdeckt gegen die Mächtigen. Hinter der aufgezwungenen Maske des Wohlverhaltens und der Anpassung brodelt ein Hexenkessel von Aggressionen, und sie machen sich Luft in Racheträumen und Allmachtphantasien. Es gibt auch fromme Racheträume. Das fromme Ressentiment der Schwachen erhofft vom Kommen des Reiches Gottes die Machtergreifung der Schwachen und den schauerlichen Sturz der Mächtigen. Jesus mutet seiner kleinen Herde zu, die Feinde zu lieben, die Macht der Mächtigen durch Liebe zu unterlaufen und zu überwinden. Das setzt die Überwindung des Ressentiments in den Schwachen voraus.

Der Neid auf die Mächtigen ist eine destruktive, eine zerstörerische Kraft, keine Kraft, die Frieden schafft. Manche, die aus der Ohnmacht herauswollen, werden Trittbrettfahrer der Macht und genießen die Illusion, an der Macht teilzuhaben. Sie schaffen keinen Frieden, sie plappern ihn nur nach. Andere werden durch ihre Aggressionen in die Antihaltung getrieben, sie möchten Frieden schaffen, sie möchten die Gesellschaft verändern zu einer freundlicheren Welt, aber alles gerät ihnen zum Anti. In die Ecke gedrängt, werden sie *beißend* und aggressiv, tief verletzt müssen sie selber verletzen.

Liebe Freunde, Ihr kennt die Redewendung: „Bilde dir bloß keine Schwachheiten ein!" Wir haben keinen Grund, uns auf unsere Schwachheit etwas einzubilden. Ich denke, wir erkennen uns wieder in den Schwächen der Schwachen.

Aber es gibt auch die Kraft der Schwachen. Wir entdecken sie, wenn wir Jesus Christus anschauen. Unser Thema meint zuerst ihn. Frieden schaffen aus der Kraft *des* Schwachen, aus der einzigartigen Kraft des gekreuzigten Jesus von Nazareth.

2. Die Kraft des Schwachen, die Frieden schafft

Die Schwachheit Jesu – wer könnte sie übersehen? Geboren – als seine Eltern zu einer Volkszählung reisen mußten. Schon bei der Geburt ein Opfer der Bürokratie. Der Zimmermannssohn – ein Laie, ungelehrt, kein Experte – und Expertenwissen ist ja Macht! – seine Lehre verworfen als Anmaßung, unwissenschaftlich, Irreführung der Massen. Er wurde ein Opfer der Expertokratie. Und dann am Kreuz: geschändet, lächerlich gemacht, gefoltert – ein Opfer des Intrigenspiels politischer Mächte.

Aber wir müssen die Schwachheit Jesu aus der Kraft der Liebe Gottes heraus verstehen, die uns Frieden schaffen wollte. Die Schwachheit Jesu war nicht Schicksal oder Verhängnis. Er hat sie bewußt auf sich genommen und bejaht. Die Schwachheit Jesu rührt daher, daß Gott eine Schwäche für uns Menschen hat. Das nämlich ist der Gott des Friedens, nicht der Gott der stärkeren Bataillone, nicht der Gott, der Eisen wachsen ließ, sondern der Gott, der eine Schwäche für uns Menschen hat. Ihn und die Kraft seiner Liebe erkennen wir in der Schwachheit Jesu. In Jesus begegnet uns Menschen eine große Kraft, aber es ist eine Kraft, die nicht zwingt und drückt, sondern von innen heraus verwandelt. Sie drückt nicht zu Boden, sie geht zu Herzen. Sie ist keine Übermacht, der man sich beugen muß, aber sie ist ganz und gar Vollmacht, der man sich einfach nicht entziehen kann. Und sie ist eine Kraft des Tragens, nicht des Schlagens. Sie trägt uns Menschen mit unseren Ecken und Kanten in unfaßlicher Geduld. Sie trägt das Leiden, sie trägt die Folgen dessen, was wir getan haben.

Liebe Freunde, es ist unheimlich schwer, bei dieser Kraft in der Schwachheit auszuhalten, nicht auszubrechen und auf den Weg der Macht umzuschwenken. In der schwachen Position Jesu und seiner Gemeinde steht ja der Zweifel auf: „Dauert das nicht alles viel zu lange? Erreicht es nicht viel zu wenig? Ist es nicht zu uneffektiv? Haben wir denn noch so lange Zeit?" Die Versuchung der Macht ist stark, aber sie führt zum Verlust der Kraft, die nur in der Schwachheit wirken kann.

Der Evangelist Matthäus erzählt, wie Jesus der Versuchung der Macht begegnete (Matthäus 4,1 ff). In der Wüste, in einem Hungergebiet unserer Erde, legte ihm der Teufel nahe: „Verwandle doch die Steine in Brot!" Wer in unserer konsumorientierten Welt den Menschen ihre Bedürfnisse befriedigt, der kann doch mit den Menschen machen, was er will, der hat die Macht. Und man denke: Er hätte das Welthungerproblem gelöst, ohne daß wir uns ändern und irgendwas opfern müßten. Der Friede satter Verbraucher, wo jeder seinen Bedürfnissen leben könnte, ohne sich um den anderen zu kümmern – sind wir vielleicht heruntergekommen bis zu dieser schäbigen Utopie des Friedens? Ein Mensch aber, dessen Herz leer bleibt, der bleibt ein Nimmersatt und ist nie zufrieden, ist nie in Frieden. Und was wäre das auch für ein Frieden, der uns die Liebe erspart! Und so setzt Jesus alles auf das Wort der Liebe, ohne jede Übermacht, aber mit Vollmacht, auf das Wort der Liebe, das die Herzen anspricht und erfüllt. Das ist eine schwache Position und doch die einzige Kraft, die in der Tiefe verändert und friedensfähig macht.

Dann legte ihm der Teufel nahe, von der Tempelmauer in den Abgrund zu springen und zu demonstrieren, daß ihm nichts passiert – die

Macht der Unverwundbarkeit, das Traumziel des Wettrüstens! Das hat der Präsident Reagan als ein Ziel seiner Rüstungsmaßnahmen genannt: Auch das letzte „Fenster der Verwundbarkeit" zu schließen. Und dafür soll dann auch der Weltraum noch militärisch genutzt werden. Wenn ich unverwundbar bin, wenn mir keiner etwas anhaben kann, dann können mir alle mal, dann brauche ich keine Rücksicht mehr zu nehmen, dann kann ich machen, was ich will. Jesus antwortet auf diese Versuchung: „Du sollst Gott, deinen Herrn, nicht versuchen!" Was für eine ungeheure Versuchung Gottes geschieht gegenwärtig in unserer Welt! Jesus geht den Weg der Verwundbarkeit. Er öffnet sozusagen alle Fenster der Verwundbarkeit. Er läßt sich das Leiden der Menschen nahe gehen. Er kann uns leiden. Wie vielsagend ist hier unsere Sprache! Den anderen lieben heißt: ihn leiden können, ihn aushalten mit den Schwierigkeiten, die er mir macht, mit den Problemen, die er mir auferlegt, mit der Last, die mitzutragen er mir zumutet. Das ist die Kraft des Schwachen, Jesu: Daß er uns alle leiden will und kann. Der Preis dafür ist die Schwäche der Verwundbarkeit. Aber sie ist der Preis des Friedens. Wenn wir einem Friedensideal der total Gepanzerten nachjagen, dann erzeugen wir den Krieg.

Schließlich läßt der Teufel die Maske fallen, zeigt ihm alle Länder der Erde, verspricht ihm die totale und globale Macht, wenn er den Teufel anbetet. Die totale Macht, das Streben nach Weltherrschaft ist dämonisch. Der Weltfriede, den die in einer Hand zusammengeballte Übermacht diktiert, wäre der Friede eines Totenfeldes. Diese Macht wäre das Gegenbild, die Nachäffung der Herrschaft Gottes, die Jesus angesagt hat. Die Herrschaft Gottes, sagt Jesus, das Reich des Friedens beginnt auf der Erde mit der Kraft der Schwachen. Es beginnt wie ein winziges Samenkorn, das in die Erde gelegt wird und dort stirbt, aber daraus wächst der Weizen, der Baum. Ich denke, wir brauchen den Mut, mit Jesus diesen Weg zu gehen. Er hat die Friedensstifter selig gepriesen und deutlich gemacht, daß er damit die Gewaltfreien meint. „Selig sind die Sanftmütigen, denn sie werden das Erdreich besitzen." Die Gottesherrschaft beginnt auf der Erde mit dem sanften, aber unglaublich zähen Mut der Gewaltfreien im Namen Jesu. Die gewaltfreien Gewaltüberwinder sind die Pfadfinder zum Frieden auf Erden.

Von wenigen Ausnahmen abgesehen, hat die Kirche Jesu Christi dies bis heute nicht verstanden. Jesus hatte zwar gesagt: „Stecke dein Schwert in die Scheide, denn wer das Schwert nimmt, wird durch das Schwert umkommen!" Aber das wollte nicht recht einleuchten, denn es gab immer viele, die sind mit dem Schwert gerade durchgekommen. Heute begreifen wir: Wer das Schwert der modernen Rüstung nimmt, kommt dadurch um. Heute ist es an der Zeit, daß wir Jesus, den gewaltfreien Gewaltüberwinder, entdecken und verstehen. Diese Entdeckung liegt vor uns, und es ist an der Zeit für sie. So ist er der Friede, so ist er der

Friedefürst, so hat er Gottes Frieden zu uns gebracht, so will er, daß wir Frieden schaffen, bevor es zu spät ist.

3. *Frieden schaffen aus der Kraft der Schwachen*

Worin also besteht die Kraft der Schwachen im Licht Jesu Christi, und was können wir, sollen wir damit ausrichten für den Frieden? Ich möchte auf diese Frage drei Antworten versuchen:

Erste Antwort: Die Kraft der Schwachen ist die Vernunft der Liebe Jesu, die aus den Sackgassen einer Politik der Stärke herausführt und uns zur politischen Vernunft bringt. Die Politik der Stärke ist am Ende, besonders die Politik militärischer Stärke. Waffen hatten früher den begrenzten Sinn zu schützen, Gewalt einzudämmen, Schaden zu begrenzen. Waffengewalt führt heute im Automatismus von Erst- und Zweitschlag nicht zur Eindämmung, sondern zur Ausuferung der Gewalt. Sie verteidigt nicht, sie vernichtet, was sie verteidigen will. Wer dieses Schwert nimmt, der setzt einen Prozeß in Gang, den dann niemand mehr in der Hand hat, und das zeigt die Raketenstationierung, die jetzt in Westeuropa und dann wohl auch bei uns droht. Die Zeit, auf einen Raketenabschuß in Mitteleuropa zu reagieren, wird so kurz, daß der Mensch nicht mehr schnell genug ist. Computer müssen an seine Stelle treten. Also gerade die technische Allmacht des Menschen macht ihn ohnmächtig, so daß er die Entscheidung über sein Weiterleben an Automaten abgibt. Das kann kein vernünftiger Mensch wollen.

So haben denn auch die Regierungen der Warschauer Vertragsstaaten Vorschläge zum Stopp des Wettrüstens und zum Abrüsten gemacht: Verzicht auf Ersteinsatz, atomwaffenfreie Zone, Verschrottung eines Teils der SS-20-Raketen und so weiter. Mehr Waffen bringen nicht mehr Sicherheit, hat Erich Honecker gesagt. Aber wenn es drüben zur Stationierung kommt, dann soll nun doch auch bei uns stationiert werden. Gegen alle politische Vernunft geht also das Wettrüsten weiter. Offensichtlich sind also gerade die Mächtigen zu schwach oder nicht frei genug, um der politischen Vernunft zu folgen. Ich will jetzt nicht im einzelnen untersuchen, woran es liegt, welche Handlungszwänge, Abhängigkeiten, welche Interessen und welche Ängste da eine Rolle spielen. Jedenfalls braucht gerade die politische Vernunft in solchen Situationen die Kraft der Schwachen. Die haben keine politische Macht, aber sie sind dafür auch frei von den Zugzwängen der politischen Macht. Sie können das, was langfristig politisch vernünftig und überlebenswichtig ist, festhalten, wo es kurzfristigen Interessen und Zielen geopfert werden soll. Die Kraft der Schwachen liegt im Wort. Sie werden dazu helfen, daß die politische Vernunft, die tagespolitisch inopportun geworden ist, zu Worte kommt. Sie werden in Erinnerung rufen, in Erinnerung schreiben, predigen und darlegen, was doch politische Vernunft längst erkannt hat. Ist denn das jetzt alles nicht mehr wahr? Wir haben gerade in jüngster Zeit gute Beispiele dafür erlebt, so den Brief der Gemeinde Dresden-Loschwitz, der am 22. Oktober im „Neuen Deutschland" abgedruckt war. Die Verfasser schreiben: „Die Vorstellung erfüllt uns mit Entsetzen, daß bei der von uns allen verurteilten Stationierung der amerikanischen Atom-Raketen in Westeuropa auch auf unserem Territorium entsprechende atomare Gegenmaßnahmen eingeleitet werden und wir und unsere Kinder unmittelbar mit Atomraketen leben müssen." Die Verfasser erinnern an das friedenspolitische Konzept der Sicherheitspartnerschaft, an den Vorschlag der von atomaren Gefechtsfeldwaffen freien Zone in Europa, an die Weiterführung des Dialoges zwischen beiden deutschen Staaten, und sie fahren dann fort: „Uns scheint, die mit dem Vertrauen verbundene Bereitschaft zu einseitigen Vorleistungen, nicht Gleiches mit Gleichem vergelten zu wollen, könnte heute die einzige Möglichkeit der Friedenssicherung sein." Dann erinnern die Verfasser an die Bergpredigt, deren politische Vernünftigkeit uns heute erst bewußt werde. „Wir wissen", so schreiben sie, „daß die Gedanken Jesu, vor allem im Blick auf die Nächsten- und Feindesliebe bisher für unvernünftig gehalten worden sind. Im Angesicht einer tödlichen Rüstungsspirale jedoch könnte in ihnen ein Impuls der Befreiung entdeckt werden: ‚Vertrauen zu schaffen durch Maßnahmen, die einer einseitigen Vorleistung gleichkommen, damit der tödliche Automatismus zerbrochen wird'."

Dieser Brief ist ein Beispiel für die Kraft der Schwachen, die im Wort liegt. Dies Wort muß klar und konkret sein. Und da die Möglichkeit neuer Raketenstationierung inzwischen auch für unser Land angekündigt ist, möchte ich ganz klar aussprechen: Ich meine, daß wir aus Gründen politischer Vernunft und im Namen Jesu dazu „Nein" sagen müssen. Ich habe in der Bundesrepublik „Nein" gesagt zur Raketenstationierung dort, und ich spreche dasselbe „Nein" auch hier aus. Glaube und Gewissen sind hier betroffen. Ich meine, daß die Gemeinde Jesu hier weder zustimmen noch mitmachen kann. Die Kraft der Schwachen liegt im Wort, aber dieses Wort wird nur dann kräftig sein, wenn wir nicht Beifall klatschen, sondern wenn wir es tun, wenn wir sagen, was uns selbst verpflichtet und wofür wir selber einstehen.

Liebe Freunde, die Kraft, die im Wort der Schwachen liegt, ist die Vernunft der Liebe Jesu. Ich zitierte ja schon die Gemeinde Dresden-Loschwitz zur Vernünftigkeit der Bergpredigt, die uns anleitet, Feindschaft und Gewalt alternativ zu begegnen, die Regelmechanismen der Aggression zu durchbrechen und Fluch mit Segen, Haß mit Wohltun, Verfolgung mit Fürbitte zu beantworten. Heute ist ja am Tage, daß das Gesetz der Vergeltung zwischen den Staaten die Funktion der Friedenssicherung und Gewaltbegrenzung nicht mehr erfüllt. Wir müssen mit der Vernunft der Liebe Jesu experimentieren, um den Pfad zum Überleben zu finden. Niemand soll da fertige, ausgebaute Konzepte erwarten. Ohne den Mut zum Experimentieren und zum Risiko ist Leben niemals und heute, wo wir mit dem Altgewohnten in Sackgassen geraten sind, schon gar nicht zu haben.

Die Schwachen probieren die Vernünftigkeit der Liebe Jesu in verschiedenen Situationen, im Alltag zum Beispiel, wenn eine Pfarrfrau den Leuten von der Sicherheit, die einen ganzen kalten langen Oktobertag auf der Straße stehen müssen, um eine Veranstaltung der Jungen Gemeinde zu bewachen, wenn die Pfarrfrau diesen durchgefrorenen Leuten heißen Kaffee bringt. Aber die Vernünftigkeit der Liebe Jesu findet heute auch zu politischen Vorschlägen, die erprobt werden sollen und mit denen die Schwachen den Mächtigen wirklich in den Ohren liegen und wenn nötig auf den Wecker fallen müssen.

Da müssen auch Tabus gebrochen werden, zum Beispiel das Tabu der Gleichgewichtsdoktrin. Sie verhindert Abrüstung, weil jede Seite immer nachweisen kann, daß sie in einem Rüstungsbereich im Nachteil sei und darum nachrüsten müsse. Ohne kalkulierte einseitige Abrüstungsschritte ist dieser Automatismus anscheinend nicht zu brechen. Selber einen ersten Schritt zum Abbau der Feindschaft zu tun, das ist solch ein politischer Vorschlag aus der Vernunft der Liebe Jesu. Ein anderer ist die Umrüstung auf Defensivwaffen. Und es gibt noch eine ganze Reihe solcher praktikabler Vorschläge. Es gehört zur Kraft der Schwachen, daß sie die Freiheit und die Phantasie zum experimentellen Leben haben, zur *vita experimentalis*, wie das Martin Luther einmal gesagt hat.

Worin liegt die Kraft der Schwachen? Nach der ersten langen Antwort nun noch zwei kürzere.

Die Kraft der Schwachen ist die Kompetenz der Betroffenen. Das ist die zweite Antwort. Die meisten von uns sind keine politischen oder militärischen Experten. Information und Expertenwissen ist Macht. Wir Christen kommen kaum noch in Positionen, wo man daran kommt. Können wir überhaupt mitreden? Sind wir kompetent?

Es gibt auch eine Kompetenz, eine Sachverständigkeit der Betroffenen, eine Kompetenz der Regierten, der Verwalteten, der Verteidigten. Es soll ja alles um den Menschen gehen. Und da ist es wichtig zu erfahren, wie es eigentlich den Menschen geht, um die es da gehen soll. Die großen Macher und Experten planen und melden Erfolge, aber was sagen die dazu, die die Folgen zu tragen haben? Die Anstrengungen zur Landesverteidigung wachsen, aber unsere Umwelt wird dadurch friedloser. Was sagen die Verteidigten dazu?

Die Spezialisierung erzeugt auch blinde Flecke. Die Experten erreichen ihr Wissen dadurch, daß sie weite Bereiche der Wirklichkeit ausblenden. Die Regierenden müssen auf das Große und Ganze sehen, aber der einzelne und sein unverwechselbares Schicksal gerät dabei leicht aus dem Blick. Leicht kann es geschehen, daß die Experten über lauter Landesverteidigung gar nicht bemerken, daß sie das Land kaputt machen, das sie verteidigen wollen, daß über lauter Friedenssicherung der Frieden abhanden kommt. Die Betroffenen, die das spüren und für die das alles ja veranstaltet wird, müssen sich dann melden, ihre einfachen, vielleicht verblüffenden Fragen stellen und an die ursprünglichen Ziele erinnern. Mittelalterliche Herrscher hatten Hofnarren. Und wenn die sachverständigen Berater sich im Gestrüpp der Probleme verirrten, dann stellte der Narr seine nachdenklichen Fragen, dann teilte er seine ganz querliegenden Beobachtungen mit und erinnerte an die schlichten menschlichen Werte und Ziele. Kluge Herrscher hörten auf ihren Narren; denn wenn die Experten aus dem Blick verlieren, was dem Leben und dem Frieden dient, dann trägt die liebende Vernunft und die vernünftige Liebe die Narrenkappe.

Liebe Freunde, ziemlich oft kann man hören, in unseren Friedensgruppen sei doch viel Irrationales und Emotionales, zu wenig stichhaltige Argumentation und nüchterner Sinn für die Fakten. Ja, in unseren Friedensgruppen sind eine Menge Betroffene und spricht sich viel Betroffenheit aus. Da sammeln sich nicht nur die Friedenshelden, die für den Frieden Engagierten, sondern auch die von der Friedlosigkeit der Welt Verletzten und Gezeichneten und auch solche, die an den Verletzungen und Ängsten anderer mitleiden. Wenn man Friedlosigkeit überwinden will, dann muß man sich von diesen Leuten sagen lassen, wo das anfangen muß und am dringlichsten ist. Wer Frieden schaffen will, muß diese Leute leiden können. Nur wer sie leiden kann, bekommt teil an ihrer Kompetenz, an ihrem elementaren Problemwissen, an ihrem Leiden an der Friedlosigkeit. Und das ist die Kraft der Schwachen, daß sie es riskieren, selber verwundbar, verletzlich zu werden, weil nur so die Schmerzen anderer und die Not unserer Welt uns nahe gehen kann.

Drittens und zuletzt: Allein die Kraft der Schwachen ist die Veränderungsmacht, die Menschen friedensfähig machen kann.

Wir sagen so oft: Wir können ja nichts ändern, und meinen dann die große Politik und die Verhältnisse, wohl auch die Menschen insgesamt, die ja geändert werden müßten, wenn der Friede und die Gerechtigkeit in der Welt gelingen sollen. So tief und radikal ist heute die Herausforderung: Wir Menschen selber müssen umlernen, uns umorientieren, wenn die Menschheit überleben soll. Wir selber müssen friedens- und zukunftsfähig werden, und dazu ist tatsächlich so etwas nötig wie ein massenpädagogischer Prozeß.

Aber wie kann der gelingen? Nicht durch Druck von oben. Gesinnungen lassen sich nun einmal nicht anordnen. Eigeninitiative läßt sich nun einmal nicht befehlen. Eigene Überzeugungen lassen sich nicht eintrichtern, sie wollen sich eigenständig und im Streit der Meinungen bilden. Äußerer Zwang erzeugt wohl äußere Anpassung, aber niemals innere Wandlung. Große Revolutionen – wie der Sturm auf die Bastille oder der Sturm auf das Winterpalais 1917 – gehen nicht ohne Gewalt, aber die kleineren Veränderungen im Leben der Menschen, vor allem die Veränderung der Menschen selbst geht nur ohne Gewalt. Und wir brauchen heute lauter kleine Veränderungen, die unser Leben, unsere Lebensweise, unser Miteinander Schritt für Schritt von unten aus verwandeln, uns friedens- und überlebensfähig machen. Wir brauchen sozusagen Alltagsrevolution. Und die schafft nur die Kraft der Schwachen. Sie hat Tiefenwirkung, sie wirkt *sine vi, sed verbo* – ohne Gewalt, allein durch das Wort, wie Martin Luther sagt. Es ist die Kraft, die trägt, nicht schlägt, die Kraft, die den anderen leiden kann, die Kraft ohne Übermacht, aber mit Vollmacht. Sie wirkt in der Familie, in Gemeindegruppen, von Mensch zu Mensch und dann wie Salz, das die ganze Speise würzt, wie Sauerteig, der das ganze Brot säuert. Wir dürfen da nicht auf kurzfristige, sensationelle Erfolge aus sein, aber auf lange Sicht wird nur diese Kraft der Schwachen durchtragen und uns Menschen Zukunft eröffnen.

Es ist wirklich die Kraft der Schwachen, auf die wir uns nichts einbilden, die wir nur erbitten können und die wir niemals in uns tragen. Aber trauen wir doch dieser Kraft der Schwachen etwas zu um Gottes Willen. Schwachheit ist jedenfalls kein Grund zur Resignation, sondern im Licht Jesu Christi eine Chance. Laßt uns Frieden schaffen aus der Kraft der Schwachen!

Absage an das Abschreckungssystem

Erläuterung und Begründung der Entscheidung des Kirchenbundes in der DDR bei einer Theologenkonferenz in Budapest 1984

Vertreter christlicher Friedensorganisationen aus beiden Teilen Europas fanden sich auf Einladung des ungarischen reformierten Bischofs Karoly Toth vom 17. bis 22. September in Budapest mit der Zielsetzung „Unterwegs zu einer Theologie des Friedens" zusammen. Dort wurde dieses Referat gehalten.

Der Bund der Evangelischen Kirchen in der DDR, zu dem ich gehöre, hat 1982 und 1983 seine Stellung zum Abschreckungssystem verbindlich erklärt. „Im Gehorsam gegen Christus" hat er „eine deutliche Absage an Geist, Logik und Praxis der Abschreckung" ausgesprochen[1]. In meinen Ausführungen möchte ich diese Absage auslegen, wobei ich meine eigene Sicht der Sache entfalte.

Diese Absage bezieht sich auf das Abschreckungssystem mit Massenvernichtungsmitteln. Es geht also nicht um das Nein zum Einsatz dieser Waffen. Daß es dazu nur ein Nein geben kann, ist vielmehr schon vorausgesetzt. Die Absage bezieht sich auf die Abschreckung mit diesen Waffen als ein System der Friedenssicherung, das die beiden Kontrahenten im Ost-West-Konflikt umfaßt.

1. Die Absage an das Abschreckungssystem ist nur die Kehrseite des positiven Einsatzes für Frieden, Gerechtigkeit und die Zukunft des Lebens. Dieses Ja erfordert aber zu seiner Deutlichkeit, Konkretheit und Entschiedenheit auch jenes Nein.

Wir dürfen die Absage weder verselbständigen noch isolieren. Sie entspringt nicht einer Verweigerungshaltung, die durch Flucht aus politischer Verantwortung das eigene Gewissen salvieren möchte. Christliches Friedensengagement lebt aus Gottes Ja zum Menschen, zur Welt, zum Frieden. Das Reich Gottes besteht in Gerechtigkeit, Friede und Freude im Heiligen Geist, schreibt Paulus (Römer 14, 17). Wir orientieren uns daher an einem positiven Friedensbegriff, der Frieden nicht nur als Abwesenheit von kriegerischer Gewalt, sondern als heile, gerechte Beziehungen zwischen Menschen und Völkern und als erfülltes Leben versteht. Aus dem Heiligen Geist, der solchen Frieden schafft, haben wir dem Geist und der Praxis der Abschreckung abzusagen. Weil wir einen Frieden der Verständigung und Zusammenarbeit zwischen Ost und West, der Gerechtigkeit zwischen Nord und Süd, des sinnerfüllten Lebens suchen, darum können wir uns das Abschreckungssystem nicht länger leisten, das Verständigung und Zusammenarbeit blockiert, dessen Wettrüsten das Brot der Armen verschlingt und dessen Terror Menschen in Angst und Hoffnungslosigkeit treibt. Das Nein kommt aus diesem Ja. Das muß klar sein, damit die ethischen, theologischen und auch politischen Fragestellungen nicht verzerrt und verengt werden. Soll aber dieses Ja deutlich, konkret und entschieden sein, so erfordert es auch das Nein. Denn wir arbeiten für den Frieden in einer Welt des Unfriedens. Gott hat sich für den Frieden der Welt so eingesetzt, daß er gegen ihren Unfrieden protestierte, durch den sie sich selbst zerstört. Und dieser Protest schneidet scharf wie ein Schwert (Matthäus 10, 34).

In den letzten Jahren ist in der Ökumene die Erkenntnis herangereift, daß wir zur Abschreckung mit Massenvernichtungsmitteln nicht mehr Ja und Nein sagen können, sondern hier die Entscheidung zwischen *affirmatio* und *abrenuntiatio*, zwischen Bekennen und Verwerfen, zwischen Umkehr und Abkehr gegeben ist, die wir aus der Bekenntnisgeschichte der Kirche kennen. Die politische Erfahrung der siebziger Jahre bestätigt dies. Wir hatten einen politischen Entspannungsprozeß bei gleichzeitig weitergehendem Abschreckungsrüsten, und wir sehen heute, daß beides zusammen nicht geht. Es ist klar geworden, daß wir nicht dem Gott des Friedens dienen können, indem wir gleichzeitig dem Mars Weihrauch streuen. Aber wir müssen uns klar werden, was das Nein zur Abschreckung im Dienst am Frieden bedeutet.

2. Die Absage an das Abschreckungssystem ist ein Urteil des Glaubens. Es erwächst aus einer Analyse der Situation, bei der Sachverstand, politische Vernunft und theologisches Denken miteinander zu der Erkenntnis führen, daß das Abschreckungssystem nicht länger als taugliches Instrument der Friedenssicherung und Friedensgewinnung angesehen werden kann. Dieses Urteil ist offen für den Konsensus zwischen Christen und Nichtchristen und für Korrektur durch bessere Erkenntnis.

Das Wort „Absage" entstammt der Bekenntnissprache der Kirche und zeigt, daß sich hier eine Erkenntnis ausspricht, die uns im Gewissen vor Gott bindet und verpflichtet. Solche Erkenntnis fällt aber nicht als Offenbarung vom Himmel, sondern wird in der rationalen Analyse der Situation gewonnen. Diese Analyse wiederum (das „Ermessen", wie es in der deutschen Diskussion immer wieder hieß) ist nicht von der theologischen Erkenntnis abzuschotten, sondern geschieht bei Christen als Ermessen vor Gott.

Der Kompromiß der fünfziger Jahre, daß Abschreckung mit Massenvernichtungswaffen als eine heute noch mögliche christliche Handlungsweise anzuerkennen sei[2], wurde durch rationale Analysen der Entwicklung des Abschreckungssystems fraglich. Ich erinnere nur kurz an einige der oft beschriebenen Fakten:
- das Abschreckungssystem bringt die Dynamik des Wettrüstens hervor;
- die Eigendynamik der Rüstungstechnik unterläuft die Verhandlungen zur Rüstungskontrolle und Abrüstung;
- die Strategie der *flexible response* mit kleinen Kernwaffen und die Entwicklung von Erstschlagswaffen erhöht die Gefahr eines Atomkrieges;
- die sozialpsychologischen Zwänge des Freund-Feind-Denkens töten das solidarische Ethos, das den Gegner als Partner künftigen Zusammenlebens einschließt;
- die Rüstungsanstrengungen verhindern die gerechte Lösung der Weltwirtschaftsprobleme.

Es erwies sich also, daß das Abschreckungssystem nicht den Schirm bietet, unter dem eine Friedensordnung aufzubauen ist, sondern eher als eine Falle angesehen werden muß: Was kurzfristig der eigenen Sicherheit zu dienen scheint, führt längerfristig in die Falle eines unkalkulierbaren Sicherheitsrisikos. Das Fazit dieser Analyse lautet: Die entscheidende Gefährdung des Friedens liegt in der Fortsetzung des Wettrüstens.

Diese Analyse wird von einer anderen bestritten, die in West und Ost unterschiedlich, aber mit demselben Ergebnis vertreten wird: Die Hauptgefährdung des Friedens liegt im Vorherrschafts- und Überlegenheitsstreben der je gegnerischen Seite. Die daraus folgende Strategie will ein Gleichgewicht durch Nachrüsten herstellen, wobei die Vorrüstung jeweils auf der anderen Seite gesehen wird[3].

Mir scheint, daß diese Analyse – soweit sie rational und nicht propagandistische Feindbildprojektion ist – eine notwendige Korrektur der anderen bietet. Die Kritik des Abschreckungssystems darf nämlich nicht dazu führen, daß in seiner Nacht alle Katzen ununterscheidbar grau werden und die Konturen der aktuellen Bedrohung verschwimmen. Es muß klar werden, welche Schritte welcher Seite das Wettrüsten jeweils vorantreiben, Entspannung verhindern, Vertrauen zerstören. Hier ist denn auch nicht selten konkret und parteinehmend zu reden. Zum Beispiel sehe ich zwischen dem offen erklärten Überlegenheitsstreben der USA-Regierung und ihrem Rüstungsprogramm und der Politik der Warschauer-Vertrags-Staaten, nicht zuletzt den jüngsten friedenspolitischen Schritten der DDR-Regierung, einen Unterschied, den ich nicht nivelliert haben möchte.

Freilich muß auch gesehen werden, daß das Streben nach Gleichgewicht einer gefährlichen Fiktion nachläuft, weil dieses Gleichgewicht nicht exakt bestimmbar ist, jede Seite Vorteile der anderen argwöhnt und daher eben durch diese Analyse das Wettrüsten angekurbelt wird. Eine große Gefahr der auf den Gegner fixierten Bedrohungsanalyse liegt außerdem darin, daß sie geneigt ist auszublenden, wie man selbst und sei es auch bei ehrlichsten Friedensabsichten in den Mechanismen und Zwängen des Abschreckungssystems gefangen ist.

Christen vollziehen diese rationale Analyse im Licht der biblischen Überlieferung. Davon wird im vierten Abschnitt noch zu sprechen sein. Ich will hier an zwei Beispielen zeigen, was das bedeutet:

– Nach biblischem Zeugnis ist der Mensch ein Beziehungswesen, dessen Leben und Lebenssinn sich in den Beziehungen zu Gott, Mitmensch und Mitgeschöpfen entscheidet. So ist der Frieden, *schalom*, eine Beziehungswirklichkeit. Wir gewinnen ihn nicht in der Abschirmung von den anderen, sondern in der Beziehung mit ihnen. Claus Westermann hat darauf aufmerksam gemacht, daß der Frieden in der Bibel seine elementare Sprachgestalt in dem Gruß *schalom* hat. Indem ich dem anderen grüßend Frieden biete, gewinne ich Frieden. Die Geste des Grußes besteht im Zeigen der unbewaffneten Hand. So liegt also schon im alltäglichen Vorgang des Grüßens, das eine Beziehung des Friedens eröffnet, ein Risiko, eine Vorleistung. Im Licht dieses assoziativen, kommunikativen Friedensverständnisses muß die Friedlosigkeit des Abschreckungssystems besonders grell hervortreten.

– Die Synode der Niederländischen Reformierten Kirche hat es als eine von Gott gewährte Gnadenfrist gedeutet, daß der atomare Krieg noch nicht ausgebrochen ist. Es macht einen sehr großen Unterschied, ob ich der (unbeweisbaren) Hypothese traue, daß das Rüstungsgleichgewicht den Ausbruch des Krieges verhindert hat, oder ob ich die Zeit als Gnadenfrist zur Umkehr wahrnehme. Manche gegensätzliche Haltung zur Friedensfrage in unseren Kirchen ist aus diesem unterschiedlichen Verständnis der Zeit abzuleiten. Mir ist keine Frage, welches Verständnis unserer Zeit auf der Linie der Zeitansage Jesu liegt: Kehrt um, denn die Gottesherrschaft ist nahe.

3. *Die Absage an das Abschreckungssystem folgt aus den Kriterien der Tradition des „gerechten Krieges". Die Stärke dieser aus philosophisch-ethischen Quellen kommenden Tradition liegt darin, daß sie einen Christen und Nichtchristen umfassenden Konsensus und daß sie internationales Recht bilden kann. Von der Lehre des „gerechten Krieges" müssen wir heute weitergehen in die Richtung einer Abschaffung des Krieges selbst, der als Massenvernichtung kein taugliches Instrument zur Konfliktaustragung mehr ist.*

Schon die Kriterien der Unterscheidung von Kombattanten und Nonkombattanten und der Angemessenheit der Mittel schließen einen Krieg mit Massenvernichtungsmitteln aus. Die Entwicklung von Kernwaffen als Kriegsführungswaffen hat auch die Unterscheidung einer „gerechten Abschreckung" von einem ungerechten Atomkrieg unhaltbar gemacht.

Die Breite und Konsensfähigkeit dieser Tradition zeigt sich in der Ökumene. Die katholischen Bischöfe der USA fällen unter Berufung auf den Papst das „moralische Urteil": „Nicht nur der Gebrauch strategischer Atomwaffen, schon die erklärte Absicht, sie im Rahmen einer Abschreckungsstrategie zu gebrauchen, ist falsch." Die lutherische Tradition hat die Lehre vom gerechten Krieg im Augsburgischen Bekenntnis aufgenommen (CA 16 jure bellare). Ulrich Duchrow sagt mit Recht, daß eine genaue Anwendung der lutherischen Bekenntnisse ausreichen würde, um die eindeutige Ablehnung der gegenwärtigen Waffenentwicklung und Strategie eines führbaren Atomkrieges vom Glauben her zu begründen[4]. In der britischen Denkschrift „Die Kirche und die Bombe" wird ebenfalls mit der Theorie des gerechten Krieges der Gebrauch von Kernwaffen verworfen[5]. Schon die berühmte Friedenserklärung der Amsterdamer Vollversammlung 1948 argumentierte mit den Kriterien des gerechten Krieges[6], und von hier aus führt eine direkte Linie zum hearing in Amsterdam 1981 und zur Erklärung von Vancouver: „Die Herstellung und Stationierung von Kernwaffen ebenso wie deren Einsatz sind ein Verbrechen gegen die Menschheit"[7].

Die Stärke dieser Tradition ist also ihre breite Akzeptanz und Konsensfähigkeit. Helmut Gollwitzer hat darum schon 1959 ganz bewußt mit dieser Lehre argumentiert, um die traditionsgeleiteten Gewissen in die neue Verantwortung gegenüber den Massenvernichtungsmitteln hineinzuführen[8]. So kann sich diese Tradition als wichtige Hilfe für ein „Mehrheitslernen" (Ernst Lange) erweisen. Sie stürzt – jedenfalls im Ost-West-Konflikt – das modern gerüstete Militär in eine Legitimationskrise und bringt der Minderheit der Militärdienstverweigerer Resonanz und Zustimmung in der Gesellschaft.

Die Theorie des gerechten Krieges führt wie in der Vergangenheit so auch heute zu rechtlichen Konsequenzen. So forderte die Vollversammlung von Vancouver, „ein völkerrechtliches Instrument auszuarbeiten und zu ratifizieren, mit dem sowohl der Besitz als auch der Einsatz von Atomwaffen als Verbrechen gegen die Menschheit geächtet werden kann"[9].

Eine Schwäche der Theorie des gerechten Krieges liegt darin, daß sie den Weg zurück zu einer „gerechten Abschreckung" oder zu einer konventionellen Rüstung offenzuhalten oder nahezulegen scheint. Natürlich kann die Umstellung von ABC-Waffen auf konventionelle Rüstung, besonders wenn es eine erkennbar defensive Rüstung ist, ein friedensdienlicher Umrüstungsschritt sein[10]. Das Grundproblem wird durch solche Schritte aber schon darum nicht gelöst, weil die Eskalation konventioneller Kriegsführung zur Massenvernichtung jederzeit möglich und wahrscheinlich bleibt.

So müssen wir heute über die Lehre vom gerechten Krieg hinausgehen und auf die Abschaffung der Institution des Krieges hinarbeiten, weil sie kein taugliches Mittel mehr zur internationalen Konfliktaustragung ist[11]. Durch die ABC-Waffen ist ja der Krieg faktisch bereits abgeschafft; denn was wir verschleiernd „Krieg" und „Waffen" nennen, ist in Wahrheit kollektive Vernichtung und Selbstvernichtung, die mit der klassischen Institution des Krieges kaum noch etwas gemein hat.

Darüber hinaus muß man aber mindestens fragen, ob im modernen totalen Krieg nicht nur unübersehbar ans Licht gekommen ist, was schon immer die wahre Natur des Krieges war; ob es also das *jure bellare*, von dem das lutherische Bekenntnis spricht, überhaupt je gegeben hat und nicht vielmehr die Friedenskirchen recht hatten, die bestritten, daß der Krieg zu den Institutionen gehöre, in denen man „christliche Liebe und rechte gute Werke beweisen" kann[12].

Gegen die Forderung, die Institution des Krieges abzuschaffen, steht sofort der theologische Verdacht der „Schwärmerei" auf. Diese Forderung spricht aber eine Lebensbedingung des technischen Zeitalters aus, und sie ist keineswegs mit der Illusion eines goldenen Zeitalters verbunden[13]. Sie rechnet weiterhin mit Aggressivität, Klassengegensätzen und Konflikten, will aber die Mittel der Konfliktaustragung ändern.

Theologisch ist die Abschaffung des Krieges nicht als Realisierung eschatologischer Hoffnungen zu verstehen. Vielmehr liegt sie auf der Linie des noachitischen Bundes, der die Gewalt begrenzt, um in einer konfliktgeladenen Welt das Weitergehen des Lebens zu ermöglichen (1. Mose 9,1 ff). Von hier aus wird auch theologisch noch einmal klar, daß die Überwindung des Abschreckungssystems eine Sache der Menschheit und nicht nur eine spezifisch christliche Hoffnung und Forderung ist. Um den spezifischen Beitrag der Christenheit geht es im nächsten Abschnitt.

4. Das Abschreckungssystem fordert das Bekenntnis des christlichen Glaubens heraus. Der aus dem Heiligen Geist lebende Glaube muß den Ungeist des Abschreckungssystems aufdecken. Der auf die Herrschaft Christi trauende und hoffende Glaube muß die Mächte der Verführung und des Todes, die in diesem System am Werke sind, beim Namen nennen. Der zu „freiem dankbaren Dienst an Gottes Geschöpfen" berufene Glaube muß der Abschreckungspraxis absagen und kann nur an ihrer Abschaffung mitarbeiten.

Seit 1958 ist mehrfach erklärt worden, daß die Haltung zum Abschreckungssystem eine Bekenntnisfrage für den christlichen Glauben sei[14]. Dabei war nicht nur ein bestimmtes politisch-militärisches Handeln im Blick. Ein ethisch-kasuistisches und politisch-pragmatisches Argumentieren für und wider den Militärdienst erreicht den Kern der Sache noch nicht. Die Irrationalität des Wettrüstens, der Wahnsinn, der hier Methode geworden ist, zeigt, daß wir es bei dem praktischen Problem nur mit der Spitze eines Eisbergs zu tun haben. Darunter liegt ein Geist oder Ungeist, der im Abschreckungssystem zur Macht geworden ist und die perfektionierte technische Rationalität der Neuzeit in eine selbstmörderische Irrationalität umschlagen läßt. Darauf richtet sich die „Absage an Geist und Logik der Abschreckung". Diesen Geist gilt es aufzudecken und seine Wurzeln bloßzulegen. Dies aber ist nach dem Neuen Testament ein Werk des Heiligen Geistes (Johannes 16,1-10; 1. Korinther 12,10; 1. Thessalonicher 5,19-21).

Ich erinnere hier nur an vier Charakteristika dieses Ungeistes, denen im Namen des Geistes Gottes zu widerstehen ist:
– Der Götzendienst an der eigenen, verhängnisvoll mißverstandenen Sicherheit, für die man bereit ist, Menschen in Massen zu opfern, das Leben des Planeten aufs Spiel zu setzen und jetzt schon Millionen verhungern zu lassen. Erhard Eppler hat dies als „tödliche Utopie der Sicherheit" analysiert[15].
– Der psychologische Zwang des Freund-Feind-Denkens. Feindbilder werden aufgeblasen, um das eigene Droh- und Vernichtungspotential zu rechtfertigen. Empathie für die Situation des Gegners, solidarisches Ethos – beides für den Frieden unerläßlich – werden dadurch verhindert.
– „Kriege sind nur soweit möglich, als Menschen zu Dingen werden", hat Nikolai Berdjajew gesagt. Er weist damit auf die Zusammenhänge des modernen Krieges mit dem wissenschaftlich-technischen Denken hin, das die Neuzeit prägt. Es macht die Welt zu einer Summe von Objekten, um sie der Verfügungsmacht des Menschen zu unterwerfen. Durch die Massenvernichtungsmittel soll der Feind zum manipulierbaren Objekt werden. In den strategischen Planspielen werden Menschen wie Dinge nach Megatoten gezählt. Die Abstraktheit der Computer-

sprache verhindert, daß wir uns vorstellen, was wir anstellen werden. Joseph Weizenbaum hat 1979 auf der vom Ökumenischen Rat der Kirchen einberufenen Konferenz in Boston leidenschaftlich vor dieser „Bewußtseinsvergiftung" gewarnt[16].
– Das *worst-case*-Denken gefährdet die Zukunft, die es sicherstellen will. Indem man sich auf den schlimmsten aller Fälle rüstet, hindert man sich selbst, die Zukunft des Friedens und die Lösung der Weltprobleme von morgen vorzubereiten. Aus Sorge um die eigene Sicherheit lassen wir uns nicht auf die offene Zukunft ein, die Gott uns anbietet, indem er uns in den Dienst der Gerechtigkeit ruft (Matthäus 6, 33).

Im Abschreckungssystem droht die politische Vernunft der Verblendung durch diesen Ungeist zu erliegen. Darum müssen wir ihm absagen. Dieser Ungeist hat zugleich Machtcharakter. Er zwingt beiden Seiten – nicht selten gegen bessere Einsicht – ein Verhalten auf, das sich in manchen Zügen trotz der Gegensätzlichkeit von Ost und West spiegelbildlich entspricht. Obwohl viele mit Bertolt Brecht schon vor dreißig Jahren erkannt haben: „Wenn wir den Krieg vorbereiten, werden wir Krieg haben", wurde das Wettrüsten immer weiter vorangetrieben. Verhandlungen zur Rüstungskontrolle und Abrüstung haben selbst bei Erfolg dazu geführt, daß die Rüstung in anderen Bereichen forciert wurde. Die Eigendynamik rüstungstechnischer Forschung und Innovation läuft den Verhandlungen davon. Etwas partiell Vernünftiges und Berechtigtes, wie das Streben nach einem relativen Gleichgewicht der Kräfte, verstärkt innerhalb des Systems die Rüstungsdynamik und wirkt also destabilisierend, nicht stabilisierend. So gleicht das Abschreckungssystem einem gigantischen „Bund mit dem Tod", vor dem der Prophet Jesaja die Politiker seines Volkes warnte. Der Bund mit dem Tod soll Lebenssicherheit garantieren, aber indem wir uns mit dem Tod verbünden, bekommt der Tod Macht über uns (Jesaja 28, 14 ff). So gewinnt das Abschreckungssystem dämonische Züge.

Aus dieser Erkenntnis heraus haben Vertreter der Kirchen der UdSSR und der USA 1979 in Genf gemeinsam erklärt: „Wir erkennen, daß wir selbst und die Menschen unserer beiden Nationen, ja, jeder Mann, jede Frau, jedes Kind in der ganzen Welt in diese Spirale des Schreckens einbezogen sind. Wir spüren, wie diese bedrohliche Eskalation menschlicher Kontrolle entgleitet. Wir wurden erinnert an den Ausruf des Apostels Paulus, daß ‚wir nicht mit Fleisch und Blut zu kämpfen haben, sondern mit Mächtigen und Gewaltigen' (Epheser 6, 12). Wir bekannten, daß der Versuch, Sicherheit durch Waffen zu suchen, eine falsche und abgöttische Hoffnung ist, und daß wahre Sicherheit nur in Beziehungen des Vertrauens gefunden werden kann. Wir glauben, daß solche Beziehungen möglich sind, denn Christus hat die Mächte und Gewalten überwunden (Kolosser 2, 15). Jesus ist der Herr!"[17]
Nicht aufgeregte Apokalyptik oder naive Dämonenfurcht, sondern

differenzierte, rationale Analyse im Licht des biblischen Zeugnisses führt auf den Machtcharakter des Abschreckungssystems. Diese Analyse kann uns im Gegenteil vor naiven Verteufelungen des Feindes und kurzschlüssig moralisierenden Schuldzuweisungen bewahren. Vor allem können wir die Mächte des Todes nur zutreffend benennen, wenn wir es im Bekenntnis zu Christus dem Herrn tun, der dem Tode die Macht genommen hat. Dieses Bekenntnis kann uns aus den Ohnmachtsgefühlen reißen, die der Machtcharakter des Abschreckungssystems weckt. Dieses Bekenntnis widerstreitet dem fatalistischen Dogma, zur Abschreckung gäbe es keine Alternative.

Wer dem Geist und den Verhaltenszwängen des Abschreckungssystems absagt, kann sich an seiner Fortsetzung nicht beteiligen. Nur an seiner Abschaffung kann er mitwirken. So haben die katholischen Bischöfe der USA mit dem Papst erklärt, die Abschreckung sei nur unter der Bedingung akzeptabel, daß sie „ein Schritt auf dem Weg zur fortschreitenden Abrüstung ist". Sie haben sehr weitgehende Kriterien genannt, an denen das geprüft werden muß. In ähnliche Richtung geht die Friedensdenkschrift der EKD von 1982, wenn sie sagt, die weitere Beteiligung an dem Versuch, einen Frieden in Freiheit durch Atomwaffen zu sichern, sei „nur in einem Rahmen ethisch vertretbar, in welchem alle politischen Anstrengungen darauf gerichtet sind, Kriegsursachen zu verringern, Möglichkeiten gewaltfreier Konfliktbewältigung auszubauen und wirksame Schritte zur Senkung des Rüstungsniveaus zu unternehmen"[18].

Wenn geschieht, was hier gefordert wird, sind der Geist und die Mechanismen des Abschreckungssystems wenigstens anfangsweise durchbrochen und die Dynamik des Wettrüstens ist umgekehrt. Freilich ist waches, kritisches Prüfen hier sehr geboten. Denn die Erfahrungen mit der politischen Wirkung der „Heidelberger Thesen" lehrt, daß ihr bedingtes Ja zum Abschreckungssystem, das auf dessen Überwindung zielte, faktisch als seine Legitimierung durch die Kirche gewirkt und zu seiner Fortsetzung beigetragen hat. Politische Absichtserklärungen werden also nicht genügen. Um bei der Abschreckung mitzutun, muß man schon deutlichere Indizien dafür haben, daß man sich dabei nicht an der Eskalation des Wettrüstens, sondern an dem Aufbau einer Friedensordnung beteiligt. Nach den Raketenstationierungen in der Folge des NATO-Doppelbeschlusses sehe ich nicht, daß diese Indizien gegeben sind, und ich sehe nicht, wie unsere Kirchen irgend jemand dazu Mut machen könnten, sich an der Abschreckung zu beteiligen.

5. Weil die Absage an das Abschreckungssystem aus dem positiven Engagement für den Frieden erwächst (vergleiche 1.), ist sie verbunden mit dem Einsatz für die Gestaltung des Friedens. Das ist nicht nur Aufgabe des einzelnen, sondern des ganzen Volkes Gottes.

Wir dürfen die Frage der christlichen Haltung zum Abschreckungssystem nicht individualistisch verengen. Hier ist die christliche Gemeinde und ökumenische Christenheit als Ganze auf den Plan gerufen. Wir brauchen zum Widerstehen die geistlichen Kraftquellen der Kirche. Wir sind zurückgeworfen auf die Kräfte des Geistes Gottes und des Gebetes, auf Wort und Sakrament und auf die Einheit der Christenheit in ihrem Herrn. Nur aus der Kraft dieser Einheit werden unsere Kirchen zur Überwindung des Abschreckungssystems beitragen können und davor bewahrt bleiben, in den Fronten des Abschreckungssystems auseinander zu brechen.

Darum müssen wir – meine ich – dem Ruf von Vancouver folgen und eintreten in den „konziliaren Prozeß, den Bund für Frieden, Gerechtigkeit und die Integrität der ganzen Schöpfung"[19]. Ich hoffe, daß unsere Konferenz faktisch bereits ein Teil dieses Prozesses ist und ihm wichtige Impulse vermitteln wird.

Dem Abschreckungssystem absagen heißt friedenspolitische Aktivitäten entwickeln, die aus ihm herausführen. Von den vielen einleuchtenden Vorschlägen, die es dafür gibt, steht für mich das Konzept der „gemeinsamen Sicherheit" an erster Stelle. Es ist in seiner Philosophie, Psychologie und seinen praktisch-politischen Vorschlägen die klarste Alternative zum Abschreckungssystem. An zweiter Stelle nenne ich das Konzept des Gradualismus, das erste Schritte zur Realisierung gemeinsamer Sicherheit weist[20]. Wenn Menschen vom Ungeist und den Zwängen des Abschreckungssystems freikommen, entwickelt sich eine inspirierende Findigkeit und Phantasie für Wege zum Frieden. Dieser Befreiung will die Absage, die ich zu erklären hatte, dienen.

Anmerkungen

1   Die Synode des Kirchenbundes erklärte auf ihrer Tagung im September 1982,
    „daß eine deutliche Absage an Geist und Logik der Abschreckung unum-
    gänglich ist". Ein Jahr später hat sie diese Absage „im Gehorsam gegen Chri-
    stus" ausgesprochen und um die Absage an die Praxis der Abschreckung er-
    weitert.

2   „Heidelberger Thesen" 1959, 8. These.

3   Vgl. Wolfgang Huber, Frieden wahren, fördern und erneuern – die Denk-
    schrift der EKD und die Friedenspolitik in der Bundesrepublik Deutschland.
    In: Frieden – das unumgängliche Wagnis, München 1982, S. 44.
    Carl Ordnung, Erfahrungen im Friedenskampf schöpferisch anwenden, in:
    Tradition und Verpflichtung, Bericht über die Tagung des Präsidiums des
    Hauptvorstandes der CDU am 30. März 1984 in Burgscheidungen, Berlin/
    DDR 1984, S. 57 ff.

4   U. Duchrow, Bekennende Kirche werden – 1934 und 1984 (Barmen III), in:
    Bekennende Kirche wagen, München 1984, S. 139.

5   „It is in our view proven beyond reasonable doubt that the Just War theory, as
    this has developed in Western civilisation and within the Christian Church,
    rules out the use of nuclear weapons." The Church and the Bomb, 1982,
    S. 143.
    Das Council on Christian Approaches to Defence and Disarmament stellt die
    Frage: „If nuclear weapons are retained for deterrence, how do we justify in
    ethical and legal terms the abandonment of the principle of non-combatant
    immunity and the endangering of the principle proportion? If these princi-
    ples are undermined in the nuclear field, can they be maintained in other
    situations?" The Future of the British Nuclear Deterrent, 1982, S. 3.

6   Die Waffenentwicklung „führt in einem modernen Krieg zu unterschiedslo-
    sen Zerstörungen in einem Umfang, wie ihn die Welt bei früheren Kriegen
    nicht gekannt hat. Die herkömmliche Annahme, daß man für eine gerechte
    Sache einen gerechten Krieg mit rechten Waffen führen könne, ist unter sol-
    chen Umständen nicht mehr aufrecht zu erhalten." Vollversammlung der
    Ökumene Amsterdam 1948, Sektion IV „Die Kirche und die internationale
    Unordnung".

7   Erklärung der Vollversammlung „Friede und Gerechtigkeit", Bericht aus
    Vancouver 83, S. 165, 167.

8   H. Gollwitzer, Christlicher Glaube und atomare Waffen, Evangelische Stim-
    men zur Zeit, Heft 1. „Die Überlegungen dieses Aufsatzes sind bewußt ange-
    stellt unter der Voraussetzung der bisherigen theologischen Begründung für
    die Teilnahme des Christen an Gewaltanwendung und Krieg. Sie stellen die-
    se Basis nicht in Frage, sondern wollen zeigen, daß gerade von ihr, wenn sie
    aufrichtig und nicht nur heuchlerisch bezogen wird, die gleichen Gedanken,
    die bisher jene Teilnahme ermöglichten, sie nun unmöglich machen. Wer mit
    Berufung z. B. auf die lutherischen Bekenntnisschriften die Teilnahme wei-
    terhin auch unter den neuen Bedingungen freistellt, steht nicht auf dem Bo-
    den dieser Bekenntnisschriften, sondern mißbraucht sie." S. 37.

9   Erklärung Friede und Gerechtigkeit a. a. O. S. 167.

10 So plädiert der Britische Kirchenrat dafür, in der NATO eine Abschreck-
    kungs- und Verteidigungspolitik zu betreiben, die zunehmend weniger ab-
    hängig ist von Kernwaffen. On Making Peace in a Nuclear World, 1983, S. 4.

11 So C. Fr. von Weizsäcker in vielen seiner Veröffentlichungen und die „Hei-
    delberger Thesen" 1959, These 3: „Der Krieg muß in andauernden und fort-
    schreitenden Anstrengungen abgeschafft werden." Der Britische Kirchenrat

hat 1983 erklärt: „It therefore becomes important to eliminate not only certain weapons of war, but war itself and its causes." On Making Peace, S. 2.

[12] In Artikel 16 der Augsburgischen Konfession ist der Krieg unter den Institutionen der Rechtsprechung, der Polizei, der Wirtschaft, des Eides, des Eigentums und der Ehe aufgeführt, und vom Christen wird gefordert, „in talibus ordinationibus exercere caritatem".

[13] C. Westermann zeigt, daß das Alte Testament eine Zeit kennt, in der es zwar Streit, Konflikte und auch gewaltsame Konfliktaustragungen gab, nicht aber Krieg, wie er erst durch die Konflikte mit den Großmächten über Israel kam und das Leben des Volkes total erfaßte. Kriege sind geschichtlich geworden und abschaffbar, und zwar diesseits der qualitativen Zäsur zwischen Urzeit/Endzeit und Geschichte. D. Claus Westermann, Was ist Frieden – eine Anfrage an die Bibel, in: Christen im Streit um den Frieden, Freiburg 1982, S. 21.

[14] Theologische Erklärung der kirchlichen Bruderschaften in der Bundesrepublik Deutschland, Oktober 1958; die Denkschrift „Kirche und Kernbewaffnung" der Niederländisch Reformierten Kirche von 1981; das Bekenntnis zu Jesus Christus und die Friedensverantwortung der Kirche, eine Erklärung des Moderamens des Reformierten Bundes in der Bundesrepublik Deutschland 1982; die Erklärung der Vollversammlung des Reformierten Weltbundes in Ottawa 1982; die Erklärung Friede und Gerechtigkeit der Vollversammlung des ÖRK in Vancouver, die ohne den Begriff des status confessionis in der Sache dasselbe sagt.

[15] Erhard Eppler, Die tödliche Utopie der Sicherheit, Reinbek 1983.

[16] Joseph Weizenbaum, Technological detoxification, faith and science in an unjust world, I. Bd., S. 302.

[17] Abgedruckt in: Christen im Streit um den Frieden, Beiträge zu einer neuen Friedensethik, Freiburg 1982, S. 318.

[18] Friede wahren, fördern und erneuern, S. 58.

[19] Bericht des Ausschusses für Programmrichtlinien, in: Bericht aus Vancouver 83, S. 258 f; 261.

[20] Der Britische Kirchenrat hat sich 1983 für ein System gemeinsamer Sicherheit und für einen Abbau des gesonderten britischen Kernwaffenpotentials ausgesprochen (On Making Peace in a Nuclear World). Der Protestantische Bund Frankreichs hat 1983 seine Regierung aufgefordert, „den Mut aufzubringen zu einem Einfrieren der Kernwaffen als einem ersten Schritt" (La Rochelle, den 11.-13. 11. 83). Die Synode des Bundes der Evangelischen Kirchen in der DDR hat sich im September 1983 für das Konzept der gemeinsamen Sicherheit ausgesprochen und die Regierung der DDR gebeten, darauf hinzuwirken, daß keine atomaren Kurzstreckenraketen auf dem Gebiet der DDR stationiert werden, weder während der noch laufenden Genfer Verhandlungen, noch zu einem späteren Zeitpunkt.

Beiträge zum Gespräch in der ökumenischen Bewegung

Eine christliche Sicht von Wissenschaft und Technik in einem sozialistischen Land

Rede bei der ökumenischen Weltkonferenz „Glaube, Wissenschaft und die Zukunft" in Boston 1979

Der Ökumenische Rat der Kirchen hatte vom 12. bis 24. Juli 1979 Fachleute und kompetente Vertreter von Mitgliedskirchen zu einer ersten großen Konsultation über „Glaube, Wissenschaft und die Zukunft" nach Boston in die USA geladen. Ich hatte dort die Delegation aus der DDR zu leiten und einen Beitrag aus christlicher Erfahrung und theologischer Reflexion in einem sozialistischen Land zu geben.

Ich spreche als Theologe aus der DDR, einem Land, das zu den hochindustrialisierten Ländern Osteuropas gehört. Da ich kein marxistischer Experte bin, kann ich auch nicht authentisch den Standpunkt der Marxisten meines Landes vertreten. Ich bin aber dankbar für die Möglichkeit, darlegen zu können, wie Christen in meinem Land die Probleme von Wissenschaft und Technik in ihrer sozialistischen Gesellschaft sehen. Das Komitee für Kirche und Gesellschaft meiner Kirche, dessen Vorsitzender ich bin, hat das ausführlich in dem Beitrag dargestellt, den Sie in der letzten Nummer von „Anticipation" (die von der Abteilung „Kirche und Gesellschaft" beim Weltkirchenrat in Genf herausgegebene Zeitschrift – H. F.) abgedruckt finden. Ich muß mich hier auf einige Hauptgesichtspunkte beschränken.

Wir haben den gesellschaftlichen Auftrag, der Christsein in unserem Land als kritische und konstruktive Partizipation definiert. Das heißt, wir arbeiten mit an dem schwierigen Versuch, an der Grenze zwischen Ost und West, die die beiden deutschen Staaten trennt, eine sozialistische Gesellschaft zu entwickeln. Zugleich nehmen wir kritisch an dieser Entwicklung teil und fragen nach der konkreten Verwirklichung der Humanität, die uns Jesus Christus aufgibt. So können wir auch am besten das Vorurteil widerlegen, als hätte die Kirche in unserem Land nur

die Alternative, entweder in den Konformismus oder in die Katakom
ben zu gehen.

Was bedeutet kritische und konstruktive Partizipation von Christen
in unserem Land, wenn es um die Thematik unserer Konferenz geht?
Unser Land nimmt die Probleme der wissenschaftlich-technischen
Revolution in wachsendem Maße auf. Dabei zeigen sich positive Ansät-
ze in Theorie und Praxis, aber auch praktische und ideologische
Schwierigkeiten. Beides müssen wir sehen, um unsere Verantwortung
wahrnehmen zu können.
Ich möchte das an vier Problemfeldern zeigen:

1. Soziale Gerechtigkeit als gesellschaftliches Ziel

Der Sozialismus ist vor allem ein Programm sozialer Gerechtigkeit. In
den Fragen der wissenschaftlich-technischen Revolution und ihrer Folgen hält er die Frage nach den notwendigen gesellschaftlichen Veränderungen und gerechten Gesellschaftsstrukturen wach. Er besteht darauf, daß nur eine *gerechte* Gesellschaft „sustainable" (dieses für diese
Konferenz oft programmatisch gebrauchte englische Wort wird hier
meist mit „lebensfähig" oder „verantwortbar" übersetzt. H. F.) sein
kann. Unsere Konferenz steht vor der schwierigen Frage, ob es wirklich
gelingt, die Ziele der Gerechtigkeit und der „Sustainability" in einer
ökumenischen Sozialethik zu integrieren. Wenn das gelingt, würde es
dazu helfen, daß dieses Programm in unserem Land Gehör findet.

Auch in der Entwicklungspolitik vertritt die DDR den Standpunkt,
daß Strukturen wirtschaftlicher Gerechtigkeit die Voraussetzung ge-
sunder wirtschaftlicher Entwicklung sind. Aber wir stellen in unserer
Gesellschaft die Frage, ob wir praktisch nicht viel zu wenig tun, ob wir
schon begriffen haben, daß Sozialismus heute im Nord-Süd-Gegensatz
verwirklicht werden muß, wo wir auf der Seite der Reichen stehen. Uns
hat ein Satz von Julius Nyerere getroffen: „Sozialistische Parteien und
Regierungen Europas müssen den Kampf um gleiche Rechte und Chancen, den sie innerhalb ihrer Nationen geführt haben und weiterführen,
in die internationale Arena tragen, und sie müssen anerkennen, daß
ihre Nationen, international gesehen, die Reichen und die Ausbeuter
sind, und entsprechend handeln."

Was heißt das für unsere Kirchen?

– Wir müssen in unseren Gemeinden das Bewußtsein der Solidarität
mit dem fernen Nächsten schärfen, der unter die Räuber gefallen ist. Dazu gehört, daß wir das Niveau unseres materiellen Konsums nicht an
dem höheren Niveau der westlichen Gesellschaft, sondern an dem

Niveau der Entwicklungsländer messen, um uns als die Reichen zu entdecken, die zur Gerechtigkeit verpflichtet sind. Wir müssen unser Leben zu einem „Gleichnis des Miteinanderteilens" machen (Roger Schutz, Taizé).

– So müssen wir im öffentlichen Bewußtsein den Boden dafür bereiten, daß Solidarität immer stärker zu einem Prinzip der Wirtschaftspolitik wird, auch wenn das Anstrengung und Verzicht erfordert.

– Wir müssen für die Abrüstung eintreten, weil die Militärausgaben das schwerste Hindernis für die Herstellung der Gerechtigkeit und die akuteste Bedrohung des globalen Ökosystems sind.

2. Die Einbeziehung von Wissenschaft und Technik in die gesellschaftlichen Prozesse

Hier beziehe ich mich auf die mehr theoretischen Fragen um Wissenschaft und Technik in den ersten Tagen unserer Konferenz, und ich bitte diejenigen um Geduld und Mitdenken, um Partizipation, denen die praktischen Fragen mehr auf den Nägeln brennen.

Die sozialistische Gesellschaft integriert Wissenschaft und Technik in sozial-ethische und politische Verantwortung. Der Marxismus kritisiert die These einer Wertfreiheit der Wissenschaft und analysiert ihre Verflochtenheit in Klasseninteressen. Die Aufspaltung des Wissens und Handelns in Teilsysteme, die zwar in sich rational sind, aber sich zueinander irrational verhalten, ist eine Erscheinungsform menschlicher Entfremdung. Die Lösung des Problems wird auf theoretischer und praktischer Ebene gesucht. Theoretisch werden Naturwissenschaften und Sozialwissenschaften in das Weltanschauungssystem des dialektischen Materialismus integriert. Er ist der Versuch einer ganzheitlichen Schau. Auf praktischer Ebene werden Wissenschaft und Technik in die Gesamtplanung der Gesellschaft einbezogen, die sich humanen Zielsetzungen verpflichtet weiß.

Was bedeutet das für eine christliche Sicht?

Wir stimmen als Christen dieser Intention zu. Wir können uns nicht mit einer positivistischen Kritik des Weltanschauungssystems verbünden, weil dabei das Wertproblem ungelöst bleibt. Jesus Christus erlaubt uns nicht, die Wahrheit von der Liebe zu trennen. Er ist zugleich die Wahrheit und die Liebe, und so ist er das Leben. Der Apostel Paulus spricht im Römerbrief und im ersten Korintherbrief davon, daß die Vernunft den Begierden hörig geworden ist. Ins Sozialethische übersetzt heißt das: Sie ist gesellschaftlichen Interessen hörig. Sie muß zur wahren Erkenntnis befreit werden, die dem Bruder dient. Was bedeutet das für unser Verständnis wissenschaftlicher Wahrheit? Eine christliche Kritik am marxistischen System kann nur aus der gemeinsamen Intention heraus erfolgen, eine konkrete Synthese des Wahren und des Guten zu finden. Wir haben zur Zeit keinen öffentlichen Dialog über diese theoretischen Probleme. Wir Christen müssen aber uns selbst für solch einen Dialog vorbereiten und eine dialogfähige Theorie entwickeln. Ich möchte einige Fragen für diesen Dialog formulieren, die bei uns von Christen, christlichen Wissenschaftlern und Theologen gestellt werden:

– Kann die Synthese des Wahren und des Guten in einem Weltanschauungssystem gelingen, das sich allein auf den wissenschaftlichen Zugang zur Wirklichkeit gründet, die Wirklichkeitserfahrung des Glaubens aber ausschließt?

– Kann die Synthese des Wahren und des Guten heute anders gefunden werden als in dialogisch offenen Systemen? Das gilt für die Zusammenarbeit von Wissenschaft, Ideologie und Glauben, das gilt aber auch für unsere multikulturelle Welt. Nur in dialogischen Strukturen können Freiheit und Verantwortung der Wissenschaft zu einer schöpferischen Synthese kommen.

– Ist nur die Verflochtenheit von Wissenschaft und Technik in Klasseninteressen zu kritisieren? Liegen der wissenschaftlich-technischen Revolution nicht noch andere Voraussetzungen und Einstellungen zugrunde, die aufgedeckt und kritisierbar gemacht werden müssen? Ich meine die Objektivierung der Natur im Interesse ihrer Manipulierung, der Glaube an die Machbarkeit aller Dinge im Interesse der Macht des Menschen. Im Namen Jesu Christi, der die Macht gebrauchte, um zu dienen, werden wir den modernen Kult der Machbarkeit zu kritisieren haben. Die Kritik der politischen Ökonomie muß um die Kritik der technischen Vernunft erweitert werden. Praktisch bedeutet das für uns Christen, daß wir bei denen stehen müssen, die von den negativen Folgen der technischen Produktionsprozesse betroffen sind. Die konkrete Synthese des Wahren und des Guten werden wir nur erreichen, wenn wir auf das Leiden aufmerksam werden und aufmerksam machen, um es zu verwandeln und zu lindern. Die Synthese des Wahren und des Guten wird auf der *via crucis*, nicht auf der *via triumphalis* der Machbarkeit aller Dinge gefunden.

3. Zum Verhältnis von Ökonomie und Ökologie

Unsere Gesellschaft widmet den ökologischen Fragen zunehmende Aufmerksamkeit. Das zeigte sich auch bei einem Gespräch, das unsere Delegation kurz vor unserer Abreise mit dem Staatssekretär für Umweltfragen hatte. Das ökologische Bewußtsein ist ideologisch im Marxismus als dialektischem Materialismus begründet. Er weiß, daß Mensch und Gesellschaft in unauflösbarer Wechselbeziehung zur Natur stehen. Eine christliche Theologie, für die der Mensch nur aus Seele, Kopf oder personalen Begegnungen besteht, hat in dieser Hinsicht viel vom dialektischen Materialismus zu lernen.

Karl Marx schrieb im „Kapital": „Keine Gesellschaft, nicht einmal alle gleichzeitigen Gesellschaften zusammengenommen, sind Eigentümer der Erde. Sie sind nur ihre Nutznießer und haben sie als gute Haushalter den nachfolgenden Generationen zu hinterlassen." Marx zeigt sich hier als guter Ausleger des biblischen Herrschaftsauftrages an den Menschen. Vielleicht können wir von ihm auch etwas lernen für die bessere Praktizierung dieses Auftrages. Professor Daly hat „Sustainability" definiert als Gerechtigkeit zwischen den heutigen und den kommenden Generationen. Er hat dieses Marx-Zitat auf seiner Seite.

Der Marxismus fügt die Ökonomie in die ökologischen Rahmenbedingungen ein. Professor Oldak, Nowosibirsk, hat dafür in seinem bioökonomischen System ein eindrucksvolles Modell vorgelegt, das im Vorbereitungsbuch der Konferenz abgedruckt ist.

Freilich will unser Staat Wirtschaftswachstum und lehnt die These vom Nullwachstum ab. Aber erstens ist es nicht ein Wachstum, das der Eigendynamik des Kapitals folgt, und zweitens soll das Wachstum der Befriedigung der materiellen *und* kulturellen Bedürfnisse der Menschen dienen. Dazu gehört auch das Bedürfnis einer gesunden Umwelt.

Wir haben eine gute, international anerkannte Gesetzgebung zum Schutz der Umwelt. Weiter ermöglicht eine umfassende Planung, daß ökologische Vernunft im Wirtschaftsprozeß durchgesetzt wird. Aber wir haben eine Menge praktischer Probleme.

Unser Staat ist keine öko-politische Insel. Die Abhängigkeit vom Weltmarkt und der allgemeinen technologischen Entwicklung, der ökonomische Wettstreit zwischen Ost und West zwingen zu großen ökonomischen Anstrengungen. Die Bevölkerung ist weitgehend an westlichem Konsumstandard orientiert, drängt auf Erhöhung des Lebensstandards und mißt den Wert des Gesellschaftssystems vornehmlich an seiner wirtschaftlichen Leistungsfähigkeit. So sind die ökologischen Maßnahmen Kompromisse, in denen die ökonomischen Zwänge oft die Priorität haben. Ideologisch wird darauf orientiert, daß nur wirtschaftliches Wachstum die kostspieligen ökologischen Maßnahmen ermöglichen kann. Dazu kommt ein weithin ungebrochenes Vertrauen in die Technik, daß ihre Entwicklung die ökologischen Probleme meistern wird. Die langfristigen ökologischen Probleme (zum Beispiel Ressourcenverknappung) treten hinter den Schwierigkeiten der Gegenwart zurück.

Was haben wir als Christen zu tun?

– Ich denke, wir müssen die konkreten Probleme unseres Staates und seinen begrenzten Handlungsspielraum verstehen lernen. Eine zynische Kritik, die den ideologischen Anspruch und die Realität vergleicht, um sich von beidem abzuwenden, ist keine Hilfe. Wir müssen helfen, die Theorie in bessere Praxis umzusetzen. Dafür haben wir durchaus, wenn auch begrenzte, Handlungs- und Partizipationsmöglichkeiten.

– Vor allem müssen wir in unseren Gemeinden das ökologische Problembewußtsein wecken, und zwar nicht nur für eine bessere Umwelt unserer Generation, sondern für eine bewohnbare Erde kommender Generationen. Dabei haben wir nicht Katastrophenangst und lähmenden Pessimismus zu erzeugen. Jesus predigte nicht: Kehrt um, denn die Katastrophe ist nahe herbeigekommen! Er predigte: Kehrt um, das Reich Gottes ist nahe herbeigekommen; und das ist die lockende Möglichkeit eines neuen sinnvollen Lebens, Befreiung von Angst, Ermutigung zum Tun. Die Faith and Order-Konferenz in Bangalore 1978 sagte: „Die christliche Hoffnung ist eine Widerstandsbewegung gegen den Fatalismus." Aus dieser Haltung heraus können Christen die Motivation gewinnen, in unserer Gesellschaft mit zäher Geduld daran mitzuwirken, daß ökologische Vernunft praktisch durchgesetzt wird.

– Unsere christliche Motivation geht dabei ein gutes Stück weit mit der marxistischen zusammen. Wir sehen aber noch einen anderen Aspekt. Die Umwelt muß nicht nur um des Menschen willen erhalten werden, sondern weil sie als Gottes Schöpfung eigene Würde und unter Gottes Verheißung eigene Hoffnung hat. Wir haben eine Hoffnung nicht nur für die Emanzipation des Menschen, sondern auch für die Emanzipation der Natur.

4. Sozialistische Lebensweise und christlicher Lebensstil

Die ökologischen Fragen weisen zurück auf ethische Fragen. Die ökologischen Probleme fordern strukturelle Lösungen, aber sie fordern auch die Umorientierung des Menschen auf die Qualität des Lebens. Was aber ist die Qualität des Lebens? Auch auf dieser Konferenz habe ich dazu mehr Fragen als Antworten gehört.

Seit einigen Jahren wird diese Frage bei uns unter dem Thema „Sozialistische Lebensweise" diskutiert. Es gibt dafür noch keine abschließende Definition. Intendiert ist aber ein sinnerfülltes Leben in der Gemeinschaft, eine vermenschlichte Arbeit und Produktionsweise, eine Persönlichkeitsentwicklung, die nicht nur an materiellen Bedürfnissen, sondern auch an kulturellen Werten orientiert ist.

Hier eröffnet sich ein weites Feld des Dialogs zwischen Christen und

Marxisten. Welches sind die wahren menschlichen Bedürfnisse, welches ist ihre wahre Hierarchie? Karl Marx wollte, daß die Religion durch ein sinnerfülltes Leben des Menschen im Diesseits überflüssig gemacht wird. Droht die Religion stattdessen nicht in materiellen Interessen zu ersticken? Das „Trachten nach dem Reich Gottes und nach seiner Gerechtigkeit" kommt im Katalog der materiellen und geistigen Bedürfnisse nicht vor; aber das ist der Weg, auf dem die Bedürfnisse des *Nächsten* befriedigt werden. Wir Christen werden diesen Dialog vor allem praktisch zu führen haben. In ihm zählt letztlich nur das, was der Apostel Paulus den „Beweis des Geistes und der Kraft" nannte. Also ein Leben aus der Freiheit des Glaubens, in der Praxis der Liebe und der Kraft einer krisenbeständigen Hoffnung.

Jesus Christus – das Leben der Welt

Vortrag zur Vorbereitung auf die Weltkirchenkonferenz in Vancouver
in Potsdam 1982

Im Oktober 1982 versammelten sich die Delegierten und sonstigen Teilnehmer aus der DDR an der 1983 bevorstehenden VI. Vollversammlung des Ökumenischen Rates der Kirchen in Vancouver zu einer vorbereitenden Tagung in Potsdam. Das Einführungsreferat behandelte das Thema der Weltkirchenkonferenz: Jesus Christus – das Leben der Welt.

Warum wurde für die kommende Vollversammlung „Leben" als Leitbegriff gewählt? Wie „Licht" oder „Versöhnung", wie „Befreiung" oder „Frieden" ist auch „Leben" ein Schlüsselwort, mit dem sich das Heil in Jesus Christus auslegen und für die jeweiligen Problemfelder von Kirche und Welt aufschlüsseln läßt. Das Spezifische am Begriff Leben ist wohl das Elementare, und so liegt in der Wahl des Begriffes auch schon eine Situationsdeutung: Die elementare Bedrohtheit der Welt läßt nach Christus als dem Leben fragen. Es geht unserer Welt ans Leben, und darum geht es um das Leben der Welt.
Ich möchte aber nicht von der Situation ausgehen. Zuerst möchte ich vielmehr fragen, wie denn Christus und das Leben aufeinander zu beziehen sind. Hier soll zugleich eine kleine ökumenische Umschau versucht und der protestantische Zugang zum Thema dargestellt werden, worum ich gebeten war. In einem zweiten Teil soll dann vom biblischen Lebensverständnis die Rede sein, an dem sich protestantische Theologie zu orientieren versucht. Für einen dritten Schritt werden dann aktuelle Konkretionen aufgesucht.

1. Mögliche Deutungen des Themas

Wie ist der Bindestrich im Thema zu verbalisieren? Hier liegen verschiedene Deutungsmöglichkeiten offen. Vielleicht werden sie bewußt offen gelassen, um das Gespräch offen zu halten, denn jedes eingesetzte Wort führt in die Nähe bestimmter theologischer Traditionen und wirft bestimmte Probleme auf.

1.1 „Jesus Christus und das Leben der Welt"

Das wirkt blaß, sagt nicht mehr als der Bindestrich bezeichnet und läßt anscheinend alles offen. Aber Bindestriche haben es in sich! In den zwanziger Jahren führten Karl Barth und seine theologischen Freunde einen radikalen Kampf gegen die von ihnen so genannte „Bindestrich-Theologie", die in verschiedensten Varianten das Christentum und eine der Kirche entlaufene Kultur wieder zusammenbringen wollte. Das „und" scheint zwei Realitäten zu verbinden, die selbständig voneinander existieren und nachträglich aufeinander bezogen werden. Man kennt Jesus Christus durch den Glauben, das Leben aber aus der Erfahrung; Jesus Christus durch die Bibel, das Leben aber durch die Wissenschaft. Beides wird in Beziehung gesetzt.

Auf den ersten Blick ist genau dies der Vorgang: Wir machen und haben unsere Erfahrungen, unsere Lebenserfahrungen, die weitgehend Problemerfahrungen sind. Mit ihnen kommen wir zur Kirche, zur Bibel, ins Gebet und fragen, was Jesus Christus für diese Erfahrungen bedeutet. Das „und" im Thema würde also einen dialogischen Ansatz oder eine kontextuelle Theologie – wie man in der Ökumene gerne sagt – bezeichnen. Das entspricht der Situation der Christenheit in der säkularen Welt; denn dem von außen kommenden Nichtchristen bedeutet Jesus Christus als solcher nichts, wenn nicht deutlich gemacht wird, was Christus für sein Leben bedeutet. Nur so kann Christus als Person, als Herr für ihn Bedeutung gewinnen.

Aber: Ist das Leben wirklich eine unabhängige Realität neben Christus? Wissen wir denn schon, was das Leben ist, wenn wir nach der Bedeutung Christi für unser Leben fragen? Und können wir aus diesem Wissen und unseren Lebensbedürfnissen heraus von uns aus festlegen, welche Bedeutung und Funktion Christus für unser Leben haben müßte, um für uns bedeutsam zu sein? Eben diese Voraussetzungen werden problematisch, wenn wir Christus begegnen. Wer ihn erkennt, gewinnt ein neues Lebensverständnis, das Problembewußtsein und die Lebensbedürfnisse verschieben sich. In und durch Christus erschließt sich allererst das Leben, so daß ein Leben ohne Christus in der Bibel tot genannt werden kann.

Die dialogische und kontextuelle Weise des Denkens und Redens sind für das christliche Zeugnis heute unverzichtbar. Was wir aber unter Leben verstehen, muß sich in der Christusbegegnung radikalen Korrekturen offenhalten, und wir müssen uns davor hüten, Christus zu einer Funktion unserer Lebensbedürfnisse zu machen, ihn zum Lebensmittel zu funktionalisieren. So würden wir ihn und das Leben verlieren.

1.2 „Jesus Christus ist das Leben der Welt"

Das liegt sprachlich am nächsten und ist doch sachlich am schwersten zu verstehen. Das „und" koordiniert, das „ist" scheint zu identifizieren. Jesus Christus umgreift dann also auch die andere Seite des Bindestriches. Wie aber soll im Blick auf das Leben als biologisches Phänomen, im Blick auf die Biosphäre also, oder im Blick auf die anderen Religionen und das ganze so ambivalente säkulare Weltgeschehen dieses „ist" verstehbar sein? Diese Themaformulierung hat das Johannesevangelium für sich. In ihm sagt der Auferstandene von sich selbst: Ich bin die Auferstehung und das Leben, ich bin der Weg, die Wahrheit und das Leben (11, 25; 14, 6). Wir Protestanten haben die Neigung zu kommentieren: Für die *Glaubenden* ist Christus das. Jenes „ist" gilt nur in der Beziehung zwischen Christus und den Glaubenden, innerhalb des „pro me", des „für mich", wie die Reformatoren sagten. Aber im Prolog des Johannesevangeliums wird die Aussage auf die ganze Schöpfung bezogen: „Alles ist durch ihn (den logos) geworden, ohne ihn ist nichts, auch nicht eines was wurde, geworden, in ihm war das Leben, und das Leben war das Licht der Menschen" (1, 2). Ähnliche Aussagen finden sich im Epheser-, Kolosser- und Hebräerbrief.

In der Ökumene ist es das große Anliegen der Orthodoxen Kirche, dieses „ist" im Rahmen einer trinitarischen Gotteslehre zur Geltung zu bringen. So formulierte eine orthodoxe Arbeitsgruppe im Februar 1982 bei einer Konferenz in Damaskus: „These two affirmations go together: (a) that Jesus Christ who is proclaimed as the life of the world is none other than the one in whom all things were created and by whom all things subsist; and (b) that the Son of God incarnate is the Saviour of the whole world, and not just of a few human beings."

Im orthodoxen Geist hat die Sektion III der von der Konferenz Europäischer Kirchen (KEK) im März 1982 in Bukarest gehaltenen Konferenz zum Frieden formuliert: „Friede ist ein Wesenszug des dreieinigen Gottes. Er besteht darin, daß der Heilige Geist auf dem Sohn ruht und im Sohn wirkt. Durch die schöpferische Wirksamkeit des logos und in Vollständigkeit durch seine Fleischwerdung wird dieser Frieden Gottes auch zur natürlichen Qualität der Welt, so daß ein Kosmos ist, kein Chaos; wenn es irgendwo unter den Gliedern der Menschheitsfamilie ein Streben nach Frieden gibt und wenn irgendwo eine Dynamik in Richtung auf Harmonie in der Natur wirksam wird, so sind dies Aspekte des Friedens, der von oben kommt."

Konrad Raiser schreibt (Ökumenische Rundschau 3/81, S. 281): „Dem gegenüber lebt die östliche Tradition der Kirchen aus der Affirmation des Mensch gewordenen und auferstandenen Christus. Er lebt; er hat den Tod endgültig überwunden, und darum leben auch wir. Als der

Leben spendende Geist ist er gegenwärtig in der Welt. Das entscheidende Heilsereignis ist daher nicht die Rechtfertigung des Sünders, sondern die durch den Geist vermittelte Teilhabe am neuen unvergänglichen Leben, das Schauen Gottes, die Vergottung des Menschen und die Transfiguration der Welt."

Wir werden mit den orthodoxen Brüdern die Beziehung Christi und des Heiligen Geistes zur Schöpfung neu zu verstehen versuchen müssen. Das gilt besonders in der Kritik einer individualistischen oder innerkirchlichen Verengung, die nur noch von Christus als dem Leben in Beziehung auf das Seelenleben, das persönliche Leben und das Gemeindeleben zu sprechen vermag. Das biblische Zeugnis von der Schöpfungsmittlerschaft Christi provoziert geradezu, die Fragen der heutigen Technik und Naturwissenschaft nach der Zukunft des natürlichen Lebens aufzunehmen, wie das die Arbeitseinheit „Kirche und Gesellschaft" des Ökumenischen Rates der Kirchen seit 15 Jahren getan hat. Was hat Jesus Christus als das Leben mit dem biologischen Leben der Natur zu tun? Auf der großen ökumenischen Konferenz „Glaube, Wissenschaft und die Zukunft" in Boston 1979 hat der Biologe Charles Birch von der Biologie her und der Bischof Paulus Gregorius von der orthodoxen Theologie aus eine Antwort versucht. „Jesus Christus *ist* das Leben der Welt", diesen Satz wollte der eine in einer Natur, Geschichte und Heilsgeschichte umfassenden „Inkarnationsphilosophie", der andere wollte ihn in einem neuen allumfassenden wissenschaftstheoretischen „Paradigma" auslegen. Beide Versuche zeigten, daß man neue Wege des Denkens beschreiten muß, wenn man die besonders in der orthodoxen Tradition festgehaltene Wahrheit der Schöpfungsmittlerschaft Christi heute erschließen will. Es wird nicht genügen, bei den orthodoxen Brüdern einzukehren, wir werden sie vielmehr bitten müssen, sich mit uns auf den Weg zu machen.

Dabei kommen wir Protestanten von einem anderen Denkansatz her. Er liegt bei der Geschichte Jesu Christi. Die reformatorische Orientierung allein an der Bibel führte hinter die ontologische Auslegung der alten Kirche zurück, und wir stoßen in der Bibel darauf, daß sie vom Leben spricht, indem sie Lebensgeschichte(n) erzählt. Auch in der johanneischen Aussage „Ich bin die Auferstehung und das Leben" wird ja das Ist durch ein Geschehen ausgelegt, besser: die Ist-Aussage weist auf ein Geschehen zurück, eben die Auferstehung. „Jesus Christus ist das Leben der Welt", das ist nicht der Grund-Satz einer Lehre vom Sein des Lebens, sondern ein Bekenntnissatz, der die Lebensgeschichte und das Lebenswerk Jesu Christi als Gottes Lebenswerk für uns bündelt. Der Satz ist eher eine emphatische Praedikation als eine ontologische Definition. Die Aussagen über Christus als den Schöpfungsmittler sind denn auch überlieferungsgeschichtlich gesehen späte Entfaltungen des biblischen Zeugnisses, dessen Ur-Kunde ein Geschehen ist.

Muß unser Thema daher nicht verbal formuliert werden?

1.3 „Jesus Christus gibt, bringt, rettet, erfüllt *das Leben der Welt*"

Nach der dialogischen und ontologischen wäre das die soteriologische Version. Wenn es so etwas wie eine spezifisch protestantische Annäherungsweise an das Thema von Vancouver gibt, so ist sie hier anzusiedeln. Denn die Reformation hat sich an der biblischen Heilsgeschichte orientiert, in der Gott durch seine Gnade das Leben des Sünders rettet, der sein Leben verwirkt hat. Der lutherische Akzent im Reden vom Leben tritt klassisch in einem Nebensatz von Luthers Kleinem Katechismus hervor: „... denn wo Vergebung der Sünden ist, da ist auch Leben und Seligkeit" (5. Hauptstück, „Zum anderen"). Heil und Leben ist gewiß nicht auf Sündenvergebung zu verengen (wie im Protestantismus geschehen), aber in der Sündenvergebung kommt heraus, daß menschliches Leben stets auf dem Spiel steht, in der Begegnung mit Christus als ein immer schon verfehltes und durch ihn allein zu rettendes erfahren wird. Über das Leben kann realistisch, konkret und aktuell nicht gesprochen werden, ohne die Verfehlungen und Bedrohungen des Lebens durch die Mächte der Sünde und des Todes ins Auge zu fassen. So geschieht es in der Bibel von der Schöpfungsgeschichte an, wo das schaffende und erhaltende Schöpferwort gegen die drohenden Chaosmächte steht, bis zur Apokalypse. Bedrohtheit, Verlust und Rettung des Lebens aber sind zusammengefaßt in Kreuz und Auferstehung Christi. Protestantische Theologie hat also davon zu sprechen, daß der Gekreuzigte das Leben bringt, mit ihm leben Kreuzesnachfolge bedeutet und in der Lebenshingabe das Leben gewonnen wird. Diese lutherische „Theologie des Kreuzes" wird sich in Vancouver darin zu bewähren haben, daß sie die heutigen Bedrohungen und Verfehlungen des Lebens nüchtern ins Auge faßt und an ihnen konkret die Lebenshoffnung aus der Auferstehung Christi buchstabiert.

Hierher gehört auch die eschatologische Dimension des biblischen Lebenszeugnisses. Jesus ist das Leben als der Erstling aus den Toten (1. Korinther 15, 20). Im Apostolicum erscheint das Wort „Leben" erst am Schluß, und es ist buchstäblich das letzte Wort. Das Leben in seiner Fülle und offenbaren Wahrheit ist Hoffnungsgut, und das erinnert uns daran, daß wir im „noch nicht" stehen und die Lebensprobleme der Welt nicht enthusiastisch überfliegen können.

Noch eine letzte Ausformulierung des Themas scheint mir möglich:

1.4 „Jesus Christus zeigt das Leben der Welt" oder „Jesus Christus zeigt der Welt das Leben"

Dieses würde in einem doppelten Sinne gelten:
– Christus offenbart das Leben. In ihm erschließt sich das Geheimnis des Lebens. Durch ihn und an ihm erkennen wir, was Leben heißt.
– Christus zeigt den Weg des Lebens. Das Leben, in das er uns hineinzieht, ist ein Lebens*weg,* der Weg der Nachfolge.

Sehe ich recht, daß erst hier die Kirche ins Spiel kommt, oder ist das zu protestantisch gedacht? Weder *ist* die Kirche, noch *bringt* sie der Welt das Leben, wohl aber zeigt sie auf Jesus Christus, der Bringer und Offenbarer des Lebens ist. Nirgends im Neuen Testament wird die Kirche das Leben der Welt genannt, wohl aber nennt Christus sie das Licht der Welt (Matthäus 5, 14).

Muß sich aber das Leben, das Jesus Christus ist und rettend schenkt, nicht im Leben der Gemeinde für die Welt darstellen? Kritik an der Kirche ist hier dringlich geboten, und die ethische Forderung, die Kirche möchte das Leben Christi in den Herausforderungen der Welt nicht weiter so entstellen, sondern vielmehr glaubwürdig und überzeugend darstellen, kann gar nicht nachdrücklich und bewegend genug laut werden. Nur dient es der Wirksamkeit des ethischen Appells nicht, wenn wir ihn theologisch überziehen, als hätte die Kirche der Welt das Leben zu geben und als wäre Christus als das Leben der Welt nur wirklich im Tun der Kirche.

Die Kirche hat mit ihrem Wort und mit ihrem Leben auf Christus als das Leben der Welt zu zeigen. Es ist die Verheißung der Kirche, daß in diesem ihrem Tun Christus sich zu den Menschen bringt. Die Funktion der Kirche in diesem Geschehen aber ist allein das Zeigen. Hier ist dann freilich mit allem Nachdruck nach den Zeichen des Lebens Christi in der Kirche zu fragen. Diesen Fragen wird sich die ökumenische Bewegung in Vancouver zum Beispiel im Blick auf den Frieden und die ökonomische Gerechtigkeit in der Welt zu stellen haben.

2. Zum Verständnis des Lebens in der biblischen Überlieferung

Ich beschränke mich hier auf drei charakteristische Züge des Lebensverständnisses in der Bibel. Die Auswahl dieser Charakteristika ist gewiß mitbestimmt durch die Relevanz, die ihnen für die heutigen Lebensprobleme unserer Welt zukommt, aber sie gehören durchaus zentral zum biblischen Zeugnis vom Leben. Im Folgenden schließe ich mich eng an Eberhard Jüngel an (Eberhard Jüngel, Tod, Themen der Theologie Bd. 8, Stuttgart/Berlin 1972). Der Kundige wird darin Karl Barths

Lehre von der analogia relationis wiedererkennen, deren Tiefe und Relevanz für unseren Problemzusammenhang neu zu entdecken wäre.

2.1 Leben ist in der Bibel eine Beziehungswirklichkeit

Gott selbst ist der Lebendige schlechthin (5. Mose 5, 26; Psalm 42, 3), er ist die Quelle des Lebens (Psalm 36, 10). An ihm vorbei ist Leben nicht zu haben. Leben ist keine selbständige Größe. Der Anbetung der Lebenskräfte im Baalskult hat Israel leidenschaftlich widerstanden. Leben ist für Israel der Güter höchstes, Leben ist Segen, Tod ist Fluch (5. Mose 30, 19). Aber es gibt im Alten und Neuen Testament keinen Vitalismus. Das Leben an sich ist kein Gegenstand der Sehnsucht, der Furcht oder auch nur des Dankes. Leben ist vielmehr Gottes Gabe, über die er der Verfügende bleibt. Der Lebensodem, den Gott dem Lebendigen einhaucht (1. Mose 2, 7) bleibt Gottes Odem, den er jederzeit zurückziehen kann (Psalm 104, 29ff). Oder mit einer anderen Überlieferung gesagt: Der Mensch darf kein Blut verzehren, weil im Blut das Leben ist und das Leben Gott gehört (1. Mose 9, 4f). Leben haben wir als Leihgabe Gottes, nicht als unser Eigentum. Unser Eigentlichstes, unser Leben, ist also nicht unser Eigentum. Wir sind uns selbst entzogen, weil wir auf Gott bezogen sind, wohlgemerkt nicht nachträglich, nicht so, daß wir leben und dann auch noch ein Glaubensleben und eine Gottesbeziehung hätten, sondern fundamental, in unserer Existenz sind wir auf Gott bezogen. Gott gehört – marxistisch gesprochen – nicht zum Überbau, sondern zur Basis. Weil die Beziehung zu dem lebendigen Gott für das Leben schlechthin fundamental ist, kann es in einer Situation, wo das Leben und die Beziehung zu Gott in Konflikt geraten, sogar heißen: Deine Gnade ist besser als Leben! (Psalm 63, 4). Ständig gilt: Suchet Gott, so werdet ihr leben! (Amos 5, 4).

Heißt Leben in der Beziehung zu Gott stehen, so bedeutet Tod Beziehungslosigkeit. Das ist die Bitterkeit des Todes, der Israel standgehalten hat: Die Toten befinden sich außerhalb des Bundes, Gott gedenkt ihrer nicht, und sie loben Jahwe nicht (Psalm 115, 17).

Dem Verhältnis des Menschen zu Gott entspricht sein Verhältnis zum Mitmenschen und den Mitkreaturen. Ob dieses Entsprechungsverhältnis bereits 1. Mose 1 in der Gottebenbildlichkeit des Menschen zum Ausdruck kommt, mag exegetisch offenbleiben. Dieses Entsprechungsverhältnis durchzieht jedoch wie ein Grundmuster die gesamte Bibel. Der tiefen Störung des Gottesverhältnisses in der Sündenfallgeschichte 1. Mose 3 entspricht der Brudermord 1. Mose 4. Dieselbe Struktur ins Positive gewendet begegnet beim Doppelgebot der Gottes- und Nächstenliebe. Zedakah – der alttestamentliche Zentralbegriff „Gerechtigkeit" – bezeichnet das „gemeinschaftsgerechte Verhalten", das Verhalten also, das dem gottgegebenen Verhältnis zwischen Gott – Mensch –

Mitmensch – Mitkreatur entspricht. Statt vieler Beispiele, die sich noch aufführen ließen, sei nur noch auf die Mitte der Schrift, das Christuszeugnis, verwiesen: Jesus Christus ist *Gottes* Mensch gerade darin, daß er Mensch für die Menschen ist.

2.2 Geschöpfliches Leben ist Leben in der Zeit, ist begrenztes, endliches Leben

Es ist natürlich und in Ordnung, daß der Mensch „in schönem Alter" stirbt, „alt und lebenssatt" (1. Mose 25, 8; 35, 29 und öfter). Der Tod ist aber qualifiziert durch die Sünde, durch die Störung der Lebensbeziehung zu Gott. Ist die Sünde Störung des Gottesverhältnisses oder – wie Jüngel sagt – „Drang in die Verhältnislosigkeit", so bringt der Tod das Ende des Gottesverhältnisses. Das macht den Tod bitter. Darüber hinaus steht er nicht nur am Ende des Lebens, sondern wirkt aggressiv als negierende und zerstörende Macht in Gestalt von Krankheit, Einsamkeit, Schwachheit, Feindesnot in das Leben hinein. Durch die Zerstörung der mitmenschlichen Beziehungen wird der Mensch zum Werkzeug des Todes.

Das Alte Testament hält dieser Todeswirklichkeit stand, ohne sie theologisch zu verrechnen. Israel hatte noch kein Wort über den Tod hinaus von Gott erhalten.

Das Neue Testament bezeugt, daß Gott in Jesus Christus in die Wirklichkeit des Todes eingeht und ihm damit den Stachel der Verhältnislosigkeit nimmt. Christus erleidet diesen Stachel: „Mein Gott, mein Gott, warum hast du mich verlassen!" (Markus 15, 34). Christus hat den Tod in seiner ganzen Negativität, Aggressivität und Widernatürlichkeit durchlitten, den gewaltsamen Tod durch Menschen, den Schmachtod der Verachteten, den Tod des politisch Verfolgten und Gefolterten, den Tod des Gottlosen. Indem sich Gott zu dem so Getöteten in der Tat der Auferweckung bekennt, ist dem Tode der Stachel genommen. Der Tod kann den Glaubenden nicht mehr von Gott scheiden (Römer 8, 31-39). So muß der Glaubende den Tod weder fürchten noch verdrängen. In der Liebe, im Einsatz für andere, in der Nachfolge Jesu kann er Leiden und Tod vielmehr auf sich nehmen. So trägt Paulus in den Verfolgungsleiden den Tod Christi an seinem Leibe herum (2. Korinther 4, 10).

2.3 Menschliches Leben ist in der Bibel verbunden mit dem geschöpflichen Leben überhaupt

Der Schöpfungsbericht 1. Mose 1 macht das dadurch deutlich, daß Menschen und Landtiere an einem Tag geschaffen werden. Menschen und Landtiere bilden einen „oikos", einen ökologischen Zusammenhang (das hat G. Liedke im Anschluß an Claus Westermann gezeigt). 1. Mose

9,15 schließt Gott den Noahbund mit den Menschen und mit allen lebenden Seelen in allem Fleisch. Hier haben ganz deutlich die Tiere genauso eine „lebende Seele" wie der Mensch (vgl. L. Köhler, Theologie des Alten Testamentes, S. 131). Psalm 104, 29f heißt es im Blick auf alle Lebewesen: „Verbirgst du dein Angesicht, so erschrecken sie; nimmst du weg ihren Odem, so vergehen sie und werden wieder Staub. Du sendest aus deinen Odem, so werden sie geschaffen, und du machst neu die Gestalt der Erde." Es gibt im Alten Testament so etwas wie eine Gemeinschaft alles Lebendigen, ein aufeinander Angewiesensein, ein miteinander Werden und Vergehen in Schöpfung und Flut. Es ist eine Gemeinschaft voller Konflikte, in welcher der Mensch als Mandatar Gottes Verantwortung trägt für das Weitergehen des Lebens. Es ist eine Hoffnungsgemeinschaft auf den Schöpfungsfrieden, der Mensch und Natur umfaßt (Jesaja 11, 6-8), eine Hoffnungsgemeinschaft, die sich gegenwärtig in der Solidarität mit der leidenden Kreatur bewährt (Römer 8,18 ff). Man spricht heute von ökologischen Lebenszusammenhängen, ökologischen Systemen, einem Denken in Zusammenhängen, das allein der Wirklichkeit des Lebens gerecht werden kann. Besonders das Alte Testament hat dazu eine deutliche Nähe.

Die Bibel kennt also keinen Idealismus, für den das Menschliche und das Ethische erst oberhalb des Natürlichen beginnt, wie etwa W. Herrmann formulieren konnte: „Unter Sittlichkeit verstehen wir ein Verhalten, worin das menschliche Leben seine von der Natur gegebene Art überwindet und eine höhere Stufe des Lebens durch seine eigene Tätigkeit gewinnen will" (Ethik S. 15). Die Bibel kennt aber auch keinen Vitalismus, der das Leben als solches zum Gegenstand des Interesses oder gar der Vergötzung macht. Als Gabe, die aus der Hand des Schöpfers empfangen wird, und als Aufgabe, die vor ihm zu übernehmen ist, wird das Leben wirklich ernst genommen. Um diese Aufgabe muß es uns im dritten Teil gehen.

3. Was bedeutet es, in den heutigen Verfehlungen und Bedrohungen des Lebens Jesus Christus als Leben der Welt zu bekennen?

3.1 Die Gefährdung des Lebens durch Friedlosigkeit

Die Angst vor einem neuen und dann wahrscheinlich atomaren Krieg ist bei uns allgemein geworden. Wie wir aber diese Gefahr verstehen und ihr begegnen, hängt vom Verständnis des Friedens ab.

Wie das Leben, so ist auch der Friede, der Schalom, in der Bibel eine Beziehungswirklichkeit. Das spricht sich schon darin aus, daß die elementare Sprachform des Schalom der Gruß ist. Im Volk Israel redete man nicht zuerst über den Frieden, man grüßte sich mit ihm. Indem man grüßt, nimmt man eine Beziehung auf. Dadurch, daß man dabei die offene Hand erhebt oder reicht, zeigt man dem anderen, daß man die Waffe nicht gebrauchen will. Man stiftet – übrigens durch eine Vorleistung – eine Vertrauensbeziehung. Man sagt: „Friede sei mit *dir*", man gewinnt Frieden, indem man Frieden gewährt. Niemals kann sich Schalom in dem abwehrenden, resignierten „laß mich in Frieden!" aussprechen, mit dem sich jemand in die Beziehungslosigkeit zurückzieht.

Die alltägliche Konvention des Friedensgrußes greift die Bibel auf, um an zentraler Stelle den auferstandenen Christus zu bezeugen. Er tritt unter die Jünger mit dem Friedensgruß. Die in ihrer Angst verbarrikadierten, beziehungslos und beziehungsunfähig gewordenen Jünger werden zu neuem Leben befreit und mit dem wiederholten Friedensgruß in die Welt gesendet (Johannes 20, 19-23). Nirgends wird deutlicher und symbolkräftiger das Heil in Christus als Frieden und dieser Friede Christi als Befreiung zum Leben bezeugt.

Weil Frieden wie Leben Beziehungswirklichkeit ist, hat er eine elementare Verbindung zur Zedakah, der Gerechtigkeit. Friede und Gerechtigkeit küssen sich, nach einem schönen Bildwort des 85. Psalms. Dies aber hat Konsequenzen für das Friedensverständnis und Friedenshandeln:
– Das biblische Friedenszeugnis führt auf ein assoziatives und kooperatives Friedensverständnis. Sicherheit wird hier durch Zusammenarbeit miteinander, nicht durch Abgrenzung voneinander oder Politik der Stärke gegeneinander gesucht (vergleiche die Helsinki-Konferenz 1975). Auf dieser Linie liegt das Konzept der Sicherheitspartnerschaft, wie es auf dem Hearing des Ökumenischen Rates der Kirchen in Amsterdam formuliert wurde, und das Konzept der gemeinsamen Sicherheit (common security) der Palme-Kommission. Ziel kann hier nicht die Maximierung der eigenen Macht sein, sondern nur die Optimierung beiderseitiger Sicherheit. Abbau von Feindbildern, Vertrauensbildung, Umrüstung auf bedrohungsarme, defensive Rüstung sind einige der unerläßlichen Schritte auf dieses Ziel hin. Dies alles erfordert eine entschiedene Abkehr vom Abschreckungssystem und dessen schrittweisen Abbau.
– Nur ein gerechter Friede ist wirklicher Friede. Das Konzept der Sicherheitspartnerschaft könnte ja auf einen kollektiven Egoismus des Nordens, auf ein Arrangement der beiden Supermächte hinauslaufen, das die Lage der Dritten Welt nicht verbessert und also ein ungerechter Friede bleibt. Sicherheitspartnerschaft darf nicht Komplizenschaft in der ökonomischen Ausbeutung der wirtschaftlich Schwachen und in der ökologischen Ausbeutung der Natur werden. Hier liegt eine spezifische Aufgabe der ökumenischen Bewegung. Zur Domestizierung des Krieges wurde im Mittelalter eine Lehre vom *justum bellum*, vom gerechten Krieg, entwickelt. Wir brauchen heute eine Lehre vom gerech-

ten Frieden, von der *justa pax*. Das ökumenische Konzept von der *just, participatory and sustainable society* ist ein Versuch in dieser Richtung.

Ist Friede wesenhaft mit Zedakah, Gerechtigkeit, verbunden, dann können wir die Lösung des Ost-West-Konfliktes vom Nord-Süd-Konflikt nicht trennen. Dann kann auch das Wort Friede nicht zugleich die Befriedung des symmetrischen Ost-West-Konfliktes und die Aufrechterhaltung des asymmetrischen Konfliktes in Südafrika oder zwischen reichen und armen Völkern abdecken. Man kann dann nicht sagen: So wie wir gegen bewaffnete Auseinandersetzungen im Ost-West-Konflikt sind, so wenden wir uns automatisch auch gegen Befreiungskriege. Gerechtigkeit heißt im Alten Testament, den Rechtlosen Recht schaffen. Das Wort Friede kann also nicht ungerechte Unterdrückungsverhältnisse decken. Da gilt vielmehr die Anklage Jeremias: Sie sagen Friede, Friede und ist kein Friede!

3.2 Das Leben des heutigen Menschen ist bedroht durch Verfehlung von Lebensqualität und Lebenssinn, durch Vergötzung von Produktion und Konsum

Die ökologischen Engpässe wie der Nord-Süd-Konflikt stellen unseren Lebensstil in Frage. Den ökologischen Fragen, die unseren Umgang mit dem Lebendigen überhaupt betreffen, müßte eigentlich ein besonderes Kapitel gewidmet werden. Die ökologischen Erkenntnisse haben Konsequenzen für die technischen und ökonomischen Strukturen, besonders in den Industriegesellschaften. Aus Zeitgründen will ich hier aber nur die individualethischen Konkretionen ökologischen Denkens ansprechen. Sie sind freilich weitreichend genug und fordern nicht weniger als die Umkehr einer ganzen Zivilisation und die Korrektur ihrer kollektiven Wertsetzungen.

Die Vergötzung des Machens und Habens in der sogenannten westlichen Zivilisation indiziert einen Verlust an Lebenssinn. In der psychologischen Praxis zeigt sich der Befund, daß materielle Bedürfnisbefriedigung Surrogat frustrierter sozialer Bedürfnisse ist. Um vermehrten Habens willen zerstören wir im Kampf um das tägliche Brot Gemeinschaft und saugen die Natur aus. So verfehlen wir Lebenssinn und Lebensqualität. Der real existierende Sozialismus forderte und fordert Arbeitsethos und Konsumaufschub für hohe Investitionsraten in den Aufbau des Sozialismus und das Glück künftiger Generationen. Das aber hat kaum noch Motivationskraft. Weil die säkularisierte Verheißungsreligion nicht mehr zieht, greift auch der Appell zu innerweltlicher Askese nicht mehr. Man will die Früchte seiner Arbeit selber genießen. Der ökonomische Pragmatismus, der darauf eingeht, steht ständig unter dem Druck, die Überlegenheit des Sozialismus ökonomisch pragmatisch zu erweisen. Läge die Identität des Sozialismus aber nicht darin, den Primat einer heilen sozialen Beziehungswirklichkeit vor dem Machen und Haben durchzuhalten? Und müßte der real existierende Sozialismus der Solidarität mit dem externen Proletariat in der Dritten Welt nicht einen ganz anderen Stellenwert geben, als es geschieht? Wir stehen also vor der Frage, was es heißt, den Sozialismus nicht in der Illusion des Reichtums, sondern in der Situation des Mangels zu entwikkeln! Was ist vom biblischen Lebensverständnis aus dazu zu sagen? Die Bibel steht dem Materiellen nicht idealistisch oder asketisch gegenüber. Zum Segen Gottes gehört auch die Quantität der Herden, das dick stehende Korn und der wohlschmeckende Wein. Entscheidend aber ist, daß sich der Stellenwert dieser Dinge in den Beziehungen entscheidet, in denen der Mensch lebt. Reichtum kann als Segen dankbar von Gott empfangen werden und im Dienst Gottes stehen. Reichtum kann aber auch die Fessel sein, die den Reichen hindert, in die Nachfolge Jesu einzutreten und in das Reich Gottes einzugehen, und der Reichtum kann statt im Dienst im Raub stehen. Andererseits: Armut kann Unrecht leiden, Behinderung der elementarsten Selbstentfaltung sein, aus der heraus Gottes Hilfe und Rettung erfleht wird. Armut kann aber auch selbstgewählte Solidarität mit den Leidenden, Hingabe und Opfer in der Nachfolge Christi und so höchste Lebensqualität im Zeichen des Kreuzes sein.

Ganz dicht an der Alltagserfahrung und beinahe banal sagt die Spruchweisheit: Ein Gericht Gemüse in Liebe ist besser als ein gemästeter Ochse in Haß! (Sprüche 15, 17). All dies ließe sich in der Faustregel zusammenfassen: Kommunikation entscheidet über den Lebenswert von Konsum.

Was Jesus Christus als das Leben der Welt in diesem Zusammenhang bedeutet, läßt sich am zentralen Symbol des Herrenmahls darstellen:
– Im Konsum von Brot und Wein vollzieht sich Kommunikation. Während beides sonst im Streit liegt, im Kampf um das tägliche Brot, im Klassenkampf, in der Ausbeutung, im Nord-Süd-Konflikt, ist beides hier vereint. Indem wir Brot und Wein verzehren, werden wir miteinander verbunden, indem wir Christus empfangen, nehmen wir einander an.
– Das Mahl des Herrn ist das Mahl der Hingabe. Das Mahl ist Zeichen der Selbsthingabe Jesu. Es zieht uns in das Sterben Jesu hinein und damit in seine Lebenshingabe für andere. Das tägliche Brot, das in der Welt zum Symbol des Kampfes und der Gier geworden ist, wird als das gebrochene Brot Jesu zum Symbol der lebensstiftenden Liebe. In den Lichtkreis des Herrenmahls fallen auch die Speisungsmahle Jesu, die Speisung der Fünftausend zum Beispiel. Die Mahlfeier kann also nicht sein ohne die tätige Solidarität mit den Hungernden.
– Im Herrenmahl ist das Brot nur Zeichen. Es macht deutlich, daß der Mensch nicht vom Brot allein lebt. Der Vergötzung des Brotes wird ge-

wehrt. Der Lebenssinn entscheidet sich in der Gemeinschaft mit Gott und den Mitmenschen.

– Das Herrenmahl ist Vorfeier der Lebenserfüllung, die Gott allein schenkt. So weist uns das Herrenmahl in den Alltag des Arbeitens und Leidens, des Planens und Wartens als in den Raum des Vorletzten ein, in dem wir dem Letzten als der Erfüllung des Lebenssinns entgegengehen.

3.3 Die Bedrohung des Lebens durch Angst, Sicherungsstreben und Apathie

Wir sahen: In der Bibel ist das Leben eine zeitlich begrenzte Gabe. Zum Leben gehört das Sterben. Wie gehen wir mit dem Wissen um unser Sterben um? Wie stellen wir uns zur Zukunft des Lebens? Die Angst vor der Zukunft greift um sich. Sie treibt viele in Resignation, Selbstsicherung und Rückzug in politische oder ökologische Nischen. Wer mit der Selbstsicherung beschäftigt ist, ist weder bereit noch fähig, das Leiden anderer wahrzunehmen. Jürgen Moltmann hat das den „modernen Tod" genannt, die Apathie: „Das ist der moderne Tod – Apathie genannt: Leben ohne Leiden – Leben ohne Leidenschaft. Früher klagte man gelegentlich: ,Es ist keine Liebe mehr unter den Menschen.' Heute scheint die Liebe zum Leben selbst zu schwinden. Manche fürchten, daß die Welt im Atomtod untergehen wird. Andere erwarten den ökologischen Tod. Mir scheint, daß wir zuvor an unserer eigenen Apathie zugrunde gehen werden: ,Das Schlimmste ist, daß man sich daran gewöhnt.' Wie an die Kriminalität in New York, so haben wir uns an die atomare Todesbedrohung gewöhnt (...) Warum? Weil die Leidenschaft zum Leben fehlt, weil die Widerstandskräfte erlahmen. Wer heute leben will, der muß darum das Leben bewußt wollen. Er muß es mit einer solchen Leidenschaft lieben lernen, daß er sich nicht an die Mächte der Zerstörung gewöhnt. Er muß seine eigene Apathie überwinden und von der Leidenschaft zum Leben ergriffen werden. Ich bestreite nicht, daß andere den Mut zum Leben und die Kraft zum Leiden woanders finden. Mich aber ermutigt es immer wieder, wenn ich mir das Bild Christi vor Augen halte. Seine Leidenschaft für das Leben führte ihn in das Leiden am Kreuz. In seiner Leidenschaft und seinem Leiden wird mir die Leidenschaft Gottes klar, die mir Kraft gibt, dem Tod zu widerstehen" (J. Moltmann, Neuer Lebensstil, 1977, S. 12).

Dagegen beobachten wir heute jedoch, daß die Angst um die Zukunft Menschen und politische Systeme in das Streben nach einer möglichst totalen Selbstsicherung treibt. Leben panzert sich, um zu überleben, das aber führt zur Erstarrung. Leben kann nur im Aufnehmen und Durchhalten von Beziehungen, nur im Wagen gemeinsamer Geschichte gewonnen werden. Nur indem ich mich anderen öffne und damit Risiken eingehe, nur indem ich mich in der Liebe von anderen abhängig mache und damit verletzbar werde, nur indem ich mich für Sinnvolles einsetze und so Enttäuschungen riskiere, lebe ich wirklich. „Wer sich *nicht* in Gefahr begibt, kommt darin um", hat ein Liedermacher in der DDR gesungen. Wir müssen uns klarmachen: Was wir Zukunft nennen, hat zwei Dimensionen. Es kommt auf uns zu und wird von uns mitbestimmt. Wir können es nur erwarten als etwas Unverfügbares, wir können es aber auch planen. Die lateinische Sprache hat darum zwei Worte dafür: adventus und futurum. Leben in der Zeit kann nur so gesund bleiben, daß beides wahrgenommen wird.

Die große Versuchung des technischen Zeitalters liegt darin, den Aspekt der futurum-Sicherung total zu stellen, durch die Rüstung, durch totale Planung, durch totale Verfügung über die Natur und womöglich noch durch die Manipulierung des Menschen. Der Versuch, die Zukunft total sicher stellen zu wollen, verbaut sie jedoch gerade. An den Entsorgungsproblemen der Kernenergie und der Ausbeutung der Bodenschätze kommt heraus, daß wir dabei sind, die Zukunft kommender Generationen für die Sicherung unserer Gegenwart zu verbrauchen.

Diese Totalstellung des Sicherheitsdenkens nennt das Neue Testament Sorge. Jesus befreit aus der Sorge, indem er Vertrauen in die Zukunft des auf uns zukommenden Vaters weckt. Wir sollen uns aus der Zukunft der Gottesherrschaft verstehen. So befreit das Vertrauen in den nahenden Gott zur Zukunftsoffenheit, das heißt auch dazu, daß wir den Bedrohungen nüchtern, ohne die Verzerrungen der Angst, ins Auge sehen und so geradezu das Fürchten lernen, statt die Angst zu verdrängen. Die Freiheit dazu kommt aus dem Vertrauen in die Zukunft des Lebens, das Jesus weckt. In ihm gewinnen wir die Freiheit, uns selbst in den offenen Prozeß des Lebens einzugeben, in dialogischen Prozessen unsere Positionen aufs Spiel zu setzen, in Kooperationsvorgängen uns selbst zu verändern und neue Identitäten zu gewinnen, und schließlich auch Leiden und Sterben anzunehmen, weil auch sie in der Zukunft Gottes beschlossen sind. Jesus sagt: Wer sein Leben hingibt, der wird's gewinnen, denn er ist das Leben der Welt, indem er ans Kreuz ging. Auf diesem Weg liegt seit Ostern die Verheißung des Lebens.

Den Bedrohungen des Überlebens begegnen

Ein Gesprächsbeitrag in Vancouver 1983

Zu der VI. Vollversammlung des Ökumenischen Rates der Kirchen vom 24. Juli bis 10. August 1983 in Vancouver war ich als Berater geladen. Der Gesprächsbeitrag zu den theologischen Aspekten des Themas in der Arbeitsgruppe 5 der Vollversammlung wird hier geringfügig gekürzt wiedergegeben.

Wie man das Thema „Jesus Christus – das Leben der Welt" im Licht der verschiedenen kirchlichen Traditionen auch auslegt (vergleiche dazu den vorangehenden Beitrag): Es impliziert auf jeden Fall die Aussage, daß wir es in Jesus Christus mit dem Fundament unseres Daseins und nicht nur mit einem „religiösen Überbau" zu tun haben, mit Bewußtsein *und* Sein, Seele *und* Leib, Geschichte *und* Natur.

Wird die Christenheit dem Auftrag gerecht werden, Jesus Christus in diesem elementaren Sinn als das Leben der Welt in den heutigen Bedrohungen des Überlebens zu bezeugen? Ich komme aus Europa, wo die Kirchen in den letzten 150 Jahren gegenüber drei elementaren Lebensfragen der Gesellschaft fast völlig versagt haben: gegenüber der ersten industriellen und proletarischen Revolution, gegenüber den Fragen des Krieges in zwei Weltkriegen und gegenüber der wissenschaftlich-technischen Revolution. Alle drei Fragen stellen sich heute als *globale* Bedrohungen des Überlebens: als Frage der Gerechtigkeit in der wachsenden Kluft zwischen Armen und Reichen, abhängigen und mächtigen Nationen; als Frage des Friedens in einer Welt der Massenvernichtungsmittel; als Frage der Bewahrung der Natur in einer fortschreitenden Naturzerstörung durch die wissenschaftlich-technische Revolution.

Wir haben uns in dieser Gruppe besonders der dritten Bedrohung im Zusammenhang mit der ersten zuzuwenden. In der wissenschaftlich-technischen Zivilisation stoßen wir aber auf eine Wurzel aller drei Bedrohungen. Wie hat die ökumenische Bewegung diese Probleme aufgenommen?

Fragen aus der bisherigen ökumenischen Diskussion

Die ökumenische Bewegung hat sich vornehmlich in ihrer Arbeitseinheit Kirche und Gesellschaft seit etwa 15 Jahren diesen Fragen zugewandt. Die Arbeit an den sozialpolitischen Umwälzungen der Gegenwart (Theologie der Revolution) führte auf die tiefgreifenden revolutionären Veränderungen unserer Welt durch Wissenschaft und Technik. Man ging von den besorgniserregenden Folgen der wissenschaftlich-technischen Revolution aus: Umweltverschmutzung, Ressourcenerschöpfung, Grenzen des Wachstums, die Möglichkeit biologischer Manipulation des Lebens und – besonders brisant – die Energie-, vor allem Kernenergieprobleme.

Von Anfang an war klar, daß diese Fragen nur im Dialog mit Naturwissenschaftlern und Technikern zu klären sind. Sehr schnell zeigte sich, wie schwierig dieser neuartige Dialog, wie unerläßlich er aber auch von der Theologie wie von der Naturwissenschaft aus ist.

Von der Theologie aus: Wie kann die Kirche Jesus Christus als das Leben der Welt verständlich, konkret und relevant bezeugen, wenn sie nicht sagen kann, was das für die Naturwissenschaft und Technik bedeutet, die diese Welt maßgeblich prägen? Und wie kann sie wirksam Liebe üben, wenn sie sich nicht sachständig macht?

Von der Wissenschaft aus: Erschrocken über die Folgen ihrer Erfolge und den Mißbrauch ihrer Entdeckungen fragen Wissenschaftler zurück nach den Grundlagen und Grenzen der neuzeitlichen Wissenschaft, ihrem Umgang mit der Wirklichkeit und ihrer Rolle in der Gesellschaft.

Drei Fragekomplexe stellen sich als die wichtigsten heraus, zunächst:
– Die Frage nach der Rolle von Wissenschaft und Technik in der Gesellschaft.

Die moderne Naturwissenschaft verstand sich als wertfreie Erforschung der Wirklichkeit, und ihrem Ethos entsprach es, sich von aller Bevormundung durch sachfremde Vorurteile, Wertungen oder Interessen freizuhalten. Längst aber sind nicht nur die technische Anwendung, sondern auch die wissenschaftliche Forschung von wirtschaftlichen und politischen Interessen wie Institutionen abhängig und deren Instrument geworden. Wissenschaft und Technik begegnen als ökonomische, kulturelle und politische Macht. So werden sie vor allem in den Entwicklungsländern erfahren. Sie sind das Hauptinstrument des Neokolonialismus, sie verstärken die Abhängigkeit von den Industrienationen, sie zerstören kulturelle Identität.

Wissenschaft und Technik begegnen als Macht nicht zuletzt in der Rüstungsindustrie, die – wie immer gesagt wird – nahezu 50 Prozent aller Wissenschaftler und Techniker beschäftigt und der Menschheit das Potential zu ihrer Selbstzerstörung in die Hand gegeben hat.

Wissenschaft und Technik werden zur Macht, weil ihre Erfolge als Lebenshilfe, Lebenssteigerung und Lebenssicherung – kurz als „Fortschritt" – gewertet und begehrt wurden. Jetzt aber droht die Steigerung wissenschaftlich-technischer Weltbemächtigung in Minderung der Lebensqualität, in Zerstörung der Natur und Selbstzerstörung des Menschen umzuschlagen. Darum müssen Wissenschaft und Technik in ein Konzept sozial-ethischer Verantwortung integriert werden. Seit der Vollversammlung in Nairobi wurden für dieses Konzept die drei Kriterien *just, participatory and sustainable society* (gerechte, Teilhabe ermöglichende und überlebensfähige Gesellschaft) entwickelt. Wie aber kann es praktisch erreicht werden, daß die Arbeit von Wissenschaft und Technik unter die Orientierung und Kontrolle dieser Kriterien gestellt wird?

Eng mit dieser Frage hängt die zweite zusammen:
– Die ethische Orientierungsbedürftigkeit von Wissenschaft und Technik.

Die Wissenschaftsentwicklung stellt uns mit der Erweiterung unserer Handlungsmöglichkeiten vor ethische Fragen ohne historische Analogie. Das wurde vor allem an den Problemen der Kernenergie und dann mit wachsender Dringlichkeit an den neuen Entwicklungen der Biologie (*genetic engineering, in vitro fertilization and prenatale Diagnosis* und anderes) diskutiert. Wo liegen hier ethisch bestimmbare Grenzen für das Machbare? Was macht den Wert menschlichen Lebens aus? Aus welchen Kriterien wird bei der prenatalen Diagnose normal und anormal unterschieden? Müßte die Kirche nicht eine „Theologie des Lebens" entwickeln, die auf das biologische Verständnis des Lebens bezogen ist?[1]

Wissenschaften können sagen, was ist und was man machen kann, aber nicht, was sein soll und was man machen darf. Sie müssen daher in ein Konzept von Werten integriert werden, die das Handeln orientieren können. Diese Wertkonzepte sind in verschiedenen Kulturen und Religionen unterschiedlich. Die Synthese von Christentum und westlichem Denken ist in eine tiefe Krise geraten und kann längst nicht mehr Normativität für die ganze Ökumene beanspruchen. Ein interkultureller und interreligiöser Dialog muß geführt werden.

Drittens stellt sich die Frage:
– Haben die ethische Desorientiertheit und die gesellschaftliche Rolle von Wissenschaft und Technik nicht eine Wurzel im Ansatz des wissenschaftlichen Denkens selbst?

Niemand und niemals ging es im ökumenischen Dialog um Wissenschaftsfeindschaft oder den romantischen Traum von einer vortechnischen heilen Welt. Andererseits ist die technokratische und pragmatische Option, als wäre mit einigen Korrekturen in der technischen Anwendung alles Nötige getan, eine Vereinfachung, die an der wirklichen Herausforderung zum Umdenken vorbeigeht.

An der Wiege modernen westlichen Denkens steht der Satz von Francis Bacon „Wissen ist Macht". René Descartes empfahl die Physik als eine praktische Philosophie, die uns ermöglicht, die Natur für menschliche Zwecke zu verwenden und uns so zu „Herren und Besitzern der Natur" zu machen. Neuzeitliche Wissenschaft ist von daher ein Wissen-Wollen im Interesse des Verfügens, sie ist ein „machtförmiges Denken" (Carl Friedrich von Weizsäcker). Die Verbindung von Wissenschaft und Technik ist also charakteristisch, und daß beide zu den Hauptmächten der heutigen Welt geworden sind, gründet in ihrem Denkansatz. Hand in Hand damit geht die Trennung von Mensch und Natur als Subjekt und Objekt. Daß er selbst ein Teil der Natur ist, blendet der Mensch im wissenschaftlich-technischen Zugehen auf die Natur ab. Er macht die Natur zum Ding, er greift in sie ein wie in etwas Fremdes, unterwirft sie den Fragestellungen, an denen er interessiert ist, er nutzt und gestaltet sie für seine Zwecke. Es gehört zu diesem Denken, an den Erfolgen und beabsichtigten Wirkungen, nicht aber an den unbeabsichtigten Folgen und Nebenwirkungen interessiert zu sein. Dies wird verstärkt durch die Spezialisierung, die nur noch Teilaspekte der Wirklichkeit wahrnimmt, die Verantwortung für das Ganze aber ausblendet.

Hier sind die entscheidenden Weichenstellungen erfolgt, die zu den ökologischen Krisen der Gegenwart geführt haben. Noch einmal: Es kann nicht darum gehen, Wissenschaft und Technik abzuschaffen, aber es muß klar werden, daß dies ein sehr begrenzter Zugang zur Wirklichkeit ist, der nur Teilaspekte erkennbar macht, und daß dieser Umgang mit der Wirklicheit der korrigierenden und orientierenden Einfügung in Sinnzusammenhänge und Wertsetzungen bedarf, die im Dialog zwischen Glaube und Wissenschaft gefunden werden müssen.

Auf dem Hintergrund des ökumenischen Dialogs stellen sich drei Aufgaben:
– Im Dialog zwischen Theologie und Wissenschaft einer neuen Wahrnehmung der Wirklichkeit dienen.
– Durch Solidarität im Konflikt mit den Mitgeschöpfen die Zukunft des Lebens offenhalten.
– Durch Umkehr zur Gerechtigkeit die Qualität des Lebens entdecken.

Im Dialog zwischen Theologie und Wissenschaft einer neuen Wahrnehmung der Wirklichkeit dienen

Diese Aufgabe scheint rein theoretisch zu sein. Wenn aber hinter der Erkenntnisweise moderner Naturwissenschaft und Technik ein Macht- und Besitzwille steht, dann kommt es zu einer Umorientierung des Denkens nur im Zusammenhang der Umkehr des ganzen Lebens, ja der ganzen Kultur. Das Christentum hat die moderne Kultur der Gewalt mitgeformt. Sie wurde geistig ermöglicht durch eine häretische Umdeutung des *dominium terrae* (1. Mose 1, 26.28) und durch seine Säkularisierung, der die christliche Theologie ratlos oder unkritisch zusah. So müssen Kirche, Theologie und wissenschaftlich-technische Theorie und Praxis miteinander umkehren.

In den biblischen Überlieferungen sprach die Wirklichkeit als Schöpfung zu denen, die an den rettenden Gott glaubten. Der Glaube vernahm die Sprache der Himmel, des Sonnenscheins und des Regens, der Lilien und der Sperlinge (Psalm 19, 1-7; Matthäus 5, 45; 6, 26.28). Das Gottesvolk des Alten und des Neuen Testaments führte in seinem Zeugnis von Gott dem Schöpfer und von Christus als dem Schöpfungsmittler einen kritischen Dialog mit anderen Religionen, wie die Sprache der Schöpfung zu verstehen sei.

Unter dem Zugriff neuzeitlicher Wissenschaft und Technik ist diese Sprache der Wirklichkeit verstummt. Die Wirklichkeit wurde zur Ansammlung von Dingen. Sie darf nur noch auf die Fragen antworten, die der Mensch ihr stellt. Sie kündet nicht mehr von einem Sinn, der Mensch diktiert ihr seine Zwecke.

Aber in einer anderen Sprache meldet sie sich heute zu Wort, immer lauter und drängender. Sie fällt uns ins Wort, und wir müssen lernen, sie zu verstehen; es ist die Sprache des Leidens, die Klage der Vergewaltigten, Gefolterten, Vergifteten, Ausgebeuteten, ja der Schrei des Todes. Aus dieser neuen Sprache der Natur lernen wir, daß der neuzeitlich-westliche Umgang mit ihr nicht naturgemäß ist, daß Wissenschaft und Technik sie nur teilweise verstehen und sich schlecht auf sie verstehen. Die Welt ist eben kein Mechanismus, keine Fabrik, kein Magazin (Charles Birch), kein beliebig verfügbares Objekt unserer Machtausübung. Wenn wir die Sprache des Leidens verstehen lernen, mit der uns die Natur heute bei unserem Produzieren und Konsumieren ins Wort fällt, finden wir vielleicht einen Zugang zur Wirklichkeit, der ihr mehr entspricht und lebensdienlich ist. Die Ökologie ist sozusagen die Grammatik dieser Sprache, sie lehrt verstehen, wie die Zusammenhänge der Aussagen konstruiert sind. Die Theologie zeigt die Gesamtzusammenhänge auf, aus denen diese Sprache kommt und auf die sie zielt: der Zusammenhang der Schöpfung, der Erlösung und Vollendung der Welt.

Vor allem aber muß der christliche Glaube uns für die Stimme des Leidens sensibilisieren. Er ist im Kern Glaube an den gekreuzigten Christus, also an den Gott, der das Leiden der Welt auf sich nahm. Darum öffnet dieser Glaube Vernunft und alle Sinne für das Leiden der Kreatur. Im Lärm der technischen Welt hört er das „Seufzen der Kreatur" heraus, von dem Paulus in Römer 8, 18 ff. spricht. Er nimmt das Kreuz Christi in allen Kreaturen wahr, wie Martin Luther in einer Auslegung zu Römer 8 schreibt.

Das Kreuz des für die Schöpfung und mit ihr leidenden Gottessohnes führt uns also in eine Umkehr des Denkens und Wahrnehmens. Das die

Erkenntnis leitende Interesse ist nicht mehr das Machen und Habenwollen, sondern die Wahrnehmung der Verantwortung für die Mitgeschöpfe. Das wissenschaftliche Erkennen wird partizipatorisch statt diktatorisch, impressiv statt repressiv. In der Kernphysik und der Biologie ist die unauflösliche Wechselbeziehung zwischen Subjekt und Objekt im Prozeß des Erkennens entdeckt worden. „Wer das Leben erkennen will, muß sich am Leben beteiligen", sagte Victor von Weizsäcker. Die Naturwissenschaften werden also nicht die Rolle des Spions spielen, der die Natur erkundet, um sie technischer Eroberung auszusetzen, sie werden vielmehr Anwalt der Natur sein und die Technik anleiten, sich den Lebenszusammenhängen der Natur anzupassen. Nur wenn wir das Leiden der Natur, in dem sich drohende Krisen ankündigen, rechtzeitig wahrnehmen, werden wir den Bedrohungen des Überlebens begegnen können.

Zugleich aber hörte der christliche Glaube in der Stimme des Leidens die Stimme der Hoffnung.

Die Grundfrage, auf die das Schöpfungszeugnis im Alten und Neuen Testament antwortet, lautet nicht: „Wie ist alles entstanden?", sondern: „Was gibt der Welt Bestand und Zukunft, wo sie doch von inneren Widersprüchen zerrissen, von Schuld gezeichnet und vom Chaos bedroht ist?" Darum steht das Symbol der großen Flut im Mittelpunkt der Urgeschichte (1. Mose 6-8). Aus der Erfahrung der rettenden Gnade Gottes schöpfte das Gottesvolk des Alten und Neuen Testaments die Gewißheit, daß Gott seiner Schöpfung Bestand und Zukunft gewährt. Das bezeugt das Alte Testament in der Urgeschichte (1. Mose 1-11) und in prophetischen Verheißungen (zum Beispiel Jesaja 11, 1-9) und das Neue Testament in den Aussagen über die Schöpfungsmittlerschaft Jesu Christi (zum Beispiel Kolosser 1, 15-20). Durch die Inkarnation und leibliche Auferweckung des Gekreuzigten ist die bedrohte Schöpfung in die Zukunft der Vollendung hineingezogen, so daß Paulus den Leidensschrei der Kreatur nicht als die Agonie der alten Schöpfung, sondern als die Geburtswehen der neuen Schöpfung deutet (Römer 8, 18ff).

Dies sind Symbole der Verheißung und Hoffnung, die in der Krisensituation der wissenschaftlich-technischen Welt elementare Bedeutung gewinnen. Wissenschaft und Technik sind nicht mehr vom Fortschrittsglauben selbstverständlich getragen. Sie sind auf Symbole der Sinngebung und Hoffnung angewiesen, die sie mit ihren methodischen Mitteln und Grenzen nicht wahrnehmen kann, die aber ihre Arbeit in einen Sinnhorizont und Orientierungsrahmen rücken. Gott will seine Schöpfung zur Vollendung führen und liegt dabei im Kampf mit den Mächten der Destruktion. In diesem Kampf können Wissenschaft und Technik nicht unparteiisch, nicht „wertfrei" sein. Eine Wahrnehmung der Wirklichkeit, die diesen Orientierungsrahmen ausblendet, beraubt sich selbst der Abwehrkräfte gegen den irrationalen Wahnsinn, der wissenschaftliche Rationalität destruktiv mißbraucht. Mensch und Natur sind in Wahrnehmung, Leiden und Hoffnung aneinander gewiesen. Ontologisch gründet das in ihrer gemeinsamen Geschöpflichkeit. Von jedem wissenschaftlichen Experiment und aller technischen Weltgestaltung machen wir die Grunderfahrung, daß wir uns mit allen Lebewesen und unserer Welt immer schon vorfinden, uns in der, mit der und durch die Natur Leben immer schon gegeben ist und ständig gegeben wird. Dem Glauben an den rettenden Sohn erschließt sich diese Grunderfahrung der Kontingenz als die gnädige Wohltat des Schöpfers. Ihm wird zugleich diese Erfahrung, die der Mensch in seinem Aktivismus gerne verdrängt, zur prägenden Grunderfahrung. Aus ihr gewinnt er ein Urvertrauen in die Verläßlichkeit und den Sinn des Daseins, und der Dank und das Lob Gottes wird zum Grundakt seines Lebens. Der Mensch ist zuerst ein Empfangender und dann erst ein Täter. Er muß seine Identität nicht erst aus den Großtaten von Wissenschaft und Technik gewinnen, und so werden diese in ihrem fragmentarischen und instrumentalen Charakter erkannt und in eine ganzheitliche Wahrnehmung der Welt integriert.

Zugleich erkennt der Glaube die sogenannte Umwelt als Gottes Geschöpfe, die als solche eigenen Wert und eine verborgene Beziehung zu Gott wie zu dem Endziel der Schöpfung haben. Sie sind also nicht wertneutrales Material, dem der Mensch durch seine Verwertung allererst einen Zweck verleiht.

Weil wir es bei allem Seienden mit Manifestationen des Handelns Gottes zu tun haben, bedarf der Mensch nach biblischem Zeugnis der Ermächtigung durch Gott, um in diesem Bereich eingreifen zu können (1. Mose 1, 26.28; 9, 1 ff). In die Wahrnehmung der Welt kommt von daher der Respekt vor dem Seienden als Schöpfung. Dieser Respekt hat eine säkulare Entsprechung in dem Staunen, das sich bei wissenschaftlicher Welterkenntnis immer wieder einstellt.

Durch Solidarität im Konflikt mit der Natur die Zukunft des Lebens offenhalten

Zu einer neuen Wahrnehmung der Natur gehört ein neuer Umgang mit ihr. Wir brauchen eine ökologische Ethik. Ihr „kategorischer Imperativ" könnte heißen: „Gehe mit der Natur so um, daß dabei die Zukunft des Lebens offengehalten wird." Oder mit dem Stichwort aus der ökumenischen Diskussion: „Unser Umgang mit der Natur muß dem Kriterium der Überlebensfähigkeit entsprechen."

Dabei ist auszugehen von einem Konflikt zwischen Mensch und Natur, den die Bibel am Schluß der Sintflutgeschichte nüchtern beschreibt. Der Mensch und die Tiere bedrohen und töten einander. Gott reguliert das Weitergehen des Lebens innerhalb dieser Rahmenbedingung. Aus ihr können wir uns weder in einen paradiesischen Frieden zurückträumen, noch ist dieser Friede ein realistisches Handlungsziel (der künftige Schöpfungsfriede, den die Propheten verheißen, ist Gottes Werk und ein Hoffnungsziel des Menschen). Wohl aber ordnet Gott Schutzmaßnahmen an, die das Weitergehen des Lebens in einer Welt des Tötens sicherstellen (1. Mose 9, 4-6: Strafandrohung für Menschenmord und Verbot des Genusses von Tierblut, das der Erde zurückgegeben werden muß).

Seit biblischer Zeit hat sich die Konfliktlage zwischen Mensch und Natur völlig verschoben. Mußte der biblische Mensch seine Lebensbedingungen einer mächtigen Natur abringen, so hat sich der neuzeitliche Mensch die Natur fast völlig unterworfen. Der Konflikt ist extrem asymmetrisch zugunsten des Menschen geworden. Grundgebot einer ökologischen Ethik ist daher heute: Solidarität mit der Natur als dem schwächeren Konfliktpartner.

Auch hier ist also wieder der Umgang mit der Macht die Schlüsselfrage, und wieder entscheidet sich alles an dem dienenden und gekreuzigten Christus. Die „Theologie des Kreuzes" muß in ihrer Relevanz für das neuzeitliche Problem der Macht entdeckt werden.

Am Anfang der Wirksamkeit Christi steht die Versuchung, seine Macht zur Selbstversorgung und zur Selbstdarstellung zu gebrauchen und eine Weltherrschaft dämonischer Provenienz anzutreten. Jesus weist diese Versuchung ab und geht den Weg des Dienens. Er gebraucht seine Macht ausschließlich für andere im Dienst am Leben (Heilungen). Er lehnt jede manipulierende Macht ab, spricht aber in dem vollmächtigen Wort, das den Menschen Raum gibt, ihre eigene, freie authentische Antwort als Gottes Geschöpfe zu geben. Lebensdienlichkeit und Befreiung zu authentischer Geschöpflichkeit sind von daher die Kriterien aller Machtausübung.

Solidarität und Dienst setzen Empathie voraus. Wer sich für den Schwächeren einsetzen will, muß lernen, von ihm her zu denken und zu fühlen, sonst können selbst Wohltun und Hilfe noch zu einer Form von Imperialismus und Paternalismus werden. Die goldene Regel, die Jesus aus der allgemeinen menschlichen Weisheitstradition übernimmt, enthält eine indirekte Anleitung, vom Betroffenen her zu denken: „Was ihr wollt, das euch die Leute tun, das tut ihnen auch" (Matthäus 7, 12). Der Hörer soll sich vorstellen, daß er vom Handeln anderer betroffen ist und was er sich in dieser Lage wünscht. Dann soll er sich die Leute als von seinem Tun betroffene denken und so handeln, wie er es sich als Betroffener wünscht. Bevor er zum Täter wird, soll der Mensch also sich und seine Mitmenschen als Betroffene denken. Die Solidarität der Betroffenen wird zum Regulativ des Handelns.

Diese – gar nicht spezifisch christliche – Weisheit wurde in der wissenschaftlich-technischen Zivilisation verdrängt. Der Mensch will Täter, nicht Betroffener sein, er ist am Hobeln, nicht an den Spänen interessiert. Statt Empathie ist Apathie, Freiheit vom Leiden ein heutiges Lebensideal, zu dessen Verwirklichung sich der Mensch mit einer ganzen Fülle von Abschirmungs- und Verdrängungsmechanismen gegen das Leiden umgibt. Die verschüttete Lebensweisheit der goldenen Regel bringt Jesus wieder ans Licht. Der Mensch kann nur ein lebensdienlicher Täter sein, wenn er auch bereit ist, sich vom Leiden anderer betreffen zu lassen. Jesus unterstreicht das mit seiner ganzen Existenz. Er identifiziert sich mit den Betroffenen, leidet mit den Leidenden bis zum Tode am Kreuz.

Das Kreuz Jesu, das den Juden ein Ärgernis und den Griechen eine Torheit war, könnte unserer wissenschaftlich-technischen Welt die Weisheit bringen, die ihr zum Überleben hilft.

Diese Weisheit darf aber nicht nur Gesinnung bleiben, sie muß auch Methode und Struktur entwickeln. Gegenüber den erfolgsorientierten Wissenschaften ist eine „Wissenschaft von den Folgen der Wissenschaft" gefordert worden, die ihre spezifischen Methoden und Institutionen braucht (A. M. Klaus Müller, Die präparierte Zeit). Und es bedarf auch politischer Strukturen, die Empathie ermöglichen und begünstigen. Das ist der innerste Kern einer partizipatorischen Gesellschaft. Sie muß der Stimme der Leidenden, auch der leidenden Kreatur Gehör und Einfluß verschaffen. Beides aber gelingt nicht ohne die Umkehr zur Empathie, bei der wir Christen vorangehen müssen, um die Kurskorrektur der wissenschaftlich-technischen Zivilisation zu provozieren.

Eine ökologische Ethik der Solidarität hält die Zukunft des Lebens offen, und zwar gerade dadurch, daß der Mensch in ihr darauf verzichtet, seine eigene Zukunft möglichst total sicherstellen zu wollen. Das ist die Versuchung der westlichen Zivilisation.

In der Nutzung der Kernenergie und bei den Kernwaffen haben wir heute die deutlichsten Beispiele dafür, wie der Mensch die Zukunft seiner Versorgung und Sicherheit garantieren will und dabei doch seine Zukunft gerade aufs Spiel setzt.

Zukunft ist immer zugleich das Planbare und das Unverfügbare, das aus der Gegenwart Entwickelte und das auf uns Zukommende. Darum hat das Lateinische für Zukunft die beiden Worte *futurum* und *adventus*. Die Zukunft total verfügbar machen zu wollen, nennt Jesus „Sorge", in der der Mensch die Zukunft gerade verfehlt. Jesus aber weckt das Vertrauen in den auf uns zukommenden Gott. Dieses Vertrauen macht zukunftsoffen und bereit, sich in den offenen Prozeß des Lebens hineinzugeben. So befreit Jesus aus dem Zwang der Selbstsicherung zu Empathie und Solidarität, die der Gerechtigkeit – auch gegenüber künftigen Generationen! – den Vorrang vor dem eigenen Sicherheits- und Konsumbedürfnis geben (Matthäus 6,33 f). Paulus zeigt in Römer 8,18 ff, daß die Hoffnung der Christen die Quelle und Kraft ihrer Solidarität mit der um ihre Zukunft bangenden Schöpfung ist. Eine aus dieser Hoffnung lebende ökologische Ethik wird heute gebraucht, um die Zukunft des Lebens offenzuhalten.

Durch Umkehr zur Gerechtigkeit die Qualität des Lebens entdecken

Untrennbar von der ökologischen Krise ist die Krise der Gerechtigkeit im wachsenden Konflikt zwischen Nord und Süd. Man kann sie auch als zwei Gerechtigkeitspostulate beschreiben: Es geht bei der ökologischen Verantwortung um die Gerechtigkeit gegenüber künftigen Generationen[3], bei der Wirtschaftspolitik um Gerechtigkeit gegenüber den Zeitgenossen. Es wäre absurd, beide Gerechtigkeitspostulate gegeneinander auszuspielen[4]. Beide Forderungen zusammen lassen aber auch die ganze Schärfe der Herausforderung erkennen, vor der wir heute stehen. Wir müssen unter begrenzten ökologisch-ökonomischen Rahmenbedingungen Gerechtigkeit herstellen. Das kann – wie schon oft gesagt wurde – nur unter zwei Voraussetzungen gelingen: Der perverse Sicherheitsluxus des Wettrüstens muß beendet werden, und die Industrienationen müssen ihre Wertorientierung ändern und ökonomische Konzepte entwickeln, die ökologische und soziopolitische Kriterien mit berücksichtigen. Man hat dies auch die Umkehr von der Quantität zur Qualität des Lebens genannt.

Was aber heißt Qualität des Lebens? Aus der Bibel gewinnen wir eine Einsicht, die in diesem Zusammenhang entscheidend ist: Kern der Lebensqualität ist die Gerechtigkeit. Ein qualitätvolles, inhaltreiches, sinnvolles Leben können wir also nicht abgesehen von der Gerechtigkeit erreichen, und Gerechtigkeit ist nicht nur eine moralische Forderung, sie qualifiziert unser Leben.

Leben ist in der Bibel durch die Beziehungen bestimmt, in denen es sich vollzieht. Ja man kann das Leben biblisch als Beziehungswirklichkeit definieren. Der Mensch ist als Gottes Ebenbild elementar auf Gott bezogen und nur aus dieser Beziehung ganz verstehbar. Entsprechend unauflöslich ist seine Bezogenheit auf die Mitmenschen und die anderen Mitgeschöpfe. Im Mittelpunkt des Alten Testaments steht der Bund Gottes mit dem Volk Israel, und Jesus Christus, der Gott-Mensch, der sich für uns hingibt, stellt in seiner Person die Beziehung Gott – Mensch und Mensch – Mitmensch dar. So ist er das Leben der Welt.

Der alttestamentliche Zentralbegriff „Gerechtigkeit" aber meint das „gemeinschaftsgerechte Verhalten", das Verhalten also, das den von Gott gegebenen Verhältnissen zwischen Gott – Mensch – Mitmensch – Mitkreatur entspricht. Da Gottes Gerechtigkeit in seiner Bundestreue und das heißt in seinem rettenden Handeln besteht, entspricht dem eine menschliche Gerechtigkeit, die den Schwachen und Unterdrückten Recht und Hilfe schafft. In diesen *Beziehungen* entscheidet sich die Qualität des Lebens. Der Stellenwert dessen, was der Mensch hat oder kann, hängt davon ab, wie heil oder gestört die Beziehungen sind, in denen sich sein Leben vollzieht. Reichtum kann Segen sein, der dankbar von Gott empfangen wird und im Dienst Gottes und des Nächsten steht. Reichtum kann aber auch Ergebnis von Ungerechtigkeit und Instrument der Unterdrückung sein, er kann an der Nachfolge hindern und unter dem Wehe Jesu stehen. Armut andererseits kann Leiden, unerträgliche Lebensbehinderung und soziales Unrecht sein, dessen Abwendung von Gott erbeten und in seinem Namen erkämpft wird. Armut kann aber auch Hingabe und Opfer in der Nachfolge Christi und so höchste Lebensqualität sein.

Die Bibel denkt also weder idealistisch noch materialistisch, sie denkt in lebendigen Beziehungen. In der Weisheitsliteratur ist es einmal ganz alltagsnah, beinahe banal ausgedrückt: „Ein Gericht Gemüse in Liebe ist besser als ein gemästeter Ochse in Haß" (Sprüche 15, 17). Kommunikation hat die Priorität vor Konsum. Ob die Kommunikation gelingt, entscheidet darüber, ob Arbeit und Konsum menschliche oder unmenschliche Züge gewinnen. Die soziopolitischen Verhältnisse, nicht allein das Bruttosozialprodukt, machen die Lebensqualität eines ökonomischen Systems aus. Es ist nicht nur unmoralisch, es ist eine Illusion, wenn die Industrienationen meinen, sie könnten ihre Lebensqualität halten oder erhöhen, ohne gerechte Beziehungen zur Dritten und Vierten Welt herzustellen. Die inneren Krisen der euroamerikanischen Zivilisation und der Machtkonflikt zwischen West und Ost sind jetzt schon ein Indiz dafür, daß mit der Gerechtigkeit zugleich die Lebensqualität verfehlt wird. Die alttestamentlichen Propheten sahen ihrem Volk Unheil drohen, weil es sein Vertrauen auf Rüstung, „auf Rosse und Wagen", setzte und die Armen und Rechtlosen, „Witwen und Waisen", unterdrückte (Jesaja 1, 17.23; 30, 15 ff; Hosea 1, 7; 14, 4). Beide Warnungen treffen heute die Industrienationen mit schockierender Direktheit. Den Bedrohungen des Überlebens begegnen heißt also vor allem: Umkehren vom Vertrauen auf Gewalt zur Gerechtigkeit gegenüber Mitmenschen und Mitkreatur.

Anmerkungen

[1] Bericht über das Programm von Kirche und Gesellschaft 1976-1982 und Vorschläge für die Zukunft von 1982, Dokument A2, S. 14.

[2] Vgl. zum Folgenden G. Liedke, Solidarität im Konflikt, Vortrag auf der Weltkonferenz „Glaube, Wissenschaft und die Zukunft" in Boston, 1979.

[3] Vgl. Hermann E. Daly, Die ökologische und moralische Notwendigkeit für eine Begrenzung des ökonomischen Wachstums, Vortrag auf der Konferenz „Glaube, Wissenschaft und die Zukunft" 1979 in Boston.

[4] Vgl. C. T. Kurien, Eine Perspektive aus der Dritten Welt, Vortrag auf der Konferenz „Glaube, Wissenschaft und die Zukunft" 1979 in Boston.

Zu zwei theologischen Lehrern

„Die Zukunft besser machen als die Vergangenheit war"

Sonntagsvorlesung über Friedrich Schleiermachers denkende und tätige Hoffnung für die Welt, Wittenberg 1984

Im Wittenberger evangelischen Predigerseminar gibt es die Einrichtung der Sonntagsvorlesung. Im Juni 1984 war sie aus Anlaß seines 150. Todestages Friedrich Schleiermacher gewidmet.

Daß uns die Zukunft unserer Welt als Frage und Sorge, als Furcht und Hoffnung bewegt, bedarf wohl kaum einer Erläuterung. Überraschen aber mag es, daß wir mit diesen Fragen ausgerechnet auf den Theologen Friedrich Schleiermacher hören sollen, dessen Tod sich in diesem Jahr zum 150. Male jährt. Man hat ihn den *Kirchen*vater des 19. Jahrhunderts genannt, und als solcher wird er in diesem Jahr mit Recht gewürdigt. Sein prägender Einfluß auf das theologische Denken, das Selbstverständnis der evangelischen, vor allem der unierten Kirche, und die protestantische Frömmigkeit war nahezu ungebrochen, bis just hundert Jahre später in der Barmer Theologischen Erklärung ein theologischer Neuaufbruch Kirchengeschichte machte. Schleiermacher war der *Kirchen*vater, nicht aber der prägende politische Denker oder der Staatsphilosoph des 19. Jahrhunderts. Seine Berliner Kollegen Hegel, Fichte und Humboldt und natürlich Karl Marx sind da ungleich wirksamer geworden. Otto von Bismarck hatte zwar bei Schleiermacher Konfirmandenunterricht, aber die Politik des „eisernen Kanzlers" zeigte davon leider keine erkennbaren Spuren.

Allerdings haben die „öffentlichen Angelegenheiten" Schleiermacher stets außerordentlich bewegt. 1768 geboren, erlebte er die französische Revolution als junger Mann. Er floh aus der Abgeschirmtheit einer Herrnhuter Predigerausbildung, um in Halle den Geist der Zeit, vor allem kantische Philosophie zu studieren. Seit er zur Jahrhundertwende 1800 seine Monologe schrieb, finden wir ihn anhaltend mit gesellschafts- und staatsphilosophischen Entwürfen beschäftigt. Ab 1808 wirkte er als Professor in Berlin. In dieser Zeit napoleonischer Unterdrückung hatte er als politischer Prediger eine starke Wirkung. Er arbeitete in der antinapoleonischen Widerstandsbewegung mit, für die er sogar eine konspirative Reise nach Königsberg unternahm. Er war ein maßgeblicher Vordenker der Berliner Universitätsgründung und ein Mitdenker der Stein-Hardenbergschen Gesellschaftsreform. Nach dem Wiener Kongreß kämpfte er auf Kanzel und Katheder gegen die Restauration. In den letzten Lebensjahren wurde er auf Grund seiner sozialethischen Schriften und vor allem Predigten zum Organisator des kirchlichen Sozialwesens von Berlin berufen, und was er zur sozialen Frage gedacht und gewollt hat, trug noch weit über das hinaus, was dann von seinem Schüler Hinrich Wichern in der „Inneren Mission" realisiert wurde.

Trotz dieses eindrucksvollen politischen Engagements kann man nicht sagen, daß Schleiermacher das politische Denken seiner Zeit und Nachzeit geprägt hätte. Ich meine aber, daß er uns in der Krisensituation unserer Welt Wesentliches zu sagen hat. Das kommt ans Licht, wenn wir die heutige Krise als Folge des aufklärerischen Denkens begreifen, mit dem sich schon Schleiermacher auseinandergesetzt hat.

Die epochemachende Bewegung der europäischen Aufklärung hatte politisch zur französischen Revolution und zu den Anfängen der bürgerlichen Gesellschaft geführt. Sie machte Wissenschaften und Technik zu den prägenden Mächten der Neuzeit, sie brachte die wissenschaftlich-technische Revolution. Auch die sozialistische Revolution des Marxismus-Leninismus steht in der Erbfolge der Aufklärung; denn sie wollte und will die bürgerliche Revolution durch die reale ökonomische Befreiung des Menschen fortführen, und zwar mit Hilfe der wissenschaftlich-technischen Revolution.

Das aufklärerische Denken ist nun in die Krise geraten. Gerade seine *Erfolge* haben die Welt in die Krise ihres Überlebens geführt, die sich am dramatischsten in der Naturzerstörung und dem Wettrüsten mit Massenvernichtungsmitteln zeigt. Wir müssen die Grundlagen und Zielsetzungen aufklärerischen Denkens überprüfen. Orwells Buch „1984" hat dafür ein in diesem Jahr unübersehbares Symbol geschaffen. Was bedeutet es, im Orwell-Jahr 1984 Schleiermachers zu gedenken?

Schleiermacher schätzte die Aufklärung sehr hoch, die Idee der Menschenrechte und der bürgerlichen Freiheiten zum Beispiel. Er teilte die Hoffnungen, die sich an Wissenschaft und Technik knüpften. Keinesfalls wollte er hinter die Aufklärung zurück, wie einige Romantiker damals und heute. Vielmehr wollte er über die Aufklärung hinaus. Er hielt sie für einseitig und oberflächlich in ihrer pragmatischen Rationalität, die alles auf Nützlichkeit, Verwertbarkeit, Sachverständigkeit setzte. Die epochale Wende zur Humanität habe die Aufklärung nicht gebracht, meinte Schleiermacher. Diese Wende erhoffte er vielmehr von der Bildungsbewegung, für die Namen wie Goethe, die Brüder Humboldt und Schlegel standen und für die er die Quellen der Religion erschließen wollte. Was hat uns Schleiermacher, der über die Aufklärung hinaus wollte, in der Krise der Aufklärung, was hat er uns im Orwell-Jahr zu sagen? Ich finde bei ihm vier Impulse oder Denkansätze, aus denen wir lernen könnten:

1. *Schleiermacher führt über die einseitige Verstandes- und Willenskultur der Aufklärung hinaus, indem er das Gefühl in die Mitte stellt*

Aufgeklärtem Denken lag alles am wissenschaftlichen Sachverstand, an der Rationalität, am technischen Vermögen, Welt zu gestalten, und nicht zuletzt an der Moral. Die Aufklärung bildet den „verständigen und praktischen Menschen", sagte Schleiermacher. Wissen und Tun aber sind nicht alles, sie tragen unser Dasein nicht und erschließen nicht seinen Sinn. Das geschieht in einer dritten oder vielmehr ersten Dimension des Menschseins, im Gefühl. Damit meint Schleiermacher die reine Empfänglichkeit, eine Sensitivität und Offenheit, in der wir uns auf unmittelbare Weise von der Wirklichkeit angehen und bewegen lassen. Hier begegnen wir der Welt nicht so, daß wir sie mit dem Verstand zergliedern oder tätig gestalten, hier öffnen wir uns ihr in unmittelbarer Erfahrung. Nur auf diesem Wege werden wir der Wirklichkeit inne, die uns absolut verläßlich trägt, und werden wir uns unserer selbst als Getragene bewußt.

Schleiermacher nennt dies das „Gefühl der schlechthinnigen Abhängigkeit". Ein nahezu anstößiger Begriff, weil wir Abhängigkeit als etwas Negatives, Abzuschüttelndes und Abzuschaffendes empfinden. Unsere Kultur ist geprägt durch ein aggressives Zugehen auf die Welt, wir wollen möglichst total über sie verfügen, wir streben an, was Schleiermacher ein völlig illusionäres „schlechthinniges Freiheitsgefühl" nennt. Alle Dinge, möglichst auch noch die Menschen von sich abhängig zu machen, scheint die moderne Alternative zu Schleiermachers Konzeption zu sein. In diese Grundhaltung und dieses Lebensgefühl hinein und unter dem Spott seines großen Kollegen Hegel hat Schleiermacher von dem Gefühl der schlechthinnigen Abhängigkeit zu sprechen gewagt und damit doch wohl in seiner Sprache und seiner Zeit etwas von dem Ärgernis des Evangeliums ausgedrückt, daß wir vor Gott nur schlechthin Empfangende sein können. Schleiermacher meinte nämlich, von Gott schlechthin abhängig zu sein, sei das Bekenntnis des Glaubens, das er dankend und lobpreisend ablege, weil von Gott abhängig zu sein nicht „niederschlagend" wirke, sondern „Lebenserhöhung" bringe.

Abhängigkeit hat also den positiven Sinn von Getragensein und Geborgensein. Es handelt sich dabei um ein Grundgefühl und eine Grunderfahrung des Menschseins, die erst nachträglich in Gedanken gefaßt, auf den Begriff gebracht und als Motivation in Handeln umgesetzt wird.

Seinen ursprünglichsten Ausdruck findet dieses Gefühl in der Feier, im Gottesdienst, nicht in dogmatischen Erörterungen oder in moralischen Anstrengungen. Verstand und Willen werden einbezogen, aber getragen und geprägt von der elementaren Lebensbewegung dankbaren Rühmens dessen, von dem wir schlechthin abhängig sind, und der uns gerade dadurch zum Leben befreit.

Der Gießener Psychotherapeut Horst Eberhard Richter weist in seinen Büchern immer wieder auf die Unfähigkeit des heutigen Menschen hin, „sich anzuvertrauen", sich auf den Boden des Lebensgefühls zu begeben, den Schleiermacher uns vorlegt. Dieses Defizit habe dem heutigen Menschen den Komplex eingebracht, selbst Gott der Welt sein zu müssen, habe ihn in die Zwangsneurose getrieben, er müsse die Welt total beherrschen und lückenlos kontrollieren, um sich als Mensch und sicher fühlen zu können. Die Folgen dessen zeigt für die Natur die ökologische Krise, für den Frieden das atomare Wettrüsten, für Mitmenschlichkeit und Politik Orwells 1984. Bei Schleiermacher können wir lernen, daß unsere Kultur in diese Sackgassen geraten ist, weil sie Verstand und Willen abgelöst hat von dem Grundgefühl, *vor* allem Wissen und Handeln getragen zu sein.

Übrigens mehren sich die Stimmen, welche die Willens- und Verstandeskultur mit ihrer Abspaltung und Verdrängung der Gefühlswelt für eine männische Kultur halten. Horst Eberhard Richter in der Bundesrepublik und Christa Wolf in der DDR seien genannt. In Theologie und Kirche ist es denn auch vor allem die feministische Theologie, die uns die Dimension des Gefühls wieder erschließt. Sie hat in Schleiermacher einen alten Verbündeten; denn es ist sicher kein Zufall, daß dieser Theologe des Gefühls die weibliche Seite seines Wesens nicht verdrängt, sondern sich bewußt gemacht und gerne bejaht hat. Gefühl ist für ihn alles andere als verschwommene Sentimentalität oder irrationaler Rausch. Er integriert Rationalität, ethische Verantwortung und Emotionalität zur Ganzheit des Lebens. Die Gefühlskultur, die daraus erwächst, spricht aus seinen Briefen und Predigten auf eine immer wieder neu bewegende Weise.

2. Schleiermacher sucht die Ganzheit der Welt zu wahren und wirkt so den Aufspaltungen der Wirklichkeit im aufklärerischen Denken entgegen

Besonders im Zusammenhang der ökologischen Probleme sind uns heute diese Aufspaltungen bewußt geworden. Ich nenne drei davon:
– *Subjekt und Objekt.* Im wissenschaftlichen Erkennen stellen wir uns die Natur gegenüber, machen sie zum Gegen-stand, zum Objekt. Wir selbst sind nur noch untersuchendes Subjekt, erkennendes Bewußtsein,

als wären wir nicht durch tausend Fäden mit der Natur verbunden. Diese sogenannte Subjekt-Objekt-Spaltung ist eine der Ursachen der ökologischen Krise.

– *Freiheit und Kausalität.* Den Wissenschaften erschien die Welt kausal determiniert. Daher konnte der Mensch sich selbst als frei und verantwortlich handelndes Ich nur verstehen, sofern er nicht Welt, nicht Gegenstand, nicht Leib ist. Dies aber führte zur Trennung von Wissenschaft und Ethik. Wirtschaft, Technik, Politik schienen von Eigengesetzlichkeiten determiniert, das Ethische nur noch im Herzen, in der Gesinnung, in privater Mitmenschlichkeit zu Hause und am Platze zu sein.

– *Pflicht und Neigung, oder Moralität und Emotionalität.* Immanuel Kant sah das Ethische allein in dem Willen, der dem Pflichtbewußtsein folgt. Die Neigung, jede emotionale Bestimmtheit des Handelns, schloß er aus dem Ethischen aus. Wir haben seither erlebt, daß Emotionen in geschichtlichen Dammbrüchen wie eine Flutwelle die Moral wegschwemmen können. Denken wir nur an den Ausbruch des Ersten Weltkrieges und die Hitlerzeit in Deutschland! Abgespaltene, nicht integrierte Emotionalität bricht sich chaotisch und entmenschlichend Bahn. Andererseits zeigt sich heute in der ökologischen und Friedensethik, daß wir das Emotionale als motivierende und mobilisierende Kraft zum ethischen Handeln brauchen. Sensibilität für fremdes Leid, Mitleiden also muß geweckt werden, und ebenso Empathie, Einfühlung in die Bedrohungsängste des Gegners als Motivation für Abrüstungsschritte.

Gegenüber all diesen Spaltungen der Wirklichkeit macht sich Schleiermacher zum Anwalt der Welt als eines lebendigen Ganzen. Im Gefühl wird die Wirklichkeit als ganze erfahren. In Anlehnung an eine Formulierung seines Freundes, des Naturphilosophen Steffens, definiert Schleiermacher Gefühl auch als „die unmittelbare Gegenwart des *ganzen ungeteilten* Daseins" (Glaubenslehre § 3.2). Im Gefühl erfahren wir die Wirklichkeit als uns tragende unmittelbar, und diese Erfahrung liegt vor der Spaltung in Subjekt und Objekt. Von daher muß der wissenschaftlich-technische Umgang mit der Natur relativiert werden. Er ist nur *eine* Weise – und zwar eine abgeleitete, sekundäre Weise –, Wirklichkeit zu erkennen und mit ihr umzugehen. Wehe, wenn dies zum ein und alles wird, wenn Wissenschaftsaberglaube an die Stelle der Religion tritt!

Aber auch Ethik und Geschichte, Geist und Natur, Gesinnung und Politik, kurz: Sollen und Sein sind in diesem Zusammenhang zu verstehen. Schleiermacher entwirft eine Ethik, die beides umfaßt. Wir würden sie heute vielleicht Kulturphilosophie nennen. Er will das Handeln an den Bewegungsgesetzen orientieren, die er dem Leben selbst ablauscht. Er möchte verstehen, wie das „moralische Gesetz in mir" (so hatte es

Kant genannt) mit den Lebensgesetzen der Familie, des Staates, der Universität und der Kirche zusammenstimmt. Wenn das gelingt, wird die Ethik wirkliche und praktische Orientierungskraft gewinnen und helfen, „das Meer eines wahrhaft selbsttätigen Lebens zu durchschiffen", wie Schleiermacher sagt. Dann endlich wird die Ethik nicht nur gut, sondern auch wahr und realistisch, und die Wissenschaften werden nicht nur wahr, sondern auch gut sein. Ich denke, daß wir diesem Ziel heute eher ferner als näher gekommen sind, wie das Bemühen um eine Ethik der Naturwissenschaften zeigt.

Schleiermacher denkt in Zusammenhängen. Als Grundfigur seines Denkens hat er selbst die Ellipse genannt, die sich um zwei Brennpunkte bewegt. Beide Pole schließen sich nicht etwa aus, sondern fordern in ihrer Unterschiedlichkeit einander, so daß es gilt, die Unterschiedenheit in der Beziehung und die Beziehung in der Unterschiedenheit zu verstehen. Alles Geschehen vollzieht sich in zwei solchen elliptischen Spannungspaaren: zwischen Geist und Natur und in den Formen von Eigentümlichkeit oder Individualität und Gleichheit oder Identität. Das Leben, das sich in der Beziehung von Geist und Natur abspielt, hat zwei Grundfunktionen: Erkennen und Tun.

Sieht man, wie sich das Erkennen und das Tun jeweils unter dem Charakter der Eigentümlichkeit und der Gleichheit vollzieht, so versteht man die Gemeinschaftsformen, die daraus hervorgehen. Handeln unter dem Charakter der Gleichheit ergibt den Staat als Rechts- und Wirtschaftsstaat. Aus dem Handeln unter dem Charakter der Eigentümlichkeit aber erwächst das Haus, die individuelle Sphäre persönlicher Beziehungen in Freundschaft und Gastlichkeit oder – wie Schleiermacher es nennt – die „freie Geselligkeit". Hierher gehört das durch Eigentümlichkeit geprägte Eigentum, das von den später so genannten Produktionsmitteln zu unterscheiden ist. Das Erkennen in der Form der Gleichheit ergibt die Schule im Sinn des öffentlichen Bildungswesens. Erkennen unter dem Charakter der Individualität aber stiftet die religiöse Gemeinde.

Schleiermacher müht sich, jedem einzelnen Phänomen unserer Welt in seiner Eigenart gerecht zu werden, zugleich aber deren Zusammenhängen miteinander nachzuspüren. Besonders sprechend tritt das bei dem Verhältnis von Staat und Haus hervor. Der Staat kann die Sphäre des individuell Gebildeten nicht hervorbringen und abdecken, er kann ihm nur Raum geben und es respektieren. Zum Haus aber, zur Familie und zum Eigentum als der Sphäre des Eigentümlichen gehört Intimität und relative Abgeschlossenheit. Darum ist nichts verhaßter, sagt Schleiermacher, als wenn der Staat in die Häuser eindringt zum Beispiel in der Form der Haussuchung. Andererseits muß sich aber das Haus dem Gemeinschaftlichen öffnen. Die ihm eigene Beziehungsform ist die Gastlichkeit und Freundschaft, und dem Staat fließen gerade aus dem Bereich des Individuellen wichtige Neuerungspotenzen und Impulse zu. So ist Schleiermacher ein Denker der lebendigen Zusammenhänge.

Leben ist eines seiner Lieblingsworte, und besonders gerne spricht er von „Oscillation", also vom Hin- und Herschwingen der Lebensbewegungen zwischen den Polen. Dieses an lebendigen Zusammenhängen interessierte Denken kann man mit Fug und Recht ein ökologisches Denken nennen. Natürlich konnte Schleiermacher unsere ökologischen Probleme noch nicht einmal ahnen. Auch teilte er den Optimismus seiner Zeit, daß Wissenschaften und technische Kunstfertigkeiten den Menschen von der drückenden Last toter, mechanischer und körperlich erschöpfender Arbeit befreien, ja die Welt in einen „Feenpalast verwandeln werden, wo der Gott der Erde nur ein Zauberwort auszusprechen, nur eine Feder zu drücken braucht, wenn geschehen soll, was er gebeut" (Reden, ed. Pünjer S. 215). Aber in seinem Denken ist alles so auf die Wechselwirkung von Geist und Natur angelegt, alles so am Lebendigen orientiert, daß ein zerstörerischer Umgang mit der Natur dadurch ausgeschlossen und das Denken in ökologischen Zusammenhängen nahegelegt ist.

Wie Schleiermachers Denken ein ökologisches genannt werden kann, so auch ein Denken des Friedens. Wie „Leben", so ist auch Frieden ein Lieblingswort für ihn: Friede als lebendige Beziehung zwischen den Polen, voller Spannung und Bewegung, niemals zur Diktatur eines Zentrums werdend, niemals zum unversöhnbaren Gegensatz zweier abgeschlossener Kreise zerbrechend. Weil im endlichen Sein alles polare Beziehung ist, kann auch das Erkennen nur dialogisch, das Handeln nur kooperativ, Konsensbildung und Entscheidung nur das Ergebnis von Beratung und Regierung nur demokratisch sein. Daß der Friede „der Leib der Wahrheit" sei, diese glückliche Metapher Carl Friedrich von Weizsäckers könnte Schleiermachers Denken entsprungen sein.

3. *Schleiermacher befreit die Religion von moralisch-politischer Funktionalisierung und zeigt gerade so die Bedeutung des christlichen Glaubens für das ganze Leben*

In der Theologie vor der Aufklärung, der sogenannten Orthodoxie, war die christliche Verkündigung zur Lehre und der Glaube zur Überzeugung von reiner Lehre geworden. Die *Aufklärung* konnte dem Dogma nichts mehr abgewinnen. Sie machte die Religion heimatlos im Denken, gab ihr aber eine neue Heimat in der Moral. Die Religion motiviert zu ethischem Handeln und hilft auch dann an seine Sinnhaftigkeit zu glauben, wenn es im Weltgeschehen erfolglos bleibt. Dies geht Hand in Hand mit der traditionellen Inanspruchnahme der Religion als Garant der politischen Ordnung und Loyalität. Auch heute wird in der westlichen Welt die Religion empfohlen, um das Legitimationsbedürfnis des demokratischen Gemeinwesens zu befriedigen und den das öffentliche Leben tragenden Grundkonsensus in den Grundwerten herzustellen. Der sozialistische Staat aber hat gelernt, die Arbeitsmoral und das bürgerliche Wohlverhalten des „religiös gebundenen Bürgers" zu schätzen.

Auf der anderen Seite haben wir es mit Frömmigkeitsrichtungen zu tun, die sich ganz auf die Innerlichkeit und abgekapselte Kleingruppen zurückziehen und die Öffentlichkeitsrelevanz des Glaubens praktisch und theoretisch leugnen. Und das gibt es ja nicht nur in der Kirche, sondern auch in den religiösen Sekten und Gruppen, die sich zum Beispiel an asiatischer Meditationspraxis orientieren.

Auch hier führt Schleiermacher über solch einen Gegensatz hinaus. Die Religion ist um ihrer selbst willen da, oder sie ist nicht Religion. Gott wird um seiner selbst willen geglaubt und geehrt, oder er wird nicht als Gott geehrt. Wer die Notwendigkeit der Religion aus ihrer Nützlichkeit für etwas ableiten will, das nicht selber Religion ist, der ist drauf und dran, die Religion überflüssig zu machen. Wer die Religion wegen ihrer Nützlichkeit für den Staat empfiehlt, würdigt die Religion, aber auch den Staat herab. Denn der Staat, der noch der Krücken der Religion bedarf, ist noch nicht genug Staat und ist aufgefordert, besserer Staat zu werden, bessere Politik zu machen, so daß er religiöser Versatzstücke und Legitimierungen nicht bedarf.

Religion ist nicht Mittel zum Zweck. Das zeigt sich darin, daß ihr Herzstück ein zweckfreies Handeln ist, „darstellendes Handeln" nennt es Schleiermacher. Es hat eine Nähe zur Kunst und geschieht in der Feier des Gottesdienstes.

Gerade so aber werden Frömmigkeit und Kirche wirksam für das ganze Leben. Im Vergleich mit anderen Religionen definiert Schleiermacher das Christentum als eine „teleologische Richtung der Frömmigkeit". Teleologisch heißt zielgerichtet und sich dem Ziel annähernd. Das Ziel aber ist das Reich Gottes, auf das die Geschichte zuläuft und auf das der Glaube hoffend und handelnd zugeht. Das Reich Gottes bringt die Welt in all ihren Bereichen zur Erfüllung. Eine alte griechisch-abendländische Tradition aufnehmend, nennt es Schleiermacher darum auch das „höchste Gut". Für die Sphäre der freien Geselligkeit wird es „das goldene Zeitalter (bringen) in der ungetrübten und allgenügenden Mitteilung des eigentümlichen Lebens". Für die Staaten wird es „der ewige Friede in der wohlverteilten Herrschaft der Völker über die Erde" sein. Für die Wissenschaften erscheint es „als die Vollständigkeit und Unveränderlichkeit des Wissens in der Gemeinschaft der Sprachen". Für die Kirche kommt es „als das Himmelreich in der freien Gemeinschaft des Glaubens"[1].

Weil das Reich Gottes die Geschichte erfüllt, kann die teleologische

Hoffnungsbewegung des Glaubens auf das Reich Gottes hin nicht ohne praktische Weltverantwortung sein. Schleiermacher hat diese Einheit von Glaube und Weltverantwortung selbst überzeugend gelebt. Er fordert uns auf, über die heutigen kurzschlüssigen Gegensätze von pietistischer Innerlichkeit und politischer Theologie hinauszuschreiten und zu begreifen, daß Kirche dann Kirche bleibt, wenn sie ihren Auftrag zur Weltverantwortung wahrnimmt, und daß sie diese Weltverantwortung dann recht erfüllt, wenn sie ganz Kirche ihres Herrn ist.

4. Schleiermacher nimmt den Fortschrittsgedanken der Aufklärung auf und führt ihn weiter

Der Fortschrittsgedanke war von der Aufklärung her und durch die wissenschaftlich-technische Entwicklung des 19. Jahrhunderts vor allem an der Erweiterung wissenschaftlicher Erkenntnisse und der Perfektionierung technischer Naturbeherrschung festgemacht. Von daher kam und bestätigte sich auch die Vorstellung eines linearen Fortschreitens. Schleiermacher sieht dem „Fortschreiten" oder der „Fortentwicklung" der Menschheit eine andere Priorität gesetzt. Sie heißt Bildung in dem vielschichtigen Sinn, den dieser Begriff bei Schleiermacher hat. Die wechselseitige Durchdringung von Geist und Natur gibt die Zielrichtung an, und sie bedeutet umfassend: Einheit von Selbstbildung und Naturbildung. Der „äußere Beruf" des Menschen, Herr der Erde zu sein, und sein „innerer Beruf", das „Ebenbild Gottes", das in Christus urbildlich gegeben ist, darzustellen, gehören zusammen[2]. Nur der gebildete Mensch also wird Natur bilden können. Wir sehen die enorme Tragweite dieses Satzes erst heute, wo sich ein auf Wissenschaft, Technik und Wirtschaftswachstum reduziertes Fortschrittsverständnis von der Selbstbildung des Menschen gelöst hat und nun im Begriff ist, sich selbst aufzuheben.

Das Fundament des Fortschrittsdenkens liegt für Schleiermacher aber darin, daß die Geschichte ein ethischer Prozeß ist. Ethik ist für ihn ja die Lehre von den Lebensgesetzen des geschichtlichen Prozesses. Darum liest er immer wieder philosophische Ethik und „christliche Sitte" – wie er die theologische Ethik nennt –, um seiner Zeit den Weg des Fortschreitens zum Besseren zu zeigen. Vor den ersten Vorlesungen über Staatslehre und christliche Sitte in Berlin 1808 schreibt er an seine Braut: „Jungen Männern jetzt das Christentum klarzumachen und den Staat, das heißt eigentlich ihnen alles geben, was sie brauchen, um die Zukunft besser zu machen, als die Vergangenheit war"[3].

Die Geschichte ein aus Einsicht und Verantwortung gestalteter Prozeß des Fortschreitens – ist das nicht ein Traum? Ein Traum, den uns geschichtliche Erfahrung und theologische Kritik längst zerschlagen haben, und der im Orwell-Jahr endgültig ausgeträumt sein sollte? Vollzieht sich die Geschichte nicht in Kämpfen und Konflikten, in Revolutionen und Reaktionen? Hegel brachte die Geschichte in das konfliktorientierte Schema seiner Dialektik, wo eine Gegebenheit ihre Negation hervorruft und die Negation der Negation dann eine Synthese erbringt, die aber wieder zur These wird, die ihre Antithese provoziert. Karl Marx sah die Geschichte als Geschichte von Klassenkämpfen, sie verläuft nicht evolutionär, sondern revolutionär. Und waren nicht auch Wissenschaft und Technik in ihrem Umgang mit der Natur an Modellen des Kampfes und der Unterwerfung orientiert? Sind Hegel und Marx nicht einfach dichter an der Realität?

Wenn wir aber vom Heute aus ins Morgen blicken: Können wir uns ein Fortschreiten in gewaltsamen Auseinandersetzungen denn noch leisten? Ein gewaltsam ausgetragener internationaler Klassenkampf könnte heute doch das Ende aller Klassen bedeuten. Auch marxistisches Denken muß heute die „friedliche Koexistenz" zur Rahmenbedingung des Austragens von Konflikten machen. Und können denn Wissenschaft und Technik den Kampf zur Unterwerfung der Natur unter die Bedürfnisse des Menschen weiter fortsetzen, müssen sie nicht Modelle der Kooperation, der „Oscillation" mit der Natur entwickeln, ein neues Sich-einfügen des Menschen in die Wechselwirkung von Geist und Natur lernen und lehren? Wir stehen heute vor Gefahren und Herausforderungen ohne geschichtliche Analogie. In dieser Situation liegt Schleiermachers Fortschrittsdenken vielleicht doch neu *vor* uns und nicht hinter uns.

Dieses Denken war keine illusionistische Träumerei, sondern ein Tagtraum in der Helle des Bewußtseins, das durch die Sprache der Tatsachen hindurch in offene Möglichkeiten schaut, die das Sein aus seiner Wahrheit heraus eröffnet. Schleiermacher hält an der Einheit von „Weltgesetz und Sittengesetz" fest. Er bestreitet eine Eigengesetzlichkeit der Geschichte, etwa ein ehernes Gesetz des Krieges oder des Klassenkampfes oder der alles entschuldigenden technischen Sachzwänge. Es ist ihm „ein das Wissen ganz zerstörender Widerspruch, im Verlauf der Geschichte eine Gesetzmäßigkeit entdecken zu wollen, das Gesetz aber nicht in der handelnden Vernunft zu suchen, sondern diese ganz der Willkür und also dem Zufall preiszugeben"[4].

Auch für das Geschichtsverständnis gilt aber Schleiermachers Grundgedanke, daß sich Leben in polaren Gegensätzen vollzieht. So verdrängte er keineswegs seine persönlichste Erfahrung im politischen Raum, daß sich Neues meist nur im Konflikt mit den Kräften des Beharrens und Bewahrens durchsetzt, daß Konservativität und Progressivität Grundhaltungen sind, die im Streit liegen, sich aber auch gegenseitig fordern. Die wechselseitige Durchdringung von Geist und Natur schreitet fort, aber in Gestalt des Kampfes des Geistes gegen das Fleisch!

Christliches Handeln ist daher neben „darstellendem" und „erweiterndem" immer auch „reinigendes Handeln". Das schließt Gesellschaftskritik durch das „öffentliche Strafamt des christlichen Lehrers" ein, und dieses Strafamt hat Schleiermacher von der Kanzel tapfer geübt. Fortschritt ist ihm daher nur bei einer kritischen Öffentlichkeit, bei einer Presse- und Meinungsfreiheit in Staat und Kirche denkbar. Der Staat muß seine „Verbesserungsbedürftigkeit" in seine Wesensbestimmung aufnehmen, und eine Verfassung, die „keinen Ort für Veränderungen (hat), ist schlechthin unsittlich"[5]. 1816 führt Schleiermacher in einem Brief an seinen adligen Freund Alexander von Dohna bittere Klage über die Verweigerung der „Pressfreiheit", die es dem Bürgertum unmöglich mache, politisch wirksam zu werden. Die Volksmassen dürfe und könne man nicht mobilisieren. So bleibe nur die Hoffnung, daß der gute Adel eine Demokratisierung von oben einleite[6]. Dies eben war das Konzept der Stein-Hardenbergschen Reform, deren Anliegen Schleiermacher teilte. Die Demokratisierung wollte er auch für die Kirche. Das war sein Begriff von Volkskirche, nicht Kirche für das Volk, sondern Kirche des Volkes, Kirche von unten!

Durch die geistige Auseinandersetzung und den offenen Streit der Meinungen allein kann es Fortschritt geben. Nur so sind gewaltsame revolutionäre Umwälzungen zu verhindern, daß man ihnen durch geistige Auseinandersetzungen zuvorkommt. Schleiermacher war ein entschiedener Gegner der Revolution, weil er tief davon durchdrungen war, daß sich die politischen Gegensätze in geistiger Auseinandersetzung zur weiterführenden Kooperation bringen lassen. Denn alle auch noch so scharfen Spannungen sind von dem Frieden im Grunde des Seins umgriffen, und menschliches Erkennen hat dialogische Strukturen. So ringt Schleiermacher besonders als Prediger nach den Freiheitskriegen um den Weg nach vorn zwischen Restauration und Revolution.

Worauf aber läßt sich diese Fortschrittshoffnung gründen, so fragen wir skeptisch Gewordenen? In einer späten Vorlesung über christliche Sitte stellt sich Schleiermacher diesem skeptischen Einwand. Er sieht ihn provoziert durch die wechselseitige Abhängigkeit zwischen dem einzelnen und der Gesamtheit, zwischen Verhalten und Verhältnissen in der Gesellschaft. Sind wir hier nicht in einem Teufelskreis gefangen? Denn wie kann der Mensch frei werden in unfreien Verhältnissen? Wie können freiheitliche Verhältnisse von unfreien Menschen geschaffen werden? Daraus entstehe ein „Verdacht gegen die Realität der sittlichen Aufgabe überhaupt". Idealistischer Glaube an die „Unendlichkeit der Vernunft an und für sich" sei diesem skeptischen Verdacht nicht gewachsen. Nun aber sei der göttliche Geist in Christus vollkommene geschichtliche Wirklichkeit geworden und von ihm her wirksam durch die Kirche. Gottes Geist, Fleisch geworden in der Natur und wirksam durch das göttliche Wort: das ist der Grund der Fortschrittshoffnung

Schleiermachers[7]. Die in Christus schon verwirklichte Einheit von Geist und Natur trägt den Prozeß ihrer Einung in der Geschichte. Bewegend spricht Schleiermacher diese Gewißheit in der Grabrede aus, die er seinem geliebten Sohn Nathanael hielt. Ihm, dem Vater, sei der wohlmeinende Trost zugesprochen worden, daß das Kind doch allen Gefahren und Versuchungen entrückt sei, die in der Welt auf es zugekommen wären. „Aber doch will dieser Trost nicht recht haften bei mir, wie ich bin. Wie ich diese Welt immer ansehe als die, welche durch das Leben des Erlösers verherrlicht und durch die Wirksamkeit seines Geistes zu immer unaufhaltsam weiterer Entwicklung alles Guten und Göttlichen geheiligt ist, … warum denn hätte ich nicht glauben sollen, daß der Segen der christlichen Gemeinschaft sich auch an ihm bewähren würde"[8].

Schleiermachers Tagtraum, daß sich die Kämpfe der Geschichte in gewaltfreie Konfliktregulierungen überführen lassen, ist zur Lebensbedingung des technischen Zeitalters geworden. Wir träumen diesen Tagtraum gegen die Nacht, in der niemand wirken kann. Wir brauchen jeden, der uns darin zur Klarheit hilft und bestärkt. Schleiermacher tut uns diesen Dienst, indem er die Welt in eindringlicher Gedankenarbeit zu verstehen sucht, die Einheit von Denken und Handeln in Wort und Praxis durchhält und uns an Christus als den Grund dieser Verantwortung von Welt weist.

Anmerkungen

[1] Schleiermacher, Werke ed. Otto Braun, Band 1, S. 465.
[2] Christliche Sitte, S. 54.
[3] Schleiermacher, Briefwechsel mit seiner Braut, ed. H. Meisner, Gotha 1919, S. 237.
[4] Schleiermacher, Werke ed. Otto Braun, Band 7, S. 545.
[5] Christliche Sitte, S. 270.
[6] Schleiermacher, Briefe an die Grafen zu Dohna, ed. J. Jacobi 1887, S. 55 ff.
[7] Christliche Sitte, S. 499 ff.
[8] Schleiermacher, Predigten, Band 4, S. 838.

Theologie als fröhliche Wissenschaft im Ende der Neuzeit

Vortrag am 100. Geburtstag Karl Barths am 10. Mai 1986 in Berlin

Das Sprachenkonvikt – die kircheneigene theologische Hochschule in Berlin/DDR – hatte aus Anlaß des hundertsten Geburtstages von Karl Barth Theologen aus der DDR und der Bundesrepublik vom 9. bis 11. Mai 1986 zu einem wissenschaftlichen Symposium geladen.

1886, im Geburtsjahr Karl Barths, schrieb Friedrich Nietzsche das Vorwort zur zweiten Auflage seiner „Fröhlichen Wissenschaft". Karl Barth hielt am Ende seiner akademischen Tätigkeit Vorlesungen zur Einführung in die Theologie. In ihnen nennt er die Theologie eine „fröhliche Wissenschaft"[1]. Friedrich Nietzsches „Fröhliche Wissenschaft" ist voll bitterer Ironie über die Selbstgewißheit und den naiven Optimismus der wissenschaftlich-technischen Welteroberung. Er verkündet eine bittere Fröhlichkeit, eine Heiterkeit über Abgründen und mit schlimmen Vorahnungen. „Was es mit unserer Heiterkeit auf sich hat," – schreibt er – „das größte neuere Ereignis, daß Gott tot ist, daß der Glaube an den christlichen Gott unglaubwürdig geworden ist, beginnt bereits seine ersten Schatten über Europa zu werfen." ... „Endlich erscheint uns der Horizont wieder frei, gesetzt selbst, daß er nicht hell ist, endlich dürfen unsere Schiffe wieder auslaufen, auf jede Gefahr hin auslaufen." Nietzsches „Fröhliche Wissenschaft" schließt mit den Worten: „Der Zeiger rückt, die Tragödie beginnt."[2]

Die Tragödie der fröhlichen Wissenschaft! Nach hundert Jahren stecken wir mitten darin. Das Ende der Neuzeit, das Nietzsche vorausahnte, ist in aller Munde. Das frohgemute Unternehmen wissenschaftlich-technischer Weltbemächtigung bedroht die Welt mit Selbstzerstörung im Zeitraffer einer atomaren Katastrophe oder im Zeitlupentempo der ökologischen Krisen. Die Menschheit, die sich als solche konstituieren müßte, um zu überleben, ist drauf und dran, sich zu vernichten, bevor sie sich noch gebildet hat. „Die Selbstvernichtung als Akt der Konstituierung", wie es Franz Fühmann hier in Berlin 1981 ausdrückte[3].

Die emanzipatorischen Aufbrüche der Gesellschaft im Liberalismus und Sozialismus sind beide eingemündet in den Konsumerismus, und es geht keine visionäre, hoffnungs- und sinnstiftende Kraft von ihnen aus.

Die Jugend wendet sich ab von dem gewaltigen Abenteuer Europas seit der Aufklärung, sammelt sich in alternativen Gruppen, zieht sich in Nischen zurück oder sucht nach Sinn im geschichtslosen Mystizismus Asiens.

Was hat uns die fröhliche Wissenschaft der Theologie in der Auslegung Karl Barths im Ende der Neuzeit zu sagen? Mit dieser Fragestellung weite ich das mir gestellte Thema aus, das uns auf den Blickpunkt einer theologischen Existenz in der DDR stellt. Ich meine jedoch, daß die „Kirche im Sozialismus" inzwischen genügend „in" ist im Sozialismus, um ihre Existenz im real existierenden Sozialismus und diesen selbst in umfassenderen Zusammenhängen zu sehen. Sonst wird das dringend gebotene Bejahen der Existenz in dieser so geprägten Gesellschaft und das Sicheinlassen auf sie provinzialistisch und borniert. Wir haben hier teil an dem, was man das Ende der Neuzeit nennt, und der Sozialismus wird heute daran gemessen, was er beiträgt, um unsere interdependente und zugleich konfliktgeladene Welt vom Heute ins Morgen zu bringen. Wir haben hier unseren spezifischen Ausgangspunkt für den Übergang ins Morgen, aber dieser Übergang hat den Charakter einer Schwelle in der kulturellen Evolution, die Ost und West, Nord und Süd nur gemeinsam überschreiten können.

Darum also die Fragestellung, was uns die fröhliche Wissenschaft der Theologie in der Fassung Karl Barths im Ende der Neuzeit und vor dieser Schwelle zu sagen haben möchte. Ich entfalte das an drei Stichworten: Wirklichkeit und Wirklichkeitsverlust; Gott als fröhliches Wort; Karl Barth und das *come back* der Religion.

Wirklichkeit und Wirklichkeitsverlust

Hat es Sinn, die vorhin so formulierte Frage gerade an Karl Barth zu stellen und seine Theologie im Kontext dieser Frage zur Sprache bringen zu wollen? Es gibt hierzu verbreitete Bedenken, aber auch begründete Erwartungen.

Die Bedenken: Hat Barth den Zusammenhang zwischen Kirche und Kultur, Glaube und Religiosität, Theologie und Philosophie nicht gerade aufgelöst? Ist seine Theologie nicht zunehmend undialogisch geworden, hat sie nicht den Kontakt zur zeitgenössischen Philosophie verloren, erst recht zu den Sozialwissenschaften, und einen Kontakt zu den Naturwissenschaften überhaupt nie gehabt? Steht der Name Karl Barth nicht für den Wirklichkeitsverlust der Theologie heute? Nach Karl Barths Tod hatte ich im Januar 1969 in Naumburg eine Gedächtnisvorlesung zu halten. Unter den Zuhörern war Hendrikus Berkhoff, der niederländische Theologe. Er sei – so erzählte er dann – nach Karl Barths Tod von einem amerikanischen Journalisten angerufen worden: Da sei doch ein gewisser Karl Barth gestorben. Er soll ein bedeutender Theologe gewesen, inzwischen aber von einem gewissen Ernst Troeltsch überholt worden sein.

Nehmen wir Ernst Troeltsch, der 1923 starb, als Symbolfigur für eine Theologie, die sich rückhaltlos bis zum Verlust der eigenen Identität auf Geschichtswissenschaft, Soziologie, Religionsphilosophie und Religionssoziologie einließ: Eben dies kam in den letzten 30 Jahren tatsächlich wieder auf uns zu, die Entdeckung der Humanwissenschaften für den Dienst der Kirche, die Gemeinde, und dann auch wieder die Religionssoziologie, die Psychologie und Sozialpsychologie in ihrer Bedeutung für Seelsorge und Gruppenarbeit; der christlich-marxistische Dialog wurde im Rahmen einer politischen Theologie neu aufgenommen, der Dialog Theologie – Naturwissenschaften bekam durch die ökologische Krise äußerste Dringlichkeit. Und schließlich: auch die Religion, die längst totgesagte, ist wieder da! Und geschah dies nicht alles neben und ohne Karl Barth, der in Basel seine eigenen Kreise zog, und geschah es nicht ohne ihn, weil er eben dies alles, was sich da aufdrängte und anbot, nicht aufnahm und keine Hilfe bot für Dialoge, in denen sich Theologie als Theologie bewähren müßte?

Aber eben als *Theologie* muß sich Theologie in diesen Dialogen bewegen und bewähren. So mancher von uns, der sich auf Soziologie und Psychologie stürzte, weil da wirklich Erhellendes und Helfendes für die Gemeindearbeit und die Orientierung in der Gesellschaft zu erfahren war, fing dann wieder an, in der „Kirchlichen Dogmatik" zu lesen, um die theologischen Kriterien und Orientierungen für die Übernahme humanwissenschaftlicher Erkenntnisse zu gewinnen.

Und dies ist nun die Erwartung, mit der man im Ende der Neuzeit bei Karl Barth nach einem weiterführenden Wort sucht: Er hat um die Freiheit der Theologie und der Kirche gekämpft, daß sie das ihr aufgegebene und in der Christusoffenbarung gründende Wort in diese Neuzeit hineinspreche. Karl Barth war ganz und gar Kind dieser Zeit. Er kam ebenso wenig aus einem pietistischen Winkel wie aus einer kirchlichen Hochburg. Er hat sich dem neuzeitlichen Denken voll gestellt. Seine immense gedankliche Anstrengung aber galt dem Bemühen, das Wort Gottes für seine Zeit so zur Sprache zu bringen, daß es nicht in den Sog des Zeitgeistes gerät, sondern diesen in die Krise und Umkehr führt. Mit Leidenschaft kämpfte er gegen die Versuche und die Versuchung, der christlichen Botschaft dadurch Akzeptanz zu verschaffen, daß man sie als Antwort auf vorgefaßte Fragestellungen, als Befriedigung religiöser Bedürfnisse oder als paßgerechte Ausfüllung einer von Wissenschaft und Politik offengelassenen Lücke ausgibt. Karl Barth hat weder die Theologie dem neuzeitlichen Denken angepaßt noch sie vor ihm abgeschirmt, er ist aus der Aggressivität der Liebe Gottes heraus zum Angriff auf dieses Denken übergegangen, zum Angriff auf seine Religiosität ebenso wie auf seinen Säkularismus. Zum Angriff aber darum, weil es mit seinen Wirklichkeitsverständnissen die Wirklichkeit Gottes, aus der wir leben, und damit zugleich die Wirklichkeit von Mensch und Welt verfehlt und verstellt. Eine Theologie, die in theologischer Kritik das Ende der Neuzeit vorweggenommen hat, kann man wohl fragen, was sie uns im Ende der Neuzeit zu sagen hat.

Das Ende der Neuzeit wird für uns aber erlebbar als Krise der wissenschaftlich-technischen Wahrnehmung von Welt. Es ist die Weltwahrnehmung eines objektivierenden und verfügenden Denkens. Karl Barth hat sich dem Geltungsanspruch dieses Wirklichkeitsverständnisses nie gebeugt. Er hatte wohl einfach zu viel von Immanuel Kant verstanden, um wissenschaftliches Erkennen von Wirklichkeit mit der Wirklichkeit selbst zu verwechseln.

So hat er weder den Rückzug der Theologie von welthaften Aussagen auf Werturteile, auf Personalität, Innerlichkeit, Gewissen oder Existenzialität mitgemacht, noch hat er den wissenschaftlich-technischen Umgang mit Welt nachträglich als Folge des biblischen Schöpfungsglaubens sanktioniert, um so der Neuzeit ihre theologische Legitimierung nachzureichen. Barth hat sich geweigert, die neuzeitliche Wahrnehmung von Welt als den Rahmen zu akzeptieren, in dem sich theologisches Reden von Gott zu verantworten hat. Im 1. Band seiner Kirchlichen Dogmatik wagte er vielmehr die provozierende These: Nicht die Offenbarung habe sich vor der Wissenschaft, sondern die Wissenschaft vor der Offenbarung zu verantworten. Nehme man das Geschehensein der Offenbarung und die Möglichkeit der Gnade erst, so müsse man davon ausgehen, daß eigentlich alle Wissenschaft von der Wirklichkeit Gottes und der Welt als Schöpfung ausgehen und in ihrer Spitze Theologie sein müßte[4].

Barth will damit natürlich nicht zur mittelalterlichen Einheit von Glaube und Wissen zurück, wo die Theologie die Wissenschaften als ihr dienende Mägde integrierte. Barth hält hier aber einen theologischen, kritischen Anspruch an die Naturwissenschaften aufrecht, er insistiert darauf, daß der sogenannte methodische Atheismus der Naturwissenschaften kein letztes Wort sein kann. Kurz vor seinem Tode schrieb er an Carl Zuckmayer, den spät gewonnenen Freund: „Ich würde wohl gern zugeben, daß die Natur objektiv einen – von uns Menschen übersehenen oder mißverstandenen – Gottesbeweis führt, würde aber nicht wagen, das selbe von der (alten oder modernen) Natur*wissenschaft* zu behaupten"[5].

Inzwischen hat es sich allenthalben herumgesprochen, daß die naturwissenschaftliche Erkenntnisweise nur begrenzte Aspekte der Wirklichkeit wahrnimmt, die durch das erkennende Subjekt, seine Fragestellungen und Versuchsanordnungen vorbestimmt sind. Es bedarf einer „Wende der Wahrnehmung", schreibt A. M. Klaus Müller in Anlehnung an Carl Friedrich von Weizsäcker, um die ausgeblendeten Dimensionen der Wirklichkeit zu erfahren.

Es gibt im Bereich der Naturwissenschaft oder richtiger der Philosophie der Naturwissenschaften inzwischen alternative Entwürfe, die das alte mechanistische Weltbild und die Subjekt-Objekt-Spaltung überwinden wollen, etwa die Prozeßphilosophie oder Fritjof Capras Wendezeit. Könnte es also im Ende der Neuzeit eine neue Synthese zwischen Naturwissenschaften und Theologie geben, eine neue „natürliche Theologie", oder wenn das nicht, so doch eine „Theologie der Natur"? Von Karl Barth her wäre davor zu warnen, vorschnelle Bündnisse einzugehen und die Theologie auf Fundamente zu bauen, die theologische Aussagen doch nicht tragen können. Eine theologische Interpretation oder Aufstockung neuer Weltbilder der Naturwissenschaften, also etwa eine Prozeßtheologie auf der Basis der Prozeßphilosophie, wäre nicht der Weg, den Karl Barth weisen würde. Auf seiner Linie liegt es, wenn wir uns von der erkenntniskritischen Selbstbesinnung in den Naturwissenschaften anleiten ließen, die Eigenart biblischer Welterfahrung neu aufzuspüren. „Das wissenschaftliche Zeitalter" – schreibt Christian Link – „hat sich den Weg nicht nur zu den *Inhalten* dieser Erfahrung, sondern auch zu der *Möglichkeit* solcher Erfahrung selbst methodisch abgeschnitten. Wir haben nicht die Augen, die wir haben müßten, um zu sehen, was etwa der 104. Psalm gesehen hat. Wir sprechen nicht die Sprache, die wir sprechen müßten, um die Worte des 139. Psalms oder der Bergpredigt zu verstehen und nicht nur nachzureden"[6]. Das aber bedeutet, daß die methodische Einstellung, das Weltverhältnis des Subjektes, wie es wissenschaftlicher Erfahrung zugrunde liegt, durchbrochen werden müßte. Biblische Glaubenserfahrung ist im Unterschied zum wissenschaftlichen Experiment ganzheitliches Widerfahrnis, Erfahrung, der man ausgesetzt ist und sich aussetzt, die man also nicht macht, sondern die einen trifft, eine Erfahrung, die die Subjekt-Objekt-Spaltung durchbricht und sich nur teilhabendem Umgang mit der Welt erschließt.

Wenn sich die Theologie so, auf der Linie von Karl Barth, aber ihn weiterdenkend im Gespräch mit Wissenschaft und Technik, auf ihre eigene Grundlage besänne, wenn es ihr gelänge, das Netz zu zerreißen, das wissenschaftlich-technisches Denken über die Wirklichkeit geworfen hat, um sie zu fangen, und wenn die Wirklichkeit des Wirkens Gottes in der Welt aus den biblischen Zeugnissen so zu uns spräche, daß wir unser Verhalten zur Welt dadurch ändern, dann könnte die Theologie unserer Welt im Ende der Neuzeit zum Überleben helfen und so nicht nur fröhliche, sondern auch für die Welt erfreuliche Wissenschaft werden.

Gott als fröhliches Wort

Fröhliche Wissenschaft ist die Theologie zuerst als fröhliche Wissenschaft von Gott. Karl Barth hat uns gelehrt, das Wort „Gott" ganz und gar aus dem Christusgeschehen heraus auszulegen und so klar zu machen, daß es ein „erfreuliches Wort" ist, wie Eberhard Jüngel einmal im Blick auf Karl Barth formuliert hat. Das brauchen wir am Ende der Neuzeit. Denn die Neuzeit läßt sich als der Versuch verstehen, einen zutiefst unerfreulichen Gott dadurch loszuwerden, daß der Mensch seine Rolle übernimmt, um dadurch freilich zur unerfreulichsten und unverträglichsten Erscheinung unter Gottes Geschöpfen zu werden. Was das bedeutet, hat schon vor zwanzig Jahren Günter Howe gezeigt. Er spürte in der Heidelberger Forschungsstelle der Evangelischen Studiengemeinschaft den Zusammenhängen nach, die zwischen dem Gottesbegriff und dem handlungsleitenden Weltverständnis walten. In der gegenwärtigen Überlebenskrise sah er die Auswirkung eines Geschichtsprozesses, der bis ins Spätmittelalter zurück reicht. Damals sei in der theologischen Schule des Nominalismus ein Gottesbegriff entwickelt worden, dessen letztes Wort die absolute Freiheit Gottes, *potentia absoluta* war und damit eine durch kein Gesetz gebundene göttliche Willkür. Dieses Gottesbild ging mit einem analogen Verständnis des Menschen Hand in Hand: Der Mensch, der seine Gottebenbildlichkeit darin verwirklicht, daß er der Weltwirklichkeit seinen Willen aufzwingt, sie beherrscht und nach *potentia absoluta* des Menschen über die Erde trachtet. Howes Grundhypothese besagt, daß Menschen in der Abfolge der Generationen in das Bild des von ihnen verehrten Gottes hineinwachsen und ihre Weltgestaltung diesem Bild unbewußt Ausdruck verleiht[7].

Dasselbe Phänomen hat Horst Eberhard Richter in psychologischen Kategorien als den „Gotteskomplex" dargestellt. Mögen seine geistesgeschichtlichen Ableitungen im einzelnen auch problematisch sein, seine Deutung der inneren Situation der Neuzeit hat aufschließende Kraft. Der Mensch, der sich in einem Gott der absoluten Freiheit nicht geborgen fühlen kann, versucht sich selbst an die Stelle Gottes zu setzen und die absolute Verfügung über die Welt zu gewinnen. Nur so könne er Vertrauen in die Wirklichkeit gewinnen, daß er sie total kontrolliert, nur so kann er sich selbst sicher fühlen. „Der (...) Schritt des mittelalterlichen Menschen in die Neuzeit war im Grunde eine neurotische Flucht aus narzistischer Ohnmacht in die Illusion narzistischer Allmacht. (...) Wie das Kind, das sich gewaltsam und illusionär selbst in eine allmächtige Elternfigur verwandelt, um seinen unverläßlichen Eltern nicht länger wehrlos ausgeliefert zu sein, trägt unsere Zivilisation seit damals zahlreiche Merkmale einer krampfhaften Selbstüberforderung. Der verunsicherten Beziehung zu Gott, die einen langen Prozeß schmerzhafter

Auseinandersetzung erfordert hätte, hat man sich durch Identifizierung entzogen. Aber das durch diese Gleichsetzung erzeugte großartige Selbstbewußtsein ist stets trügerisch geblieben"[8].

In diese Zusammenhänge hinein gestellt, beginnt Karl Barths Gotteslehre neu zu uns zu sprechen. Er wendet sich gegen den Gottesbegriff einer geschichtslosen Metaphysik, gegen den Begriffsgötzen einer abstrakten Allmächtigkeit und Freiheit. Er entwickelt seine Gotteslehre in einer bisher in der Theologiegeschichte noch nicht dagewesenen Konsequenz aus der Geschichte Jesu Christi. In der Begegnung mit Christus müssen wir unsere Vorverständnisse von Gott radikal aufs Spiel setzen, die Nacht des Karfreitags und der Ostermorgen müssen zur Götterdämmerung unserer Gottesprojektionen werden. „Unsere Meinung, daß Gott durchaus nur absolut im Gegensatz zu allem Relativen, durchaus nur unendlich unter Ausschluß aller Endlichkeit, durchaus nur hoch im Gegensatz zu aller Niedrigkeit, durchaus nur tätig im Gegensatz zu allem Leiden, durchaus nur unberührt im Gegensatz zu aller Anfechtung (...), kurz der oder das ‚ganz Andere' sein könne und dürfe: diese unsere Meinungen erweisen sich eben darin, daß Gott in Jesus Christus faktisch gerade solches ist und tut, als unhaltbar, verkehrt und heidnisch", schreibt Karl Barth, und: „Wer Gott und was göttlich ist, das haben wir da zu lernen, wo Gott sich selbst und damit auch seine Natur, das Wesen des Göttlichen offenbart hat"[9].

Gottes Göttlichkeit aber erweist sich uns in seiner Menschwerdung, seine Freiheit betätigt sich als die Gnadenwahl und das souveräne Handeln seiner Liebe, seine Allmacht begegnet uns, indem er unser Heil auf dem Weg der Hingabe, der Ohnmacht, des Kreuzes wirkt. Barth legt immer wieder alles Gewicht darauf, daß dieses Handeln und diese Offenbarung Gottes nach außen in dem gründet, was Gott in sich selbst ist, seine Erschließung nach außen wirklich seine *Selbst*erschließung ist. Barth will ausgeschlossen sehen, daß wir es hinter dem Christusgeschehen noch mit einem anderen Gott zu tun haben könnten, der dann die in Christus gründende Gewißheit des Glaubens relativiert und problematisiert. Das Heilshandeln Gottes in Christus darf also nicht Ausdruck eines „arbiträren Könnens", eines „souveränen *liberum arbitrium*"[10], es darf nicht als Willkürakt eines Gottes verstanden werden, der auch ganz anders könnte. Darum läßt Barth auch die Denkform des Paradoxes hinter sich, weil sie mit einem Widerspruch und Riß in Gott selbst rechnet[11].

Wenn jedoch Gott nicht gerade in dem erniedrigten, im Stall von Bethlehem geborenen und am Kreuz gestorbenen Christus unverändert und ganz Gott selbst ist, dann steht alles in der Luft, was über die in diesem Erniedrigten von Gott geschehene Versöhnung der Welt mit ihm zu sagen ist[12]. Ein Gott, der sich in solchem Gegensatz zu sich selbst befände, wäre nur „das in die Gottheit projizierte Spiegelbild unseres unversöhnten Menschentums"[13]. Gott aber ist gerade in seiner liebenden Selbsthingabe für uns ganz mit sich selbst eins, er ist gerade darin ganz verläßlich, er ist treu.

Wir sehen, Karl Barth begegnet dem für die Neuzeit so verhängnisvoll gewordenen Gottesbegriff des Nominalismus nicht nur mit erbaulichen Gegenbehauptungen, er geht ihm mit einer kritischen Analyse aller bisherigen Gotteslehre an die Wurzel und entwickelt eine streng durchdachte Gotteslehre aus dem „Gott war in Christo". Wo liegen die Relevanzen dieser Theologie im Ende der Neuzeit? Ich muß mich auf fragmentarische Skizzen beschränken:

Wir Menschen könnten hier lernen, Vertrauen zu wagen

Der in Christus begegnende Gott befreit aus dem neurotischen Zwang, die Wirklichkeit total kontrollieren und manipulieren zu müssen, um sich sicher zu fühlen. So zerstören wir ja die Mitwelt und verbauen uns die Zukunft. Wir könnten es lernen, den Wagnischarakter des Lebens neu zu bejahen, weil wir uns dem unverfügbaren, aber verläßlichen Gott mitten in der Welt anvertrauen können. Das hätte heilsame Auswirkungen bis hin zum bedrohten Frieden, der ohne Vertrauensbildung, ohne Vertrauensfähigkeit und Vertrauenswürdigkeit heute nicht mehr zu haben ist. Weiter könnten die Mitgeschöpfe aufatmen, wenn sie nicht mehr als Material für den neurotischen Machbarkeitswahn des Menschen herhalten müßten.

Freilich muß Vertrauen *gewagt* werden. Karl Barth hat im Gegenzug gegen den Nominalismus die Liebe Gottes als sein innerstes und ganzes Wesen so durchsichtig gemacht, daß die Verborgenheit Gottes in der Welt und die Anfechtung des Glaubens fast überblendet werden. Die Theologie muß aber auch der Verborgenheit Gottes im Ende der Neuzeit Raum geben, der Verborgenheit Gottes in einer Welt, die in die Hand des Menschen gefallen ist, eines Menschen, der zum Gefangenen seiner Werke wurde.

Statt Gott ersetzen zu wollen, kann der Mensch Gott entsprechen, indem er ihm als befreiter, mündiger Partner antwortet

Karl Barth hat gezeigt, daß die Freiheit, zu der sich der neuzeitliche Mensch emanzipieren wollte, gerade bei dem in Christus begegnenden Gott zu finden ist. Diesen Gott kann und muß der Mensch nicht ersetzen, er kann und soll ihm entsprechen, und so wird er wahrhafter Mensch werden. Man hat gegen Barth eingewandt, gerade auch eine übermächtige Liebe Gottes, die alles in Christus schon vollbracht habe, könne zu einer Umarmung werden, die den Menschen entmündigt und lähmt und ihm die Ehre verweigert, als freier Partner in Anspruch genommen zu werden. Karl Barths Versöhnungslehre aber mündet gerade ein in die Darstellung des durch den Heiligen Geist befreiten Menschen, der Gott als tätiges Subjekt und echter Partner antwortet. Die Autorität Gottes erweist sich im Heiligen Geist als *auctoritas*, als Urheberschaft von Freiheit. Das kommt in Barths Tauflehre am stärksten zum Ausdruck. Er lehnt die Kleinkindertaufe ab, weil der Geist Gottes den Menschen gerade zur eigenen Antwort befreien will, so daß er als Mündiger in der Taufe den ersten Schritt des Gehorsams tut.

Wenn aber die Freiheit des Menschen darin liegt, daß er diesem Gott in Christus entspricht, dann kann er seine Freiheit nur so betätigen, daß von ihm Befreiung für andere ausgeht, für die Mitmenschen und die Mitkreatur. Die Freiheit, das große Ziel der Neuzeit, droht jedoch an ihrem Ende im Labyrinth undurchschaubarer komplexer Gesellschaftsstrukturen verloren zu gehen und im Ohnmachtsgefühl des Menschen zu ersticken. Im Ende der Neuzeit ist wieder der Ruf nach starken Autoritäten zu hören, und alle möglichen Gurus haben Hochkonjunktur. Echte Autorität aber wird sich als Autorschaft von Freiheit erweisen müssen. Die Freiheit der Wissenschaft muß sich darin bewähren, daß von ihr Befreiung ausgeht für die unter Wissenschaft und Technik leidenden und verendenden Mitgeschöpfe. Die politischen Bürokratien müßten die alte Lehre vom Absterben des Staates zu Gunsten der politischen Mündigkeit der Bürger neu aktivieren.

Der Gott entsprechende Mensch ist ein Beziehungswesen

Im Mittelpunkt der Barth'schen Entsprechungslehre steht die *analogia relationis*. Der Beziehung Gottes zu ihm soll der Mensch in seinen Lebensbeziehungen entsprechen. Gott ist als der dreieinige und lebendige in sich selbst Beziehung, er setzt sich zum Menschen in Beziehung, und der Mensch ist nur zu verstehen aus den Beziehungen, in denen er lebt als Mitmensch und als Mitgeschöpf. Barth hat damit in seiner Theologie ein relationales Verständnis der Wirklichkeit entwickelt. Damit trifft er den Kern des biblischen Wirklichkeitsverständnisses und berührt sich zugleich eng mit dem relationalen Wirklichkeitsverständnis, das die Ökologie entwickelt. Barth selbst hat in diese Richtung noch nicht gedacht, hier liegen jedoch fruchtbare Ansätze für einen theologisch-ökologischen Dialog. Ich beeile mich jedoch, zu meinem letzten Punkt zu kommen:

Karl Barth und das come back der Religion

Karl Barth hat die säkularistische Kritik der Religion bei Feuerbach und Karl Marx durch eine theologische Kritik überboten. Die These vom Absterben der Religion hat er nicht geteilt, wie er überhaupt skeptisch war gegenüber allen geschichtsphilosophischen Prognosen und Deutungen. Er hielt die Religion für eine sehr vitale menschliche Regung, denn sie sei der Versuch des Menschen, sich vor einem eigensinnig und eigenmächtig entworfenen Bild Gottes selber zu rechtfertigen. Die These von einem nachreligiösen oder nachchristlichen Zeitalter hat er darum nicht geteilt. Die Religion stirbt nicht ab, sie muß wie der alte Adam durch tägliche Umkehr getötet werden, damit die wahre Religion, die durch Gnade von Gnade lebt, auferstehen kann[14]. Barths Theologie ist also nicht die theologische Theorie eines religionslosen Zeitalters, sondern der Kampf der wahren gegen die falsche Religion, und zwar innerhalb des Christentums, nicht etwa zwischen Christentum und den anderen Religionen.

Barths religionskritische Theologie hat uns nach dem Zweiten Weltkrieg geholfen, unseren Verkündigungsauftrag in der säkularistischen DDR-Gesellschaft angesichts des sogenannten wissenschaftlichen Atheismus anzunehmen und zu verantworten. Sie konnte uns davor bewahren, uns auf das atheistische Selbstverständnis des Staates in der Weise zu fixieren, daß wir den Aufrag der Kirche als Gegenposition im Anti entfalten. Barth schrieb an einen Pfarrer in der DDR, das allermeiste, was sich da als Atheismus ausgäbe, sei doch nur insofern ernst zu nehmen, als es auf Mißverständnisse zurückgeht, an denen unter anderem die Christenheit mit ihrer bisherigen Lehre, Haltung und Praxis viel Schuld trage. Was die Atheisten leugnen, könne doch nur die Existenz eines Begriffsgötzen sein, nicht der lebendige Gott, den sie nicht kennen. Damit, daß sie sich beikommen ließen, gottlos sein zu wollen, würde Gott, der sich jedes Menschen angenommen habe, nicht menschenlos. Und so möchte es uns gegeben sein, unsere Atheisten getrost zu Gott zu rechnen, sie als sein Eigentum anzusprechen[15].

Dem Atheismus setzt Barth also die überlegene Wirklichkeit des Mensch gewordenen Gottes entgegen, die auch die atheistische Gesellschaft umgreift. Gefährdet ist der Glaube nicht durch diesen Atheismus von außen, sondern durch seine religiöse Verfälschung von innen, etwa dadurch, daß er zur Religion des Antikommunismus wird oder zur religiösen Rechtfertigung einer Weltflucht oder seines Rückzuges in die Innerlichkeit.

Nun erlebt aber Religiosität im krisenhaften Ende der Neuzeit ein *come back*. Im Westen schon längst, aber auch in unseren Kirchen wurde ein neues religiöses Bedürfnis registriert, im Besuch der Kirchenkonzerte, im neuen Fragen nach dem Sinn, in der Wiederentdeckung der metaphysischen Fragen in der Literatur etwa bei Günter Kunert, bei den Kirchentagen, in den Friedens- und Umweltgruppen. Die Versuchung für eine schrumpfende Kirche, sich darauf zu stützen, ist nicht gering, und prompt hat sie auch bereits eine Theorie gefunden. Hans Moritz, Leipzig, hat in einem Vortrag „Religion und Gesellschaft in der DDR" empfohlen, die Kirche solle ihre Funktion in der Gesellschaft auf der Linie des religionswissenschaftlichen Begriffs der Kontingenzbewältigung verstehen. Zu respektieren sei dabei die Integrationsfunktion der marxistischen Ideologie und damit ihre gesellschaftlich steuernde Rolle[16]. Unterhalb der Schwelle, die die Integrationskraft der marxistischen Ideologie darstellt, sind Beiträge auch von anderen Voraussetzungen her möglich, darunter auch der religiöse Beitrag der Kontingenzbewältigung. Dabei ist an leidvolle Erfahrungen wie Krankheit oder Tod, aber auch an freudige Ereignisse persönlichen oder nationalen Charakters gedacht[17].

Religion ist also wieder einmal individualisiert, aber gerade so hat sie eine gesellschaftlich stabilisierende Funktion. Nicht zufällig läßt sich der Verfasser durch ein Jubiläum, durch das Lutherjahr darauf aufmerksam machen, daß die Kirche eine anerkannte Funktion in der Gesellschaft hat[18]. Sie entlastet die Gesellschaft sogar, indem sie die Wirtschaft von dem überzogenen Erwartungsdruck der Menschen entlastet, durch Konsum Lebenserfüllung zu ermöglichen[19]. Sie ist gesellschaftlich genau eingepaßt und erweist sich als „funktionstüchtiges Teilsystem".

Nun hat Ehrhart Neubert in einer Studie der Theologischen Studienabteilung beim Kirchenbund eine religionssoziologische Deutung der Friedens- und Umweltgruppen vorgelegt, die ebenfalls mit dem Begriff der Kontingenzbewältigung arbeitet. Inhaltlich aber führen seine Analysen und Deutungen geradezu in die entgegengesetzte Richtung. Er geht von der Beobachtung aus, daß sich in den Gruppen Religion reproduziere. „Kontingenzformeln wie Frieden, Gerechtigkeit, Natur, die in sozialisierten Gruppen dominant sind, sind keine rein sozialtechnischen Begriffe, sondern erhalten einen quasi absoluten Status, der sie nicht hinterfragbar macht. (...) Die Gerechtigkeit wird not-wendig, der Friede heilig und die Natur herrlich. Sie offenbaren, lassen hoffen und vertrauen. In ihnen erscheinen Fundamentalnormen von Kommunikation, die sie damit ermöglichen. Sie ermächtigen zur Kritik der Gesellschaft, sie motivieren die Antriebslosen, sie sammeln und lösen Gruppenprozesse aus. So bekommen sie eine Jüngerschaft: Freunde, Kämpfer und Märtyrer"[20].

Religion hat hier nicht stabilisierende, sondern kritische, verändernde, innovatorische Funktion. Die zugrunde liegende leidvolle Kontingenzerfahrung ist die Dissonanz mit einer Gesellschaft, die mehr Bedrohung als Sinn produziert. In den Gruppen sammelt sich die Kompetenz der Betroffenen, und dies macht die Gruppen in hohem Maße gesellschaftsrelevant.

Daß die beiden Autoren mit demselben religionssoziologischen Instrumentarium arbeitend zu so gegensätzlichen Analysen und Deutungen kommen, zeigt, daß es keine neutrale soziologische Analyse gibt, sondern der Standort, die biografisch-gesellschaftliche Erfahrung und das erkenntnisleitende Interesse spielen mit hinein. Ehrhart Neubert steht offensichtlich bei den Gruppen, bei den Betroffenen und den an den Verhältnissen Leidenden. Dieser Standort steht uns zu und steht uns gut an, wenn wir bei dem Jesus der synoptischen Evangelien stehen wollen. Dagegen vermag ich nicht zu sehen, wie uns der Auftrag Jesu dazu führen könnte, daß die Kirche erneut die Funktion einer Stütze der Gesellschaft aufnehmen, sich als solche anbieten oder vereinnahmen lassen sollte. Hier ist äußerste Zurückhaltung geboten.

Beiden Autoren wäre von Karl Barth her zu sagen, daß die Kirche ihren Auftrag unmöglich funktional aus einer religionssoziologisch ausgemachten gesellschaftlichen Bedarfslücke ableiten und darauf gründen kann. Kirche darf weder Funktion gesellschaftlichen Integrationsinteresses noch Funktion gesellschaftskritischen Veränderungsinteresses sein. Kirche hat sich zu orientieren an dem Auftrag, den sie im Schnittpunkt des biblischen Zeugnisses und der heutigen Situation entdeckt.

Von Ehrhart Neubert aber müssen wir uns, muß sich die Kirche fragen lassen, ob sie eigentlich die Fragen, die sich in den Gruppen melden, in ihrer ganzen Tiefe vernimmt, und ob sie bereit und in der Lage ist, diese Fragen aufzunehmen. Hat es nicht eine allzu steile barthianische Theologie in unseren Kirchen gegeben, die dazu führt, daß wir den Kontakt mit vielen Fragen der Menschen verloren, Gemeindegliedern die Forderung eines bekennenden Christseins wie ein Joch auferlegten und sie damit überfordert haben? Hat es nicht auch eine Barth-Orthodoxie gegeben, die sich mit der Losung des Barth der Barmer Theologischen Erklärung „weitermachen als wäre nichts geschehen!" einem Eingehen auf sich ändernde Situationen verweigert hat?

Echt Barth'sche Kritik an einer Funktionalisierung von Glaube und Kirche kann aber nicht bedeuten, daß die Kirche dem Menschen das Ohr verweigert, wo er seine Fragen stellt, den Dienst verweigert, wo er seine Nöte an sie heranträgt. Ernst Lange hat vor zwanzig Jahren von den „Dienstleistungen im Namen Jesu" gesprochen, welche die Kirche den Menschen schuldig sei. Eine Theologie, die das ausschließt, wäre sicher nicht evangelisch und ganz gewiß keine fröhliche, erfreuliche Wissenschaft. Daß dies von Barth nicht gemeint ist, zeigen am deutlichsten Äußerungen aus der Zeit der zwanziger Jahre, als er mit seinem Freund Thurneysen einer Protest- und Innovationsgruppe von damals nahestand, den Religiös-Sozialen. In seinem Tambacher Vortrag sagt

Karl Barth: „Es gibt kein Erwachen der Seele, das etwas anderes sein könnte als ein ‚mitleidend Tragen der Beschwerden der ganzen Zeitgenossenschaft'"[21]. Eduard Thurneysen sekundiert: „Wort Gottes gibt es nur da, wo der Anspruch, der aus der Not des Lebens aufsteigt, gehört wird"[22]. Dieses Wort Gottes aber sprach damals für Barth und seine Freunde mit Vollmacht und überführender Kraft in die Not der Zeit hinein. Die Wort-Gottes-Theologie war keine theologische Theorie, sondern Reflex einer Evidenzerfahrung. Sie fanden die Fragen und Nöte der Zeit im Wort Gottes schon gestellt, schon ausgesprochen, und zwar so, daß sie vertieft, radikalisiert, ins Licht der Wahrheit gestellt wurden, zugleich aufgenommen und aufgehoben, zugleich verstanden und in die Krise radikalerer Infragestellungen geführt. Barth in Tambach: „Das Reich Gottes fängt nicht erst mit unseren Protestbewegungen an. Es ist eine Revolution, die vor allen Revolutionen ist, wie sie vor allem Bestehenden ist. Die große Negation geht den kleinen voran, wie sie auch den kleinen Positionen vorangeht." „Nur aus der Bejahung der Welt durch Gott kann sich dann die echte, die radikale Verneinung ergeben, die bei unseren Protestbewegungen offenbar gemeint ist"[23].

So wäre also, wenn wir von Karl Barth herkommend im krisenhaften Ende der Neuzeit leben, alle Hoffnung darauf zu setzen, daß das Wort der Bibel neu zu uns redet und es uns gelingt, dieses Wort so zur Sprache zu bringen, daß wir mit unseren Fragen und Antworten, mit unseren Hoffnungen und Ängsten uns in diesem Wort zugleich gerichtet und verstanden und aufgenommen finden.

Für Luther und Karl Barth war es der Römerbrief, der so zu ihnen sprach. Für Bonhoeffer war es die Bergpredigt. Ich habe den Eindruck, sie ist es auch heute für uns, und das haben viele in den Gruppen gespürt. Da spricht einer zu uns, der Vollmacht hat, so daß sich die Menschen entsetzen (Matthäus 7,28 f). Dieses Entsetzen wird uns im Ende der Neuzeit nicht erspart. Wir sehen mit Entsetzen, daß unser Haus auf Sand gebaut ist und Risse hat bis in die Fundamente hinein. Aber zu uns spricht ein Wort von fundamentaler fundierender Bedeutung. Die Bedeutung dieses Wortes nicht nur zu spüren, sondern sie zu verstehen, auszulegen und zu tun, das wäre fröhliche Wissenschaft – besonders im Ende der Neuzeit.

Anmerkungen

[1] Karl Barth, Einführung in die evangelische Theologie, Zürich 1962, S. 18.
[2] Friedrich Nietzsche, Werk II, S. 281 ff, 344, Aphorismus 343 u. 382, Frankfurt/Main, Berlin, Wien 1984.

3 Berliner Begegnung zur Friedensförderung, Protokolle des Schriftstellertreffens am 13./14. Dezember 1981, Neuwied u. Berlin 1982, S. 101.

4 Karl Barth, Kirchliche Dogmatik (KD) I, 1, S. 3 f.

5 Karl Barth, Briefe 1961-1968, S. 473. Zit. nach Christian Link, Schwierigkeiten des kosmologischen Redens von Gott, S. 265.

6 a. a. O. S. 266.

7 Günter Howe, Gott und die Technik, Hamburg 1971, Vorwort von Heinz Eduard Tödt.

8 Horst Eberhard Richter, Der Gotteskomplex, Reinbek 1979, S. 29 f.

9 KD IV, 1, S. 202 f.

10 a. a. O. S. 212 f.

11 a. a. O. S. 201.

12 a. a. O. S. 199.

13 a. a. O. S. 203.

14 KD I, 2, S. 304.

15 Brief an einen Pfarrer in der Deutschen Demokratischen Republik, Zürich 1958, S. 18 f.

16 Theologische Literaturzeitung 1985, Nr. 8, Hans Moritz, Religion und Gesellschaft in der DDR, S. 577.

17 a. a. O. S. 583.

18 a. a. O. S. 581.

19 a. a. O. S. 584.

20 Ehrhart Neubert, Nichtreligiöse Gruppen in der Kirche, in: Kirche im Sozialismus 3/85, S. 100 f.

21 Karl Barth, Das Wort Gottes und die Theologie, München 1929, S. 45.

22 Zwischen den Zeiten, 1927, S. 520.

23 a. a. O. S. 51.

Heino Falcke

Geboren 12. Mai 1929 in Riesenburg (Westpreußen).

Studium der Theologie in Berlin, Göttingen und Basel 1946 bis 1951, anschließend Studieninspektor am Predigerseminar Wittenberg und wissenschaftlicher Assistent in der Theologischen Fakultät der Universität Rostock. Promotion zum Doktor der Theologie 1958. Habilitation 1960 über Themen der Gesellschaftslehre Friedrich Schleiermachers.

Gemeindepfarrer in Wegeleben 1958 bis 1963.

Direktor des evangelischen Predigerseminars in Gnadau 1963 bis 1973.

Evangelischer Propst zu Erfurt und Mitglied der Kirchenleitung der Evangelischen Kirche der Kirchenprovinz Sachsen seit 1973.

Mitglied des Ausschusses Kirche und Gesellschaft des Bundes der Evangelischen Kirchen in der DDR seit 1969, dessen Vorsitzender seit 1975.

Ehrendoktor der Theologischen Fakultät der Universität Bern 1985.

Veröffentlichungen, die in diesem Buch nicht berücksichtigt wurden, unter anderem:

Theologie und Philosophie der Evolution, Grundaspekte der Gesellschaftslehre Friedrich Schleiermachers, in: Theologische Studien 120, Zürich 1977.

Die Säuglingstaufe als Problem evangelischer Tauflehre und Taufpraxis, in: Theologische Versuche II, Berlin/DDR 1970.

Vom Sakrament der Gemeinde zur Kasualie der Familie? Zur Frage der Segnung von Kindern, in: Pastoraltheologie 57, 9/1968.

Die Feinde lieben, Vortrag beim Deutschen Evangelischen Kirchentag Düsseldorf 1985, in: Gerhard Rein (Hg.), Deutsches Gespräch, Berlin (West) 1985.

Unsere Kirche und ihre Gruppen, lebendiges Bekennen heute? in: Gottes Zukunft – Zukunft der Welt, Festschrift für Jürgen Moltmann zum 60. Geburtstag, München 1986.

Predigtmeditationen passim 1960 bis 1980, in: Die Zeichen der Zeit, Göttinger Predigtmeditationen und Evangelische Predigtmeditationen.

Predigten in: Günter Jacob (Hg.), Predigten in den Kirchen der DDR, Hamburg 1973; Friedrich Winter (Hg.), Nur Zeuge sein, Berlin/DDR 1975; Horst Nitschke (Hg.), Predigten die handeln helfen, Gütersloh 1979.

„Kirche im Sozialismus"
erscheint seit 1974 in West-
Berlin. Die Zeitschrift, an der
auch Autoren aus der DDR mitarbeiten, genießt als zuverlässi-
ges und kenntnisreiches Fach-
organ hohe Anerkennung bei
allen, die sich in Kirche, Wissenschaft, Erwachsenenbildung und
Politik vom Westen her mit
Entwicklungen in der DDR
beschäftigen. Neben aktuellen
Kommentaren und analytischen
Beiträgen zu einem breiten
Themenfeld enthält jedes Heft
im „Magazin" Kurzberichte aus
sonst kaum zugänglichen
Lebensbereichen in der DDR,
eine sorgfältige Chronik der
laufenden kirchlichen und kirchenpolitischen Ereignisse,
Rezensionen, bibliographische
Nachweise der einschlägigen
Veröffentlichungen in Zeitungen, Zeitschriften, Kirchen-
blättern der DDR und der
Bundesrepublik, Personal-
notizen und eine Terminvor-
schau.
„Kirche im Sozialismus" behandelt nicht nur Ereignisse, die im
Westen Schlagzeilen machen.
Die Beziehungen zwischen
Kirche und Staat in der DDR
haben zwar besonderes Gewicht,
aber die Evangelische Kirche
dort will nicht in erster Linie im
Rampenlicht der Tagespolitik
gesehen werden. Sie will Kirche
in der sozialistischen Industrie-
gesellschaft sein und eigenständige Beiträge zu deren Entwicklung geben.

Zeitschrift zu Entwicklungen in der DDR

Reinhard Henkys: Westliche Gelder

Hans-Jürgen Röder: Mittel vom Staat

Wilhelm Hüffmeier:
Barth-Symposium

Christoph Dieckmann:
Jugendkultur in der DDR

John Burgess:
Sprache der Kirche zum 8. Mai

Christian Pietsch:
Neuapostolische Kirche in der DDR

Juni 1986 · 12. Jahrgang · ISSN 0173-4784

**Kirche im Sozialimus
Zeitschrift zu Entwicklungen
in der DDR**
Herausgegeben von der Berliner
Arbeitsgemeinschaft für Kirch-
liche Publizistik.
Redaktionelle Gesamtleitung:
Reinhard Henkys.
Redaktion: Matthias Hartmann.
Erscheint sechsmal jährlich mit
mindestens 40 Seiten.
Jahresabonnement 36,– DM
(Inland einschließlich, Ausland
zuzüglich Vesandkosten).
Einzelheft: 7,50 DM

„Kirche im Sozialismus" will alle,
die sich mit dem Leben in der
DDR auseinandersetzen, konti-
nuierlich informieren.

Wichern-Verlag GmbH · Bachstraße 1-2 · 1000 Berlin 21

4

Das Wichern-Programm

Das besondere Buch

Matthias Hoffmann-Tauschwitz (Text), **Harry C. Suchland** (Fotos), **Alte Kirchen in Berlin.** 33 Besuche bei den ältesten Kirchen im Westteil der Stadt, ca. 220 S., zweifarbig, ca. 250 Duplex-Fotos, Großformat, geb., ca. 48,- DM.
Gertrud Weinhold: Der Friedefürst. Leiden, Kreuzestod und Ostersieg des Herrn Jesus Christus im Zeugnis der universalen Volkskunst. Geleitwort Richard von Weizsäcker. Eine volkskundliche Sammlung ersten Ranges. 216 S., Großformat, 212 vierfarbige Fotos, geb. 68,- DM.
Zeig mir das Paradies. Sehnsucht nach Eden. In Fotos und Texten wird die Sehnsucht nach dem Paradies faszinierend dokumentiert. Bibelzitate, Gedichte, christliche Tradition und Meditation verbunden mit Fotos aus Natur und Kunst bilden ein reizvolles Gesamtkunstwerk. Ein ungewöhnlicher Geschenkband, Großformat. 108 S., zahlreiche, meist farbige Abb., geb. 28,- DM.
Martin Kruse: Aufmerksamkeiten. Randbemerkungen eines Bischofs. Zusammengelesen von Haymo Alberts. Miniaturen der Besinnung im Alltag. 144 S., kt 16,- DM.
Sei meine Brücke. Fotos, Gebete und Meditationen aus dem Johannesstift Berlin. Text: Berger, Fotos: Böckstiegel. 88 S., 35 Fotos, kt. 9,80 DM.
Hans J. Geppert: Wie hieß die Freundin des Herrn Jesus? Von Adam bis Zion. Rätsel zur Religion. Für Kenner und Neugierige. 70 spannende, lustige und ganz unglaubliche Rätselgeschichten. 184 S., 27 Abb., kt. 18,- DM.

Poetische Zeitansage

Wolfgang See: Altjahrsabend, Roman eines Kutenpredigers. Ein literarisches Zeitdokument über den Zustand der Kirche, unnachahmlich treffsicher erzählt. „Dieses Buch sollte unter Pfarrern, Ältesten, Gemeindefernen und -nahen ins Gespräch kommen und deshalb bald in allen Büchereien greifbar sein." (Der Evangelische Buchberater.) 212 S., geb. 26,- DM.
Arno Reinfrank: Heuschrecken am Horizont. Gedichte zu den Tieren im Alten Testament. Mit 16 Zeichnungen von Harry Jürgens. Mit einem Anhang der Bibelverse, auf die sich die Texte beziehen. 160 S., geb. 25,- DM
»Luther ist tot!« Das Buch zu einem Ereignis. Skript und Regie: Frank Burckner. Ein Werkbuch mit allem Drum und Dran. 208 S., zahlreichen Abb., kt. 18,- DM.

Zeitgeschichte

Johannes Jänicke: Ich konnte dabeisein. Sein Lebensweg (1900-1977) vom Elternhaus der Berliner Stadtmission durch den Kirchenkampf unter ostpreußischen Bernsteinsuchern, die Aufbaujahre der DDR, zum Bischofsamt in Sachsen, von ihm selbst erzählt. 248 S., kt. 24,- DM.
Peter Heilmann (Hg.): So begann meine Nachkriegszeit. Männer und Frauen erzählen vom Mai '45. „Eine sehr persönliche Geschichtsschreibung, die mehr auszusagen vermag, als ideologische Abhandlungen." 168 S., mit 56 Fotos, kt. 18,- DM.
Gerhard Rein (Hg.): Deutsches Gespräch. Dialoge und Reden vom Kirchentag in Düsseldorf. Das Wort haben: Heinrich Albertz, Heino Falke, Günter Gaus, Stephan Hermlin, Manfred Stolpe, Richard von Weizsäcker. 120 Seiten mit 6 ganzseitigen Fotos, kt. 12,80 DM.
Gerda Harnack, Madonna oder Mörderin? Zeugnisse über das Leben und Sterben der Ruth Blaue. 168 S., kt. 19,80 DM.

Kirche unterwegs

Wolfgang See, Rudolf Weckerling: Frauen im Kirchenkampf. Beispiele aus der Bekennenden Kirche in Berlin-Brandenburg 1933-1945. 164 S., 18 Fotos, mit dokumentarischem Anhang, kt. 18,- DM.
Schalom, Kurt Scharf. Ein friedenspolitisches Lesebuch. Hg. von H. Waldsdorff. Mit Beiträgen namhafter Persönlichkeiten. 152 S., geb. 18,- DM.
Hartmut Walsdorff (Hg.): Warum ich Pfarrer wurde. Männer und Frauen erzählen von ihrem Weg ins Pfarramt. Ein Beitrag zur jüngeren Kirchen- und Theologiegeschichte. 212 S., mit zahlreichen Fotos, kt. 19,80 DM.
Otto A. Dilschneider: Der Exodus des Christentums. Schicksal und Verheißung. 96 S., kt. 12,- DM.
Wolfgang See: Der Apostel Paulus und die Nürnberger Gesetze. Traktat über den abendlandlangen Antisemitismus der Christen. 128 S., dokum. Anhang, kt. 14,- DM.
Berliner Theologische Zeitschrift Theologia Viatorum Neue Folge. Halbjahresschrift für Theologie in der Kirche. Herausgegeben im Auftrag der Kirchlichen Hochschule Berlin von C. Colpe, Chr. Gestrich, K.-P. Jörns, P. von der Osten-Sacken und P. Welten. Schriftleitung Peter von der Osten-Sacken. Erscheint seit 1984. Jahresabonnement 38,- DM. Einzelheft 20,- DM (Studenten 32,-/17,- DM).

Christen in der DDR

Heino Falke: Mit Gott Schritt halten. Reden und Aufsätze eines Theologen in der DDR aus zwanzig Jahren. Einführung Albrecht Schönherr. Redaktion Reinhard Henkys. Ca. 280 S., kt. ca. 36,- DM.
Reinhard Henkys: Gottes Volk im Sozialismus. Wie Christen in der DDR leben. Eine kenntnis- und faktenreiche Darstellung. Eine Pflichtlektüre für alle, die Kontakte zur DDR haben. 128 S., kt. 9,80 DM.
Detlef Urban, Hans Willi Weinzen: Jugend ohne Bekenntnis? 30 Jahre Konfirmation und Jugendweihe im anderen Deutschland 1954-1984. Mit statistischen Übersichten. 212 S., kt. 22,- DM.
Kirche im Sozialismus. Zeitschrift zu Entwicklungen in der DDR. Herausgegeben von der Berliner Arbeitsgemeinschaft für Kirchliche Publizistik. Redaktionelle Gesamtleitung: Reinhard Henkys. Redaktion: Matthias Hartmann. Erscheint 6-mal jährlich mit mindestens 40 Seiten. Jahresabonnement 36,- DM (Inland einschließlich, Ausland zuzüglich Versandkosten). Einzelheft 7,50 DM zuzüglich Versandkosten.

Die Bibel weitererzählen

Cecil Bødker: Marias Kind, der Junge. Erzählung nach der biblischen Vorlage. Aus dem Dänischen von Gerda Neumann. Mit 32 Zeichnungen von Svend Otto S. 192 S., kt. 19,80 DM.
Mann Gottes, Daniel. Legenden und Träume aus dem Leben eines Propheten und seiner Zeit. Von **Ernst Pauli** schwarz auf weiß ins Bild gebracht, und nur zu Protokoll genommen von **Frank Pauli.** 80 S., kt. 12,80 DM.
Dietrich Petersmann (Text), **Hans-Dieter Mangold** (Bilder): **Mein kleines Evangelium.** Zum Vorlesen, Lesen und Malen. 32 S., zweifarbig, geh. 1,90. (Mengenpreise).
Hier spricht Radio Tyrus. Respektlose Reportage aus biblischer Zeit. Autorenteam: Reporter. Hg. Manfred Voegele. **Sheik Abraham & Co. / Die Karrieren des Josef Ben Israel.** Mappe: 2 Cassetten, 2 Begleithefte (5 x 30 Minuten). Ca. 38,- DM.

Wichern-Verlag GmbH · Bachstraße 1-2 · 1000 Berlin 21